# Introduction t
# Machine Learning
# with Python

파이썬 라이브러리를 활용한 머신러닝 번역개정2판

| 표지 설명 |

표지 그림은 미국 동부(뉴욕에서 조지아까지)의 토종 양서류인 헬벤더 (hellbender, 학명 *Cryptobranchus alleganiensis*) 도롱뇽입니다. 이 도롱뇽은 '앨러게이니 앨리게이터', '콧물 수달', '진흙 악마' 등 다양한 별명으로 불립니다. 헬벤더 이름의 어원은 불명확하지만, 초기 정착민이 발견했을 때 이 도롱뇽의 모습이 불길하고 마치 지옥으로 돌아가려는 악마 같아 보였기 때문이라는 설이 있습니다.

헬벤더는 대형 도롱뇽에 속하며 74cm까지 자랍니다. 이는 세상에서 세 번째로 큰 수생 도롱뇽입니다. 몸은 편평한 편이며 몸체 옆을 따라 두꺼운 주름이 있습니다. 목 양쪽에 아가미가 하나씩 있지만, 주로 피부 주름을 통해 호흡합니다. 즉 공기가 피부 표피에 가까운 모세 혈관을 통해 출입합니다. 이런 이유로 산소를 풍부하게 공급해줄 수 있는 깨끗하고 유속이 빠른, 얕은 강물에 주로 서식합니다.

헬벤더의 개체 수는 최근 수십 년 사이 급격히 줄었습니다. 수질 악화가 가장 큰 원인입니다. 헬벤더의 호흡기 체계가 오염되거나 탁한 물에 매우 민감하기 때문입니다. 서식지 근처에서 농업 등 인간 활동이 늘며 물속의 침전물이나 화학 성분이 크게 늘어났습니다. 생물학자들은 이 도롱뇽이 멸종되는 것을 막기 위해 포획해서 성체가 될 때까지 키운 후에 풀어주기 시작했습니다.

오라일리 표지의 동물들은 대부분 멸종 위기종입니다. 이 동물들은 모두 우리에게 중요합니다. 이들을 돕고 싶다면 animals.oreilly.com을 방문해주세요. 표지 그림은 존 조지 우드(John George Wood)의 『Animate Creation』에서 가져왔습니다.

# 파이썬 라이브러리를 활용한 머신러닝 (번역개정2판)

사이킷런 핵심 개발자가 쓴 머신러닝과 데이터 과학 실무서

**초판 1쇄 발행** 2017년 7월 1일
**번역개정판 1쇄 발행** 2019년 3월 29일
**번역개정2판 1쇄 발행** 2022년 2월 25일
**번역개정2판 3쇄 발행** 2023년 9월 22일

**지은이** 안드레아스 뮐러, 세라 가이도 / **옮긴이** 박해선 / **펴낸이** 김태헌
**펴낸곳** 한빛미디어(주) / **주소** 서울시 서대문구 연희로2길 62 한빛미디어(주) IT출판2부
**전화** 02-325-5544 / **팩스** 02-336-7124
**등록** 1999년 6월 24일 제25100-2017-000058호 / **ISBN** 979-11-6224-527-9    93000

**총괄** 송경석 / **책임편집** 박민아 / **기획** 김종찬 / **편집** 백지선, 김종찬
**디자인** 표지 윤혜원 내지 박정화 / **전산편집** 백지선
**영업** 김형진, 장경환, 조유미 / **마케팅** 박상용, 한종진, 이행은, 김선아, 고광일, 성화정, 김한솔 / **제작** 박성우, 김정우

이 책에 대한 의견이나 오탈자 및 잘못된 내용에 대한 수정 정보는 한빛미디어(주)의 홈페이지나 아래 이메일로 알려주십시오. 잘못된 책은 구입하신 서점에서 교환해드립니다. 책값은 뒤표지에 표시되어 있습니다.
한빛미디어 홈페이지 www.hanbit.co.kr / 이메일 ask@hanbit.co.kr

**지금 하지 않으면 할 수 없는 일이 있습니다.**
책으로 펴내고 싶은 아이디어나 원고를 메일(**writer@hanbit.co.kr**)로 보내주세요.
한빛미디어(주)는 여러분의 소중한 경험과 지식을 기다리고 있습니다.

# Introduction to Machine Learning with Python

파이썬 라이브러리를 활용한 머신러닝 번역개정2판

O'REILLY®   IB 한빛미디어
Hanbit Media, Inc.

## 지은이 · 옮긴이 소개

**지은이 안드레아스 뮐러** Andreas Müller

독일 본<sup>Bonn</sup> 대학교에서 머신러닝으로 박사 학위를 받았습니다. 1년간 아마존의 컴퓨터 비전 응용 부서에서 머신러닝 연구자로 일한 뒤 뉴욕 대학교의 데이터 과학 센터에 합류했고, 현재는 컬럼비아 대학교에서 'Applied Machine Learning' 과목을 가르치고 있습니다. 지난 4년 동안 학계와 산업계에서 널리 사용하는 머신러닝 툴킷인 scikit-learn의 핵심 기여자와 관리자로 활동했습니다. 또 잘 알려진 여러 머신러닝 패키지를 직접 만들거나 개발에 참여했습니다. 뮐러의 소망은 머신러닝 애플리케이션 개발의 진입 장벽을 낮추고 수준 높은 머신러닝 알고리즘을 손쉽게 사용할 수 있는 공개 툴을 만드는 것입니다.

**지은이 세라 가이도** Sarah Guido

오랫동안 스타트업에서 일해온 데이터 과학자이자 뛰어난 콘퍼런스 발표자입니다. 파이썬, 머신러닝, 대량의 데이터와 기술 세계를 좋아합니다. 미시간 대학교의 대학원에 입학했으며, 현재 뉴욕에 거주하고 있습니다.

**옮긴이 박해선** haesunrpark@gmail.com

기계공학을 전공했지만 졸업 후엔 줄곧 코드를 읽고 쓰는 일을 했습니다. 텐서플로 블로그(tensorflow.blog)를 운영하고 있고, 머신러닝과 딥러닝에 관한 책을 집필하고 번역하면서 소프트웨어와 과학의 경계를 흥미롭게 탐험하고 있습니다.

『혼자 공부하는 머신러닝+딥러닝』(한빛미디어, 2020), 『Do it! 딥러닝 입문』(이지스퍼블리싱, 2019)을 집필했습니다. 『머신러닝 파워드 애플리케이션』(한빛미디어, 2021), 『머신 러닝 교과서 with 파이썬, 사이킷런, 텐서플로(개정3판)』(길벗, 2021), 『파이토치로 배우는 자연어 처리』(한빛미디어, 2021), 『딥러닝 일러스트레이티드』(시그마프레스, 2021), 『GAN 인 액션』(한빛미디어, 2020), 『핸즈온 머신러닝(2판)』(한빛미디어, 2020), 『미술관에 GAN 딥러닝 실전 프로젝트』(한빛미디어, 2019), 『파이썬을 활용한 머신러닝 쿡북』(한빛미디어, 2019), 『머신 러닝 교과서 with 파이썬, 사이킷런, 텐서플로』(길벗, 2019), 『케라스 창시자에게 배우는 딥러닝』(길벗, 2018), 『핸즈온 머신러닝』(한빛미디어, 2018), 『텐서플로 첫걸음』(한빛미디어, 2016)을 우리말로 옮겼습니다.

몇 년 전만 해도 '인공지능'에 대한 보편적인 시각은 그리 호의적이지 않았습니다. 대부분은 관심조차 없고 그나마 가장 긍정적인 견해는 "불가능하다고 볼만한 이유는 없지만, 쓸만한 결과물을 우리 시대에 볼 수 있을지는 모르겠다" 정도였던 것 같습니다. 하지만 최근에는 기업들의 탁월한 마케팅 활동에 힘입어 어느덧 인공지능 제품을 구매하는 세상이 되었습니다.

몇 년 사이에 과연 우리가 대등한 존재로 여길 만한 '인공지능'이 태어난 것인지에 대해서는 의견이 많이 갈리겠지만, 마케터들이 잔뜩 부풀려둔 거품을 걷어내고 보더라도 '머신러닝'의 성취는 그리 가볍게 볼 수준은 아닙니다. 이미 주변에서 '머신러닝'의 결과물들을 쉽게 찾을 수 있기 때문이지요. 여러분의 우편함을 사수하고 있는 스팸 필터, 집안을 구석구석 누비고 다니는 로봇 청소기의 vSLAM,[1] 웹사이트를 방문할 때마다 따라다니는 수많은 광고, 여러분이 운영하는 블로그에 관련 기사를 추천해주는 플러그인, 가끔 사용하는 외국어 번역기 등.

프로그래머는 일련의 데이터를 다른 데이터로 변환하는 절차를 꾸미는 사람입니다. 당연히 그들의 도구 상자는 알고리즘으로 채워집니다. 그 알고리즘이 고도의 수학적 분석으로부터 도출되는 방정식일 수도 있고, 즐겨 쓰는 언어의 표준 라이브러리에 포함된 함수 호출 규격일 수도 있습니다. 특정 부류의 알고리즘이 발달하면 장점과 한계가 명확해지고, 널리 쓰일 수 있는 것들은 필요할 때 큰 고민 없이 사용할 수 있도록 라이브러리로 만들어져 유통됩니다. 알고리즘 수업을 제외한다면 지금껏 프로그래밍을 하면서 정렬 알고리즘을 직접 구현한 게 몇 번이나 될까요? 때로는 정렬 알고리즘조차 새로 구현해야만 하는 상황도 생기지만, 많은 경우에 정렬은 이미 간단히 사용할 수 있는 함수에 지나지 않습니다. '머신러닝'으로 분류되는 일련의 알고리즘도 마찬가지입니다.

파이썬으로 구현한 scikit-learn이라는 머신러닝 라이브러리가 이 알고리즘들을 쉽게 사용할 수 있도록 정리하고 있습니다. 이 책은 다시 구현할 수 있을 정도로 알고리즘의 세부 사항을 자세히 다루지는 않지만, scikit-learn이 제공하는 핵심 알고리즘들의 사용법을 알려줍니다. 처

---

1 옮긴이_ vSLAM(visual Simultaneous Localization and Mapping)은 로봇이 카메라 센서를 이용해 주변을 탐색하면서 자신의 위치를 추정하고 동시에 현재 공간에 대한 지도를 작성하는 문제 또는 그 알고리즘을 말합니다.

음 배울 때도, 책상에 두고 가끔 뒤져볼 때도 유용한 정보를 담고 있습니다. 여기에 정성 가득한 역자의 주석까지 더해져 머신러닝에 입문하는 파이썬 개발자에게는 더할 나위 없는 선물입니다.

**오동권**, Nitmus CTO
서울대학교에서 학사와 석사 학위를 받았다.
20여 년간 여러 스타트업을 거쳐, 지금은 광고 기술을 연구하고 있다.

머신러닝은 이제 관련 전공자뿐만 아니라 많은 IT 인력들이 관심 있어 하는 영역이고, 회사들 또한 다양한 사업에 적용하려 시도하고 있습니다. 이 책은 복잡한 수식은 걷어내고 scikit-learn으로 각 머신러닝 알고리즘의 원리와 구현 방법을 여러 예제를 들어 설명합니다. 또한 책에 나오는 소스 코드는 저자가 지속해서 업데이트하고 있고 IPython 노트북으로 작성되어 있어서, 약간의 프로그래밍 지식만 있다면 복잡한 이론적 배경 없이도 혼자 학습하기 좋은 책입니다.

**이상훈**, 삼성생명 DA Lab
'케라스 코리아'와 '한국 스파크 사용자 모임'의 운영자로 활동하고 있다.
『실시간 분석의 모든 것』을 번역했다.

2017년에 이 책을 처음 번역할 때 한 문장 한 문장을 노트에 적었던 기억이 납니다. scikit-learn 깃허브를 클론하여 코드를 읽어가며 원서의 내용을 이해했습니다. 덕분에 정말 많은 것을 배웠습니다. 그때는 단지 좋은 책을 한 권 번역해보고 싶었던 것뿐인데 제 인생을 이렇게 많이 바꿀 줄은 몰랐습니다.

이 책이 처음 등장할 때부터 scikit-learn은 명실상부하게 머신러닝 분야의 대표 라이브러리였습니다. scikit-learn을 언급하지 않고서는 머신러닝을 다루기 어렵습니다. 오랜 기간 동안 새로운 기능을 추가하고 안정화를 거듭해온 scikit-learn이 드디어 1.0 버전을 릴리스했습니다. 개정2판은 1.0 버전에 맞추어 코드와 내용을 전체적으로 업그레이드했습니다.

오랜 기간 동안 이 책을 선택한 모든 분에게 깊이 감사드립니다. 결코 책을 읽은 시간이 아깝지 않았기를 바랍니다. 개정2판을 흔쾌히 결정해주신 한빛미디어와 여러모로 도와주신 김종찬 님께 감사드립니다. 언제나 명랑한 우리 가족 주연이와 진우에게도 감사와 사랑의 말을 전합니다.

다시 한번 이 책이 머신러닝 학습의 엔트로피를 줄이는 데 도움이 되었으면 좋겠습니다. 앞으로도 에러타와 scikit-learn 최신 버전에 맞춘 코드를 블로그(https://bit.ly/python-ml-home)와 깃허브(https://bit.ly/python-ml-git)에 꾸준히 업데이트하겠습니다. 이 책에 관한 이야기라면 무엇이든 환영합니다. 블로그나 이메일로 연락해주세요!

박해선
2021년 12월

---

### 번역개정2판의 특징

번역개정2판은 전체 코드를 구글 코랩에서 실행할 수 있도록 변경했습니다. scikit-learn 최신 1.x 버전의 변경사항과 추가 기능을 반영했습니다. 그 외에도 QuantileRegressor, 확률적 경사 하강법, plot_tree 함수, 히스토그램 기반 부스팅, permutation_importance 함수, 설명된 분산 비율, 엘보우 방법, RandomizedSearchCV/HalvingGridSearchCV, 오차 행렬/정밀도-재현율/ROC 곡선 그리는 방법 등이 추가되었습니다. 2장에는 트리 기반 앙상블 모델의 매개변수를 한 눈에 비교할 수 있는 표가 추가되어 있습니다.

## 이 책에 대하여

최근 의료 진단부터 소셜 네트워크 친구 추천까지 머신러닝이 많은 상용 애플리케이션과 연구 프로젝트에서 꼭 필요한 요소가 되었습니다. 사람들 대부분이 머신러닝을 연구 인력이 많은 큰 회사에서나 적용하는 것으로 생각합니다. 이 책을 통해서 머신러닝 솔루션을 얼마나 쉽게 만들 수 있는지, 최선의 방법은 무엇인지 알리고 싶습니다. 이 책을 읽고 나면 트위터에서 사람들이 느끼는 감정을 분석하고 지구 온난화를 예측하는 자신만의 시스템을 만들 수 있습니다. 머신러닝을 적용할 수 있는 곳은 헤아릴 수 없이 많으며 요즘엔 학습에 활용할 수 있는 수많은 데이터가 공개되어 있기까지 합니다. 부족한 건 우리의 상상력뿐입니다.

### 누구를 위한 책인가

이 책은 머신러닝으로 실제 문제에 대한 해법을 찾는 머신러닝 기술자와 예비 기술자를 위해 썼습니다. 머신러닝과 인공지능에 대한 사전 지식이 필요 없는 입문서입니다. 파이썬과 scikit-learn에 중점을 두었으며 머신러닝 애플리케이션을 성공적으로 만들기 위한 모든 단계를 밟아갑니다. 여기서 소개하는 방법들은 상용 애플리케이션을 만드는 데이터 전문가는 물론 연구자와 과학자에게도 도움이 될 것입니다. 파이썬과 NumPy, matplotlib 라이브러리에 친숙하다면 이 책의 대부분을 이해할 수 있습니다.

이 책은 수학보다 머신러닝 알고리즘을 실용적으로 사용하는 데 초점을 맞추었습니다. 머신러닝의 바탕이 수학(특히 확률 이론)으로 이루어져 있으므로 알고리즘을 너무 자세하게 분석하지는 않았습니다. 머신러닝 알고리즘의 수학 이론에 관심이 있다면 트레버 헤이스티Trevor Hastie, 로버트 팁시라니Robert Tibshirani, 제롬 프리드먼Jerome Friedman의 『The Elements of Statistical Learning』(Springer, 2009)을 추천합니다. 이 책은 저자의 웹사이트(http://statweb.stanford.edu/~tibs/ElemStatLearn/)에서 무료로 읽을 수 있습니다. 여기서는 머신러닝 알고리즘을 밑바닥부터 만드는 법을 다루지는 않으며 대신 scikit-learn과 다른 라이브러리에 이미 구현된 방대한 양의 모델을 사용하는 법에 집중하겠습니다.

## 이 책을 쓴 이유

머신러닝과 인공지능 관련 책은 많습니다. 하지만 대부분 컴퓨터 과학을 전공하는 대학원생을 위한 것이고 어려운 수학으로 가득 차 있습니다. 이는 머신러닝이 연구와 상용 애플리케이션에서 일상적으로 사용되는 방식과 극명하게 대립됩니다. 요즘엔 머신러닝을 사용하기 위해 학위를 받을 필요가 없습니다. 그런데도 복잡한 수학을 동원하지 않고 실용적으로 머신러닝을 구축하는 모든 면을 다루는 책이 매우 드뭅니다. 미적분, 선형대수, 확률을 공부하지 않았어도 이 책으로 머신러닝을 사용할 수 있게 되기를 바랍니다.

## 이 책의 구성

이 책은 다음과 같이 구성했습니다.

1장은 머신러닝과 머신러닝 애플리케이션의 기초 개념을 소개하고 이 책에서 사용할 환경을 설명합니다.

2장과 3장은 실전에서 가장 널리 사용하는 머신러닝 알고리즘을 설명하고 각각의 장단점을 논합니다.

4장은 머신러닝에서 데이터를 표현하는 방법이 얼마나 중요한지와 데이터의 어떤 면을 주의 깊게 봐야 하는지를 논합니다.

5장은 모델 평가와 매개변수 튜닝을 위한 고급 방법으로, 특별히 교차 검증과 그리드 서치에 집중하여 살펴봅니다.

6장은 모델을 연결하고 워크플로를 캡슐화하는 파이프라인 개념을 설명합니다.

7장은 앞 장에서 설명한 방법들을 텍스트 데이터에 적용하는 방법과 텍스트에 특화된 처리 기법을 소개합니다.

8장은 개괄적인 정리를 하고 좀 더 어려운 주제에 대한 참고 자료를 안내합니다.

2장과 3장에서 현장에서 실제 활용하는 알고리즘을 설명하지만, 초보자가 이 알고리즘을 모두 이해할 필요는 없습니다. 머신러닝 시스템을 가능한 한 빨리 구축해야 한다면 1장과 중요한 개념을 모두 소개하는 2장의 서두를 읽어보기 바랍니다. 그런 다음 지도 학습 모델을 모두 나열한 2장의 '요약 및 정리'로 건너뛸 수 있습니다. 여기서 목적에 가장 적합한 모델을 선택하고 그 모델을 자세히 설명한 절을 읽으면 됩니다. 그런 다음 모델 평가와 튜닝을 위해 5장의 개념을 살펴보기 바랍니다.

## 예제 소스 내려받기

이 책에 포함된 모든 예제 코드는 다음의 역자 깃허브에서 내려받을 수 있습니다.

- https://github.com/rickiepark/intro_ml_with_python_2nd_revised

혹은 아래 주소에서도 예제 코드를 확인하실 수 있습니다. 종종 깃허브가 주피터 노트북으로 작성한 코드를 제대로 보여주지 못하는 경우가 있는데, 이럴 때 활용하시면 좋습니다.

- https://nbviewer.jupyter.org/github/rickiepark/intro_ml_with_python_2nd_revised/tree/main/
  단축 URL: https://bit.ly/python-ml-nbviewer

## 감사의 말

여러 사람의 도움과 지원이 없었다면 이 책은 결코 나오지 못했을 것입니다. 이 책이 출간되도록 세라와 저를 도와준 편집자 메건 블랜칫, 브라이언 맥도날드와 특히 돈 새너펠트에게 감사합니다.

시간을 내어 책의 초고를 읽고 값진 피드백을 주었으며 오픈 소스 생태계의 주춧돌 역할을 하고 있는 토머스 카스웰, 올리비에 그리셀, 스테판 판데르발트, 존 마일스 화이트에게 감사합니다.

과학 파이썬 분야의 오픈 소스 커뮤니티와 특히 scikit-learn 기여자들에게 항상 감사하고 있습니다. 이 커뮤니티와 특히 게일 바호크, 알렉스 그램포트, 올리비에 그리셀의 도움과 지원이 없었다면 저는 절대로 scikit-learn의 핵심 기여자가 되지 못했을 것이고 지금만큼 이 패키지를 이해하지도 못했을 것입니다. 그리고 이 패키지를 개선하고 보수하는 데 시간을 투자한 모든 기여자에게도 감사합니다.

머신러닝의 도전 과제를 이해하고 이 책의 구성에 아이디어를 보태준 많은 동료와 친구들에게 감사드립니다. 머신러닝에 대해 함께 이야기한 사람 중 특별히 브라이언 맥피, 다니엘라 후텡코펜, 조엘 노스먼, 질 루프, 휴고 본-앤더스, 스벤 크라이스, 앨리스 정, 조경현, 파블로 바르베라스, 댄 체르보네에게 감사합니다.

그리고 이 책의 초기 버전을 검토하고 열성적으로 베타 테스트를 해주어 다방면으로 책을 구성할 수 있게 도와준 레이철 라코프에게도 감사합니다.

개인적으로 끊임없는 지원과 격려를 해주는 부모님 해럴드와 마고, 누이 미리암에게 감사드립니다. 도전적인 작업을 시작하도록 지원하고 격려해준 친구들과 사랑하는 모든 사람에게도 감사드립니다.

**안드레아스**

메건 블랜칫에게 감사합니다. 도와주고 안내해주지 않았다면 이 책을 끝마치지 못했을 것입니다. 초고를 읽어준 셀리아 라와 브라이언 칼슨에게 감사합니다. 긴 시간 인내해준 오라일리 친구들에게도 감사합니다. 마지막으로 끊임없이 무한한 지원을 보내준 DTS에게 감사합니다.

**세라**

(한국어판 부록) 저자 인터뷰

# 안드레아스 뮐러

scikit-learn 핵심 개발자 겸 관리자
컬럼비아 대학교 데이터 과학 강사
http://amueller.github.io/

**안녕하세요, 앤디. 먼저 간단한 본인 소개 부탁합니다.**

한국 독자 여러분, 안녕하세요. 안드레아스 뮐러입니다. 편하게 앤디라고 부르세요. 컬럼비아 대학교에서 데이터 과학을 가르치고 있고, 여러분이 읽고 계신 이 책을 썼습니다. scikit-learn 머신러닝 라이브러리의 핵심 개발자이고 수년 전부터 소스 관리에도 참여하고 있습니다. 그 전에는 뉴욕 대학교 데이터 과학 센터와 아마존에서 머신러닝 과학자로 일했습니다.

최신 머신러닝 기법을 누구나 쉽게 활용할 수 있는 도구로 만드는 일을 좋아합니다.

**어떻게 scikit-learn의 소스 관리자가 되었나요?**

처음에는 매우 쉬운 이슈들을 고치면서 scikit-learn에 기여하기 시작했습니다. 그러다 스페인 그라나다Granada에서 열린 NIPS 2011의 scikit-learn 코딩 스프린트에 참여할 수 있는지 문의했더니 항공편을 지원해주는 게 아니겠습니까. 그래서 스프린트에 참여했는데, 때마침 배포release 관리자가 공석이라며 저에게 배포를 관리해달라고 하더군요. 그때부터 이 프로젝트에 깊게 관여하게 되었습니다.

**당신에게 데이터 과학과 머신러닝은 어떤 의미인가요?**

제가 머신러닝이라고 할 땐 보통 지도 학습을 말합니다. 가장 널리 사용되고 또 가장 유용하거든요. 훌륭한 애플리케이션들이 많이 있지만 제 생각에 가장 유용한 것은 분류, 회귀, 랭킹ranking, 예측forecasting인 것 같습니다. 추론inference도 매우 중요하지만 문제에 따라 통계학의 분야로 볼 수 있습니다. 하지만 둘 간의 경계는 매우 모호합니다. 예측prediction을 하는 통계학자도 있고 인과 모델링causal modeling을 하는 머신러닝 연구자도 있습니다. 데이터 과학을 뭐라고 해야 할지 잘 모르겠습니다. 사람마다 의미하는 바가 다릅니다. 저는 원본 데이터에서 관심 있는 정보를 추출하는 데 필요한 모든 것이 해당한다고 생각합니다. 데이터 취합, 질의query 작성, 데이터

베이스 최적화, 분산 컴퓨팅, 데이터 정제, 통계, 머신러닝, 시각화 등 데이터 분석 파이프라인의 모든 부분이 해당됩니다.

**딥러닝이 큰 붐을 일으키고 있습니다. 딥러닝의 장단점에 대해 한마디 부탁합니다. (piper 님)**

딥러닝은 어느 면에서는 훌륭합니다만 만병통치약은 아닙니다. 만약 보유한 데이터가 아주 많거나 훈련된 신경망 모델에 맞는 데이터가 있다면 딥러닝이 잘 맞을 수 있습니다. 딥러닝은 원본 표현에서는 의미를 찾기 어려운 데이터에서 특징을 추출하는 데 뛰어납니다. 대표적인 사례는 이미지, 비디오, 대화, 오디오입니다. 이런 분야에서는 신경망이 탁월합니다. 반면 아직까지는 고객 데이터처럼 여러 종류의 데이터가 섞여 있는 작은 데이터셋에서는 신경망이 잘 맞지 않는다고 생각합니다. 딥러닝을 하려면 데이터와 자원이 많이 필요합니다. 아주 소수의 연구자만이 대규모 모델을 훈련시킬 자원을 가지고 있기 때문에, 이미 페이스북이나 구글 같은 회사의 컴퓨터 비전vision 연구 결과를 재현하기가 어렵습니다.

**이제 좀 구체적인 이야기를 해보죠. scikit-learn 0.18 버전에 다층 퍼셉트론Multi-layer Perceptron이 추가되었습니다. 향후 CNN, RNN 모델이 추가되거나 GPU 지원이 될까요?**

아니요. 이미 파이썬에서 사용할 수 있는 훌륭한 딥러닝 라이브러리들이 있고 이 분야는 매우 빠르게 변합니다. 우리가 케라스Keras나 텐서플로TensorFlow를 따라잡아야 할 이유가 없습니다. GPU를 사용하는 데 필요한 패키지를 설치하는 일이 여전히 큰 장벽이라서 GPU 지원은 추가하지 않기로 했습니다. 또 GPU를 지원한다는 것은 근본적으로 알고리즘들을 밑바닥부터 다시 작성해야 한다는 뜻입니다. 다른 패키지를 사용해 쉽게 구현할 수 있는데, scikit-learn에서 굳이 이렇게 해야 할 강한 동기를 찾지 못했습니다. 우리가 모든 활용 예를 지원하는 것은 불가능하니, 그 보완책으로 scikit-learn 인터페이스와 호환되고 특별한 목적을 가진 패키지를 위한 scikit-learn-contrib 조직을 만들었습니다.[2]

---

2 옮긴이_ http://contrib.scikit-learn.org 사이트를 참고하세요.

scikit-learn 0.17 버전에서 은닉 마르코프 모델Hidden Markov Model을 제외한 이유는 무엇인가요? 다시 추가할 가능성이 있을까요? (lunrot 님)

은닉 마르코프 모델은 scikit-learn의 표준 데이터 행렬과는 조금 다른 인터페이스를 사용합니다. 우리는 길이가 다양한 시퀀스sequence를 지원하는 것이 인터페이스를 너무 복잡하게 한다고 판단했습니다. 더욱이 scikit-learn에 있는 은닉 마르코프 모델을 유지보수할 개발자를 찾지 못했고 핵심 개발자들이 즐겨 쓰는 모델이 아니기도 합니다.

IncrementalPCA처럼 LDALinear Discriminant Analysis의 온라인 학습online learning 기능을 추가할 계획이 있나요? (곽지원 님)

당장은 없습니다. 하지만 추가되면 환영받을 거로 생각합니다.

scikit-learn에는 왜 잭나이프Jackknife(Leave-One-Out) 회귀 모델이 없나요? (최희욱 님)

잭나이프 샘플링은 LeaveOneOut 클래스에 구현되어 있습니다. 단, 추론에 대한 문제라 할 수 있는 예측의 분산variance과 편향bias을 추정하는 데 사용하는 잭나이프 회귀 모델은 없습니다. scikit-learn은 이런 문제보다 예측에 집중합니다.

scikit-learn의 중장기 로드맵이 있나요?

사실 공식적인 로드맵은 없습니다. 그래도 제가 마음속에 품고 있는 어떤 생각이 있고, 다른 개발자들도 또 다른 생각을 가지고 있습니다. 중기적으로 제가 중요하게 생각하는 것은 pandas와 더 부드럽게 연동시키는 것과 범주형 변수에 대한 기능을 더 추가하고, 결과를 더 손쉽게 시각화하는 일입니다. 장기적으로는 저수준의 멀티스레딩을 지원하여 하나의 모델이더라도 멀티코어 시스템을 충분히 활용하도록 할 계획입니다. 머신러닝 단계를 더 자동화하는 데도 관심이 있습니다. 하지만 이 기능들이 언제 포함될지는 확실하지 않습니다.

**마지막으로, 오픈 소스에 기여하려는 사람들에게 조언할 것이 있다면 한마디 부탁합니다.**

지금 당장 간단한 것부터 시작하세요. 많은 사람이 처음부터 복잡한 것에 기여하려고 애쓰니다. 이슈 추적 시스템을 살펴보고 가장 쉬운 것을 찾아 고치세요. 새로운 도구와 인프라를 사용해 새로운 코드베이스에서 작업하기란 조금 어려운 일이니, 우선은 작게 시작하는 것이 좋습니다. 이슈를 고치는 것 말고도 문서화나 버그 찾기 등 도울 방법이 다양합니다. 종종 버그 리포트에 개발자에게 매우 필수적인 재현 가능한 스크립트가 없는 경우가 있거든요.

어쩌면 더 작은 오픈 소스 프로젝트를 찾아 시작해보는 게 좋을지 모릅니다. scikit-learn은 매우 잘 알려져 있고 기여자가 많습니다. 하지만 코어 팀이 모든 요청과 기여를 확인하는 게 쉽지 않습니다. 대부분 코드를 검토할 사람이 더 필요하지만 프로젝트에 처음 참여한 사람에게는 쉬운 일이 아닙니다. 여러분이 새로 시작한 작은 프로젝트에 기여한다면 새롭게 구현할 기능이 많고, 운영자들도 여러분이 추가한 기능을 좋아할 것입니다. scikit-learn은 이미 매우 성숙하고 많이 복잡하기 때문에, 우리는 유지보수를 어렵게 만드는 여러 부가적인 기능을 추가하는 것에 조금 지쳐 있습니다.

# CONTENTS

## CHAPTER 1 소개

## CHAPTER 2 지도 학습

# CONTENTS

## CHAPTER 5 모델 평가와 성능 향상

# CONTENTS

CHAPTER **8** 마무리

# 소개

머신러닝<sup>Machine Learning</sup>은 데이터에서 지식을 추출하는 작업입니다. 머신러닝은 통계학, 인공지능 그리고 컴퓨터 과학이 얽혀 있는 연구 분야이며 예측 분석<sup>predictive analytics</sup>이나 통계적 머신러닝<sup>statistical learning</sup>으로도 불립니다. 최근 몇 년 동안 머신러닝을 사용한 애플리케이션들이 우리 일상에 널리 퍼지고 있습니다. 영화 추천에서부터 음식 주문, 쇼핑, 맞춤형 온라인 라디오 방송과 사진에서 친구 얼굴을 찾아주는 일까지 최근 많은 웹사이트와 기기가 머신러닝 알고리즘을 핵심 기술로 채택하고 있습니다. 페이스북, 아마존, 넷플릭스 같은 복잡한 웹사이트들은 여러 가지 머신러닝 모델을 사용하여 구성 요소의 대부분을 만들어냅니다.

상업적인 애플리케이션 이외에도 머신러닝은 오늘날 데이터에 기반한 연구에 커다란 영향을 끼쳐 왔습니다. 이 책에서 소개하는 도구들은 별을 탐구하고 새로운 행성을 찾거나 새로운 미립자를 발견하고 DNA 서열을 분석하며 또 맞춤형 암 치료법을 만드는 일과 같은 다양한 과학 분야에 적용되어 왔습니다.

그렇다고 여러분의 애플리케이션이 이처럼 큰 규모이거나 대단한 것이어야 머신러닝을 사용할 수 있는 것은 아닙니다. 이 장에서는 왜 머신러닝이 유명해졌는지 그리고 머신러닝을 사용해 어떤 문제를 해결할 수 있는지 살펴보겠습니다. 그런 다음 어떻게 머신러닝 모델을 만드는지 설명하면서 중요한 개념들을 언급하도록 하겠습니다.

# 1.1 왜 머신러닝인가?

초창기 지능형 애플리케이션들은 데이터를 처리하고 사용자의 입력을 다루는 데 하드 코딩된 "if"와 "else" 명령을 사용하는 시스템이었습니다. 의심되는 메일을 스팸함으로 보내야 하는 스팸 필터를 생각해보겠습니다. 스팸으로 의심되는 단어들로 블랙리스트를 만들어 처리할 수 있을 것입니다. 이 방식은 지능형 애플리케이션을 만들기 위해 규칙 기반 전문가 시스템rule-based expert system을 사용하는 예라고 볼 수 있습니다. 결정 규칙을 수동으로 만드는 것이 적합할 때도 있습니다. 모델링할 처리 과정을 사람이 잘 알고 있는 경우입니다. 하지만 직접 규칙을 만드는 것은 두 가지 커다란 단점이 있습니다.

- 결정에 필요한 로직은 한 분야나 작업에 국한됩니다. 작업이 조금만 변경되더라도 전체 시스템을 다시 개발해야 할 수 있습니다.
- 규칙을 설계하려면 그 분야 전문가들이 내리는 결정 방식에 대해 잘 알아야 합니다.

얼굴 인식은 규칙을 직접 만드는 데 실패한 대표적인 예입니다. 요즘엔 모든 스마트폰이 이미지에서 얼굴을 찾아낼 수 있습니다. 하지만 얼굴 인식은 2001년 이전에는 풀 수 없는 문제였습니다. 컴퓨터가 인식하는 픽셀(컴퓨터에서 이미지를 구성하는 단위) 방식이 사람이 얼굴을 인식하는 방식과 매우 다르다는 점이 가장 큰 문제였습니다. 이런 표현 방식의 차이 때문에 디지털 이미지에서 얼굴을 구성하는 것이 무엇인지를 일련의 규칙으로 표현하기가 근본적으로 불가능합니다.

그러나 머신러닝을 사용하여 알고리즘에 많은 얼굴 이미지를 제공해주면 얼굴을 특정하는 요소가 어떤 것인지를 충분히 찾아낼 수 있습니다.

## 1.1.1 머신러닝으로 풀 수 있는 문제

가장 많이 사용되는 머신러닝 알고리즘들은 이미 알려진 사례를 바탕으로 일반화된 모델을 만들어 의사 결정 프로세스를 자동화하는 것들입니다. 이 방식을 **지도 학습**supervised learning이라고 하며 사용자는 알고리즘에 입력과 기대되는 출력을 제공하고 알고리즘은 주어진 입력에서 원하는 출력을 만드는 방법을 찾습니다. 이렇게 학습된 알고리즘은 사람의 도움 없이도 새로운 입력이 주어지면 적절한 출력을 만들 수 있습니다. 스팸 분류 문제로 돌아가 보면, 머신러닝을 사용해서 사용자는 알고리즘에 많은 이메일(입력)과 각 이메일의 스팸 여부(기대되는 출력)를 제공합니다. 그러면 이 알고리즘은 새로운 이메일이 스팸인지 아닌지 예측할 수 있게 됩니다.

입력 데이터로부터 기대한 출력이 나오도록 알고리즘을 가르치는 것이기 때문에 입력과 출력으로부터 학습하는 머신러닝 알고리즘들을 지도 학습 알고리즘이라고 합니다. 입력과 출력 데이터를 만드는 것은 종종 수작업을 거쳐야 해서 힘든 일이지만, 지도 학습 알고리즘은 분석하기에 좋고 성능을 측정하기도 쉽습니다. 만약 여러분의 애플리케이션을 지도 학습 문제로 구성할 수 있고 원하는 출력을 포함한 데이터셋dataset을 만들 수 있다면 아마도 머신러닝이 그 문제를 해결할 수 있을 것입니다.

지도 학습의 예는 다음과 같습니다.

**편지 봉투에 손으로 쓴 우편번호 숫자 판별**

여기서 입력은 손글씨를 스캔한 이미지이고 기대하는 출력은 우편번호 숫자입니다. 머신러닝 모델 구축에 쓸 데이터셋을 만들려면 많은 편지 봉투를 모아야 합니다. 그리고 우편번호를 눈으로 확인해서 원하는 출력 값을 기록해놓아야 합니다.

**의료 영상 이미지에 기반한 종양 판단**

이 경우 입력은 이미지이고 출력은 종양이 양성[1]인지의 여부입니다. 모델 구축에 사용할 데이터셋을 만들려면 의료 영상 데이터베이스가 필요합니다. 또한 전문가의 의견이 필요합니다. 다시 말해 의사가 이미지를 모두 확인해서 종양이 양성인지, 아니면 악성인지 판단을 내려야 합니다. 경우에 따라서는 종양이 암인지를 확인하기 위해 이미지 확인 외의 추가 분석을 해야 할 수도 있습니다.

**의심되는 신용카드 거래 감지**

여기서는 신용카드 거래 내역이 입력이 되고 부정 거래인지의 여부가 출력이 됩니다. 신용카드 회사라면 모든 거래 내역을 저장하고 고객이 잘못된 거래라고 신고한 내역을 기록해서 데이터셋을 만들 수 있습니다.

---

1 옮긴이_ 종양이 암이면 악성이라 하며, 양성은 그 반대입니다.

이런 사례들에서 주목할 점은 입력과 출력이 상당히 직관적으로 보이지만, 데이터를 모으는 과정은 세 경우가 많이 다르다는 것입니다. 편지 봉투를 읽는 것은 손이 많이 가는 일이지만, 쉽고 비용이 적게 듭니다. 반면에 의료 영상 이미지를 얻거나 분석하려면 도덕적 이슈나 개인정보 보호를 차치하더라도 고가의 장비가 필요하고 보수가 높고 흔치 않은 전문가의 의견을 구해야 합니다. 신용카드 사기 탐지의 예에서는 데이터 수집이 매우 간단합니다. 고객이 사기 거래라고 보고할 것이니 필요한 출력 데이터를 고객이 제공하는 셈입니다. 즉 사기 거래와 일반 거래의 입력과 출력을 얻기 위해서는 기다리기만 하면 됩니다.

이 책에서 다룰 또 다른 알고리즘은 **비지도 학습**unsupervised learning 알고리즘입니다. 비지도 학습에서는 알고리즘에 입력은 주어지지만 출력은 제공되지 않습니다. 이 알고리즘의 성공 사례는 많지만 비지도 학습을 이해하거나 평가하는 일은 쉽지 않습니다.

비지도 학습의 예는 다음과 같습니다.

### 블로그 글의 주제 구분

많은 양의 텍스트 데이터를 요약하고 그 안에 담긴 핵심 주제를 찾고자 할 수 있습니다. 사전에 어떤 주제인지 알지 못하고 얼마나 많은 주제가 있는지도 모릅니다. 그러므로 출력 값을 준비할 수 없습니다.

### 고객들을 취향이 비슷한 그룹으로 묶기

고객 데이터를 이용해서 어떤 고객들의 취향이 비슷한지 알고 싶거나 비슷한 취향의 고객을 그룹으로 묶고 싶을 것입니다. 쇼핑 사이트라면 부모, 독서광, 게이머 같은 그룹이 있을 수 있습니다. 어떤 그룹이 있는지 미리 알 수 없고 얼마나 많은 그룹이 있는지도 모르니 출력을 가지고 있지 않은 셈입니다.

### 비정상적인 웹사이트 접근 탐지

일상적이지 않은 접근 패턴을 찾으면 부정행위나 버그를 구별하는 데 도움이 됩니다. 각각의 비정상 패턴은 서로 많이 다를 수 있고 이미 가지고 있는 비정상 데이터도 없을 수 있습니다. 이 경우 단지 웹 트래픽만 관찰할 수 있고 어떤 것이 정상이고 비정상인지 알지 못하므로 비지도 학습 문제입니다.

지도 학습과 비지도 학습 모두 컴퓨터가 인식할 수 있는 형태로 입력 데이터를 준비하는 것이 중요합니다. 데이터를 엑셀 테이블처럼 생각하면 편리할 때가 많습니다. 우리가 판별해야 할 개개의 데이터(개개의 이메일, 고객, 거래)는 행이고 데이터를 구성하는 각 속성(고객의 나이, 거래 가격, 지역)은 열입니다. 고객이라면 나이, 성별, 계정 생성일, 온라인 쇼핑몰에서의 구매 빈도 등으로 표현할 수 있습니다. 흑백 이미지로 된 종양 데이터라면 크기나 모양, 색상의 진하기 등이 속성이 될 것입니다.

머신러닝에서는 하나의 개체 혹은 행을 **샘플**sample 또는 **데이터 포인트**data point라고 부릅니다. 그리고 샘플의 속성, 즉 열을 **특성**feature이라고 합니다.

나중에 이 책에서 좋은 입력 데이터를 만들어내는 **특성 추출**feature extraction 혹은 **특성 공학**feature engineering이라는 주제를 자세히 다뤄보겠습니다. 유념해둬야 할 것은 어떤 머신러닝 알고리즘도 아무런 정보가 없는 데이터로는 그 어떤 것도 예측할 수 없다는 사실입니다. 예를 들어 환자에 대해 알고 있는 특성이 오직 성씨뿐이라면 어떤 알고리즘도 그 환자의 성별을 예측할 수는 없을 것입니다. 성씨 데이터에는 성별에 관한 정보가 없기 때문입니다. 만약 환자의 이름을 특성으로 추가한다면 아마 이름을 토대로 환자의 성별을 알아낼 수도 있을 것입니다.

### 1.1.2 문제와 데이터 이해하기

머신러닝 프로세스에서 가장 중요한 과정은 사용할 데이터를 이해하고 그 데이터가 해결해야 할 문제와 어떤 관련이 있는지를 이해하는 일입니다. 아무 알고리즘이나 선택해서 데이터를 입력해보는 것은 좋은 방법이 아닙니다. 데이터셋으로 무엇을 하는 것인지 머신러닝 모델을 만들기 전에 반드시 이해해야 합니다. 알고리즘마다 잘 들어맞는 데이터나 문제의 종류가 다르기 때문입니다. 머신러닝 솔루션을 만들 동안 다음 질문에 답해보거나 최소한 마음에 새겨둬야 합니다.

- 어떤 질문에 대한 답을 원하는가? 가지고 있는 데이터가 원하는 답을 줄 수 있는가?
- 내 질문을 머신러닝의 문제로 가장 잘 기술하는 방법은 무엇인가?
- 문제를 풀기에 충분한 데이터를 모았는가?
- 내가 추출한 데이터의 특성은 무엇이며 좋은 예측을 만들어낼 수 있을 것인가?
- 머신러닝 애플리케이션의 성과를 어떻게 측정할 수 있는가?
- 머신러닝 솔루션이 다른 연구나 제품과 어떻게 협력할 수 있는가?

넓은 시각으로 보면, 머신러닝 알고리즘이나 방법론은 특정 문제를 푸는 전체 과정의 일부일 뿐입니다. 항상 머릿속에 전체 시스템에 대한 큰 그림을 담고 있어야 합니다. 많은 사람이 복잡한 머신러닝 솔루션을 구축하느라 오랜 시간을 투자하고 나서야 문제를 풀기에 적절한 방법이 아니었음을 깨닫습니다.

(이 책에서 보게 될) 머신러닝의 기술적인 측면을 깊게 파고 들다가 궁극적인 목표를 망각하게 되기 쉽습니다. 앞에서 나열한 질문들에 대해 깊게 다루지는 않겠지만, 머신러닝 모델을 구축하기 시작할 때 직간접적인 가능한 모든 가정들을 세워보라고 강조해봅니다.

## 1.2 왜 파이썬인가?

파이썬Python은 데이터 과학 분야를 위한 표준 프로그래밍 언어가 되어 가고 있습니다. 파이썬은 범용 프로그래밍 언어의 장점은 물론 매트랩MATLAB과 R 같은 특정 분야를 위한 스크립팅 언어의 편리함을 함께 갖췄습니다. 파이썬은 데이터 적재, 시각화, 통계, 자연어 처리, 이미지 처리 등에 필요한 라이브러리들을 가지고 있습니다. 이러한 많은 도구가 데이터 과학자에게 아주 풍부하고 일반적인 그리고 또 특수한 기능들을 제공해줍니다. 곧 살펴보겠지만 파이썬의 장점 하나는 터미널이나 주피터 노트북Jupyter Notebook[2] 같은 도구로 대화하듯 프로그래밍할 수 있다는 점입니다. 머신러닝과 데이터 분석은 데이터 주도 분석이라는 점에서 근본적으로 반복 작업입니다. 그래서 반복 작업을 빠르게 처리하고 손쉽게 조작할 수 있는 도구가 필수입니다.

범용 프로그래밍 언어로서 파이썬은 복잡한 그래픽 사용자 인터페이스(GUI)나 웹 서비스도 만들 수 있으며 기존 시스템과 통합하기도 좋습니다.

---

2 옮긴이_ IPython 노트북에서 여러 언어를 포괄하는 프로젝트인 주피터 노트북으로 이름이 바뀌었고 IPython은 주피터 노트북의 파이썬 커널을 의미하게 되었습니다. Jupyter라는 이름은 줄리아(Julia), 파이썬(Python), R의 합성어이고 목성의 발음과 같아 과학자들과 천문학자들에 대한 경의가 담겨 있습니다. 주피터 노트북 로고의 가운데 큰 원은 목성을 의미하며 주위 3개의 작은 원은 1610년 목성의 위성 3개를 최초로 발견한 갈릴레오 갈릴레이를 기리는 의미입니다. https://jupyter.org/

## 1.3 scikit-learn

오픈 소스인 scikit-learn<sup>사이킷런</sup>은 자유롭게 사용하거나 배포할 수 있고, 누구나 소스 코드를 보고 실제로 어떻게 동작하는지 쉽게 확인할 수 있습니다. scikit-learn 프로젝트는 꾸준히 개발, 향상되고 있고 커뮤니티도 매우 활발합니다. 잘 알려진 머신러닝 알고리즘들은 물론 알고리즘을 설명한 풍부한 문서(http://scikit-learn.org/stable/documentation)도 제공합니다. scikit-learn은 매우 인기가 높고 독보적인 파이썬 머신러닝 라이브러리입니다. 그래서 산업 현장이나 학계에도 널리 사용되고 많은 튜토리얼과 예제 코드를 온라인에서 쉽게 찾을 수 있습니다. 앞으로 보게 되겠지만 scikit-learn은 다른 파이썬의 과학 패키지들과도 잘 연동됩니다.

이 책을 읽으며 scikit-learn의 사용자 가이드(http://scikit-learn.org/stable/user_guide.html)와 API 문서(http://scikit-learn.org/stable/modules/classes.html)를 같이 참고하면서 각 알고리즘에 대한 상세 내용과 다양한 옵션을 확인해보기 바랍니다. 온라인 문서는 매우 자세한 내용을 포함하고 있으며 이 책은 그러한 상세 사항을 이해하는 데 필요한 머신러닝의 기초를 다루고 있습니다.

### 1.3.1 scikit-learn 설치

scikit-learn은 두 개의 다른 파이썬 패키지인 **NumPy**<sup>넘파이</sup>와 **SciPy**<sup>사이파이</sup>를 사용합니다. 그래프를 그리려면 matplotlib<sup>맷플롯립</sup>을, 대화식으로 개발하려면 IPython<sup>아이파이썬</sup>과 주피터 노트북도 설치해야 합니다. 그래서 필요한 패키지들을 모아놓은 파이썬 배포판을 설치하는 방법을 권장합니다. 다음은 대표적인 배포판들입니다.

**Anaconda (https://www.anaconda.com)**
대용량 데이터 처리, 예측 분석, 과학 계산용 파이썬 배포판입니다. Anaconda<sup>아나콘다</sup>는 NumPy, SciPy, matplotlib, pandas<sup>팬더스</sup>, IPython, 주피터 노트북, 그리고 scikit-learn을 모두 포함합니다. macOS, 윈도우, 리눅스를 모두 지원하며 매우 편리한 기능을 제공하므로 파이썬 과학 패키지가 없는 사람에게 추천하는 배포판입니다.

**ActivePython (https://www.activestate.com/products/python/)**
또 다른 범용 파이썬 배포판입니다. NumPy, SciPy, matplotlib, pandas, Jupyter,

scikit-learn을 포함하고 있습니다. 무료로 사용할 수 있는 Community Edition과 기업을 위한 유료 버전도 있습니다. ActivePython은 파이썬 2.7, 3.5, 3.6을 지원하며 macOS, 윈도우, 리눅스에서 사용할 수 있습니다.

### Python(x,y) (http://python-xy.github.io/)

특별히 윈도우 환경을 위한 과학 계산용 무료 파이썬 배포판입니다. Python(x,y)는 NumPy, SciPy, matplotlib, pandas, IPython, scikit-learn을 포함합니다.

파이썬을 이미 설치했다면 pip 명령을 사용하여 필요한 패키지들을 설치할 수 있습니다.

```
$ pip install numpy scipy matplotlib ipython scikit-learn pandas pillow imageio
```

2장에서 결정 트리를 그리려면 graphviz 패키지도 필요합니다. 7장에서는 nltk와 spacy 라이브러리가 필요합니다. 자세한 내용은 7장을 참고하세요.

## 1.4 필수 라이브러리와 도구들

scikit-learn이 무엇이고 어떻게 사용하는지 아는 것이 중요하지만, 그 전에 꼭 알아둬야 할 중요한 라이브러리들이 있습니다. scikit-learn은 파이썬 과학 라이브러리인 NumPy와 SciPy를 기반으로 만들었습니다. 우리는 NumPy와 SciPy 외에 pandas와 matplotlib도 사용할 것입니다. 그리고 브라우저 기반의 대화식 프로그래밍 환경인 주피터 노트북도 소개하겠습니다. scikit-learn을 십분 활용할 수 있도록 이런 도구들에 대해 간단히 소개하겠습니다.[3]

### 1.4.1 주피터 노트북

주피터 노트북은 프로그램 코드를 브라우저에서 실행해주는 대화식 환경입니다. 이런 방식은 탐색적 데이터 분석에 아주 적합하여 많은 데이터 분석가가 주피터 노트북을 사용하고 있습니

---

3 옮긴이_ NumPy나 matplotlib에 익숙하지 않다면 SciPy 강의 노트(http://www.scipy-lectures.org/)의 1장을 읽어볼 것을 권합니다.

다. 주피터 노트북은 다양한 프로그래밍 언어를 지원하지만 우리는 파이썬만 사용하겠습니다. 그리고 주피터 노트북은 코드와 설명, 이미지들을 쉽게 섞어 쓸 수 있습니다. 사실 이 책 전부를 주피터 노트북으로 썼습니다. 이 책에 포함된 모든 예제 코드는 깃허브(https://github.com/rickiepark/intro_ml_with_python_2nd_revised)에서 내려받을 수 있습니다.[4]

> **NOTE_** 개정2판의 주피터 노트북에는 구글 코랩<sup>Colab</sup>에서 실행할 수 있는 링크를 포함하고 있습니다. 코랩은 구글이 제공하는 무료 주피터 노트북 환경입니다. 코랩을 사용하면 컴퓨터에 파이썬을 설치할 필요없이 브라우저에서 파이썬 프로그램을 작성하고 실행할 수 있습니다. 코랩에서 이 책의 노트북을 바로 열려면 https://bit.ly/python-ml-colab에 접속하세요.

## 1.4.2 NumPy

NumPy(http://www.numpy.org/)는 파이썬으로 과학 계산을 하려면 꼭 필요한 패키지입니다. 다차원 배열을 위한 기능과 선형 대수[5] 연산과 푸리에 변환[6] 같은 고수준 수학 함수와 유사<sup>pseudo</sup> 난수[7] 생성기를 포함합니다.

scikit-learn에서 NumPy 배열은 기본 데이터 구조입니다. scikit-learn은 NumPy 배열 형태의 데이터를 입력으로 받습니다.[8] 그래서 우리가 사용할 데이터는 모두 NumPy 배열로 변환되어야 합니다. NumPy의 핵심 기능은 다차원($n$-차원) 배열인 ndarray 클래스입니다. 이 배열의 모든 원소는 동일한 데이터 타입이어야 합니다. 다음 코드는 NumPy 배열의 예입니다.

```
In [3]
  import numpy as np

  x = np.array([[1, 2, 3], [4, 5, 6]])
  print("x:\n", x)
```

---

4  옮긴이_ 번역서의 코드는 scikit-learn 라이브러리의 최신 버전에 맞추었고 주석을 한글로 번역하였습니다(단축 주소: https://bit.ly/python-ml-git). 원서의 깃허브 저장소 주소는 다음과 같습니다. https://github.com/amueller/introduction_to_ml_with_python

5  옮긴이_ 벡터, 행렬, 선형 변환을 연구하는 수학의 한 분야입니다.

6  옮긴이_ 시간의 함수인 신호 등을 주파수 성분으로 분해하는 변환입니다.

7  옮긴이_ 초깃값을 이용하여 이미 결정되어 있는 메커니즘에 의해 생성되는 난수로, 초깃값을 알면 언제든 같은 값을 다시 만들 수 있으므로 진짜 난수와 구별하여 유사 난수라 합니다.

8  옮긴이_ 판다스 데이터프레임도 입력 데이터로 사용할 수 있습니다.

```
Out [3]
  x:
  [[1 2 3]
   [4 5 6]]
```

이 책에서는 NumPy를 아주 많이 사용할 것입니다. NumPy의 ndarray 클래스의 객체를 간단하게 NumPy 배열 혹은 그냥 배열이라고 부르겠습니다.


## 1.4.3 SciPy

SciPy(https://www.scipy.org/scipylib)는 과학 계산용 함수를 모아놓은 파이썬 패키지입니다. SciPy는 고성능 선형 대수, 함수 최적화, 신호 처리, 특수한 수학 함수와 통계 분포 등을 포함한 많은 기능을 제공합니다. scikit-learn은 알고리즘을 구현할 때 SciPy의 여러 함수를 사용합니다. 그중에서 가장 중요한 기능은 scipy.sparse입니다. 이 모듈은 scikit-learn에서 데이터를 표현하는 또 하나의 방법인 희소 행렬 기능을 제공합니다. 희소 행렬sparse matrix, 희박 행렬은 0을 많이 포함한 2차원 배열을 저장할 때 사용합니다.

```
In [4]
  from scipy import sparse

  # 대각선 원소는 1이고 나머지는 0인 2차원 NumPy 배열을 만듭니다.
  eye = np.eye(4)
  print("NumPy 배열:\n", eye)

Out [4]
  NumPy 배열:
  [[ 1.  0.  0.  0.]
   [ 0.  1.  0.  0.]
   [ 0.  0.  1.  0.]
   [ 0.  0.  0.  1.]]

In [5]
  # NumPy 배열을 CSR 포맷의 SciPy 희소 행렬로 변환합니다.
  # 0이 아닌 원소만 저장됩니다.
  sparse_matrix = sparse.csr_matrix(eye)
  print("\nSciPy의 CSR 행렬:\n", sparse_matrix)
```

```
Out [5]
  SciPy의 CSR 행렬:
    (0, 0)    1.0
    (1, 1)    1.0
    (2, 2)    1.0
    (3, 3)    1.0
```

보통 희소 행렬을 0이 모두 채워진 2차원 배열로부터 만들지 않으므로(메모리가 부족할 수 있어서) 희소 행렬을 직접 만들 수 있어야 합니다. 다음은 COO 포맷[9]을 이용해서 앞서와 동일한 희소 행렬을 만드는 예제입니다.

```
In [6]
  data = np.ones(4)
  row_indices = np.arange(4)
  col_indices = np.arange(4)
  eye_coo = sparse.coo_matrix((data, (row_indices, col_indices)))
  print("COO 표현:\n", eye_coo)

Out [6]
  COO 표현:
    (0, 0)    1.0
    (1, 1)    1.0
    (2, 2)    1.0
    (3, 3)    1.0
```

SciPy의 희소 행렬에 대한 자세한 내용은 SciPy 강의 노트(http://www.scipy-lectures.org)의 2.5절을 참고하세요.

### 1.4.4 matplotlib

matplotlib(https://matplotlib.org/)은 파이썬의 대표적인 과학 계산용 그래프 라이브러리입니다. 선 그래프, 히스토그램, 산점도 등을 지원하며 출판에 쓸 수 있을 만큼의 고품질 그래프를 그려줍니다. 데이터와 분석 결과를 다양한 관점에서 시각화해보면 매우 중요한 통찰을 얻을 수 있습니다. 이 책의 모든 그래프는 matplotlib을 사용했습니다. 주피터 노트북에서 사용

---

9 옮긴이_ Coordinate 포맷의 약자로 데이터가 놓일 행렬의 위치를 별도의 매개변수로 전달합니다. 한편 CSR은 'Compressed Sparse Row'의 약자로 행의 인덱스를 압축하여 저장합니다.

할 때는 %matplotlib notebook이나 %matplotlib inline 명령을 사용하면 브라우저에서 바로 이미지를 볼 수 있습니다. 대화식 환경을 제공하는 %matplotlib notebook 명령을 권장합니다(하지만 이 책에서는 %matplotlib inline을 사용합니다[10]). 다음 코드는 [그림 1-1]의 그래프를 그리는 간단한 예제입니다.

```
In [7]
    %matplotlib inline
    import matplotlib.pyplot as plt

    # -10에서 10까지 100개의 간격으로 나뉘어진 배열을 생성합니다.
    x = np.linspace(-10, 10, 100)
    # 사인 함수를 사용하여 y 배열을 생성합니다.
    y = np.sin(x)
    # plot 함수는 한 배열의 값을 다른 배열에 대응해서 선 그래프를 그립니다.
    plt.plot(x, y, marker="x")
```

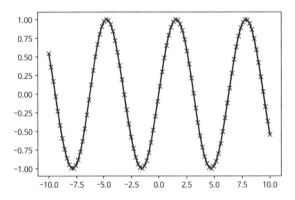

**그림 1-1** matplotlib으로 그린 사인(sin) 함수

## 1.4.5 pandas

pandas(http://pandas.pydata.org/)는 데이터 처리와 분석을 위한 파이썬 라이브러리입니다. R의 data.frame을 본떠서 설계한 DataFrame이라는 데이터 구조를 기반으로 만들어졌

---

10 옮긴이_ IPython kernel 4.4.0부터는 %matplotlib inline 매직 명령을 사용하지 않더라도 맷플롯립 1.5 이상에서는 주피터 노트북에 바로 이미지가 출력됩니다

습니다. 간단하게 말하면 pandas의 DataFrame은 엑셀의 스프레드시트와 비슷한 테이블 형태라고 할 수 있습니다. pandas는 이 테이블을 수정하고 조작하는 다양한 기능을 제공합니다. 특히, SQL처럼 테이블에 쿼리나 조인을 수행할 수 있습니다. 전체 배열의 원소가 동일한 타입이어야 하는 NumPy와는 달리 pandas는 각 열의 타입이 달라도 됩니다(예를 들면 정수, 날짜, 부동소수점, 문자열). SQL, 엑셀 파일, CSV 파일 같은 다양한 파일과 데이터베이스에서 데이터를 읽어 들일 수 있는 것이 pandas가 제공하는 또 하나의 유용한 기능입니다. 이 책은 pandas의 기능을 자세히 설명하지는 않습니다. 대신 pandas에 대한 훌륭한 안내서로 웨스 맥키니가 쓴 『파이썬 라이브러리를 활용한 데이터 분석』(한빛미디어, 2013)을 추천합니다. 다음 코드는 딕셔너리를 사용하여 DataFrame을 만드는 간단한 예제입니다.

```
In [8]
  import pandas as pd

  # 회원 정보가 들어간 간단한 데이터셋을 생성합니다.
  data = {'Name': ["John", "Anna", "Peter", "Linda"],
          'Location' : ["New York", "Paris", "Berlin", "London"],
          'Age' : [24, 13, 53, 33]
          }

  data_pandas = pd.DataFrame(data)
  # 주피터 노트북은 Dataframe을 미려하게 출력해줍니다.
  data_pandas
```

이 코드의 결과는 다음과 같습니다.

|   | Name | Location | Age |
|---|------|----------|-----|
| 0 | John | New York | 24 |
| 1 | Anna | Paris | 13 |
| 2 | Peter | Berlin | 53 |
| 3 | Linda | London | 33 |

이 테이블에 질의하는 방법이 몇 가지 있는데, 다음은 그 예입니다.

```
In [9]
  # Age 열의 값이 30 이상인 모든 행을 선택합니다.
  data_pandas[data_pandas.Age > 30]
```

다음은 이 코드를 실행한 결과입니다.

|   | Name | Location | Age |
|---|------|----------|-----|
| 2 | Peter | Berlin | 53 |
| 3 | Linda | London | 33 |

## 1.4.6 mglearn

이 책은 깃허브(https://github.com/rickiepark/intro_ml_with_python_2nd_revised)에 있는 코드와 병행해서 작성했습니다. 깃허브의 코드는 이 책의 예제뿐 아니라 mglearn 라이브러리도 포함합니다. 이 라이브러리는 그래프나 데이터 적재와 관련한 세세한 코드를 일일이 쓰지 않아도 되게끔 이 책을 위해 만든 유틸리티 함수들입니다. 혹시 궁금하다면 깃허브 저장소에서 함수 코드를 상세히 살펴볼 수 있습니다만, mglearn 모듈의 상세 사항은 이 책이 다루는 내용과 큰 관련이 없습니다. 이 책에서는 간단하게 그림을 그리거나 필요한 데이터를 바로 불러들이기 위해 mglearn을 사용합니다. 깃허브에 있는 노트북을 실행할 때는 이 모듈에 관해 신경 쓸 필요가 없습니다. 만약 다른 곳에서 mglearn 함수를 호출하려면, pip install mglearn 명령으로 설치하는 것이 가장 쉬운 방법입니다.[11]

> NOTE_ 이 책은 NumPy, matplotlib, pandas를 많이 사용합니다. 따라서 모든 코드는 다음의 다섯 라이브러리를 임포트한다고 가정합니다.
>
> ```
> import numpy as np
> import matplotlib.pyplot as plt
> import pandas as pd
> import mglearn
> ```
>
> 또한 모든 코드는 주피터 노트북에서 실행되며 그래프를 표시하기 위해 %matplotlib notebook이나 %matplotlib inline 명령을 사용한다고 가정합니다. 또는 IPython kernel 4.4.0과 맷플롯립 1.5 버전 이상을 사용한다고 가정합니다.

---

11 옮긴이_ pip로 설치하는 mglearn 모듈은 번역서의 깃허브에 있는 것과 그래프 등이 조금 다릅니다. 번역서 깃허브에 있는 mglearn 패키지를 사용하려면 깃허브에서 클론(clone)하거나 다운로드받은 파일의 압축을 푼 폴더에서 IPython이나 주피터 노트북을 실행하고 import mglearn을 하면 됩니다.

## 1.5 파이썬 2 vs. 파이썬 3

현재 파이썬 2와 파이썬 3 버전이 모두 널리 쓰입니다. 가끔 이로 인해 사용자는 혼란을 겪기도 합니다. 파이썬 2는 더 이상 큰 개선은 진행되지 않으며 파이썬 3에서 변경 사항이 많아 파이썬 2로 작성한 코드는 파이썬 3에서 실행되지 않는 경우가 많습니다. 파이썬을 처음 쓰는 사람이거나 프로젝트를 새로 시작한다면 파이썬 3의 최신 버전을 사용하라고 권합니다. 파이썬 2로 작성한 기존 코드에 크게 의존하고 있다면 당장은 업그레이드를 미뤄야 합니다. 하지만 가능한 한 빨리 파이썬 3로 옮겨야 할 것입니다. 대부분의 경우 새로운 코드가 파이썬 2와 3에서 모두 실행되도록 작성하는 것은 어렵지 않습니다.[12] 기존 소프트웨어와 연동하지 않아도 된다면 당연히 파이썬 3를 사용해야 합니다. 이 책의 모든 코드는 두 버전에서 모두 작동합니다. 하지만 파이썬 2에서는 출력 모양이 조금 다를 수 있습니다. 또한 matplotlib, numpy, scikit-learn과 같은 패키지들은 더 이상 파이썬 2.7에 맞추어 새로운 기능을 릴리스하지 않을 것입니다. 새로운 버전에 포함된 기능을 사용하려면 파이썬 3.7 이상으로 업그레이드하세요.

## 1.6  이 책에서 사용하는 소프트웨어 버전

다음은 앞에서 언급한 라이브러리들의 버전을 출력하는 코드와 그 실행 결과로, 이 책의 예제에서 사용할 버전을 확인할 수 있습니다.

```
In [10]
  import sys
  print("Python 버전:", sys.version)

  import pandas as pd
  print("pandas 버전:", pd.__version__)

  import matplotlib
  print("matplotlib 버전:", matplotlib.__version__)

  import numpy as np
  print("NumPy 버전:", np.__version__)
```

---

12  옮긴이_ six 패키지를 사용하면 손쉽게 이렇게 할 수 있습니다. https://pypi.python.org/pypi/six

```
import scipy as sp
print("SciPy 버전:", sp.__version__)

import IPython
print("IPython 버전:", IPython.__version__)

import sklearn
print("scikit-learn 버전:", sklearn.__version__)
```

```
Out [10]
Python 버전: 3.10.12 (main, Jun 11 2023, 05:26:28) [GCC 11.4.0]
pandas 버전: 1.5.3
matplotlib 버전: 3.7.1
NumPy 버전: 1.23.5
SciPy 버전: 1.10.1
IPython 버전: 7.34.0
scikit-learn 버전: 1.3.0
```

버전이 정확히 같아야 하는 것은 아니지만 scikit-learn은 가능한 한 최신 버전이어야 합니다.[13]

> **NOTE_** 이 책의 코드를 실행할 때 이따금 scikit-learn에서 DeprecationWarnings나 Future Warnings가 발생될 수 있습니다. 이는 scikit-learn의 작동 방식이 미래에 바뀌거나 삭제된다는 것을 알려주는 것입니다. 이 책을 읽을 때는 무시해도 괜찮습니다. 운영 시스템에 머신 러닝 알고리즘을 적용할 때는 각각의 경고에 주의를 기울여야 합니다. 나중에 기능이 없어지거나 예측 결과가 바뀔 수 있기 때문입니다.

준비가 다 되었으면 첫 번째 머신러닝 애플리케이션을 시작해보겠습니다.


# 1.7 첫 번째 애플리케이션: 붓꽃의 품종 분류

이번 절에서 간단한 머신러닝 애플리케이션을 훑어가면서 첫 번째 모델을 만들어보겠습니다. 그러면서 핵심 개념과 용어를 소개하겠습니다.

한 아마추어 식물학자가 들에서 발견한 붓꽃의 품종을 알고 싶다고 가정하겠습니다. 이 식물

---

13 옮긴이_ 개정1판을 낼 때 scikit-learn의 최신 버전은 1.0.1이지만, 번역서의 깃허브 저장소에 있는 소스 코드는 최신 버전에 맞춰 테스트하고 있습니다. 버전 변경으로 달라진 부분은 역자 블로그(https://bit.ly/python-ml-home)의 Outputs절을 참고하세요.

학자는 붓꽃의 꽃잎petal과 꽃받침sepal의 폭과 길이를 센티미터 단위로 측정하였습니다(그림 1-2).

또 전문 식물학자가 setosa, versicolor, virginica 종으로 분류한 붓꽃의 측정 데이터도 가지고 있습니다. 이 측정값을 이용해서 앞에서 채집한 붓꽃이 어떤 품종인지 구분하려고 합니다. 이 아마추어 식물학자가 야생에서 채집한 붓꽃은 이 세 종류뿐이라고 가정하겠습니다.

우리의 목표는 어떤 품종인지 구분해놓은 측정 데이터를 이용해 새로 채집한 붓꽃의 품종을 예측하는 머신러닝 모델을 만드는 것입니다.

꽃잎 →

꽃받침 →

**그림 1-2** 붓꽃의 부위

붓꽃의 품종을 정확하게 분류한 데이터를 가지고 있으므로 이 문제는 지도 학습에 속합니다. 이 경우에는 몇 가지 선택사항(붓꽃의 품종) 중 하나를 선택하는 문제입니다. 그러므로 이 예는 **분류**Classification 문제에 해당합니다. 출력될 수 있는 값(붓꽃의 종류)들을 **클래스**class라고 합니다. 데이터셋에 있는 붓꽃 데이터는 모두 세 클래스 중 하나에 속합니다. 따라서 이 예는 세 개의 클래스를 분류하는 문제입니다.

데이터 포인트 하나(붓꽃 하나)에 대한 기대 출력은 꽃의 품종이 됩니다. 이런 특정 데이터 포인트에 대한 출력, 즉 품종을 **레이블**label이라고 합니다.

## 1.7.1 데이터 적재

우리가 사용할 데이터셋은 머신러닝과 통계 분야에서 오래전부터 사용해온 붓꽃iris 데이터셋입니다. 이 데이터는 scikit-learn의 datasets 모듈에 포함되어 있습니다. load_iris 함수를 사용해서 데이터를 적재하겠습니다.

```
In [11]
  from sklearn.datasets import load_iris
  iris_dataset = load_iris()
```

load_iris가 반환한 iris 객체는 파이썬의 딕셔너리Dictionary와 유사한 Bunch 클래스의 객체입니다. 즉 키와 값으로 구성되어 있습니다.

```
In [12]
  print("iris_dataset의 키:\n", iris_dataset.keys())

Out [12]
  iris_dataset의 키:
  dict_keys(['data', 'target', 'frame', 'target_names', 'DESCR', 'feature_names', 'filename'])
```

DESCR 키에는 데이터셋에 대한 간략한 설명이 들어 있습니다. 앞부분만 조금 살펴보겠습니다.

```
In [13]
  print(iris_dataset['DESCR'][:193] + "\n...")

Out [13]
  .. _iris_dataset:

  Iris plants dataset
  --------------------

  **Data Set Characteristics:**

      :Number of Instances: 150 (50 in each of three classes)
      :Number of Attributes: 4 numeric, pre
  ...
```

target_names의 값은 우리가 예측하려는 붓꽃 품종의 이름을 문자열 배열로 가지고 있습니다.

```
In [14]
  print("타깃의 이름:", iris_dataset['target_names'])
```

```
Out [14]
  타깃의 이름: ['setosa' 'versicolor' 'virginica']
```

feature_names의 값은 각 특성을 설명하는 문자열 리스트입니다.

```
In [15]
  print("특성의 이름:\n", iris_dataset['feature_names'])
```

```
Out [15]
  특성의 이름:
  ['sepal length (cm)', 'sepal width (cm)', 'petal length (cm)', 'petal width (cm)']
```

실제 데이터는 target과 data 필드에 들어 있습니다. data는 꽃잎의 길이와 폭, 꽃받침의 길이와 폭을 수치 값으로 가지고 있는 NumPy 배열입니다.[14]

```
In [16]
  print("data의 타입:", type(iris_dataset['data']))
```

```
Out [16]
  data의 타입: <class 'numpy.ndarray'>
```

data 배열의 행은 개개의 꽃이 되며 열은 각 꽃에서 구한 네 개의 측정치입니다.

```
In [17]
  print("data의 크기:", iris_dataset['data'].shape)
```

```
Out [17]
  data의 크기: (150, 4)
```

---

14 옮긴이_ 사이킷런 0.23 버전부터 dataset 모듈의 함수에서 as_frame=True와 같이 지정하면 데이터프레임으로 반환됩니다.

이 배열은 150개의 붓꽃 데이터를 가지고 있습니다. 머신러닝에서 각 아이템은 **샘플**이라 하고 속성은 **특성**이라고 부릅니다. 그러므로 data 배열의 크기는 샘플의 수에 특성의 수를 곱한 값이 됩니다. 이는 scikit-learn의 스타일이며 항상 데이터가 이런 구조일 거라 가정하고 있습니다. 다음은 맨 처음 다섯 샘플의 특성값입니다.

```
In [18]
  print("data의 처음 다섯 행:\n", iris_dataset['data'][:5])

Out [18]
  data의 처음 다섯 행:
  [[ 5.1  3.5  1.4  0.2]
   [ 4.9  3.   1.4  0.2]
   [ 4.7  3.2  1.3  0.2]
   [ 4.6  3.1  1.5  0.2]
   [ 5.   3.6  1.4  0.2]]
```

이 데이터로부터 다섯 붓꽃의 꽃잎 폭은 모두 0.2cm이고, 첫 번째 꽃이 가장 긴 5.1cm의 꽃받침을 가졌음을 알 수 있습니다.

target 배열도 샘플 붓꽃의 품종을 담은 NumPy 배열입니다.

```
In [19]
  print("target의 타입:", type(iris_dataset['target']))

Out [19]
  target의 타입: <class 'numpy.ndarray'>
```

target은 각 원소가 붓꽃 하나에 해당하는 1차원 배열입니다.

```
In [20]
  print("target의 크기:", iris_dataset['target'].shape)

Out [20]
  target의 크기: (150,)
```

붓꽃의 종류는 0에서 2까지의 정수로 기록되어 있습니다.

```
In [21]
  print("타깃:\n", iris_dataset['target'])

Out [21]
  타깃:
  [0 0 0 0 0 0 0 0 0 0 0 0 0 0 0 0 0 0 0 0 0 0 0 0 0 0 0 0 0 0 0 0 0 0 0
   0 0 0 0 0 0 0 0 0 0 0 0 0 0 1 1 1 1 1 1 1 1 1 1 1 1 1 1 1 1 1 1 1 1 1
   1 1 1 1 1 1 1 1 1 1 1 1 1 1 1 1 1 1 1 1 1 1 2 2 2 2 2 2 2 2 2 2 2
   2 2 2 2 2 2 2 2 2 2 2 2 2 2 2 2 2 2 2 2 2 2 2 2 2 2 2 2 2 2 2 2 2 2
   2 2]
```

숫자의 의미는 iris_dataset['target_names'] 배열에서 확인할 수 있습니다. 0은 setosa, 1은 versicolor, 2는 virginica입니다.

## 1.7.2 성과 측정: 훈련 데이터와 테스트 데이터

이 데이터로 머신러닝 모델을 만들고 새로운 데이터의 품종을 예측하려 합니다. 하지만 만든 모델을 새 데이터에 적용하기 전에 이 모델이 진짜 잘 작동하는지 알아야 합니다. 다시 말해서 우리가 만든 모델의 예측을 신뢰할 수 있는지 알아야 합니다.

불행히도 모델을 만들 때 쓴 데이터는 평가 목적으로 사용할 수 없습니다. 모델이 훈련 데이터를 그냥 전부 기억할 수 있으니 훈련 데이터에 속한 어떤 데이터라도 정확히 맞출 수 있기 때문입니다. 이렇게 데이터를 기억한다는 것은 모델을 잘 **일반화**하지 않았다는 뜻입니다(다른 말로는 새로운 데이터에 대해서는 잘 작동하지 않는다는 것입니다).

모델의 성능을 측정하려면 레이블을 알고 있는 (이전에 본 적 없는) 새 데이터를 모델에 적용해봐야 합니다. 이를 위해 우리가 가지고 있는 레이블된 데이터(150개의 붓꽃 데이터)를 두 그룹으로 나눕니다. 그중 하나는 머신러닝 모델을 만들 때 사용하며, **훈련 데이터** 혹은 **훈련 세트**training set라고 합니다. 나머지는 모델이 얼마나 잘 작동하는지 측정하는 데 사용하며, 이를 **테스트 데이터, 테스트 세트**test set 혹은 **홀드아웃 세트**hold-out set라고 부릅니다.

scikit-learn은 데이터셋을 섞어서 나눠주는 train_test_split 함수를 제공합니다. 이 함수는 전체 행 중 75%를 레이블 데이터와 함께 훈련 세트로 뽑습니다. 나머지 25%는 레이블 데이터와 함께 테스트 세트가 됩니다. 훈련 세트와 테스트 세트를 얼만큼씩 나눌지는 상황에 따라 다

르지만 전체의 25%를 테스트 세트로 사용하는 것은 일반적으로 좋은 선택입니다.[15]

scikit−learn에서 데이터는 대문자 X로 표시하고 레이블은 소문자 y로 표기합니다. 이는 수학에서 함수의 입력을 $x$, 출력을 $y$로 나타내는 표준 공식 $f(x) = y$에서 유래된 것입니다. 수학의 표기 방식을 따르되 데이터는 2차원 배열(행렬)이므로 대문자 X를, 타깃은 1차원 배열(벡터)이므로 소문자 y를 사용합니다.

train_test_split의 반환값을 저장하는 데 이 명명 규칙을 사용하겠습니다.

```
In [22]
  from sklearn.model_selection import train_test_split
  X_train, X_test, y_train, y_test = train_test_split(
      iris_dataset['data'], iris_dataset['target'], random_state=0)
```

train_test_split 함수로 데이터를 나누기 전에 유사 난수 생성기를 사용해 데이터셋을 무작위로 섞어야 합니다. 만약 섞지 않은 상태로 데이터셋 뒤쪽의 25%를 테스트 세트로 이용한다면 그 데이터의 레이블은 모두 2가 됩니다. 데이터 포인트가 레이블 순서대로 정렬되어 있기 때문입니다(앞에서 iris_dataset['target']의 출력을 확인하세요). 세 클래스 중 하나만 포함한 테스트 세트를 사용하면 모델이 얼마나 잘 일반화되었는지 알 수 없습니다. 따라서 테스트 세트가 세 클래스의 데이터를 모두 포함하도록 섞어야 합니다.

이 함수를 여러 번 실행해도 결과가 똑같이 나오도록 유사 난수 생성기에 넣을 난수 초깃값을 random_state 매개변수로 전달합니다. 이렇게 하면 이 코드는 항상 같은 결과를 출력합니다. 이 책에서 난수를 사용할 때는 항상 이렇게 random_state를 고정할 것입니다.

train_test_split 함수의 반환값은 X_train, X_test, y_train, y_test이며 모두 NumPy 배열입니다. X_train은 전체 데이터셋의 75%를, X_test는 나머지 25%를 담고 있습니다.

```
In [23]
  print("X_train 크기:", X_train.shape)
  print("y_train 크기:", y_train.shape)

Out [23]
  X_train 크기: (112, 4)
```

---

15 옮긴이_ train_test_split 함수에서 test_size 매개변수로 테스트 세트의 비율을 지정할 수 있습니다.

```
y_train 크기: (112,)
```

```
In [24]
  print("X_test 크기:", X_test.shape)
  print("y_test 크기:", y_test.shape)
```

```
Out [24]
  X_test 크기: (38, 4)
  y_test 크기: (38,)
```

### 1.7.3 가장 먼저 할 일: 데이터 살펴보기

머신러닝 모델을 만들기 전에 머신러닝이 없이도 풀 수 있는 문제는 아닌지, 혹은 필요한 정보가 누락되지는 않았는지 데이터를 조사해보는 것이 좋습니다.

또한 데이터를 탐색하면서 비정상적인 값이나 특이한 값들을 찾을 수도 있습니다. 예를 들어 붓꽃 데이터 중 일부는 센티미터가 아니고 인치로 되어 있을 수도 있습니다. 실제로 데이터에 일관성이 없거나 이상한 값이 들어가 있는 경우가 종종 있습니다.

시각화는 데이터를 조사하는 아주 좋은 방법입니다. **산점도**scatter plot가 그중 하나입니다. 산점도는 데이터에서 한 특성을 x 축에 놓고 다른 하나는 y 축에 놓아 각 데이터 포인트를 하나의 점으로 나타내는 그래프입니다. 아쉽게도 컴퓨터 화면은 2차원이라 한 번에 2개(혹은 3개[16])의 특성만 그릴 수 있습니다. 따라서 이 그래프로는 3개 이상의 특성을 표현하기 어렵습니다. 대신 모든 특성을 짝지어 만드는 **산점도 행렬**scatter matrix을 사용할 수 있습니다. 4개의 특성을 가진 붓꽃의 경우처럼 특성의 수가 적다면 꽤 괜찮은 방법입니다. 하지만 잊지 말아야 할 것은, 산점도 행렬은 한 그래프에 모든 특성의 관계가 나타나는 것이 아니기 때문에 각각의 나누어진 산점도 그래프에는 드러나지 않는 중요한 성질이 있을 수 있습니다.

[그림 1-3]은 훈련 세트를 사용해 만든 4개 특성에 대한 산점도 행렬입니다. 데이터 포인트의 색은 붓꽃의 품종에 따라 구분했습니다.[17] 이 그래프를 그리려면 먼저 NumPy 배열을 pandas의 DataFrame으로 변경해야 합니다. pandas는 산점도 행렬을 그려주는 scatter_matrix 함

---

16 옮긴이_ 3차원 산점도를 말하며 2장에서 예를 볼 수 있습니다.
17 옮긴이_ 파란색이 setosa, 붉은색이 versicolor, 녹색이 virginica 품종을 나타냅니다.

수를 제공합니다. 이 그림의 대각선에 위치한 그래프는 각 특성의 히스토그램입니다.

In [25]
```
# X_train 데이터를 사용해서 데이터프레임을 만듭니다.
# 열의 이름은 iris_dataset.feature_names에 있는 문자열을 사용합니다.
iris_dataframe = pd.DataFrame(X_train, columns=iris_dataset.feature_names)
# 데이터프레임을 사용해 y_train에 따라 색으로 구분된 산점도 행렬을 만듭니다.
pd.plotting.scatter_matrix(iris_dataframe, c=y_train, figsize=(15, 15), marker='o',
                           hist_kwds={'bins': 20}, s=60, alpha=.8, cmap=mglearn.cm3)
```

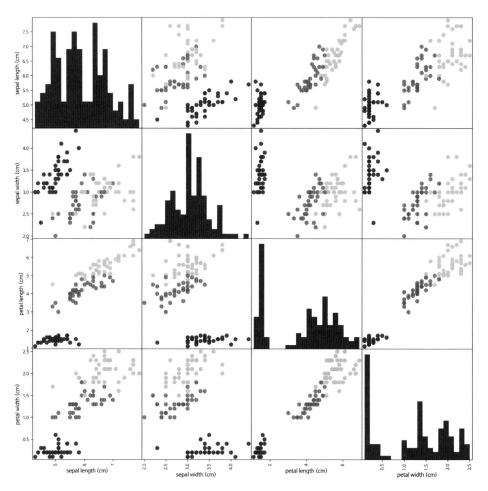

**그림 1-3** 클래스 레이블을 색으로 구분한 Iris 데이터셋의 산점도 행렬

그래프를 보면 세 클래스가 꽃잎과 꽃받침의 측정값에 따라 비교적 잘 구분되는 것을 알 수 있습니다. 이것으로 미루어보아 클래스를 잘 구분하도록 머신러닝 모델을 학습시킬 수 있을 것입니다.

### 1.7.4 첫 번째 머신러닝 모델: k-최근접 이웃 알고리즘

이제 실제 머신러닝 모델을 만들어보겠습니다. scikit-learn은 다양한 분류 알고리즘을 제공합니다. 여기서는 비교적 이해하기 쉬운 *k*-**최근접 이웃***k–Nearest Neighbors, k–NN* 분류기를 사용하겠습니다. 이 모델은 단순히 훈련 데이터를 저장하여 만들어집니다. 새로운 데이터 포인트에 대한 예측이 필요하면 알고리즘은 새 데이터 포인트에서 가장 가까운 훈련 데이터 포인트를 찾습니다. 그런 다음 찾은 훈련 데이터의 레이블을 새 데이터 포인트의 레이블로 지정합니다.

*k*-최근접 이웃 알고리즘에서 *k*는 가장 가까운 이웃 '하나'가 아니라 훈련 데이터에서 새로운 데이터 포인트에 가장 가까운 '*k*개'의 이웃을 찾는다는 뜻입니다(예를 들면 가장 가까운 세 개 혹은 다섯 개의 이웃). 그런 다음 이 이웃들의 클래스 중 빈도가 가장 높은 클래스를 예측값으로 사용합니다. 자세한 내용은 2장에서 살펴보기로 하고, 지금은 하나의 이웃만 사용하겠습니다.

scikit-learn의 모든 머신러닝 모델은 Estimator라는 파이썬 클래스로 각각 구현되어 있습니다.[18] *k*-최근접 이웃 분류 알고리즘은 neighbors 모듈 아래 KNeighborsClassifier 클래스에 구현되어 있습니다. 모델을 사용하려면 클래스로부터 객체를 만들어야 합니다. 이때 모델에 필요한 매개변수를 넣습니다. KNeighborsClassifier에서 가장 중요한 매개변수는 이웃의 개수입니다. 우리는 1로 지정하겠습니다.

```
In [26]
  from sklearn.neighbors import KNeighborsClassifier
  knn = KNeighborsClassifier(n_neighbors=1)
```

knn 객체는 훈련 데이터로 모델을 만들고 새로운 데이터 포인트에 대해 예측하는 알고리즘을 캡슐화한 것입니다. 또한 알고리즘이 훈련 데이터로부터 추출한 정보를 담고 있습니다. KNeighborsClassifier의 경우는 훈련 데이터 자체를 저장하고 있습니다.

---

18 옮긴이_ 이 모델 클래스들은 BaseEstimator 클래스를 상속받아 구현되어 있습니다.

훈련 데이터셋으로부터 모델을 만들려면 knn 객체의 fit 메서드를 사용합니다. 이 메서드는 훈련 데이터인 NumPy 배열 X_train과 훈련 데이터의 레이블을 담고 있는 NumPy 배열 y_ train을 매개변수로 받습니다.

```
In [27]
  knn.fit(X_train, y_train)
```

```
Out [27]
  KNeighborsClassifier(algorithm='auto', leaf_size=30, metric='minkowski',
           metric_params=None, n_jobs=None, n_neighbors=1, p=2,
           weights='uniform')
```

fit 메서드는 knn 객체 자체를 반환합니다(그리고 knn 객체 자체를 변경시킵니다). 그래서 knn 객체가 문자열 형태로 출력됩니다.[19] 이 출력에서 모델을 생성할 때 사용한 매개변수를 볼 수 있습니다. 거의 모든 매개변수가 기본값이고 n_neighbors=1은 우리가 지정한 값입니다. scikit-learn 모델들이 많은 매개변수를 가지고 있지만 대부분은 성능을 최적화하거나 특별한 목적으로 사용합니다. 앞의 출력 결과에 있는 이런 매개변수들을 신경 쓸 필요는 없습니다. scikit-learn 모델을 출력하면 매우 긴 내용이 나올 수 있지만 겁먹지 않아도 됩니다. 2장에서 중요 매개변수를 모두 다루겠습니다. fit 메서드의 출력에 어떤 새로운 정보가 있는 것은 아니므로 이 책의 나머지 부분에서는 대부분 표시하지 않겠습니다.

### 1.7.5 예측하기

이제 이 모델을 사용해서 정확한 레이블을 모르는 새 데이터에 대해 예측을 만들 수 있습니다. 야생에서 꽃받침의 길이가 5cm, 폭이 2.9cm이고 꽃잎의 길이가 1cm, 폭이 0.2cm인 붓꽃을 보았다고 가정합시다. 그럼 이 붓꽃의 품종은 무엇일까요? 먼저 이 측정값을 NumPy 배열, 즉 샘플의 수(1)에 특성의 수(4)를 곱한 크기의 NumPy 배열로 만들어보겠습니다.

```
In [28]
  X_new = np.array([[5, 2.9, 1, 0.2]])
  print("X_new.shape:", X_new.shape)
```

---

19 옮긴이_ 주피터 노트북의 코드 셀은 마지막 줄의 반환값을 자동으로 출력합니다.

```
Out [28]
  X_new.shape: (1, 4)
```

붓꽃 하나의 측정값은 2차원 NumPy 배열에 행으로 들어갑니다. scikit-learn은 항상 데이터가 2차원 배열일 것으로 예상합니다.

예측에는 knn 객체의 predict 메서드를 사용합니다.

```
In [29]
  prediction = knn.predict(X_new)
  print("예측:", prediction)
  print("예측한 타깃의 이름:",
          iris_dataset['target_names'][prediction])

Out [29]
  예측: [0]
  예측한 타깃의 이름: ['setosa']
```

우리가 만든 모델이 새로운 붓꽃을 setosa 품종을 의미하는 클래스 0으로 예측했습니다. 그런데 어떻게 이 모델의 결과를 신뢰할 수 있을까요? 이 샘플의 정확한 품종을 모른다는 사실이 모델을 구축하는 데 중요한 의미를 가집니다.

### 1.7.6 모델 평가하기

앞서 만든 테스트 세트를 사용할 때가 왔습니다. 이 데이터는 모델을 만들 때 사용하지 않았고 테스트 세트에 있는 각 붓꽃의 품종을 정확히 알고 있습니다.

따라서 테스트 데이터에 있는 붓꽃의 품종을 예측하고 실제 레이블(품종)과 비교할 수 있습니다. 얼마나 많은 붓꽃 품종이 정확히 맞았는지 **정확도**를 계산하여 모델의 성능을 평가합니다.

```
In [30]
  y_pred = knn.predict(X_test)
  print("테스트 세트에 대한 예측값:\n", y_pred)
```

```
Out [30]
    테스트 세트에 대한 예측값:
     [2 1 0 2 0 2 0 1 1 2 1 1 1 0 1 1 0 0 2 1 0 0 2 0 0 1 1 0 2 1 0 2 2 1 0 2]
```

```
In [31]
    print("테스트 세트의 정확도: {:.2f}".format(np.mean(y_pred == y_test)))
```

```
Out [31]
    테스트 세트의 정확도: 0.97
```

또 knn 객체의 score 메서드로도 테스트 세트의 정확도를 계산할 수 있습니다.

```
In [32]
    print("테스트 세트의 정확도: {:.2f}".format(knn.score(X_test, y_test)))
```

```
Out [32]
    테스트 세트의 정확도: 0.97
```

이 모델의 테스트 세트에 대한 정확도는 약 0.97입니다. 이 말은 테스트 세트에 포함된 붓꽃 중 97%의 품종을 정확히 맞혔다는 뜻입니다. 이 결과 이 모델은 새로운 붓꽃에 대한 정확도가 97%일 것이라 기대할 수 있습니다. 정확도가 높으므로 아마추어 식물학자는 이 애플리케이션을 충분히 신뢰하고 사용할만합니다. 이후의 장들에서 모델의 성능을 높이는 방법과 모델을 튜닝할 때 주의할 점을 살펴보겠습니다.

## 1.8 요약 및 정리

우리는 머신러닝과 머신러닝 애플리케이션에 대한 간략한 소개에서 시작해, 지도 학습과 비지도 학습 차이를 설명하고, 이 책에서 사용할 도구를 간략히 둘러보았습니다. 그리고 실측한 자료를 사용하여 붓꽃의 품종이 무엇인지 예측하는 작업을 자세히 묘사했습니다. 모델을 구축하기 위해 전문가가 정확한 품종으로 구분해놓은 데이터셋을 사용했으므로 지도 학습에 해당하는 문제입니다. 또한 품종이 세 개(setosa, versicolor, virginica)이므로 세 개의 클래스를 분류하는 문제입니다. 분류 문제에서는 각 품종을 **클래스**라고 하며 개별 붓꽃의 품종은 **레이블**

이라고 합니다.

붓꽃 데이터셋은 두 개의 NumPy 배열로 이루어져 있습니다. 하나는 데이터를 담고 있으며 scikit-learn에서는 X로 표기합니다. 다른 하나는 정확한 혹은 기대하는 출력을 가지고 있으며 y로 표기합니다. 배열 X는 특성들의 2차원 배열이므로 각 데이터 포인트는 행 하나로 나타나고, 각 특성은 열 하나가 됩니다. 배열 y는 1차원 배열로 각 샘플의 클래스 레이블에 해당하는 0에서 2 사이의 정수를 담고 있습니다.

이 데이터셋을 모델 구축에 사용할 **훈련 세트**와 모델이 새로운 데이터에 얼마나 잘 적용될 수 있을지 평가하기 위한 **테스트 세트**로 나눴습니다.

*k*-최근접 이웃 분류 알고리즘은 새 데이터 포인트를 예측하기 위해 훈련 데이터에서 가장 가까운 이웃을 선택합니다. 이 알고리즘은 KNeighborsClassifier 클래스에 구현되어 있으며 모델을 만드는 것은 물론 예측하는 기능도 제공합니다. n_neighbors 매개변수를 지정해 이 클래스의 객체를 만들었습니다. 그리고 훈련 데이터(X_train)와 훈련 데이터의 레이블(y_train)을 매개변수로 하여 fit 메서드를 호출해 모델을 만들었습니다. 그런 다음 모델의 정확도를 계산하는 score 메서드로 모델을 평가했습니다. 테스트 데이터와 테스트 데이터의 레이블을 score 메서드에 넣어 97% 정확도를 얻었습니다. 이는 테스트 세트에 있는 샘플의 97%를 정확히 맞혔다는 뜻입니다.

이 결과는 새로운 데이터(여기서는 새 붓꽃의 측정값)에 이 모델을 적용해도 좋다는 확신을 주며, 대략 97% 확률로 이 모델을 신뢰할 수 있습니다.

다음은 훈련과 평가의 과정을 담은 전체 코드입니다.

```
In [33]
  X_train, X_test, y_train, y_test = train_test_split(
      iris_dataset['data'], iris_dataset['target'], random_state=0)

  knn = KNeighborsClassifier(n_neighbors=1)
  knn.fit(X_train, y_train)

  print("테스트 세트의 정확도: {:.2f}".format(knn.score(X_test, y_test)))

Out [33]
  테스트 세트 정확도: 0.97
```

이 짧은 코드에는 scikit-learn의 머신러닝 알고리즘들이 가진 핵심이 담겨 있습니다. fit, predict, score 메서드는 scikit-learn 지도 학습 모델의 공통 인터페이스입니다. 이 장에서 소개한 개념과 함께 이런 모델들을 많은 머신러닝 작업에 적용할 수 있습니다. 다음 장에서는 scikit-learn에 있는 다른 종류의 지도 학습 모델에 대한 상세 내용과 올바른 적용 방법을 살펴보겠습니다.

# CHAPTER 2

# 지도 학습

앞서 언급했듯이 지도 학습은 가장 널리 그리고 성공적으로 사용되는 머신러닝 방법 중 하나입니다. 이번 장에서는 지도 학습에 관해 더 자세히 살펴보고 인기 있는 지도 학습 알고리즘 몇 가지를 설명하겠습니다. 이미 1장에서 붓꽃의 실제 측정값을 이용해 품종을 구분하는 지도 학습 애플리케이션 하나를 보았습니다.

지도 학습은 입력과 출력 샘플 데이터가 있고, 주어진 입력으로부터 출력을 예측하고자 할 때 사용한다는 것을 기억하기 바랍니다. 이런 입력/출력 샘플 데이터, 즉 훈련 세트로부터 머신러닝 모델을 만듭니다. 우리의 목표는 이전에 본 적 없는 새로운 데이터에 대해 정확한 출력을 예측하는 것입니다. 지도 학습은 종종 훈련 데이터를 만드는 데 사람의 노력이 필요하지만 자동화하면 힘들고 어려운 작업의 속도를 높일 수 있습니다.

## 2.1 분류와 회귀

지도 학습에는 **분류**classification와 **회귀**regression가 있습니다.

분류는 미리 정의된, 가능성 있는 여러 **클래스 레이블**class label 중 하나를 예측하는 것입니다. 1장에서 붓꽃을 세 품종 중 하나로 분류하는 예를 보았습니다. 분류는 딱 두 개의 클래스로 분류하는 **이진 분류**binary classification와 셋 이상의 클래스로 분류하는 **다중 분류**multiclass classification로 나뉩니다. 이진 분류는 질문의 답이 예/아니오만 나올 수 있도록 하는 것이라고 생각할 수 있습니다.

이메일에서 스팸을 분류하는 것이 이진 분류 문제의 한 예입니다. 이 경우 예/아니오 대답에 대한 질문은 "이 이메일이 스팸인가요?"가 됩니다.

NOTE_ 이진 분류에서 한 클래스를 **양성**positive 클래스, 다른 하나를 **음성**negative 클래스라고도 합니다. 양성 클래스라고 해서 좋은 값이나 장점을 나타내는 것이 아니라 학습하고자 하는 대상을 의미합니다. 그래서 스팸 메일의 경우에는 양성이 스팸 클래스를 의미합니다. 두 클래스 중 어떤 것을 양성이라 할지는 보통 주관적인 문제이며 분야에 따라 달라집니다.

반면에 붓꽃의 예는 다중 분류 문제입니다. 다른 예로 웹사이트의 글로부터 어떤 언어의 웹사이트인지를 예측하는 것이 있습니다. 여기서 클래스는 미리 만들어놓은 언어 목록이 됩니다.

회귀는 연속적인 숫자, 또는 프로그래밍 용어로 말하면 **부동소수점수**(수학 용어로는 **실수**)를 예측하는 것입니다. 어떤 사람의 교육 수준, 나이, 주거지를 바탕으로 연간 소득을 예측하는 것이 회귀 문제의 한 예입니다. 소득을 예측할 때 예측된 값은 어떤 양으로서, 일정 범위 안의 어떤 숫자도 될 수 있습니다. 옥수수 농장에서 전년도 수확량과 날씨, 고용 인원수 등으로 올해 수확량을 예측하는 예도 회귀 문제입니다. 수확량 역시 어떤 숫자든 될 수 있습니다.

출력 값에 연속성이 있는지 질문해보면 회귀와 분류 문제를 쉽게 구분할 수 있습니다. 예상 출력 값 사이에 연속성이 있다면 회귀 문제입니다. 연소득을 예측하는 경우를 생각해보면 출력에 확연한 연속성이 있습니다. 어떤 사람이 1년에 40,000,000원 또는 40,000,001원을 벌 수 있습니다. 그 양은 분명 다르지만 큰 차이는 아닙니다. 즉 우리 알고리즘이 40,000,000원을 예측해야 하는데 39,999,999원이나 40,000,001원을 예측했다고 하더라도 큰 문제가 되지 않습니다.

반대로 웹사이트가 어떤 언어로 되어 있는지 인식하는 작업(분류 문제)에는 어느 정도란 것이 없습니다. 즉 웹사이트 언어는 한 언어가 아니면 다른 언어입니다. 언어들 사이에는 어떤 연속성도 없으며, 따라서 영어와 프랑스어 사이에 다른 언어는 없습니다.[1]

---

1 언어를 독립적이고 고정된 것으로 단순하게 표현한 것에 대해 언어학자들의 양해를 구합니다.

## 2.2 일반화, 과대적합, 과소적합

지도 학습에서는 훈련 데이터로 학습한 모델이 훈련 데이터와 특성이 같다면 처음 보는 새로운 데이터가 주어져도 정확히 예측할 거라 기대합니다. 모델이 처음 보는 데이터에 대해 정확하게 예측할 수 있으면 이를 훈련 세트에서 테스트 세트로 **일반화**generalization되었다고 합니다. 그래서 모델을 만들 때는 가능한 한 정확하게 일반화되도록 해야 합니다.

보통 훈련 세트에 대해 정확히 예측하도록 모델을 구축합니다. 훈련 세트와 테스트 세트가 매우 비슷하다면 그 모델이 테스트 세트에서도 정확히 예측하리라 기대할 수 있습니다. 그러나 항상 그런 것만은 아닙니다. 예를 들어 아주 복잡한 모델을 만든다면 훈련 세트에만 정확한 모델이 되어버릴 수 있습니다.

가상의 예를 만들어 설명해보겠습니다. 초보 데이터 과학자가 요트를 구매한 고객과 구매 의사가 없는 고객의 데이터를 이용해 누가 요트를 살지 예측하려 합니다.[2] 그래서 관심없는 고객들을 성가시게 하지 않고 실제 구매할 것 같은 고객에게만 홍보 메일을 보내는 것이 목표입니다.

고객 데이터는 [표 2-1]과 같습니다.

**표 2-1** 고객 샘플 데이터

| 나이 | 보유차량수 | 주택보유 | 자녀수 | 혼인상태 | 애완견 | 요트구매 |
|------|------------|----------|--------|----------|--------|----------|
| 66 | 1 | yes | 2 | 사별 | no | yes |
| 52 | 2 | yes | 3 | 기혼 | no | yes |
| 22 | 0 | no | 0 | 기혼 | yes | no |
| 25 | 1 | no | 1 | 미혼 | no | no |
| 44 | 0 | no | 2 | 이혼 | yes | no |
| 39 | 1 | yes | 2 | 기혼 | yes | no |
| 26 | 1 | no | 2 | 미혼 | no | no |
| 40 | 3 | yes | 1 | 기혼 | yes | no |
| 53 | 2 | yes | 2 | 이혼 | no | yes |
| 64 | 2 | yes | 3 | 이혼 | no | no |
| 58 | 2 | yes | 2 | 기혼 | yes | yes |
| 33 | 1 | no | 1 | 미혼 | no | no |

---

2 실제라면 이는 까다로운 문제입니다. 아직 요트를 사지 않았다고 알고 있는 고객이 사실은 다른 곳에서 샀을 수도 있고 나중에 사기 위해 저축하거나 계획 중일 수 있기 때문입니다.

초보 데이터 과학자가 데이터를 잠시 보더니 다음과 같은 규칙을 발견했습니다. "45세 이상이고 자녀가 셋 미만이며 이혼하지 않은 고객은 요트를 살 것입니다." 이 규칙이 얼마나 잘 들어맞을지 물어보면 초보 데이터 과학자는 "100% 정확해요"라고 대답할 것입니다. 사실 이 표의 데이터로 국한하면 이 규칙이 완벽하게 들어맞습니다. 그런데 이 데이터셋에서 요트를 사려고 하는 사람을 완벽하게 묘사할 수 있는 규칙은 많습니다. 데이터에 같은 나이가 두 번 나타나지 않으므로 66세, 52세, 53세, 58세 고객은 요트를 사려 하고 나머지는 그렇지 않다고 말할 수 있습니다. 이렇게 이 데이터를 만족하는 규칙을 많이 만들 수 있지만, 기억할 것은 우리가 예측하려는 대상은 이 데이터셋이 아니라는 것입니다. 이 고객들에 대한 답은 이미 알고 있습니다. 알고 싶은 것은 "새로운 고객이 요트를 구매할 것인가"입니다. 그러므로 새로운 고객에도 잘 작동하는 규칙을 찾아야 하며 훈련 세트에서 100% 정확도를 달성하는 것은 크게 도움이 되지 않습니다. 아마도 초보 데이터 과학자가 만든 규칙은 새로운 고객을 대상으로는 잘 작동하지 않을 것 같습니다. 이 모델은 너무 상세하고 너무 적은 데이터에 의존하고 있습니다. 예를 들어 이 규칙에서 이혼하지 않는다는 조건은 단지 한 명에만 적용됩니다.

알고리즘이 새로운 데이터도 잘 처리하는지 측정하는 방법은 테스트 세트로 평가해보는 것밖에 없습니다. 그러나 직관적으로 보더라도 (아마 수학적으로 볼 때도) 간단한 모델이 새로운 데이터에 더 잘 일반화될 것이라고 예상할 수 있습니다. 만약 "50세 이상인 사람은 보트를 사려고 한다"라는 규칙을 만들었다면 이 규칙은 모든 고객 데이터를 만족시킬 뿐 아니라, 나이 외에 자녀 수나 혼인 상태를 추가한 규칙보다 더 신뢰할 수 있습니다. 그렇기 때문에 우리는 언제나 가장 간단한 모델을 찾으려고 합니다. 초보 데이터 과학자가 했던 것처럼 가진 정보를 모두 사용해서 너무 복잡한 모델을 만드는 것을 **과대적합**overfitting이라고 합니다. 과대적합은 모델이 훈련 세트의 각 샘플에 너무 가깝게 맞춰져서 새로운 데이터에 일반화되기 어려울 때 일어납니다. 반대로 모델이 너무 간단하면, 즉 "집이 있는 사람은 모두 요트를 사려고 한다"와 같은 경우에는 데이터의 면면과 다양성을 잡아내지 못할 것이고 훈련 세트에도 잘 맞지 않을 것입니다. 너무 간단한 모델이 선택되는 것을 **과소적합**underfitting이라고 합니다.

모델을 복잡하게 할수록 훈련 데이터에 대해서는 더 정확히 예측할 수 있습니다. 그러나 너무 복잡해지면 훈련 세트의 각 데이터 포인트에 너무 민감해져 새로운 데이터에 잘 일반화되지 못합니다.

우리가 찾으려는 모델은 일반화 성능이 최대가 되는 최적점에 있는 모델입니다.

과대적합과 과소적합의 절충점이 [그림 2-1]에 나타나 있습니다.

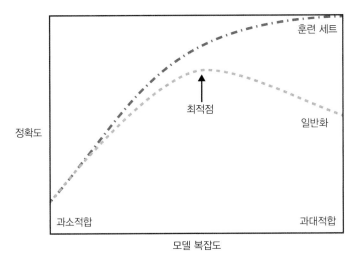

**그림 2-1** 모델 복잡도에 따른 훈련과 테스트 정확도의 변화

### 2.2.1 모델 복잡도와 데이터셋 크기의 관계

모델의 복잡도는 훈련 데이터셋에 담긴 입력 데이터의 다양성과 관련이 깊습니다. 데이터셋에 다양한 데이터 포인트가 많을수록 과대적합 없이 더 복잡한 모델을 만들 수 있습니다. 보통 데이터 포인트를 더 많이 모으는 것이 다양성을 키워주므로 큰 데이터셋은 더 복잡한 모델을 만들 수 있게 해줍니다. 그러나 같은 데이터 포인트를 중복하거나 매우 비슷한 데이터를 모으는 것은 도움이 되지 않습니다.

요트 판매 예로 돌아가보면, 고객 데이터를 10,000개 모아봤더니 전부 "45세 이상이고 자녀가 셋 미만이며 이혼하지 않는 고객은 요트를 사려고 한다"라는 규칙을 만족한다면 [표 2-1]의 12개만 사용할 때보다 훨씬 좋은 규칙이라고 할 수 있습니다.

데이터를 더 많이 수집하고 적절하게 더 복잡한 모델을 만들면 지도 학습 문제에서 종종 놀라운 결과를 얻을 수 있습니다. 이 책에서는 고정 크기의 데이터셋을 사용하는 데 집중하겠습니다. 모델을 변경하거나 조정하는 것보다 이득일 수 있으므로 실제 환경에서는 데이터를 얼마나 많이 모을지 정해야 합니다. 데이터양의 힘을 과소평가하지 마세요.

## 2.3 지도 학습 알고리즘

이제 가장 인기인 머신러닝 알고리즘들을 둘러보면서 데이터로부터 어떻게 학습하고 예측하는지 설명하겠습니다. 또한 이런 모델들에서 모델의 복잡도가 어떤 역할을 하는지 이야기하고 각알고리즘이 모델을 어떻게 만드는지 소개하겠습니다. 그리고 모델들의 장단점을 평가하고 어떤 데이터가 잘 들어맞을지 살펴보겠습니다. 가장 중요한 매개변수와 옵션의 의미도 설명하겠습니다.[3] 분류와 회귀 모델을 모두 가지고 있는 알고리즘도 많은데, 이런 경우 둘 다 살펴보겠습니다.

각 알고리즘의 자세한 설명을 모두 읽을 필요는 없지만, 모델을 이해하면 여러 머신러닝 알고리즘의 작동 방식을 더 잘 알 수 있습니다. 이 장은 특정 알고리즘의 작동 방식이 궁금할 때 다시 돌아와서 확인하는 참고 자료로 사용하면 좋습니다.

### 2.3.1 예제에 사용할 데이터셋

여러 알고리즘을 설명하기 위해 데이터셋도 여러 개 사용하겠습니다. 어떤 데이터셋은 작고 인위적으로 만든 것이며, 알고리즘의 특징을 부각하기 위해 만든 것도 있습니다. 실제 샘플로 만든 큰 데이터셋도 있습니다.

두 개의 특성을 가진 forge 데이터셋은 인위적으로 만든 이진 분류 데이터셋입니다. 다음 코드는 이 데이터셋의 모든 데이터 포인트를 산점도로 그립니다(그림 2-2). x 축은 첫 번째 특성이고 y 축은 두 번째 특성입니다. 모든 산점도가 그렇듯이 점 하나가 각 데이터 포인트를 나타냅니다. 점의 색과 모양은 데이터 포인트가 속한 클래스를 나타냅니다.

```
In [3]
# 데이터셋을 만듭니다
X, y = mglearn.datasets.make_forge()
# 산점도를 그립니다
mglearn.discrete_scatter(X[:, 0], X[:, 1], y)
plt.legend(["클래스 0", "클래스 1"], loc=4)
plt.xlabel("첫 번째 특성")
```

---

3 이 책에서 모든 매개변수와 옵션을 설명하지는 않습니다. 더 상세한 내용은 scikit-learn 문서(http://scikit-learn.org/stable/documentation)를 참고하세요.

```
plt.ylabel("두 번째 특성")
print("X.shape:", X.shape)
```

```
Out [3]
  X.shape: (26, 2)
```

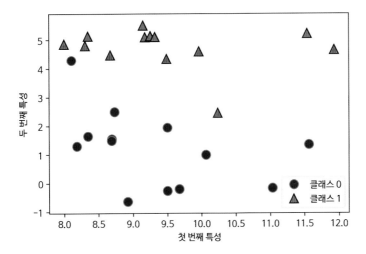

**그림 2-2** forge 데이터셋의 산점도

X.shape 값에서 알 수 있듯이 이 데이터셋은 데이터 포인트 26개와 특성 2개를 가집니다.

회귀 알고리즘 설명에는 인위적으로 만든 wave 데이터셋을 사용하겠습니다. wave 데이터셋은 입력 특성 하나와 모델링할 타깃 변수(또는 응답)를 가집니다. [그림 2-3]은 특성을 x 축에 놓고 회귀의 타깃(출력)을 y 축에 놓았습니다.

```
In [4]
  X, y = mglearn.datasets.make_wave(n_samples=40)
  plt.plot(X, y, 'o')
  plt.ylim(-3, 3)
  plt.xlabel("특성")
  plt.ylabel("타깃")
```

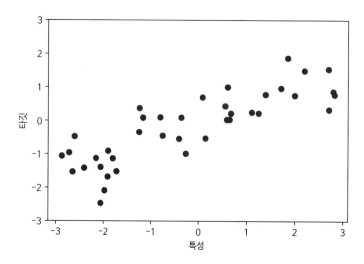

**그림 2-3** x 축을 특성, y 축을 타깃으로 한 wave 데이터셋의 그래프

종이는 2차원이라 둘이 넘는 특성은 표현하기 어려우니 손쉽게 시각화하기 위해서 간단한 저차원 데이터셋을 사용하겠습니다. 특성이 적은 데이터셋(**저차원 데이터셋**)에서 얻은 직관이 특성이 많은 데이터셋(**고차원 데이터셋**)에서 그대로 유지되지 않을 수 있습니다. 하지만 이런 사실을 유념해둔다면 알고리즘을 배울 때 저차원 데이터셋을 사용하는 것이 매우 좋습니다.

인위적인 소규모 데이터셋 외에 scikit-learn에 들어 있는 실제 데이터셋도 두 개를 사용하겠습니다. 하나는 유방암 종양의 임상 데이터를 기록해놓은 위스콘신 유방암<sup></sup>Wisconsin Breast Cancer 데이터셋입니다(줄여서 cancer라고 하겠습니다). 각 종양은 양성benign(해롭지 않은 종양)과 악성malignant(암 종양)으로 레이블되어 있고, 조직 데이터를 기반으로 종양이 악성인지를 예측할 수 있도록 학습하는 것이 과제입니다.

이 데이터는 scikit-learn에 있는 load_breast_cancer 함수를 사용하여 불러올 수 있습니다.

```
In [5]
  from sklearn.datasets import load_breast_cancer
  cancer = load_breast_cancer()
  print("cancer.keys():\n", cancer.keys())

Out [5]
  cancer.keys():
  dict_keys(['data', 'target', 'frame', 'target_names', 'DESCR', 'feature_names', 'filename'])
```

이 데이터셋은 569개의 데이터 포인트를 가지고 있고 특성은 30개입니다.

```
In [6]
print("유방암 데이터의 형태:", cancer.data.shape)
```

```
Out [6]
유방암 데이터의 형태: (569, 30)
```

569개 데이터 포인트 중 212개는 악성이고 357개는 양성입니다.

```
In [7]
print("클래스별 샘플 개수:\n",
    {n: v for n, v in zip(cancer.target_names, np.bincount(cancer.target))})
```

```
Out [7]
클래스별 샘플 개수:
{'benign': 357, 'malignant': 212}
```

feature_names 속성을 확인하면 각 특성의 의미를 알 수 있습니다.

```
In [8]
print("특성 이름:\n", cancer.feature_names)
```

```
Out [8]
특성 이름:
['mean radius' 'mean texture' 'mean perimeter' 'mean area'
 'mean smoothness' 'mean compactness' 'mean concavity'
 'mean concave points' 'mean symmetry' 'mean fractal dimension'
 'radius error' 'texture error' 'perimeter error' 'area error'
 'smoothness error' 'compactness error' 'concavity error'
 'concave points error' 'symmetry error' 'fractal dimension error'
 'worst radius' 'worst texture' 'worst perimeter' 'worst area'
 'worst smoothness' 'worst compactness' 'worst concavity'
 'worst concave points' 'worst symmetry' 'worst fractal dimension']
```

데이터에 관한 더 자세한 정보는 cancer.DESCR에서 확인할 수 있습니다.

또 회귀 분석용 실제 데이터셋으로는 보스턴 주택가격Boston Housing 데이터셋을 사용하겠습니다.[4]
이 데이터셋으로 할 작업은 범죄율, 찰스강 인접도, 고속도로 접근성 등의 정보를 이용해 1970
년대 보스턴 주변의 주택 평균 가격을 예측하는 것입니다. 이 데이터셋에는 데이터 포인트 506
개와 특성 13개가 있습니다.

```
In [9]
  # 보스턴 주택 데이터셋이 1.2 버전에서 삭제되므로 다음과 같이 코드를 수정합니다.
  data_url = "http://lib.stat.cmu.edu/datasets/boston"
  raw_df = pd.read_csv(data_url, sep="\s+", skiprows=22, header=None)
  data = np.hstack([raw_df.values[::2, :], raw_df.values[1::2, :2]])
  target = raw_df.values[1::2, 2]
  print("데이터의 형태:", data.shape)

Out [9]
  데이터의 형태: (506, 13)
```

이 데이터셋에서도 boston 객체의 DESCR 속성에서 더 자세한 정보를 확인할 수 있습니다.
이 데이터셋에서는 13개의 입력 특성뿐 아니라 특성끼리 곱하여(또는 상호작용이라 부름) 의
도적으로 확장하겠습니다. 다시 말하면 범죄율과 고속도로 접근성의 개별 특성은 물론, 범죄율
과 고속도로 접근성의 곱도 특성으로 생각한다는 뜻입니다. 이처럼 특성을 유도해내는 것을 **특
성 공학**feature engineering이라고 하며 4장에서 자세하게 다루도록 하겠습니다. 유도된 데이터셋은
load_extended_boston 함수를 사용하여 불러들일 수 있습니다.

```
In [10]
  X, y = mglearn.datasets.load_extended_boston()
  print("X.shape:", X.shape)

Out [10]
  X.shape: (506, 104)
```

13개의 원래 특성에 13개에서 2개씩 (중복을 포함해) 짝지은 91개의 특성을 더해 총 104개

---

4 옮긴이_ 보스턴 주택가격 데이터셋의 특성에는 흑인 인구 비율이 들어 있어 요즘 시대에 적절치 않다는 의견이 많았습니다. 사이킷런 1.0
  버전부터는 load_boston 함수가 삭제된다는 경고를 하며, 1.2 버전에서 삭제되었습니다.

가 됩니다.[5]

여러 머신러닝 알고리즘의 특성들을 보여주고 설명하기 위해 이런 데이터셋들을 사용할 것입니다. 그럼 먼저 앞 장에서 본 $k$-최근접 이웃($k$-NN) 알고리즘을 다시 살펴보겠습니다.

### 2.3.2 k-최근접 이웃

$k$-NN$^{k\text{-Nearest Neighbors}}$ 알고리즘은 가장 간단한 머신러닝 알고리즘입니다. 훈련 데이터셋을 그냥 저장하는 것이 모델을 만드는 과정의 전부입니다. 새로운 데이터 포인트에 대해 예측할 땐 알고리즘이 훈련 데이터셋에서 가장 가까운 데이터 포인트, 즉 '최근접 이웃'을 찾습니다.

#### k-최근접 이웃 분류

가장 간단한 $k$-NN 알고리즘은 가장 가까운 훈련 데이터 포인트 하나를 최근접 이웃으로 찾아 예측에 사용합니다. 단순히 이 훈련 데이터 포인트의 출력이 예측됩니다. [그림 2-4]는 forge 데이터셋을 이렇게 분류한 것입니다.

```
In [11]
  mglearn.plots.plot_knn_classification(n_neighbors=1)
```

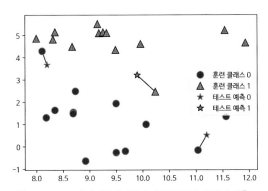

**그림 2-4** forge 데이터셋에 대한 1-최근접 이웃 모델의 예측

---

[5] 첫 번째 특성으로 13개의 교차항이 만들어지고, 두 번째 특성에서 첫 번째 특성을 제외한 12개의 교차항이 만들어집니다. 그다음 세 번째 특성에서 11개가 되는 식입니다(13 + 12 + 11 + ⋯ + 1 = 91).
옮긴이_ 중복을 고려하지 않은 이항 계수의 공식은 $\binom{n}{k} = \frac{n!}{k!(n-k)!}$ 입니다. 따라서 $\binom{13}{2} = \frac{13!}{2!(13-2)!} = 78$ 이 됩니다.
load_extend_boston 함수는 scikit-learn의 PolynomialFeatures 함수를 사용하여 중복을 포함한 조합을 만듭니다. 중복을 포함한 조합의 수를 구하는 공식은 $\left(\!\binom{n}{k}\!\right) = \binom{n+k-1}{k}$ 이므로 $\left(\!\binom{13}{2}\!\right) = \binom{13+2-1}{2} = \frac{14!}{2!(14-2)!} = 91$ 이 됩니다.

이 그림에는 데이터 포인트 3개를 추가했습니다(별 모양으로 표시). 그리고 추가한 각 데이터 포인트에서 가장 가까운 훈련 데이터 포인트를 연결했습니다. 1-최근접 이웃 알고리즘의 예측은 이 데이터 포인트의 레이블이 됩니다(같은 색으로 연결하였습니다).

가장 가까운 이웃 하나가 아니라 임의의 $k$개를 선택할 수도 있습니다. 그래서 $k$-최근접 이웃 알고리즘이라 부릅니다. 둘 이상의 이웃을 선택할 때는 레이블을 정하기 위해 투표를 합니다. 즉 테스트 포인트 하나에 대해 클래스 0에 속한 이웃이 몇 개인지, 그리고 클래스 1에 속한 이웃이 몇 개인지를 셉니다. 그리고 이웃이 더 많은 클래스를 레이블로 지정합니다. 다시 말해 $k$-최근접 이웃 중 다수의 클래스가 레이블이 됩니다. 다음은 세 개의 최근접 이웃을 사용하는 예입니다(그림 2-5).

```
In [12]
  mglearn.plots.plot_knn_classification(n_neighbors=3)
```

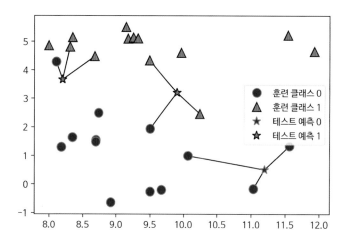

**그림 2-5** forge 데이터셋에 대한 3-최근접 이웃 모델의 예측

여기에서도 예측은 연결된 데이터 포인트의 색으로 나타납니다. 새 데이터 포인트 중 왼쪽 위의 것은 이웃을 하나만 사용했을 때와 예측이 달라진 것을 알 수 있습니다.

이 그림은 이진 분류 문제지만 클래스가 다수인 데이터셋에도 같은 방법을 적용할 수 있습니다. 클래스가 여러 개일 때도 각 클래스에 속한 이웃이 몇 개인지를 헤아려 가장 많은 클래스를 예측값으로 사용합니다.

이제 scikit-learn을 사용해서 $k$-최근접 이웃 알고리즘을 어떻게 적용하는지 살펴보겠습니다. 먼저 1장에서 한 것처럼 일반화 성능을 평가할 수 있도록 데이터를 훈련 세트와 테스트 세트로 나눕니다.

```
In [13]
  from sklearn.model_selection import train_test_split
  X, y = mglearn.datasets.make_forge()

  X_train, X_test, y_train, y_test = train_test_split(X, y, random_state=0)
```

다음은 KNeighborsClassifier를 임포트[import]하고 객체를 만듭니다. 이때 이웃의 수 같은 매개변수들을 지정합니다. 여기서는 이웃의 수를 3으로 지정합니다.[6]

```
In [14]
  from sklearn.neighbors import KNeighborsClassifier
  clf = KNeighborsClassifier(n_neighbors=3)
```

이제 훈련 세트를 사용하여 분류 모델을 학습시킵니다. KNeighborsClassifier에서의 학습은 예측할 때 이웃을 찾을 수 있도록 데이터를 저장하는 것입니다.

```
In [15]
  clf.fit(X_train, y_train)
```

테스트 데이터에 대해 predict 메서드를 호출해서 예측합니다. 테스트 세트의 각 데이터 포인트에 대해 훈련 세트에서 가장 가까운 이웃을 계산한 다음 가장 많은 클래스를 찾습니다.

```
In [16]
  print("테스트 세트 예측:", clf.predict(X_test))

Out [16]
  테스트 세트 예측: [1 0 1 0 1 0 0]
```

---

6 옮긴이_ KNeighborsClassifier 클래스의 n_neighbors 매개변수 기본값은 5입니다.

모델이 얼마나 잘 일반화되었는지 평가하기 위해 score 메서드에 테스트 데이터와 테스트 레이블을 넣어 호출합니다.

```
In [17]
  print("테스트 세트 정확도: {:.2f}".format(clf.score(X_test, y_test)))

Out [17]
  테스트 세트 정확도: 0.86
```

이 모델의 정확도는 86%로 나왔습니다. 즉 모델이 테스트 데이터셋에 있는 샘플 중 86%를 정확히 예측하였습니다.

## KNeighborsClassifier 분석

2차원 데이터셋이므로 가능한 모든 테스트 포인트의 예측을 xy 평면에 그려볼 수 있습니다. 그리고 각 데이터 포인트가 속한 클래스에 따라 평면에 색을 칠합니다. 이렇게 하면 알고리즘이 클래스 0과 클래스 1로 지정한 영역으로 나뉘는 **결정 경계**decision boundary를 볼 수 있습니다. 다음 코드는 이웃이 하나, 셋, 아홉 개일 때의 결정 경계를 보여줍니다.

```
In [18]
  fig, axes = plt.subplots(1, 3, figsize=(10, 3))

  for n_neighbors, ax in zip([1, 3, 9], axes):
      # fit 메소드는 self 오브젝트를 리턴합니다
      # 그래서 객체 생성과 fit 메소드를 한 줄에 쓸 수 있습니다
      clf = KNeighborsClassifier(n_neighbors=n_neighbors).fit(X, y)
      mglearn.plots.plot_2d_separator(clf, X, fill=True, eps=0.5, ax=ax, alpha=.4)
      mglearn.discrete_scatter(X[:, 0], X[:, 1], y, ax=ax)
      ax.set_title("{} 이웃".format(n_neighbors))
      ax.set_xlabel("특성 0")
      ax.set_ylabel("특성 1")
  axes[0].legend(loc=3)
```

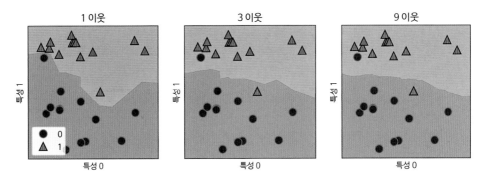

**그림 2-6** n_neighbors 값이 각기 다른 최근접 이웃 모델이 만든 결정 경계

[그림 2-6]의 왼쪽 그림을 보면 이웃을 하나 선택했을 때는 결정 경계가 훈련 데이터에 가깝게 따라가고 있습니다. 이웃의 수를 늘릴수록 결정 경계는 더 부드러워집니다. 부드러운 경계는 더 단순한 모델을 의미합니다. 다시 말해 이웃을 적게 사용하면 모델의 복잡도가 높아지고([그림 2-1]의 오른쪽) 많이 사용하면 복잡도는 낮아집니다([그림 2-1]의 왼쪽). 훈련 데이터 전체 개수를 이웃의 수로 지정하는 극단적인 경우에는 모든 테스트 포인트가 같은 이웃(모든 훈련 데이터)을 가지게 되므로 테스트 포인트에 대한 예측은 모두 같은 값이 됩니다. 즉 훈련 세트에서 가장 많은 데이터 포인트를 가진 클래스가 예측값이 됩니다.

앞서 이야기한 모델의 복잡도와 일반화 사이의 관계를 입증할 수 있는지 살펴보겠습니다. 이를 위해 실제 데이터인 유방암 데이터셋을 사용하겠습니다. 먼저 훈련 세트와 테스트 세트로 나눕니다. 그런 다음 이웃의 수를 달리 하여 훈련 세트와 테스트 세트의 성능을 평가합니다. 결과는 [그림 2-7]과 같습니다.

```
In [19]
  from sklearn.datasets import load_breast_cancer

  cancer = load_breast_cancer()
  X_train, X_test, y_train, y_test = train_test_split(
      cancer.data, cancer.target, stratify=cancer.target, random_state=66)

  training_accuracy = []
  test_accuracy = []
  # 1 에서 10 까지 n_neighbors 를 적용
  neighbors_settings = range(1, 11)
```

```
for n_neighbors in neighbors_settings:
    # 모델 생성
    clf = KNeighborsClassifier(n_neighbors=n_neighbors)
    clf.fit(X_train, y_train)
    # 훈련 세트 정확도 저장
    training_accuracy.append(clf.score(X_train, y_train))
    # 일반화 정확도 저장
    test_accuracy.append(clf.score(X_test, y_test))

plt.plot(neighbors_settings, training_accuracy, label="훈련 정확도")
plt.plot(neighbors_settings, test_accuracy, label="테스트 정확도")
plt.ylabel("정확도")
plt.xlabel("n_neighbors")
plt.legend()
```

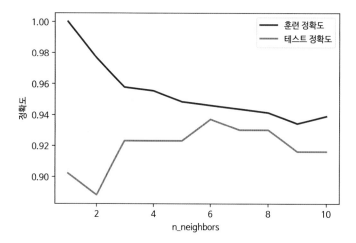

**그림 2-7** n_neighbors 변화에 따른 훈련 정확도와 테스트 정확도

이 그림은 n_neighbors 수(x 축)에 따른 훈련 세트와 테스트 세트 정확도(y 축)를 보여줍니다. 실제 이런 그래프는 매끈하게 나오지 않지만, 여기서도 과대적합과 과소적합의 특징을 볼 수 있습니다(이웃의 수가 적을수록 모델이 복잡해지므로 [그림 2-1]의 그래프가 수평으로 뒤집힌 형태입니다). 최근접 이웃의 수가 하나일 때는 훈련 데이터에 대한 예측이 완벽합니다. 하지만 이웃의 수가 늘어나면 모델은 단순해지고 훈련 데이터의 정확도는 줄어듭니다. 이웃을 하나 사용한 테스트 세트의 정확도는 이웃을 많이 사용했을 때보다 낮습니다. 이것은 1-최근

접 이웃이 모델을 너무 복잡하게 만든다는 것을 설명해줍니다. 반대로 이웃을 10개 사용했을 때는 모델이 너무 단순해서 정확도는 더 나빠집니다. 정확도가 가장 좋을 때는 중간 정도인 여섯 개를 사용한 경우입니다. 이 그래프의 범위를 눈여겨보면 가장 나쁜 정확도도 88%여서 수긍할만합니다.

## k-최근접 이웃 회귀

*k*-최근접 이웃 알고리즘은 회귀 분석에도 쓰입니다. 이번에는 wave 데이터셋을 이용해서 이웃이 하나인 최근접 이웃을 사용해보겠습니다. x 축에 세 개의 테스트 데이터를 흐린 별 모양으로 표시했습니다. 최근접 이웃을 한 개만 이용할 때 예측은 그냥 가장 가까운 이웃의 타깃 값입니다. 이 예측은 [그림 2-8]에 진한 별 모양으로 표시하였습니다.

```
In [20]
  mglearn.plots.plot_knn_regression(n_neighbors=1)
```

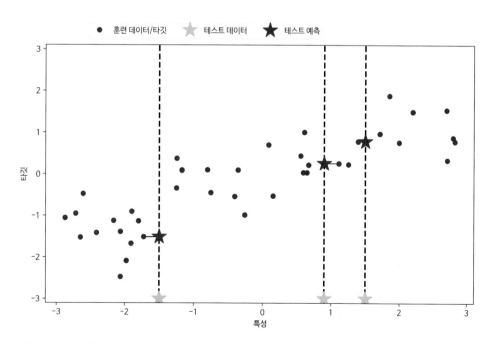

**그림 2-8** wave 데이터셋에 대한 1-최근접 이웃 회귀 모델의 예측

여기에서도 이웃을 둘 이상 사용하여 회귀 분석을 할 수 있습니다. 여러 개의 최근접 이웃을 사용할 땐 이웃 간의 평균[7]이 예측이 됩니다(그림 2-9).

In [21]

```
mglearn.plots.plot_knn_regression(n_neighbors=3)
```

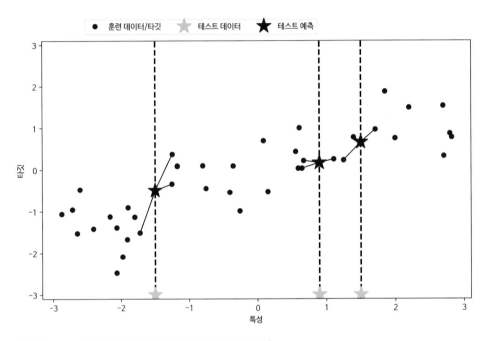

**그림 2-9** wave 데이터셋에 대한 3-최근접 이웃 회귀 모델의 예측

scikit-learn에서 회귀를 위한 $k$-최근접 이웃 알고리즘은 KNeighborsRegressor에 구현되어 있습니다. 사용법은 KNeighborsClassifier와 비슷합니다.

In [22]

```
from sklearn.neighbors import KNeighborsRegressor

X, y = mglearn.datasets.make_wave(n_samples=40)
```

--------

7 옮긴이_ 원문에는 'average or mean'으로 표현되어 있습니다. KNeighborsRegressor의 weights 매개변수가 기본값 'uniform'일 때는 np.mean 함수를 사용하여 단순 평균을 계산하고, 'distance'일 때는 거리를 고려한 가중치 평균(average)을 계산합니다.

```
# wave 데이터셋을 훈련 세트와 테스트 세트로 나눕니다
X_train, X_test, y_train, y_test = train_test_split(X, y, random_state=0)

# 이웃의 수를 3으로 하여 모델의 객체를 만듭니다
reg = KNeighborsRegressor(n_neighbors=3)
# 훈련 데이터와 타깃을 사용하여 모델을 학습시킵니다
reg.fit(X_train, y_train)
```

그리고 테스트 세트에 대해 예측을 합니다.

```
In [23]
  print("테스트 세트 예측:\n", reg.predict(X_test))

Out [23]
  테스트 세트 예측:
  [-0.054  0.357  1.137 -1.894 -1.139 -1.631  0.357  0.912 -0.447 -1.139]
```

역시 score 메서드를 사용해 모델을 평가할 수 있습니다. 이 메서드는 회귀일 땐 $R^2$ 값을 반환합니다. 결정 계수라고도 하는 $R^2$ 값은 회귀 모델에서 예측의 적합도를 측정한 것으로 보통 0과 1 사이의 값이 됩니다.[8] 1은 예측이 완벽한 경우이고, 0은 훈련 세트의 출력값인 y_train의 평균으로만 예측하는 모델의 경우입니다.[9] $R^2$은 음수가 될 수도 있습니다. 이 때는 예측과 타깃이 상반된 경향을 가지는 경우입니다.

```
In [24]
  print("테스트 세트 R^2: {:.2f}".format(reg.score(X_test, y_test)))

Out [24]
  테스트 세트 R^2: 0.83
```

우리가 얻은 점수는 0.83이라 모델이 비교적 잘 들어맞은 것 같습니다.

---

8  옮긴이_ $R^2$을 구하는 공식은 $R^2 = 1 - \dfrac{\sum(y - \hat{y})^2}{\sum(y - \bar{y})^2}$ 입니다. $y$는 타깃 값이고 $\bar{y}$는 타깃 값의 평균, $\hat{y}$은 모델의 예측값입니다.

9  옮긴이_ 무조건 y_train의 평균값을 예측으로 사용하면 $R^2$의 공식에서 $\hat{y}$이 $\bar{y}$와 같게 되고 분자와 분모가 같아져 최종 계산값은 0이 됩니다.

## KNeighborsRegressor 분석

이 1차원 데이터셋에 대해 가능한 모든 특성 값을 만들어 예측해볼 수 있습니다(그림 2-10). 이를 위해 x 축을 따라 많은 포인트를 생성해 테스트 데이터셋을 만듭니다.

```
In [25]
  fig, axes = plt.subplots(1, 3, figsize=(15, 4))
  # -3 과 3 사이에 1,000 개의 데이터 포인트를 만듭니다
  line = np.linspace(-3, 3, 1000).reshape(-1, 1)
  for n_neighbors, ax in zip([1, 3, 9], axes):
      # 1, 3, 9 이웃을 사용한 예측을 합니다
      reg = KNeighborsRegressor(n_neighbors=n_neighbors)
      reg.fit(X_train, y_train)
      ax.plot(line, reg.predict(line))
      ax.plot(X_train, y_train, '^', c=mglearn.cm2(0), markersize=8)
      ax.plot(X_test, y_test, 'v', c=mglearn.cm2(1), markersize=8)

      ax.set_title(
          "{} 이웃의 훈련 스코어: {:.2f} 테스트 스코어: {:.2f}".format(
              n_neighbors, reg.score(X_train, y_train),
              reg.score(X_test, y_test)))
      ax.set_xlabel("특성")
      ax.set_ylabel("타깃")
axes[0].legend(["모델 예측", "훈련 데이터/타깃",
              "테스트 데이터/타깃"], loc="best")
```

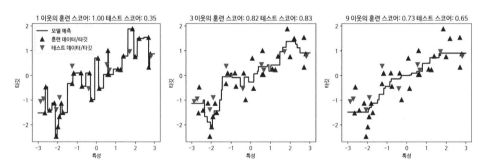

**그림 2-10** n_neighbors 값에 따라 최근접 이웃 회귀로 만들어진 예측 비교

이 그림에서 볼 수 있듯이 이웃을 하나만 사용할 때는 훈련 세트의 각 데이터 포인트가 예측에 주는 영향이 커서 예측값이 훈련 데이터 포인트를 모두 지나갑니다. 이는 매우 불안정한 예측

을 만들어냅니다. 이웃을 많이 사용하면 훈련 데이터에는 잘 안 맞을 수 있지만 더 안정된 예측을 얻게 됩니다.

## 장단점과 매개변수

일반적으로 KNeighbors 분류기에 중요한 매개변수는 두 개입니다. 데이터 포인트 사이의 거리를 재는 방법과 이웃의 수입니다. 실제로 이웃의 수는 3개나 5개 정도로 적을 때 잘 작동하지만, 이 매개변수는 잘 조정해야 합니다. 거리 재는 방법을 고르는 문제는 이 책에서 다루지 않습니다만, 기본적으로 여러 환경에서 잘 동작하는 유클리디안 거리 방식을 사용합니다.[10]

$k$-NN의 장점은 이해하기 매우 쉬운 모델이고 많이 조정하지 않아도 자주 좋은 성능을 발휘한다는 점입니다. 더 복잡한 알고리즘을 적용해보기 전에 시도해볼 수 있는 좋은 시작점입니다. 보통 최근접 이웃 모델은 매우 빠르게 만들 수 있지만, 훈련 세트가 매우 크면 (특성의 수나 샘플의 수가 클 경우) 예측이 느려집니다.[11] $k$-NN 알고리즘을 사용할 땐 데이터를 전처리하는 과정이 중요합니다(3장 참고).[12] 그리고 (수백 개 이상의) 많은 특성을 가진 데이터셋에는 잘 동작하지 않으며, 특성 값 대부분이 0인 (즉 희소한) 데이터셋과는 특히 잘 작동하지 않습니다.

$k$-최근접 이웃 알고리즘이 이해하긴 쉽지만 예측이 느리고 많은 특성을 처리하는 능력이 부족해 현업에서는 잘 쓰지 않습니다. 이런 단점이 없는 알고리즘이 다음에 설명할 선형 모델입니다.

## 2.3.3 선형 모델

선형 모델linear model은 약 100년 전에 개발되었고, 지난 몇십 년 동안 폭넓게 연구되고 현재도 널

---

10 옮긴이_ KNeighborsClassifier와 KNeighborsRegressor의 객체를 생성할 때 metric 매개변수를 사용하여 거리 측정 방식을 변경할 수 있습니다. metric 매개변수의 기본값은 민코프스키 거리를 의미하는 'minkowski'이며 거듭제곱의 크기를 정하는 매개변수인 p가 기본값 2일 때 유클리디안 거리와 같습니다.

11 옮긴이_ KNeighborsClassifier와 KNeighborsRegressor는 최근접 이웃을 찾기 위해 KD 트리와 Ball 트리 알고리즘을 사용하며 algorithm 매개변수에 각각 'kd_tree', 'ball_tree'로 지정할 수 있습니다. algorithm 매개변수의 기본값은 'auto'로 특성의 개수가 15개 이상이거나 n_neighbors가 샘플 개수의 절반 이상일 때는 전체 샘플 간의 거리를 모두 계산하는 'brute' 방법을 사용하며 그 외에는 'kd_tree'나 'ball_tree'를 사용합니다. fit 메서드를 실행한 후 _fit_method 속성을 확인하면 어떤 알고리즘이 선택되었는지 알 수 있습니다. 병렬화를 위해 n_jobs 매개변수에 사용할 CPU 코어 수를 지정할 수 있습니다. 기본적으로 1개의 코어를 사용하며 −1로 지정하면 모든 코어를 사용합니다.

12 옮긴이_ 이웃 간의 거리를 계산할 때 특성마다 값의 범위가 다르면 범위가 작은 특성에 크게 영향을 받습니다. 따라서 $k$-NN 알고리즘을 사용할 때는 특성들이 같은 스케일을 갖도록 정규화하는 것이 일반적입니다.

리 쓰입니다. 곧 보겠지만 선형 모델은 입력 특성에 대한 **선형 함수**를 만들어 예측을 수행합니다.

## 회귀의 선형 모델

회귀의 경우 선형 모델을 위한 일반화된 예측 함수는 다음과 같습니다.

$$\hat{y} = w[0] \times x[0] + w[1] \times x[1] + \ldots + w[p] \times x[p] + b$$

이 식에서 $x[0]$부터 $x[p]$까지는 하나의 데이터 포인트에 대한 특성을 나타내며(특성의 개수는 $p + 1$), $w$와 $b$는 모델이 학습할 파라미터입니다.[13] 그리고 $\hat{y}$은 모델이 만들어낸 예측값입니다. 특성이 하나인 데이터셋이라면 이 식은 다음과 같아집니다.

$$\hat{y} = w[0] \times x[0] + b$$

수학 시간에 배운 직선의 방정식을 기억하나요? 이 식에서 $w[0]$는 기울기고 $b$는 y 축과 만나는 절편입니다. 특성이 많아지면 $w$는 각 특성에 해당하는 기울기를 모두 가집니다. 다르게 생각하면 예측값은 입력 특성에 $w$의 각 가중치(음수일 수도 있음)를 곱해서 더한 가중치 합으로 볼 수 있습니다.

1차원 wave 데이터셋으로 파라미터 $w[0]$와 $b$를 [그림 2-11]의 직선처럼 되도록 학습시켜보겠습니다.

```
In [26]
  mglearn.plots.plot_linear_regression_wave()

Out [26]
  w[0]: 0.393906  b: -0.031804
```

---

13 옮긴이_ 머신러닝에서 알고리즘이 주어진 데이터로부터 학습하는 파라미터를 흔히 모델 파라미터라고 부릅니다. 이 책에서는 이런 파라미터를 모델 파라미터, 파라미터 혹은 계수라고 부르고 있습니다. 반대로 모델이 학습할 수 없어서 사람이 직접 설정해 주어야 하는 파라미터를 하이퍼파라미터(hyperparameter)라고 합니다. 이런 하이퍼파라미터는 파이썬 클래스와 함수에 넘겨주는 인수에 포함되므로 통칭하여 매개변수라고 부르겠습니다.

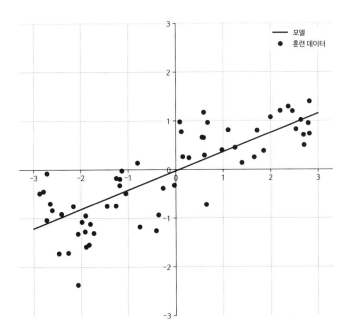

**그림 2-11** wave 데이터셋에 대한 선형 모델의 예측

직선 방정식을 이해하기 쉽도록 그래프의 중앙을 가로질러서 x, y 축을 그렸습니다. $w[0]$ 값을 보면 기울기는 대략 0.4 정도여야 하며, 그래프에서 이를 눈으로 확인할 수 있습니다.

회귀를 위한 선형 모델은 특성이 하나일 땐 직선, 두 개일 땐 평면이 되며, 더 높은 차원(특성이 더 많음)에서는 초평면hyperplane이 되는 회귀 모델의 특징을 가지고 있습니다.

이 직선과 KNeighborsRegressor를 사용하여 만든 [그림 2-10]의 선과 비교해보면 직선을 사용한 예측이 더 제약이 많아 보입니다. 즉 데이터의 상세 정보를 모두 잃어버린 것처럼 보입니다. 어느 정도는 사실입니다. 타깃 $y$가 특성들의 선형 조합이라는 것은 매우 과한 (때론 비현실적인) 가정입니다. 하지만 1차원 데이터만 놓고 봐서 생긴 편견일 수 있습니다. 특성이 많은 데이터셋이라면 선형 모델은 매우 훌륭한 성능을 낼 수 있습니다. 특히 훈련 데이터보다 특성이 더 많은 경우엔 어떤 타깃 $y$도 완벽하게 (훈련 세트에 대해서) 선형 함수로 모델링할 수 있습니다.[14]

---

14 선형 대수를 알고 있다면 쉽게 이해할 수 있습니다.
　　옮긴이_ 선형 대수에서 방정식(훈련 데이터)보다 미지수(모델 파라미터)가 많은 경우를 불충분한 시스템(underdetermined system)이라고 하며 일반적으로 무수히 많은 해가 존재합니다.

회귀를 위한 선형 모델은 다양합니다. 이 모델들은 훈련 데이터로부터 모델 파라미터 $w$와 $b$를 학습하는 방법과 모델의 복잡도를 제어하는 방법에서 차이가 납니다. 우리는 회귀에서 가장 인기 있는 선형 모델들을 살펴보겠습니다.

## 선형 회귀(최소제곱법)

**선형 회귀**linear regression 또는 **최소제곱법**OLS, ordinary least squares은 가장 간단하고 오래된 회귀용 선형 알고리즘입니다. 선형 회귀는 예측과 훈련 세트에 있는 타깃 $y$ 사이의 **평균제곱오차**mean squared error를 최소화하는 파라미터 $w$와 $b$를 찾습니다. 평균제곱오차는 예측값과 타깃 값의 차이를 제곱하여 더한 후에 샘플의 개수로 나눈 것입니다.[15] 선형 회귀는 매개변수가 없는 것이 장점이지만, 그래서 모델의 복잡도를 제어할 방법도 없습니다.

다음은 [그림 2–11]의 선형 모델을 만드는 코드입니다.

```
In [27]
  from sklearn.linear_model import LinearRegression
  X, y = mglearn.datasets.make_wave(n_samples=60)
  X_train, X_test, y_train, y_test = train_test_split(X, y, random_state=42)

  lr = LinearRegression().fit(X_train, y_train)
```

기울기 파라미터$(w)$는 **가중치**weight 또는 **계수**coefficient라고 하며 lr 객체의 coef_ 속성에 저장되어 있고 편향offset 또는 절편intercept 파라미터$(b)$는 intercept_ 속성에 저장되어 있습니다.

```
In [28]
  print("lr.coef_:", lr.coef_)
  print("lr.intercept_:", lr.intercept_)

Out [28]
  lr.coef_: [ 0.394]
  lr.intercept_: -0.031804343026759746
```

---

15 옮긴이_ 평균제곱오차의 공식은 $MSE = \dfrac{1}{n}\sum_{i=1}^{n}\left(y_i - \hat{y}_i\right)^2$ 이고, 여기서 $n$은 샘플 개수입니다.

intercept_ 속성은 항상 실수$^{float}$ 값 하나지만, coef_ 속성은 각 입력 특성에 하나씩 대응되는 NumPy 배열입니다. wave 데이터셋에는 입력 특성이 하나뿐이므로 lr.coef_도 원소를 하나만 가지고 있습니다.

훈련 세트와 테스트 세트의 성능을 확인해보겠습니다.

```
In [29]
  print("훈련 세트 점수: {:.2f}".format(lr.score(X_train, y_train)))
  print("테스트 세트 점수: {:.2f}".format(lr.score(X_test, y_test)))

Out [29]
  훈련 세트 점수: 0.67
  테스트 세트 점수: 0.66
```

$R^2$ 값이 0.66인 것은 그리 좋은 결과는 아닙니다. 하지만 훈련 세트와 테스트 세트의 점수가 매우 비슷한 것을 알 수 있습니다. 이는 과대적합이 아니라 과소적합인 상태를 의미합니다. 1차원 데이터셋에서는 모델이 매우 단순하므로 (혹은 제한적이므로) 과대적합을 걱정할 필요가 없습니다. 그러나 (특성이 많은) 고차원 데이터셋에서는 선형 모델의 성능이 매우 높아져서 과대적합될 가능성이 높습니다. LinearRegression 모델이 보스턴 주택가격 데이터셋 같은 복잡한 데이터셋에서 어떻게 동작하는지 한번 살펴보겠습니다. 이 데이터셋에는 샘플이 506개가 있고 특성은 유도된 것을 합쳐 104개입니다. 먼저 데이터셋을 읽어 들이고 훈련 세트와 테스트 세트로 나눕니다. 그런 다음 이전과 같은 방식으로 선형 모델을 만들겠습니다.

```
In [30]
  X, y = mglearn.datasets.load_extended_boston()

  X_train, X_test, y_train, y_test = train_test_split(X, y, random_state=0)
  lr = LinearRegression().fit(X_train, y_train)
```

훈련 세트와 테스트 세트의 점수를 비교해보면 훈련 세트에서는 예측이 매우 정확한 반면 테스트 세트에서는 $R^2$ 값이 매우 낮습니다.

```
In [31]
  print("훈련 세트 점수: {:.2f}".format(lr.score(X_train, y_train)))
  print("테스트 세트 점수: {:.2f}".format(lr.score(X_test, y_test)))

Out [31]
  훈련 세트 점수: 0.95
  테스트 세트 점수: 0.61
```

훈련 데이터와 테스트 데이터 사이의 이런 성능 차이는 모델이 과대적합되었다는 확실한 신호이므로 복잡도를 제어할 수 있는 모델을 사용해야 합니다. 기본 선형 회귀 방식 대신 가장 널리쓰이는 모델은 다음에 볼 **리지** 회귀입니다.

## 리지 회귀

리지[Ridge]도 회귀를 위한 선형 모델이므로 최소적합법에서 사용한 것과 같은 예측 함수를 사용합니다. 하지만 리지 회귀에서의 가중치($w$) 선택은 훈련 데이터를 잘 예측하기 위해서 뿐만아니라 추가 제약 조건을 만족시키기 위한 목적도 있습니다. 가중치의 절댓값을 가능한 한 작게 만드는 것입니다. 다시 말해서 $w$의 모든 원소가 0에 가깝게 되길 원합니다. 직관적으로 생각하면 이는 모든 특성이 출력에 주는 영향을 최소한으로 만듭니다(기울기를 작게 만듭니다). 이런 제약을 규제[regularization]라고 합니다. 규제란 과대적합이 되지 않도록 모델을 강제로 제한한다는 의미입니다. 리지 회귀에 사용하는 규제 방식을 L2 규제라고 합니다.[16]

리지 회귀는 linear_model.Ridge에 구현되어 있습니다. 리지 회귀가 확장된 보스턴 주택가격 데이터셋에 어떻게 적용되는지 살펴보겠습니다.

```
In [32]
  from sklearn.linear_model import Ridge

  ridge = Ridge().fit(X_train, y_train)
  print("훈련 세트 점수: {:.2f}".format(ridge.score(X_train, y_train)))
```

---

16 수학적으로 리지는 계수의 L2 노름(norm)의 제곱을 페널티로 적용합니다.

옮긴이_ 평균제곱오차 식에 $\alpha \sum_{j=1}^{m} w_j^2$ 항이 추가됩니다. $\alpha$를 크게 하면 페널티의 효과가 커지고(가중치 감소), $\alpha$를 작게 하면 그 반대가됩니다.

```
print("테스트 세트 점수: {:.2f}".format(ridge.score(X_test, y_test)))
```

Out [32]
```
훈련 세트 점수: 0.89
테스트 세트 점수: 0.75
```

결과를 보니 훈련 세트에서의 점수는 LinearRegression보다 낮지만 테스트 세트에 대한 점수는 더 높습니다. 기대한 대로입니다. 선형 회귀는 이 데이터셋에 과대적합되지만 Ridge는 덜 자유로운 모델이기 때문에 과대적합이 적어집니다. 모델의 복잡도가 낮아지면 훈련 세트에서의 성능은 나빠지지만 더 일반화된 모델이 됩니다. 관심 있는 것은 테스트 세트에 대한 성능이기 때문에 LinearRegression보다 Ridge 모델을 선택해야 합니다.

Ridge는 모델을 단순하게 (계수를 0에 가깝게) 해주고 훈련 세트에 대한 성능 사이를 절충할 수 있는 방법을 제공합니다. 사용자는 alpha 매개변수로 훈련 세트의 성능 대비 모델을 얼마나 단순화할지를 지정할 수 있습니다. 앞의 예제에서는 매개변수의 기본값인 alpha=1.0을 사용했습니다. 하지만 이 값이 최적이라고 생각할 이유는 없습니다. 최적의 alpha 값은 사용하는 데이터셋에 달렸습니다. alpha 값을 높이면 계수를 0에 더 가깝게 만들어서 훈련 세트의 성능은 나빠지지만 일반화에는 도움을 줄 수 있습니다. 예를 들면 다음과 같습니다.

In [33]
```
ridge10 = Ridge(alpha=10).fit(X_train, y_train)
print("훈련 세트 점수: {:.2f}".format(ridge10.score(X_train, y_train)))
print("테스트 세트 점수: {:.2f}".format(ridge10.score(X_test, y_test)))
```

Out [33]
```
훈련 세트 점수: 0.79
테스트 세트 점수: 0.64
```

alpha 값을 줄이면 계수에 대한 제약이 그만큼 풀리면서 [그림 2-1]의 오른쪽으로 이동하게 됩니다. 아주 작은 alpha 값은 계수를 거의 제한하지 않으므로 LinearRegression으로 만든 모델과 거의 같아집니다.[17]

---

17 옮긴이_ alpha=0.00001로 지정하면 LinearRegression에서 얻은 훈련 세트 점수 0.95, 테스트 세트 점수 0.61과 완전히 같게 됩니다.

```
ridge01 = Ridge(alpha=0.1).fit(X_train, y_train)
print("훈련 세트 점수: {:.2f}".format(ridge01.score(X_train, y_train)))
print("테스트 세트 점수: {:.2f}".format(ridge01.score(X_test, y_test)))
```

Out [34]
```
훈련 세트 점수: 0.93
테스트 세트 점수: 0.77
```

이 코드에서 alpha=0.1이 꽤 좋은 성능을 낸 것 같습니다. 테스트 세트에 대한 성능이 높아질 때까지 alpha 값을 줄일 수 있을 것입니다. 여기서는 alpha 값이 [그림 2-1]의 모델 복잡도와 어떤 관련이 있는지를 살펴보았습니다. 좋은 매개변수를 선택하는 방법은 5장에서 알아보도록 하겠습니다.

또한 alpha 값에 따라 모델의 coef_ 속성이 어떻게 달라지는지를 조사해보면 alpha 매개변수가 모델을 어떻게 변경시키는지 더 깊게 이해할 수 있습니다. 높은 alpha 값은 제약이 더 많은 모델이므로 작은 alpha 값일 때보다 coef_의 절댓값 크기가 작을 것이라고 예상할 수 있습니다. [그림 2-12]를 보면 이러한 사실을 확인할 수 있습니다.

In [35]
```
plt.plot(ridge10.coef_, '^', label="Ridge alpha=10")
plt.plot(ridge.coef_, 's', label="Ridge alpha=1")
plt.plot(ridge01.coef_, 'v', label="Ridge alpha=0.1")

plt.plot(lr.coef_, 'o', label="LinearRegression")
plt.xlabel("계수 목록")
plt.ylabel("계수 크기")
xlims = plt.xlim()
plt.hlines(0, xlims[0], xlims[1])
plt.xlim(xlims)
plt.ylim(-25, 25)
plt.legend()
```

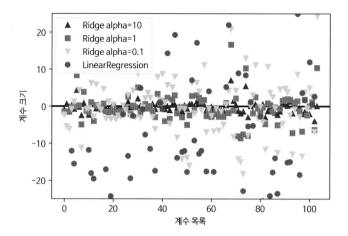

**그림 2-12** 선형 회귀와 몇 가지 alpha 값을 가진 리지 회귀의 계수 크기 비교

이 그림에서 x 축은 coef_의 원소를 위치대로 나열한 것입니다. 즉 x=0은 첫 번째 특성에 연관된 계수이고 x=1은 두 번째 특성에 연관된 계수입니다. 이런 식으로 x=100까지 계속됩니다. y 축은 각 계수의 수치를 나타냅니다. alpha=10일 때 대부분의 계수는 −3과 3 사이에 위치합니다. alpha=1일 때 Ridge 모델의 계수는 좀 더 커졌습니다. alpha=0.1일 때 계수는 더 커지며 아무런 규제가 없는(alpha=0) 선형 회귀의 계수는 값이 더 커져 그림 밖으로 넘어갑니다.

규제의 효과를 이해하는 또 다른 방법은 alpha 값을 고정하고 훈련 데이터의 크기를 변화시켜보는 것입니다. [그림 2-13]은 보스턴 주택가격 데이터셋에서 여러 가지 크기로 샘플링하여 LinearRegression과 Ridge(alpha=1)을 적용한 것입니다(데이터셋의 크기에 따른 모델의 성능 변화를 나타낸 그래프를 **학습 곡선**learning curve이라고 합니다).[18]

```
In [36]
  mglearn.plots.plot_ridge_n_samples()
```

---

18 옮긴이_ 훈련 과정을 여러 번 반복하면서 학습하는 알고리즘에서는 반복의 횟수에 따른 성능 변화를 나타내는 그래프를 학습 곡선이라고 합니다.

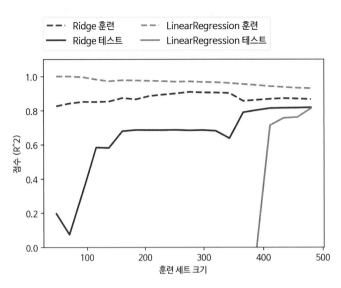

**그림 2-13** 보스턴 주택가격 데이터셋에 대한 리지 회귀와 선형 회귀의 학습 곡선

예상대로 모든 데이터셋에 대해 리지와 선형 회귀 모두 훈련 세트의 점수가 테스트 세트의 점수보다 높습니다. 리지에는 규제가 적용되므로 리지의 훈련 데이터 점수가 전체적으로 선형 회귀의 훈련 데이터 점수보다 낮습니다. 그러나 테스트 데이터에서는 리지의 점수가 더 높으며 특별히 작은 데이터셋에서는 더 그렇습니다. 데이터셋 크기가 400 미만에서는 선형 회귀는 어떤 것도 학습하지 못하고 있습니다. 두 모델의 성능은 데이터가 많아질수록 좋아지고 마지막에는 선형 회귀가 리지 회귀를 따라잡습니다. 여기서 배울 수 있는 것은 데이터를 충분히 주면 규제 항은 덜 중요해져서 리지 회귀와 선형 회귀의 성능이 같아질 것이라는 점입니다(이 예에서는 우연히 전체 데이터를 사용했을 때 이런 일이 생겼습니다). [그림 2-13]에서 또 하나의 흥미로운 점은 선형 회귀의 훈련 데이터 성능이 감소한다는 것입니다. 이는 데이터가 많아질수록 모델이 데이터를 기억하거나 과대적합하기 어려워지기 때문입니다.

> **NOTE_** Ridge 클래스의 solver 매개변수에서 여러 가지 알고리즘을 지정할 수 있습니다. 기본값은 'auto'로 훈련 데이터가 희소 행렬이면 켤레기울기법Conjugate Gradient Method인 'sparse_cg'를 사용하고 그렇지 않으면 해석적으로 문제의 해를 구하는 방법인 'cholesky'를 사용합니다. 계수 값을 양수로 강제하기 위해 postivie 매개변수를 True로 지정하면 L-BFGS-B 알고리즘인 'lbfgs'가 사용됩니다. 이외에도 확률적 평균 경사 하강법Stochastic Average Gradient Descent인 'sag'와 SAG의 개선 버전인 'saga'를 사용할 수 있습니다.

## 라소

선형 회귀에 규제를 적용하는 데 Ridge의 대안으로 Lasso가 있습니다. 리지 회귀에서와 같이 라소lasso도 계수를 0에 가깝게 만들려고 합니다. 하지만 방식이 조금 다르며 이를 L1 규제라고 합니다.[19] L1 규제의 결과로 라소를 사용할 때 어떤 계수는 정말 0이 됩니다. 이 말은 모델에서 완전히 제외되는 특성이 생긴다는 뜻입니다. 어떻게 보면 특성 선택feature selection이 자동으로 이뤄진다고 볼 수 있습니다. 일부 계수를 0으로 만들면 모델을 이해하기 쉬워지고 이 모델의 가장 중요한 특성이 무엇인지 드러내줍니다.

확장된 보스턴 주택가격 데이터셋에 라소를 적용해보겠습니다.

```
In [37]
  from sklearn.linear_model import Lasso

  lasso = Lasso().fit(X_train, y_train)
  print("훈련 세트 점수: {:.2f}".format(lasso.score(X_train, y_train)))
  print("테스트 세트 점수: {:.2f}".format(lasso.score(X_test, y_test)))
  print("사용한 특성의 개수:", np.sum(lasso.coef_ != 0))

Out [37]
  훈련 세트 점수: 0.29
  테스트 세트 점수: 0.21
  사용한 특성의 수: 4
```

결과에서 볼 수 있듯이 Lasso는 훈련 세트와 테스트 세트 모두에서 결과가 좋지 않습니다. 이는 과소적합이며 104개의 특성 중 4개만 사용한 것을 볼 수 있습니다. Ridge와 마찬가지로 Lasso도 계수를 얼마나 강하게 0으로 보낼지를 조절하는 alpha 매개변수를 지원합니다. 앞에

---

19 라소는 계수 벡터의 L1 노름을 페널티로 사용합니다. 다른 말로 하면 계수의 절댓값의 합입니다.
옮긴이_ 평균제곱오차 식에 $\alpha \sum_{j=1}^{m} |w_j|$ 항이 추가됩니다. 리지와 마찬가지로 $\alpha$를 크게 하면 페널티의 효과가 커지고(가중치 감소), $\alpha$를 작게 하면 그 반대가 됩니다.

서는 기본값인 alpha=1.0을 사용했습니다. 과소적합을 줄이기 위해서 alpha 값을 줄여보겠습니다. 이렇게 하려면 max_iter(반복 실행하는 최대 횟수)의 기본값을 늘려야 합니다.[20]

In [38]
```python
# max_iter 기본값을 증가시키지 않으면 max_iter 값을 늘리라는 경고가 발생합니다
lasso001 = Lasso(alpha=0.01, max_iter=50000).fit(X_train, y_train)
print("훈련 세트 점수: {:.2f}".format(lasso001.score(X_train, y_train)))
print("테스트 세트 점수: {:.2f}".format(lasso001.score(X_test, y_test)))
print("사용한 특성의 개수:", np.sum(lasso001.coef_ != 0))
```

Out [38]
```
훈련 세트 점수: 0.90
테스트 세트 점수: 0.77
사용한 특성의 수: 33
```

alpha 값을 낮추면 모델의 복잡도는 증가하여 훈련 세트와 테스트 세트에서의 성능이 좋아집니다. 성능은 Ridge보다 조금 나은데 사용된 특성은 104개 중 33개뿐이어서, 아마도 모델을 분석하기가 조금 더 쉽습니다.

그러나 alpha 값을 너무 낮추면 규제의 효과가 없어져 과대적합이 되므로 LinearRegression의 결과와 비슷해집니다.

In [39]
```python
lasso00001 = Lasso(alpha=0.0001, max_iter=50000).fit(X_train, y_train)
print("훈련 세트 점수: {:.2f}".format(lasso00001.score(X_train, y_train)))
print("테스트 세트 점수: {:.2f}".format(lasso00001.score(X_test, y_test)))
print("사용한 특성의 개수:", np.sum(lasso00001.coef_ != 0))
```

Out [39]
```
훈련 세트 점수: 0.95
테스트 세트 점수: 0.64
사용한 특성의 수: 96
```

--------

20 옮긴이_ Lasso는 L1, L2 규제를 함께 쓰는 엘라스틱넷(Elastic-Net) 방식에서 L2 규제가 빠진 것입니다. Lasso의 alpha 매개변수는 R의 엘라스틱넷 패키지인 glmnet의 lambda 매개변수와 같은 의미입니다. 이들은 한 특성씩 좌표축을 따라 최적화하는 좌표 하강법(coordinate descent) 방식을 사용하며 학습 과정이 반복적으로 여러 번 진행되면서 최적의 값을 찾아가게 됩니다. alpha 값을 줄이게 되면 가장 낮은 오차를 찾아가는 이 반복 횟수가 늘어나게 됩니다. 모델이 수행한 반복 횟수는 Lasso 객체의 n_iter_ 속성에 저장됩니다.

[그림 2-12]와 비슷하게 alpha 값이 다른 모델들의 계수를 그래프로 그려보겠습니다. 결과는 [그림 2-14]와 같습니다.

```
In [40]
    plt.plot(lasso.coef_, 's', label="Lasso alpha=1")
    plt.plot(lasso001.coef_, '^', label="Lasso alpha=0.01")
    plt.plot(lasso00001.coef_, 'v', label="Lasso alpha=0.0001")

    plt.plot(ridge01.coef_, 'o', label="Ridge alpha=0.1")
    plt.legend(ncol=2, loc=(0, 1.05))
    plt.ylim(-25, 25)
    plt.xlabel("계수 목록")
    plt.ylabel("계수 크기")
```

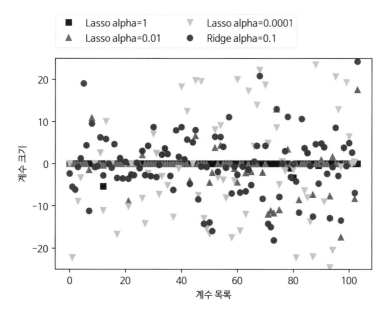

**그림 2-14** 리지 회귀와 alpha 값이 다른 라소 회귀의 계수 크기 비교

alpha=1일 때 (이미 알고 있듯) 계수 대부분이 0일 뿐만 아니라 나머지 계수들도 크기가 작다는 것을 알 수 있습니다. alpha를 0.01로 줄이면 대부분의 특성이 0이 되는 (정삼각형 모양으로 나타낸) 분포를 얻게 됩니다. alpha=0.0001이 되면 계수 대부분이 0이 아니고 값도 커져 꽤 규제받지 않은 모델을 얻게 됩니다. 비교를 위해 리지 회귀를 원 모양으로 나타냈습니다.

alpha=0.1인 Ridge 모델은 alpha=0.01인 라소 모델과 성능이 비슷하지만 Ridge를 사용하면 어떤 계수도 0이 되지 않습니다.

실제로 이 두 모델 중 보통은 리지 회귀를 선호합니다. 하지만 특성이 많고 그중 일부분만 중요하다면 Lasso가 더 좋은 선택일 수 있습니다. 또한 분석하기 쉬운 모델을 원한다면 Lasso가 입력 특성 중 일부만 사용하므로 쉽게 해석할 수 있는 모델을 만들어줄 것입니다. scikit-learn은 Lasso와 Ridge의 페널티를 결합한 ElasticNet도 제공합니다. 실제로 이 조합은 최상의 성능을 내지만 L1 규제와 L2 규제를 위한 매개변수 두 개를 조정해야 합니다.[21]

> **NOTE_** LinearRegression, Ridge, Lasso, ElasticNet 등의 선형 모델에서 제공하는 normalize 매개변수를 True로 지정하면 훈련 데이터에서 평균을 빼고 L2 노름으로 나누어 정규화합니다. 하지만 fit_intercept 매개변수가 기본값 True이면 normalize 매개변수는 아무런 영향을 미치지 않습니다. 혼동을 피하기 위해 normalize 매개변수는 1.0 버전에서 삭제된다는 경고를 발생시키며 1.2 버전에서 삭제되었습니다. 훈련 데이터를 정규화하려면 3장에서 소개하는 StandardScaler 클래스를 사용하세요.
>
> 사이킷런 1.0 버전에서 하나의 예측값이 아니라 예측의 백분위 간격을 구하는 데 사용할 수 있는 QuantileRegressor 클래스가 추가되었습니다. quantile 매개변수에 예측하려는 백분위수를 0~1 사이로 지정합니다. 기본값은 0.5로 중간값을 예측합니다. 라소 모델과 비슷하게 alpha 매개변수로 L1 규제를 조정합니다. alpha 매개변수의 기본값은 1.0이고 커질수록 규제가 강해져 과소적합된 모델을 만듭니다.
>
> 예를 들어 다음은 선형 회귀에 사용했던 wave 데이터셋을 사용해 훈련 세트에서 학습한 90%, 50%, 10% 백분위 범위를 테스트 세트와 함께 출력하는 코드입니다.

```
In [41]
 from sklearn.linear_model import QuantileRegressor

 X, y = mglearn.datasets.make_wave(n_samples=60)
 X_train, X_test, y_train, y_test = train_test_split(X, y, random_state=42)

 pred_up = QuantileRegressor(quantile=0.9, alpha=0.01).fit(X_train, y_train) \
            .predict(X_test)
```

---

21 옮긴이_ ElasticNet에 있는 l1_ratio 매개변수는 R의 glimnet 패키지의 alpha 매개변수와 동일한 것으로, L1 규제와 L2 규제의 비율을 조정합니다. l1_ratio는 0과 1 사이의 값을 지정하며 L2의 비율은 $1 - l1\_ratio$가 되는 방식입니다. ElasticNet의 규제 식은 $alpha \times l1\_ratio \times \sum_{j=1}^{m} |w_j| + \frac{1}{2} \times alpha \times (1 - l1\_ratio) \times \sum_{j=1}^{m} w_j^2$ 입니다. 이 식의 L1 규제와 L2 규제를 각각 $l1$, $l2$란 매개변수로 표현하면 $l_1 \times \sum_{j=1}^{m} |w_j| + \frac{1}{2} \times l_2 \times \sum_{j=1}^{m} w_j^2$ 이 됩니다. 이때 $alpha = l1 + l2$가 되고 $l1\_ratio = \frac{l_1}{l_1 + l_2}$가 되므로 필요한 규제의 정도 $l1$, $l2$에 맞추어 alpha와 l1_ratio를 지정할 수 있습니다.

```
pred_med = QuantileRegressor(quantile=0.5, alpha=0.01).fit(X_train, y_train) \
            .predict(X_test)
pred_low = QuantileRegressor(quantile=0.1, alpha=0.01).fit(X_train, y_train) \
            .predict(X_test)

plt.scatter(X_train, y_train, label='훈련 데이터')
plt.scatter(X_test, y_test, label='테스트 데이터')
plt.plot(X_test, pred_up, label='백분위:0.9')
plt.plot(X_test, pred_med, label='백분위:0.5')
plt.plot(X_test, pred_low, label='백분위:0.1')
plt.legend()
plt.show()
```

## 분류용 선형 모델

선형 모델은 분류에도 널리 사용합니다. 먼저 이진 분류binary classification를 살펴보겠습니다. 이 경우 예측을 위한 방정식은 다음과 같습니다. [22]

$$\hat{y} = w[0] \times x[0] + w[1] \times x[1] + ... + w[p] \times x[p] + b > 0$$

---

22  옮긴이_ 보통 로지스틱 회귀는 선형 함수에 시그모이드 함수가 적용된 것으로 종종 표현됩니다. 분류의 기준이 되는 시그모이드 함수의 결괏값은 0.5로 선형 함수가 0일 때이므로 선형 함수를 기준으로도 나타낼 수 있습니다. scikit-learn에서 로지스틱 회귀의 predict 메서드는 선형 함수 값을 계산해주는 decision_function 메서드를 사용해 0을 기준으로 예측을 만들며 시그모이드 함수를 적용한 확률 값은 predict_proba 메서드에서 제공합니다.

이 방정식은 선형 회귀와 아주 비슷합니다. 하지만 특성들의 가중치 합을 그냥 사용하는 대신 예측한 값을 임계치 0과 비교합니다. 함수에서 계산한 값이 0보다 작으면 클래스를 −1이라고 예측하고 0보다 크면 +1이라고 예측합니다. 이 규칙은 분류에 쓰이는 모든 선형모델에서 동일합니다. 여기에서도 계수($w$)와 절편($b$)을 찾기 위한 방법이 많이 있습니다.

회귀용 선형 모델에서는 출력 $\hat{y}$이 특성의 선형 함수였습니다. 즉 직선, 평면, 초평면(차원이 3 이상일 때)입니다. 분류용 선형 모델에서는 **결정 경계**가 입력의 선형 함수입니다. 다른 말로 하면 (이진) 선형 분류기는 선, 평면, 초평면을 사용해서 두 개의 클래스를 구분하는 분류기입니다. 이번 절에서 관련 예제를 살펴보겠습니다.

선형 모델을 학습시키는 알고리즘은 다양한데, 다음의 두 방법으로 구분할 수 있습니다.

- 특정 계수와 절편의 조합이 훈련 데이터에 얼마나 잘 맞는지 측정하는 방법
- 사용할 수 있는 규제가 있는지, 있다면 어떤 방식인지

알고리즘들은 훈련 세트를 잘 학습하는지 측정하는 방법이 각기 다릅니다. 불행하게도 수학적이고 기술적인 이유로, 알고리즘들이 만드는 잘못된 분류의 수를 최소화하도록 $w$와 $b$를 조정하는 것은 불가능합니다.[23] 많은 애플리케이션에서 앞 목록의 첫 번째 항목(**손실 함수**loss funtion 라 합니다)에 대한 차이는 크게 중요하지 않습니다.

가장 널리 알려진 두 개의 선형 분류 알고리즘은 linear_model.LogisticRegression에 구현된 **로지스틱 회귀**logistic regression와 svm.LinearSVC(SVC는 support vector classifier의 약자입니다)에 구현된 선형 **서포트 벡터 머신**support vector machine입니다. LogisticRegression은 이름에 'Regression(회귀)'이 들어가지만 회귀 알고리즘이 아니라 분류 알고리즘이므로 LinearRegression과 혼동하면 안 됩니다.

forge 데이터셋을 사용하여 LogisticRegression과 LinearSVC 모델을 만들고 이 선형 모델들이 만들어낸 결정 경계를 그림으로 나타내보겠습니다.

---

23 옮긴이_ 분류에서 잘못 분류된 결과를 직접 나타내는 0–1 손실 함수는 완전한 계단 함수입니다. 따라서 대리할 수 있는 다른 함수 (surrogate loss function)를 사용하여 최적화를 수행합니다.

```
In [42]
  from sklearn.linear_model import LogisticRegression
  from sklearn.svm import LinearSVC

  X, y = mglearn.datasets.make_forge()

  fig, axes = plt.subplots(1, 2, figsize=(10, 3))

  for model, ax in zip([LinearSVC(max_iter=5000), LogisticRegression()], axes):
      clf = model.fit(X, y)
      mglearn.plots.plot_2d_separator(clf, X, fill=False, eps=0.5,
                                      ax=ax, alpha=.7)
      mglearn.discrete_scatter(X[:, 0], X[:, 1], y, ax=ax)
      ax.set_title(clf.__class__.__name__)
      ax.set_xlabel("특성 0")
      ax.set_ylabel("특성 1")
  axes[0].legend()
```

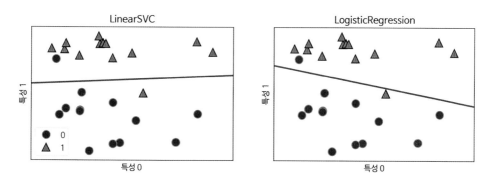

**그림 2-15** forge 데이터셋에 기본 매개변수를 사용해 만든 선형 SVM과 로지스틱 회귀 모델의 결정 경계

이 그림은 이전처럼 forge 데이터셋의 첫 번째 특성을 x 축에 놓고 두 번째 특성을 y 축에 놓았습니다. LinearSVC와 LogisticRegression으로 만든 결정 경계가 직선으로 표현되었고 위쪽은 클래스 1, 아래쪽은 클래스 0으로 나누고 있습니다. 다르게 말하면 새로운 데이터가 이 직선 위쪽에 놓이면 클래스 1로 분류될 것이고 반대로 직선 아래쪽에 놓이면 클래스 0으로 분류될 것입니다.

이 두 모델은 비슷한 결정 경계를 만들었습니다. 그리고 똑같이 포인트 두 개를 잘못 분류했습니다. 회귀에서 본 Ridge와 마찬가지로 이 두 모델은 기본적으로 L2 규제를 사용합니다.

LogisticRegression과 LinearSVC에서 규제의 강도를 결정하는 매개변수는 C입니다.[24] C의 값이 높아지면 규제가 감소합니다. 다시 말해 매개변수로 높은 C 값을 지정하면 LogisticRegression과 LinearSVC는 훈련 세트에 가능한 최대로 맞추려 하고, 반면에 C 값을 낮추면 모델은 계수 벡터($w$)가 0에 가까워지도록 만듭니다.

매개변수 C의 작동 방식을 다르게 설명할 수도 있습니다. 알고리즘은 C의 값이 낮아지면 데이터 포인트 중 다수에 맞추려고 하는 반면, C의 값을 높이면 개개의 데이터 포인트를 정확히 분류하려고 노력할 것입니다. 다음은 LinearSVC를 사용한 예입니다(그림 2-16).

```
In [43]
mglearn.plots.plot_linear_svc_regularization()
```

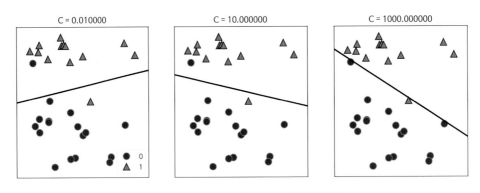

**그림 2-16** forge 데이터셋에 각기 다른 C 값으로 만든 선형 SVM 모델의 결정 경계

왼쪽 그림은 아주 작은 C 값 때문에 규제가 많이 적용되었습니다. 클래스 0의 대부분은 아래에 있고 클래스 1의 대부분은 위에 있습니다. 규제가 강해진 모델은 비교적 수평에 가까운 결정 경계를 만들었고 잘못 분류한 데이터 포인트는 두 개입니다. 중간 그림은 C 값이 조금 더 크며 잘못 분류한 두 샘플에 민감해져 결정 경계가 기울어졌습니다. 오른쪽 그림에서 C 값을 아주 크게 하였더니 결정 경계는 더 기울었고 마침내 클래스 0의 모든 데이터 포인트를 올바로 분류했습니다. 이 데이터셋의 모든 포인트를 직선으로는 완벽히 분류할 수 없기에 클래스 1의 포인

---

24 옮긴이_ LogisticRegression과 LinearSVC의 매개변수 C 기본값은 1.0입니다.

트 하나는 여전히 잘못 분류되었습니다. 오른쪽 그림의 모델은 모든 데이터 포인트를 정확하게 분류하려고 애썼지만 클래스의 전체적인 배치를 잘 파악하지 못한 것입니다. 다시 말해 오른쪽 모델은 과대적합된 것 같습니다.

회귀와 비슷하게 분류에서의 선형 모델은 낮은 차원의 데이터에서는 결정 경계가 직선이거나 평면이어서 매우 제한적인 것처럼 보입니다. 하지만 고차원에서는 분류에 대한 선형 모델이 매우 강력해지며 특성이 많아지면 과대적합되지 않도록 하는 것이 매우 중요해집니다.

유방암 데이터셋을 사용해서 LogisticRegression을 좀 더 자세히 분석해보겠습니다.

```
In [44]
  from sklearn.datasets import load_breast_cancer
  cancer = load_breast_cancer()
  X_train, X_test, y_train, y_test = train_test_split(
      cancer.data, cancer.target, stratify=cancer.target, random_state=42)
  logreg = LogisticRegression(max_iter=5000).fit(X_train, y_train)
  print("훈련 세트 점수: {:.3f}".format(logreg.score(X_train, y_train)))
  print("테스트 세트 점수: {:.3f}".format(logreg.score(X_test, y_test)))

Out [44]
  훈련 세트 점수: 0.958
  테스트 세트 점수: 0.958
```

기본값 C=1이 훈련 세트와 테스트 세트 양쪽에 95% 정확도로 꽤 훌륭한 성능을 내고 있습니다. 하지만 훈련 세트와 테스트 세트의 성능이 매우 비슷하므로 과소적합인 것 같습니다. 모델의 제약을 더 풀어주기 위해 C를 증가시켜보겠습니다.

```
In [45]
  logreg100 = LogisticRegression(C=100, max_iter=5000).fit(X_train, y_train)
  print("훈련 세트 점수: {:.3f}".format(logreg100.score(X_train, y_train)))
  print("테스트 세트 점수: {:.3f}".format(logreg100.score(X_test, y_test)))

Out [45]
  훈련 세트 점수: 0.981
  테스트 세트 점수: 0.972
```

C=100을 사용하니 훈련 세트의 정확도가 높아졌고 테스트 세트의 정확도도 조금 증가했습니

다. 이는 복잡도가 높은 모델일수록 성능이 좋음을 말해줍니다.

이번엔 규제를 더 강하게 하기 위해 기본값(C=1)이 아니라 C=0.01을 사용하면 어떻게 되는 지 살펴보겠습니다.

```
In [46]
  logreg001 = LogisticRegression(C=0.01, max_iter=5000).fit(X_train, y_train)
  print("훈련 세트 점수: {:.3f}".format(logreg001.score(X_train, y_train)))
  print("테스트 세트 점수: {:.3f}".format(logreg001.score(X_test, y_test)))

Out [46]
  훈련 세트 점수: 0.953
  테스트 세트 점수: 0.951
```

예상대로 이미 과소적합된 모델에서 [그림 2-1]의 왼쪽으로 더 이동하게 되므로 훈련 세트와 테스트 세트의 정확도는 기본 매개변수일 때보다 낮아집니다.

다음으로 규제 매개변수 C 설정을 세 가지로 다르게 하여 학습시킨 모델의 계수를 확인해보겠 습니다(그림 2-17).

```
In [47]
  plt.plot(logreg100.coef_.T, '^', label="C=100")
  plt.plot(logreg.coef_.T, 'o', label="C=1")
  plt.plot(logreg001.coef_.T, 'v', label="C=0.001")
  plt.xticks(range(cancer.data.shape[1]), cancer.feature_names, rotation=90)
  xlims = plt.xlim()
  plt.hlines(0, xlims[0], xlims[1])
  plt.xlim(xlims)
  plt.ylim(-5, 5)
  plt.xlabel("특성")
  plt.ylabel("계수 크기")
  plt.legend()
```

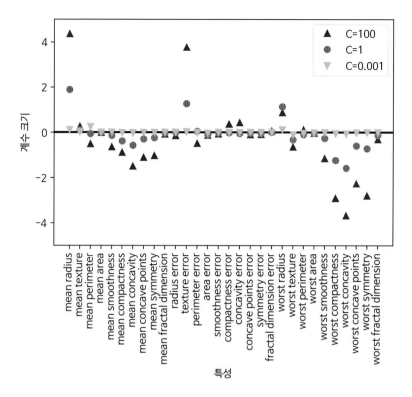

**그림 2-17** 유방암 데이터셋에 각기 다른 C 값을 사용하여 만든 로지스틱 회귀의 계수

더 이해하기 쉬운 모델을 원한다면 (비록 모델이 몇 개의 특성만 사용하게 되겠지만) L1 규제를 사용하는 것이 좋습니다. 다음은 L1 규제를 사용할 때의 분류 정확도와 계수 그래프입니다 (그림 2-18).[25]

```
In [48]
  for C, marker in zip([0.001, 1, 100], ['o', '^', 'v']):
      lr_l1 = LogisticRegression(solver='liblinear', C=C, penalty="l1", max_iter=1000)
          .fit(X_train, y_train)
      print("C={:.3f} 인 l1 로지스틱 회귀의 훈련 정확도: {:.2f}".format(
          C, lr_l1.score(X_train, y_train)))
      print("C={:.3f} 인 l1 로지스틱 회귀의 테스트 정확도: {:.2f}".format(
          C, lr_l1.score(X_test, y_test)))
      plt.plot(lr_l1.coef_.T, marker, label="C={:.3f}".format(C))

  plt.xticks(range(cancer.data.shape[1]), cancer.feature_names, rotation=90)
  xlims = plt.xlim()
  plt.hlines(0, xlims[0], xlims[1])
  plt.xlim(xlims)
  plt.xlabel("특성")
  plt.ylabel("계수 크기")

  plt.ylim(-5, 5)
  plt.legend(loc=3)

Out [48]
  C=0.001인 l1 로지스틱 회귀의 훈련 정확도: 0.91
  C=0.001인 l1 로지스틱 회귀의 테스트 정확도: 0.92
  C=1.000인 l1 로지스틱 회귀의 훈련 정확도: 0.96
  C=1.000인 l1 로지스틱 회귀의 테스트 정확도: 0.96
  C=100.000인 l1 로지스틱 회귀의 훈련 정확도: 0.99
  C=100.000인 l1 로지스틱 회귀의 테스트 정확도: 0.98
```

---

25 옮긴이_ 사이킷런 0.22 버전부터 LogisticRegression의 solver 매개변수 기본값이 'lbfgs'로 바뀌었습니다. 이 방식은 L1 규제를 사용하지 못하므로 solver='liblinear'로 지정해야 합니다.

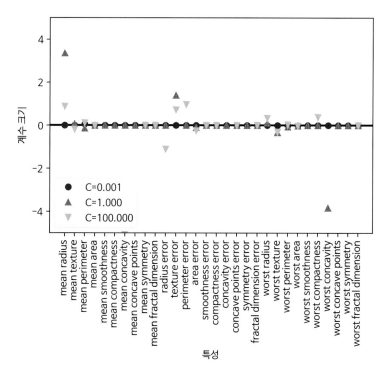

**그림 2-18** 유방암 데이터와 L1 규제를 사용하여 각기 다른 C 값을 적용한 로지스틱 회귀 모델의 계수

여기서 볼 수 있듯이, 이진 분류에서의 선형 모델과 회귀에서의 선형 모델 사이에는 유사점이 많습니다. 회귀에서처럼, 모델들의 주요 차이는 규제에서 모든 특성을 이용할지 일부 특성만을 사용할지 결정하는 penalty 매개변수입니다.

NOTE_ LinearSVC는 loss 매개변수에 사용할 손실 함수를 지정합니다. 기본값은 제곱 힌지 손실인 'squared_hinge'입니다. 제곱 힌지 손실 함수는 penalty 매개변수에 'l1'과 'l2'를 지정할 수 있습니다. 다른 손실 함수로는 힌지 손실인 'hinge'를 지정할 수 있습니다. 이 때는 penalty 매개변수에 'l2'만 사용할 수 있습니다.

LogisticRegression은 penalty 매개변수에 L1과 L2 규제를 의미하는 'l1', 'l2' 그리고 L1, L2 규제를 모두 사용하는 'elasticnet', 마지막으로 규제를 사용하지 않으려면 'none'으로 지정할 수 있습니다. 사용할 알고리즘을 지정하는 solver 매개변수를 'saga'로 지정하면 모든 페널티를 지정할 수 있습니다. solver 매개변수를 'liblinear'로 지정하면 'l1', 'l2'를 지정할 수 있습니다. 그 외 'newton-cg', 'lbfgs', 'sag'는 'l2'와 'none'만 지원합니다.

LogisticRegression과 LinearSVC는 scikit-learn 0.20 버전부터 verbose 매개변수와 상관없이 알고리즘이 max_iter 반복 안에 수렴하지 않을 경우 반복 횟수를 증가하라는 경고를 출력합니다. LogisticRegression의 max_iter 기본값은 100이고, LinearSVC의 max_iter 기본값은 1,000입니다. LogisticRegression의 solver가 'sag', 'saga', 'liblinear'일 때나 LinearSVC는 기본적으로 훈련하기 전에 데이터를 섞습니다. 훈련 결과를 동일하게 재현해야 한다면 random_state 매개변수를 사용하세요.

## 다중 클래스 분류용 선형 모델

(로지스틱 회귀만 제외하고) 많은 선형 분류 모델은 태생적으로 이진 분류만을 지원합니다. 즉 다중 클래스multiclass를 지원하지 않습니다. 이진 분류 알고리즘을 다중 클래스 분류 알고리즘으로 확장하는 보편적인 기법은 일대다one-vs.-rest[26] 방법입니다. 일대다 방식은 각 클래스를 다른 모든 클래스와 구분하도록 이진 분류 모델을 학습시킵니다. 결국 클래스의 수만큼 이진 분류 모델이 만들어집니다. 예측을 할 때 이렇게 만들어진 모든 이진 분류기가 작동하여 가장 높은 점수를 내는 분류기의 클래스를 예측값으로 선택합니다.

클래스별 이진 분류기를 만들면 각 클래스가 계수 벡터($w$)와 절편($b$)을 하나씩 갖게 됩니다. 결국 분류 신뢰도를 나타내는 다음 공식의 결괏값이 가장 높은 클래스가 해당 데이터의 클래스 레이블로 할당됩니다.

$$w[0] \times x[0] + w[1] \times x[1] + ... + w[p] \times x[p] + b$$

다중 클래스 로지스틱 회귀 이면의 수학은 일대다 방식과는 조금 다릅니다. 하지만 여기서도 클래스마다 하나의 계수 벡터와 절편을 만들며, 예측 방법도 같습니다.[27]

---

26 옮긴이_ 또는 one-vs.-all이라고도 합니다. LogisticRegression과 LinearSVC에 있는 multi_class 매개변수의 기본값이 일대다를 의미하는 'ovr'입니다. scikit-learn 0.20 버전에서 LogisticRegression의 multi_class 매개변수 옵션에 'auto'가 추가되었습니다. 'auto'로 설정하면 이진 분류이거나 solver가 'liblinear'일 경우에는 'ovr'을 선택하고 그 외에는 'multinomial'을 선택합니다. 0.22 버전부터는 multi_class의 기본값이 'ovr'에서 'auto'로 바뀌었습니다. solver가 'liblinear'가 아니고 multi_calss가 'ovr'일 때 n_jobs 매개변수에 사용할 CPU 코어 수를 지정하여 클래스별 분류 모델을 병렬로 학습할 수 있습니다. n_jobs 매개변수 기본값은 1이고 -1로 지정하면 모든 코어를 사용합니다.

27 옮긴이_ 다중 클래스 로지스틱 회귀를 위한 공식은 $\Pr(Y_i = c) = \dfrac{e^{W_c \cdot X_i}}{\sum_{k=1}^{K} e^{W_k \cdot X_i}}$ 입니다. $i$번째 데이터 포인트 $X_i$의 출력 $Y_i$가 클래스 $c$일

확률 $Pr(Y_i = c)$는 $K$개의 클래스에 대한 각각의 계수 $W$를 데이터 포인트에 곱하여 지수함수를 적용한 합으로 클래스 $c$에 대한 값을 나누어 계산합니다. 보통 소프트맥스 함수의 표현에서 수식의 간소함을 위해 절편($b$)은 계수 벡터 $W$에 포함되어 있는 것으로 나타냅니다. 따라서 다중 클래스 로지스틱 회귀에서도 클래스마다 계수 벡터와 절편이 있습니다.

세 개의 클래스를 가진 간단한 데이터셋에 일대다 방식을 적용해보겠습니다. 이 데이터셋은 2차원이며 각 클래스의 데이터는 정규분포<sup>가우시안 분포</sup>를 따릅니다(그림 2-19).

In [49]
```
from sklearn.datasets import make_blobs

X, y = make_blobs(random_state=42)
mglearn.discrete_scatter(X[:, 0], X[:, 1], y)
plt.xlabel("특성 0")
plt.ylabel("특성 1")
plt.legend(["클래스 0", "클래스 1", "클래스 2"])
```

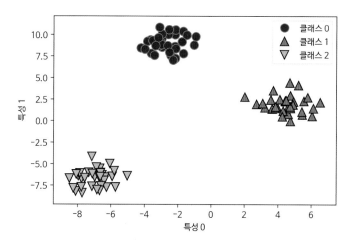

그림 2-19 세 개의 클래스를 가진 2차원 데이터셋

이 데이터셋으로 LinearSVC 분류기를 훈련해보겠습니다.

In [50]
```
linear_svm = LinearSVC().fit(X, y)
print("계수 배열의 크기: ", linear_svm.coef_.shape)
print("절편 배열의 크기: ", linear_svm.intercept_.shape)
```

Out [50]
```
계수 배열의 크기:  (3, 2)
절편 배열의 크기:  (3,)
```

coef_ 배열의 크기는 (3, 2)입니다. coef_의 행은 세 개의 클래스에 각각 대응하는 계수 벡터를 담고 있으며, 열은 각 특성에 따른 계수 값(이 데이터셋에서는 두 개)을 가지고 있습니다. intercept_는 각 클래스의 절편을 담은 1차원 벡터입니다.

세 개의 이진 분류기가 만드는 경계를 시각화해보겠습니다(그림 2-20).

```
In [51]
mglearn.discrete_scatter(X[:, 0], X[:, 1], y)
line = np.linspace(-15, 15)
for coef, intercept, color in zip(linear_svm.coef_, linear_svm.intercept_,
                                  mglearn.cm3.colors):
    plt.plot(line, -(line * coef[0] + intercept) / coef[1], c=color)
plt.ylim(-10, 15)
plt.xlim(-10, 8)
plt.xlabel("특성 0")
plt.ylabel("특성 1")
plt.legend(['클래스 0', '클래스 1', '클래스 2', '클래스 0 경계', '클래스 1 경계',
            '클래스 2 경계'], loc=(1.01, 0.3))
```

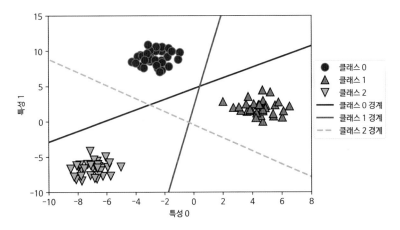

**그림 2-20** 세 개의 일대다 분류기가 만든 결정 경계

훈련 데이터의 클래스 0에 속한 모든 포인트는 클래스 0을 구분하는 직선 위에, 즉 이진 분류기가 만든 클래스 0 지역에 있습니다. 그런데 클래스 0에 속한 포인트는 클래스 2를 구분하는 직선 위, 즉 클래스 2의 이진 분류기에 의해 나머지로 분류됩니다. 또한 클래스 0에 속한 포인

트는 클래스 1을 구분하는 직선 왼쪽, 즉 클래스 1의 이진 분류기에 의해서도 나머지로 분류되었습니다. 그러므로 이 영역의 어떤 포인트든 최종 분류기는 클래스 0으로 분류할 것입니다(클래스 0 분류 신뢰도 공식의 결과는 0보다 크고 다른 두 클래스의 경우는 0보다 작을 것입니다).

하지만 그림 중앙의 삼각형 영역은 어떨까요? 세 분류기가 모두 나머지로 분류했습니다. 이 곳의 데이터 포인트는 어떤 클래스로 분류될까요? 정답은 분류 공식의 결과가 가장 높은 클래스입니다. 즉 가장 가까운 직선의 클래스가 될 것입니다.

다음 예는 2차원 평면의 모든 포인트에 대한 예측 결과를 보여줍니다(그림 2-21).

```
In [52]
  mglearn.plots.plot_2d_classification(linear_svm, X, fill=True, alpha=.7)
  mglearn.discrete_scatter(X[:, 0], X[:, 1], y)
  line = np.linspace(-15, 15)
  for coef, intercept, color in zip(linear_svm.coef_, linear_svm.intercept_,
                                    mglearn.cm3.colors):
      plt.plot(line, -(line * coef[0] + intercept) / coef[1], c=color)
  plt.legend(['클래스 0', '클래스 1', '클래스 2', '클래스 0 경계', '클래스 1 경계',
              '클래스 2 경계'], loc=(1.01, 0.3))
  plt.xlabel("특성 0")
  plt.ylabel("특성 1")
```

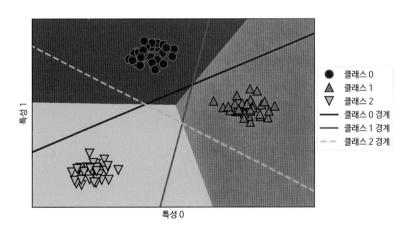

**그림 2-21** 세 개의 일대다 분류기가 만든 다중 클래스 결정 경계

## 장단점과 매개변수

선형 모델의 주요 매개변수는 회귀 모델에서는 alpha였고 LinearSVC와 LogisticRegression 에서는 C입니다. alpha 값이 클수록, C 값이 작을수록 모델이 단순해집니다. 특별히 회귀 모델에서 이 매개변수를 조정하는 일이 매우 중요합니다. 보통 C와 alpha는 로그 스케일[28]로 최적치를 정합니다. 그리고 L1 규제를 사용할지 L2 규제를 사용할지를 정해야 합니다. 중요한 특성이 많지 않다고 생각하면 L1 규제를 사용합니다. 그렇지 않으면 기본적으로 L2 규제를 사용해야 합니다. L1 규제는 모델의 해석이 중요한 요소일 때도 사용할 수 있습니다. L1 규제는 몇 가지 특성만 사용하므로 해당 모델에 중요한 특성이 무엇이고 그 효과가 어느 정도인지 설명하기 쉽습니다.

선형 모델은 학습 속도가 빠르고 예측도 빠릅니다. 매우 큰 데이터셋과 희소한 데이터셋에도 잘 작동합니다. 수십만에서 수백만 개의 샘플로 이뤄진 대용량 데이터셋이라면 기본 설정보다 빨리 처리하도록 LogisticRegression과 Ridge에 solver='sag' 옵션[29]을 줍니다. 다른 대안으로는 여기서 설명한 선형 모델의 대용량 처리 버전으로 구현된 SGDClassifier와 SGDRegressor를 사용할 수 있습니다.

선형 모델의 또 하나의 장점은 앞서 회귀와 분류에서 본 공식을 사용해 예측이 어떻게 만들어지는지 비교적 쉽게 이해할 수 있다는 것입니다. 하지만 계수의 값들이 왜 그런지 명확하지 않을 때가 종종 있습니다. 특히 데이터셋의 특성들이 서로 깊게 연관되어 있을 때 그렇습니다. 그리고 이럴 땐 계수를 분석하기가 매우 어려울 수 있습니다.

선형 모델은 샘플에 비해 특성이 많을 때 잘 작동합니다. 다른 모델로 학습하기 어려운 매우 큰 데이터셋에도 선형 모델을 많이 사용합니다. 그러나 저차원의 데이터셋에서는 다른 모델들의 일반화 성능이 더 좋습니다. 2.3.8절 "커널 서포트 벡터 머신"에서 선형 모델이 실패하는 예를 보도록 하겠습니다.

---

28  옮긴이_ 보통 자릿수가 바뀌도록 10배씩 변경합니다. 즉 0.01, 0.1, 1, 10 등입니다.

29  옮긴이_ sag는 Stochastic Average Gradient descent(확률적 평균 경사 하강법)의 약자로서 경사 하강법과 비슷하지만, 반복이 진행될 때 이전에 구한 모든 경사의 평균을 사용하여 계수를 갱신합니다. scikit-learn 0.19 버전에는 sag의 성능을 개선한 saga 알고리즘이 추가되었습니다. 자세한 내용은 옮긴이의 블로그(https://goo.gl/TLyqdo)를 참고하세요.

## 메서드 연결

모든 scikit-learn의 fit 메서드는 self를 반환합니다.[30] 그래서 이 장에서 많이 쓰는 다음 방식으로 코드를 작성할 수 있습니다.

```
In [53]
  # 한 줄에서 모델의 객체를 생성과 학습을 한번에 실행합니다.
  logreg = LogisticRegression().fit(X_train, y_train)
```

fit 메서드의 반환값(즉, self)은 학습된 모델로, 변수 logreg에 할당합니다. 이처럼 메서드 호출을 잇는 것(여기서는 __init__[31]와 fit)을 **메서드 연결**method chaining이라고 합니다. scikit-learn에서는 fit과 predict를 한 줄에 쓰는 메서드 연결도 자주 사용합니다.

```
In [54]
  logreg = LogisticRegression()
  y_pred = logreg.fit(X_train, y_train).predict(X_test)
```

심지어 모델의 객체를 만들고, 훈련하고, 예측하는 일을 모두 한 줄에 쓸 수 있습니다.

```
In [55]
  y_pred = LogisticRegression().fit(X_train, y_train).predict(X_test)
```

이렇게 짧게 쓰는 것은 그다지 바람직하진 않습니다. 한 줄에 너무 많은 메서드가 들어가면 코드를 읽기 어려워집니다. 더군다나 학습된 로지스틱 회귀 모델은 변수에 할당되지 않아 (예측 결과를 담은 변수만 남습니다) 다른 데이터에 대해 예측하거나 만들어진 모델을 분석할 수 없습니다.

---

NOTE_ SGDClassifier와 SGDRegressor는 확률적 경사 하강법Stochastic Gradient Descent을 사용하여 다양한 선형 모델을 훈련합니다. loss 매개변수에 최적화할 손실 함수를 지정합니다. SGDClassifier의 loss 기본값은 힌지 손실인 'hinge'이며 서포트 벡터 머신 모델을 훈련합니다. loss를 'log_loss'로 지정하면 로지스틱 회귀

---

30 옮긴이_ 파이썬에서 self는 호출된 메서드를 정의한 객체 자신을 나타냅니다.
31 옮긴이_ 파이썬에서 __init__ 메서드는 객체가 생성될 때 자동으로 호출되는 특수한 메서드(생성자)입니다.

모델을 훈련합니다. SGDRegressor의 loss 매개변수 기본값은 'squared_error'로 릿지 모델을 훈련합니다. 'squared_error'와 동일한 의미인 'squared_loss'는 1.0 버전에서 삭제된다는 경고를 발생시키며 1.2 버전에서 삭제되었습니다.

SGDClassifier와 SGDRegressor의 penalty 매개변수에는 'l1', 'l2', 'elasticnet'를 지정할 수 있으며 기본값은 'l2'입니다. 두 클래스의 규제 강도는 모두 alpha 매개변수로 조정합니다. alpha 매개변수의 기본값은 0.0001이며 값이 클수록 규제 강도가 높아집니다.

알고리즘 반복 횟수는 max_iter 매개변수로 지정하며 기본값은 1,000입니다. 0.20 버전에서 조기 종료를 위한 early_stopping 매개변수가 추가되었습니다. 이 매개변수의 기본값은 False로 n_iter_no_change(기본값 5)에 지정한 반복 동안 훈련 세트 점수가 적어도 tol(기본값 1e-3)에 지정한 값만큼 향상되지 않으면 훈련을 종료합니다. 이 매개변수를 True로 지정하면 훈련 데이터에서 validation_fraction(기본값 0.1)에 지정한 비율만큼 검증 데이터로 사용하여 n_iter_no_change 반복 동안 검증 점수가 적어도 tol 값만큼 향상되지 않으면 훈련을 종료합니다. 실제 반복한 횟수는 n_iter_ 속성에 저장되어 있습니다.

확률적 경사 하강법의 학습률은 learning_rate 매개변수로 지정합니다. 기본값은 'optimal'로 반복횟수에 따라 비례적으로 감소합니다. 'constant'는 eta0 매개변수에 지정한 값을 사용합니다. eta0의 기본값은 0입니다. 'invscaling'은 eta0에서 시작하여 지수적으로 감소합니다. 0.20 버전에서 추가된 'adaptive'는 eta0에 지정한 값에서 시작하여 조기 종료 조건이 될 때마다 5배씩 줄이며 학습률이 1e-6보다 작아지면 알고리즘을 종료합니다.

확률적 경사 하강법의 장점은 대용량 데이터에 사용할 수 있고 속도가 빠르다는 것입니다. 단점으로는 튜닝할 하이퍼파라미터가 많고 특성 스케일(3장 참조)에 민감합니다.

SDGClassifier는 n_jobs 매개변수에 OVA[one versus all] 다중 분류를 병렬화하기 위해 사용할 CPU 코어 개수를 지정할 수 있습니다. 앞서 사용했던 간단한 다중 분류 데이터셋에 SGDClassifier를 훈련해 보겠습니다. 훈련 결과를 항상 동일하게 만들기 위해 ramdom_state를 고정합니다.

```
In [56]
  from sklearn.linear_model import SGDClassifier

  sgd_c = SGDClassifier(alpha=0.01, learning_rate='adaptive',
                        eta0=0.1, random_state=42, n_jobs=-1)
  sgd_c.fit(X, y)

  mglearn.plots.plot_2d_classification(sgd_c, X, fill=True, alpha=.7)
  mglearn.discrete_scatter(X[:, 0], X[:, 1], y)
  line = np.linspace(-15, 15)
  for coef, intercept, color in zip(sgd_c.coef_, sgd_c.intercept_,
                                    mglearn.cm3.colors):
```

```
    plt.plot(line, -(line * coef[0] + intercept) / coef[1], c=color)
plt.legend(['클래스 0', '클래스 1', '클래스 2', '클래스 0 경계',
            '클래스 1 경계', '클래스 2 경계'], loc=(1.01, 0.3))
plt.xlabel("특성 0")
plt.ylabel("특성 1")
plt.show()
```

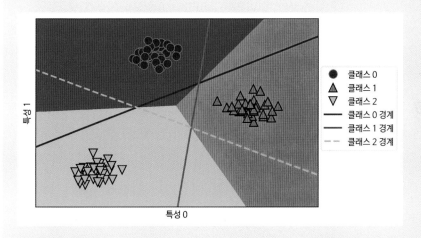

이번에는 확장된 보스턴 데이터셋에 SGDRegressor 모델을 훈련해 보겠습니다.

```
In [57]
from sklearn.linear_model import SGDRegressor

X, y = mglearn.datasets.load_extended_boston()
X_train, X_test, y_train, y_test = train_test_split(X, y, random_state=0)

sgd_r = SGDRegressor(learning_rate='adaptive', eta0=0.1, random_state=42)
sgd_r.fit(X_train, y_train)

print("훈련 세트 점수: {:.2f}".format(sgd_r.score(X_train, y_train)))
print("테스트 세트 점수: {:.2f}".format(sgd_r.score(X_test, y_test)))
```

```
Out [57]
훈련 세트 점수: 0.91
테스트 세트 점수: 0.77
```

### 2.3.4 나이브 베이즈 분류기

나이브 베이즈<sup>naive bayes</sup> 분류기는 앞 절의 선형 모델과 매우 유사합니다. LogisticRegression 이나 LinearSVC 같은 선형 분류기보다 훈련 속도가 빠른 편이지만, 그 대신 일반화 성능이 조금 뒤집니다.

나이브 베이즈 분류기가 효과적인 이유는 각 특성을 개별로 취급해 파라미터를 학습하고 각 특성에서 클래스별 통계를 단순하게 취합하기 때문입니다. scikit-learn에 구현된 나이브 베이즈 분류기는 GaussianNB, BernoulliNB, MultinomialNB 이렇게 세 가지입니다. GaussianNB는 연속적인 어떤 데이터에도 적용할 수 있고 BernoulliNB는 이진 데이터를, MultinomialNB는 카운트 데이터(특성이 어떤 것을 헤아린 정수 카운트로, 예를 들면 문장에 나타난 단어의 횟수입니다)에 적용됩니다.[32] BernoulliNB, MultinomialNB는 대부분 텍스트 데이터를 분류할 때 사용합니다.

BernoulliNB 분류기는 각 클래스의 특성 중 0이 아닌 것이 몇 개인지 셉니다. 예를 보면 쉽게 이해할 수 있습니다.

```
In [58]
  X = np.array([[0, 1, 0, 1],
                [1, 0, 1, 1],
                [0, 0, 0, 1],
                [1, 0, 1, 0]])
  y = np.array([0, 1, 0, 1])
```

이진 특성을 4개 가진 데이터 포인트가 4개 있습니다. 클래스는 0과 1, 두 개입니다. 출력 y의 클래스가 0인 경우(첫 번째와 세 번째 데이터 포인트), 첫 번째 특성은 0이 두 번이고 0이 아닌 것은 한 번도 없습니다. 두 번째 특성은 0이 한 번이고 1도 한 번입니다. 같은 방식으로 두 번째 클래스에 해당하는 데이터 포인트에 대해서도 계산합니다. 클래스별로 0이 아닌 원소를 세는 과정을 요약하면 다음과 같습니다.[33]

---

32 옮긴이_ GaussianNB는 연속적인 데이터에, MultinomialNB와 BernoulliNB는 이산적인 데이터에 적용됩니다.

33 옮긴이_ 클래스의 값이 0 또는 1뿐이므로 1이 나타난 횟수를 세는 것은 특성의 값을 모두 더한 것과 같습니다. 클래스 0인 경우, 즉 첫 번째와 세 번째 행에서 1이 나타난 횟수를 행을 따라(axis=0) 합산하면 [0, 1, 0, 2]입니다. 클래스 1인 경우, 두 번째와 네 번째 행에서 1이 나타난 횟수를 행을 따라(axis=0) 합산하면 [2, 0, 2, 1]입니다.

```
In [59]
  counts = {}
  for label in np.unique(y):
      # 각 클래스에 대해 반복
      # 특성마다 1 이 나타난 횟수를 센다.
      counts[label] = X[y == label].sum(axis=0)
  print("특성 카운트:\n", counts)

Out [59]
  특성 카운트:
  {0: array([0, 1, 0, 2]), 1: array([2, 0, 2, 1])}
```

다른 두 나이브 베이즈 모델 MultinomialNB와 GaussianNB는 계산하는 통계 데이터의 종류가 조금 다릅니다. MultinomialNB는 클래스별로 특성의 평균을 계산하고 GaussianNB는 클래스별로 각 특성의 분산과 평균을 저장합니다.[34]

예측할 땐 데이터 포인트를 클래스의 통계 값과 비교해서 가장 잘 맞는 클래스를 예측값으로 합니다. MultinomialNB와 BernoulliNB의 예측 공식은 선형 모델과 형태가 같습니다(87페이지의 "분류용 선형 모델" 참조). 그러나 나이브 베이즈 모델의 coef_는 기울기 $w$가 아니라서 선형 모델과는 의미가 다릅니다.[35]

## 장단점과 매개변수

MultinomialNB와 BernoulliNB는 모델의 복잡도를 조절하는 alpha 매개변수 하나를 가지고 있습니다. alpha가 주어지면 알고리즘이 모든 특성에 양의 값을 가진 가상의 데이터 포인트를 alpha 개수만큼 추가합니다. 이는 통계 데이터를 완만하게 만들어줍니다. alpha가 크면 더 완만해지고 모델의 복잡도는 낮아집니다. alpha에 따른 알고리즘 성능 변동은 비교적 크지 않아서, alpha 값이 성능 향상에 크게 기여하지 않습니다. 그러나 이 값을 조정하면 어느 정도는 정확도를 높일 수 있습니다.

GaussianNB는 대부분 매우 고차원인 데이터셋에 사용하고, 다른 두 나이브 베이즈 모델은 텍스트 같은 희소한 데이터를 카운트하는 데 사용합니다. MultinomialNB는 보통 0이 아닌

---

34 옮긴이_ GaussianNB는 분산을 'var_' 속성에, 평균을 'theta_' 속성에 저장합니다.

35 옮긴이_ MultinomialNB와 BernoulliNB의 coef_는 특성 카운트 수를 로그 변환한 형태이고 intercept_는 클래스 카운트 수를 로그 변환한 것입니다. 예측을 할 때 선형 함수처럼 데이터 포인트에 coef_를 곱하고 intercept_를 더하여 클래스에 속할 확률을 계산합니다.

특성이 비교적 많은 데이터셋(예를 들어 큰 문서들)에서 BernoulliNB보다 성능이 높습니다.

나이브 베이즈 모델과 선형 모델의 장단점은 비슷합니다. 훈련과 예측 속도가 빠르며 훈련 과정을 이해하기 쉽습니다. 희소한 고차원 데이터에서 잘 작동하며 비교적 매개변수에 민감하지 않습니다. 선형 모델로는 학습 시간이 너무 오래 걸리는 매우 큰 데이터셋에는 나이브 베이즈 모델을 시도해볼 만하며 종종 사용됩니다.

### 2.3.5 결정 트리

결정 트리decision tree는 분류와 회귀 문제에 널리 사용하는 모델입니다. 기본적으로 결정 트리는 결정에 다다르기 위해 예/아니오 질문을 이어 나가면서 학습합니다.

이 질문은 스무고개 놀이의 질문과 비슷합니다. 곰, 매, 펭귄, 돌고래라는 네 가지 동물을 구분한다고 생각해봅시다. 우리의 목표는 가능한 한 적은 예/아니오 질문으로 문제를 해결하는 것입니다. 날개가 있는 동물인지를 물어보면 가능성 있는 동물을 둘로 좁힐 수 있습니다. 대답이 "yes"이면 다음엔 매와 펭귄을 구분할 수 있는 질문을 해야 합니다. 예를 들면 날 수 있는 동물인지 물어봐야 합니다. 만약 날개가 없다면 가능한 동물은 곰과 돌고래가 될 것입니다. 이제 이 두 동물을 구분하기 위한 질문을 해야 합니다. 예를 들면 지느러미가 있는지를 물어봐야 합니다.

연속된 질문들을 [그림 2-22]처럼 결정 트리로 나타낼 수 있습니다.

```
In [60]
  mglearn.plots.plot_animal_tree()
```

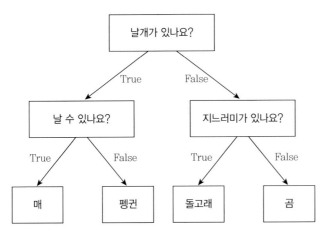

**그림 2-22** 몇 가지 동물들을 구분하기 위한 결정 트리

이 그림에서 트리의 노드는 질문이나 정답을 담은 네모 상자입니다(특히 마지막 노드는 **리프**leaf 라고도 합니다). 에지edge는 질문의 답과 다음 질문을 연결합니다.

머신러닝 식으로 말하면 세 개의 특성 "날개가 있나요?", "날 수 있나요?", "지느러미가 있나 요?"를 사용해 네 개의 클래스(매, 펭귄, 돌고래, 곰)를 구분하는 모델을 만든 것입니다. 이런 모델을 직접 만드는 대신 지도 학습 방식으로 데이터로부터 학습할 수 있습니다.

## 결정 트리 만들기

[그림 2-23]의 2차원 데이터셋을 분류하는 결정 트리를 만들어보겠습니다. 이 데이터셋은 각 클래스에 데이터 포인트가 50개씩 있고 반달 두 개가 포개진 듯한 모양을 하고 있습니다. 이 데이터셋을 two_moons라고 하겠습니다.

결정 트리를 학습한다는 것은 정답에 가장 빨리 도달하는 예/아니오 질문 목록을 학습한다는 뜻입니다. 머신러닝에서는 이런 질문들을 테스트라고 합니다(모델이 잘 일반화되었는지를 테스트할 때 사용하는 데이터, 즉 테스트 세트와 혼동하지 마세요). 보통 데이터는 앞서의 동물 구분 예제에서처럼 예/아니오 형태의 특성으로 구성되지 않고, [그림 2-23]의 2차원 데이터셋과 같이 연속된 특성으로 구성됩니다. 연속적인 데이터에 적용할 테스트는 "특성 $i$는 값 $a$보다 큰가?"와 같은 형태를 띕니다.

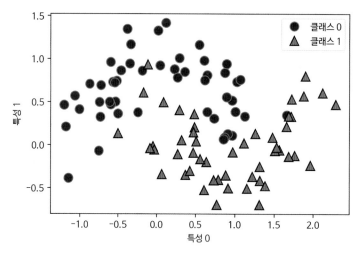

**그림 2-23** 결정 트리를 적용할 반달 모양의 데이터셋

트리를 만들 때 알고리즘은 가능한 모든 테스트에서 타깃 값에 대해 가장 많은 정보를 가진 것을 고릅니다. [그림 2-24]는 첫 번째로 선택된 테스트를 보여줍니다. 데이터셋을 x[1]=0.06에서 수평으로 나누는 것이 가장 많은 정보를 포함합니다. 즉 이 직선이 클래스 0에 속한 포인트와 클래스 1에 속한 포인트를 가장 잘 나누고 있습니다.[36] **루트 노드**root node라 불리는 맨 위 노드는 클래스 0에 속한 포인트 50개와 클래스 1에 속한 포인트 50개를 모두 포함한 전체 데이터셋을 나타냅니다. 직선이 의미하는 x[1]<=0.06의 테스트에서 분기가 일어납니다. 이 테스트를 통과하면 포인트는 왼쪽 노드에 할당되는데 이 노드에는 클래스 0에 속한 포인트는 2개, 클래스 1에 속한 포인트는 32개입니다. 그렇지 않으면 포인트는 오른쪽 노드에 할당되며 이 노드에는 클래스 0의 포인트 48개, 클래스 1의 포인트 18개가 포함되었습니다. 이 두 노드는 [그림 2-24]의 윗부분과 아랫부분에 해당합니다. 첫 번째 분류가 두 클래스를 완벽하게 분류하지 못해서 아래 영역에는 아직 클래스 0에 속한 포인트가 들어 있고 위 영역에는 클래스 1에 속한 포인트가 포함되어 있습니다. 이 두 영역에서 가장 좋은 테스트를 찾는 과정을 반복해서 모델을 더 정확하게 만들 수 있습니다. [그림 2-25]는 가장 많은 정보를 담을 수 있도록 x[0] 값을 기준으로 왼쪽과 오른쪽 영역으로 나누고 있습니다.

---

36 옮긴이_ 원 모양이 클래스 0이고 삼각형 모양이 클래스 1의 데이터 포인트를 나타냅니다.

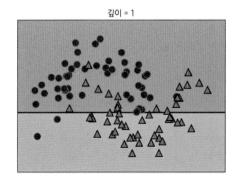

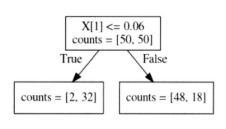

**그림 2-24** 깊이 1인 결정 트리(오른쪽)가 만든 결정 경계(왼쪽)

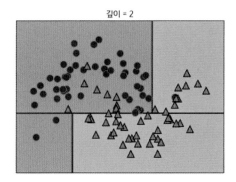

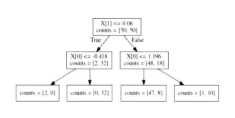

**그림 2-25** 깊이 2인 결정 트리(오른쪽)가 만든 결정 경계(왼쪽)

반복된 프로세스는 각 노드가 테스트 하나씩을 가진 이진 결정 트리를 만듭니다. 다르게 말하면 각 테스트는 하나의 축을 따라 데이터를 둘로 나누는 것으로 생각할 수 있습니다. 이는 계층적으로 영역을 분할해가는 알고리즘이라고 할 수 있습니다. 각 테스트는 하나의 특성에 대해서만 이루어지므로 나누어진 영역은 항상 축에 평행합니다.

데이터를 분할하는 것은 각 분할된 영역이 (결정 트리의 리프) 한 개의 타깃 값(하나의 클래스나 하나의 회귀 분석 결과)을 가질 때까지 반복됩니다. 타깃 하나로만 이뤄진 리프 노드를 **순수 노드**pure node라고 합니다. 이 데이터셋에 대한 최종 분할 트리는 [그림 2-26]과 같습니다.

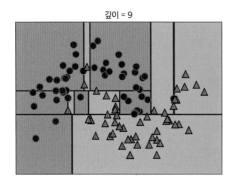

깊이 = 9

**그림 2-26** 깊이 7인 결정 트리(오른쪽)와 이 트리가 만든 결정 경계

새로운 데이터 포인트에 대한 예측은 주어진 데이터 포인트가 특성을 분할한 영역들 중 어디에 놓이는지를 확인하면 됩니다. 그래서 그 영역의 타깃 값 중 다수(순수 노드라면 하나)인 것을 예측 결과로 합니다. 루트 노드에서 시작해 테스트의 결과에 따라 왼쪽 또는 오른쪽으로 트리를 탐색해나가는 식으로 영역을 찾을 수 있습니다.

같은 방법으로 회귀 문제에도 트리를 사용할 수 있습니다. 예측을 하려면 각 노드의 테스트 결과에 따라 트리를 탐색해나가고 새로운 데이터 포인트에 해당되는 리프 노드를 찾습니다. 찾은 리프 노드의 훈련 데이터 평균값이 이 데이터 포인트의 출력이 됩니다.

### 결정 트리의 복잡도 제어하기

일반적으로 트리 만들기를 모든 리프 노드가 순수 노드가 될 때까지 진행하면 모델이 매우 복잡해지고 훈련 데이터에 과대적합됩니다. 순수 노드로 이루어진 트리는 훈련 세트에 100% 정확하게 맞는다는 의미입니다. 즉 훈련 세트의 모든 데이터 포인트는 정확한 클래스의 리프 노드에 있습니다. [그림 2-26]의 왼쪽 그래프가 과대적합된 것으로 볼 수 있습니다. 클래스 0으로 결정된 영역이 클래스 1에 속한 포인트들로 둘러쌓인 것을 볼 수 있습니다. 그 반대 모습도 보입니다. 이는 바람직한 결정 경계의 모습이 아닙니다. 결정 경계가 클래스의 포인트들에서 멀리 떨어진 이상치$^{outlier}$ 하나에 너무 민감하기 때문입니다.

과대적합을 막는 전략은 크게 두 가지입니다. 트리 생성을 일찍 중단하는 전략(**사전 가지치기** $^{pre-pruning}$)과 트리를 만든 후 데이터 포인트가 적은 노드를 삭제하거나 병합하는 전략입니다 (**사후 가지치기**$^{post-pruning}$ 또는 그냥 **가지치기**$^{pruning}$). 사전 가지치기 방법은 트리의 최대 깊이나 리프의 최대 개수를 제한하거나, 또는 노드가 분할하기 위한 포인트의 최소 개수를 지정하는 것입니다.

scikit-learn에서 결정 트리는 DecisionTreeRegressor와 DecisionTreeClassifier에 구현되어 있습니다. scikit-learn은 사전 가지치기만 지원합니다.[37]

유방암 데이터셋을 이용하여 사전 가지치기의 효과를 자세히 확인해보겠습니다. 항상 그랬듯이 먼저 데이터셋을 읽은 후 훈련 세트와 테스트 세트로 나눕니다. 그런 후에 기본값 설정으로 완전한 트리(모든 리프 노드가 순수 노드가 될 때까지 생성한 트리) 모델을 만듭니다. random_state 옵션을 고정해 만들어진 트리를 같은 조건으로 비교합니다.

```
In [62]
  from sklearn.tree import DecisionTreeClassifier

  cancer = load_breast_cancer()
  X_train, X_test, y_train, y_test = train_test_split(
      cancer.data, cancer.target, stratify=cancer.target, random_state=42)
  tree = DecisionTreeClassifier(random_state=0)
  tree.fit(X_train, y_train)
  print("훈련 세트 정확도: {:.3f}".format(tree.score(X_train, y_train)))
  print("테스트 세트 정확도: {:.3f}".format(tree.score(X_test, y_test)))

Out [62]
  훈련 세트 정확도: 1.000
  테스트 세트 정확도: 0.937
```

기대한 대로 모든 리프 노드가 순수 노드이므로 훈련 세트의 정확도는 100%입니다. 즉 트리는 훈련 데이터의 모든 레이블을 완벽하게 기억할 만큼 충분히 깊게 만들어졌습니다. 테스트 세트의 정확도는 이전에 본 선형 모델에서의 정확도인 95%보다 조금 낮습니다.

결정 트리의 깊이를 제한하지 않으면 트리는 무한정 깊어지고 복잡해질 수 있습니다. 그래서 가지치기하지 않은 트리는 과대적합되기 쉽고 새로운 데이터에 잘 일반화되지 않습니다. 이제 사전 가지치기를 트리에 적용해서 훈련 데이터에 완전히 학습되기 전에 트리의 성장을 막아보겠습니다. 한 가지 방법은 일정 깊이에 도달하면 트리의 성장을 멈추게 하는 것입니다. max_depth=4 옵션을 주면 연속된 질문을 최대 4개로 제한합니다([그림 2-24]와 [그림 2-26]을

---

**37** 옮긴이_ 사이킷런 0.22 버전에서 비용 복잡도 기반의 사후 가지치기를 위한 ccp_alpha 매개변수가 추가되었습니다.

비교해보세요). 트리 깊이를 제한하면 과대적합이 줄어듭니다. 이는 훈련 세트의 정확도를 떨어뜨리지만 테스트 세트의 성능은 개선시킵니다.

```
In [63]
  tree = DecisionTreeClassifier(max_depth=4, random_state=0)
  tree.fit(X_train, y_train)

  print("훈련 세트 정확도: {:.3f}".format(tree.score(X_train, y_train)))
  print("테스트 세트 정확도: {:.3f}".format(tree.score(X_test, y_test)))

Out [63]
  훈련 세트 정확도: 0.988
  테스트 세트 정확도: 0.951
```

## 결정 트리 분석

트리 모듈의 export_graphviz 함수를 이용해 트리를 시각화할 수 있습니다. 이 함수는 그래프 저장용 텍스트 파일 포맷인 .dot 파일을 만듭니다. 각 노드에서 다수인 클래스를 색으로 나타내기 위해 옵션[38]을 주고 적절히 레이블되도록 클래스 이름과 특성 이름을 매개변수로 전달합니다.

```
In [64]
  from sklearn.tree import export_graphviz
  export_graphviz(tree, out_file="tree.dot", class_names=["악성", "양성"],
                  feature_names=cancer.feature_names, impurity=False, filled=True)
```

이 파일을 읽어서 graphviz 모듈[39]을 사용해 [그림 2-27]처럼 시각화할 수 있습니다(또는 .dot 파일을 읽을 수 있는 다른 프로그램을 사용해도 됩니다).

......................................

38 옮긴이_ export_graphviz 함수에 filled 매개변수를 True로 지정하면 노드의 클래스가 구분되도록 색으로 칠해집니다.

39 옮긴이_ graphviz 모듈은 conda install graphviz 또는 pip install graphviz 명령으로 설치할 수 있습니다. 주피터 노트북이 아닐 경우 graphviz.Source의 결과를 변수로 저장하여 pdf, png 등의 파일로 저장할 수 있습니다.

```
dot=graphviz.Source(dot_graph)
dot.format='png'
dot.render(filename='tree.png')
```

사이킷런 0.21 버전에서 추가된 plot_tree() 함수를 사용하면 .dot 파일을 만들지 않고 바로 트리를 그릴 수 있습니다. 이 함수는 export_graphviz() 함수에서 사용한 class_names, feature_names, impurity, filled 매개변수를 모두 지원합니다.

```
In [65]
  import graphviz

  with open("tree.dot") as f:
      dot_graph = f.read()
  display(graphviz.Source(dot_graph))
```

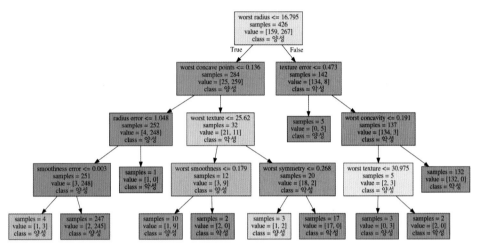

**그림 2-27** 유방암 데이터셋으로 만든 결정 트리

트리를 시각화하면 알고리즘의 예측이 어떻게 이뤄지는지 잘 이해할 수 있으며 비전문가에게 머신러닝 알고리즘을 설명하기에 좋습니다. 그러나 여기서 보듯이 깊이가 4만 되어도 트리는 매우 장황해집니다. 트리가 더 깊어지면(10 정도의 깊이는 보통입니다) 한눈에 보기가 힘들어집니다. 트리를 조사할 때는 많은 수의 데이터가 흐르는 경로를 찾아보면 좋습니다. [그림 2-27]의 각 노드에 적힌 samples는 각 노드에 있는 샘플의 수를 나타내며 value는 클래스당 샘플의 수를 제공합니다. 루트 노드의 오른쪽 가지를 따라가면(worst radius ⟩ 16.795) 악성 샘플이 134개, 양성 샘플이 8개인 노드를 만듭니다. 이 방향의 트리 나머지는 이 8개의 양성 샘플을 더 세부적으로 분리합니다. 첫 노드에서 오른쪽으로 분리된 142개 샘플 중 거의 대부분(132개)이 가장 오른쪽 노드로 갑니다.

루트 노드에서 왼쪽으로 간 데이터, 즉 worst radius ⟨= 16.795인 데이터는 악성 샘플이 25개이고 양성 샘플이 259개입니다. 대부분의 양성 샘플은 왼쪽에서 두 번째 노드에 할당되고 나머지 리프 노드 대부분은 매우 적은 양의 샘플만 가지고 있습니다.

```
In [66]
  from sklearn.tree import plot_tree
  plt.figure(figsize=(12,6))
  plot_tree(tree, class_names=["악성", "양성"],
            feature_names=cancer.feature_names, .tolist()
            impurity=False, filled=True, rounded=True, fontsize=10)
  plt.show()
```

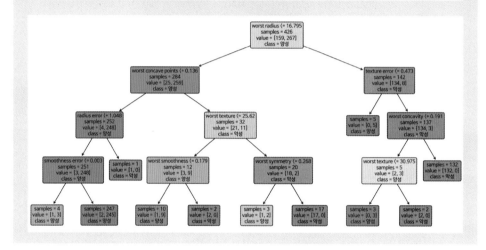

## 트리의 특성 중요도

전체 트리를 살펴보는 것은 어려울 수 있으니, 대신 트리가 어떻게 작동하는지 요약하는 속성들을 사용할 수 있습니다. 가장 널리 사용되는 속성은 트리를 만드는 결정에 각 특성이 얼마나 중요한지를 평가하는 **특성 중요도**feature importance입니다. 이 값은 0과 1 사이의 숫자로, 각 특성에 대해 0은 전혀 사용되지 않았다는 뜻이고 1은 완벽하게 타깃 클래스를 예측했다는 뜻입니다. 특성 중요도의 전체 합은 1입니다.

```
In [67]
  print("특성 중요도:\n", tree.feature_importances_)
```

특성 중요도:
```
[ 0.     0.     0.     0.     0.     0.     0.     0.     0.     0.     0.01
  0.048  0.     0.     0.002  0.     0.     0.     0.     0.     0.727  0.046
  0.     0.     0.014  0.     0.018  0.122  0.012  0.    ]
```

선형 모델의 계수를 시각화하는 것과 비슷한 방법으로 특성 중요도도 시각화할 수 있습니다
(그림 2-28).

In [68]
```python
def plot_feature_importances_cancer(model):
    n_features = cancer.data.shape[1]
    plt.barh(np.arange(n_features), model.feature_importances_, align='center')
    plt.yticks(np.arange(n_features), cancer.feature_names)
    plt.xlabel("특성 중요도")
    plt.ylabel("특성")
    plt.ylim(-1, n_features)

plot_feature_importances_cancer(tree)
```

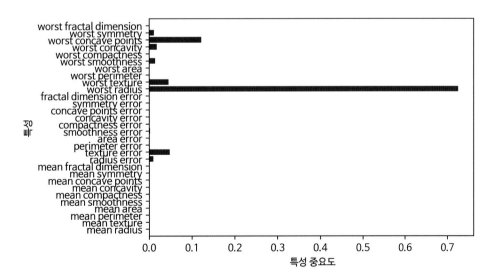

**그림 2-28** 유방암 데이터로 학습시킨 결정 트리의 특성 중요도

첫 번째 노드에서 사용한 특성("worst radius")이 가장 중요한 특성으로 나타납니다. 이 그래 프는 첫 번째 노드에서 두 클래스를 꽤 잘 나누고 있다는 우리의 관찰을 뒷받침해줍니다.

그러나 어떤 특성의 feature_importance_ 값이 낮다고 해서 이 특성이 유용하지 않다는 뜻은 아닙니다. 단지 트리가 그 특성을 선택하지 않았을 뿐이며 다른 특성이 동일한 정보를 지니고 있어서일 수 있습니다.

선형 모델의 계수와는 달리, 특성 중요도는 항상 양수이며 특성이 어떤 클래스를 지지하는지 는 알 수 없습니다. 즉 특성 중요도의 값은 "worst radius"가 중요하다고 알려주지만 높은 반 지름이 양성을 의미하는지 악성을 의미하는지는 알 수 없습니다. 사실 특성과 클래스 사이에 는 간단하지 않은 관계가 있을 수 있으며 다음 예에서 이런 점을 살펴보겠습니다(그림 2-29, 2-30).

```
In [69]
  mglearn.plots.plot_tree_not_monotone()
```

```
Out [69]
  Feature importances: [ 0.  1.]
```

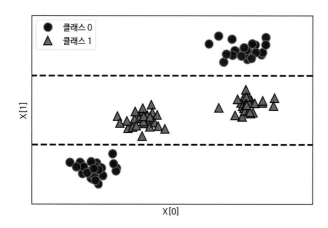

**그림 2-29** y 축의 특성이 클래스 레이블과 복합적인 관계를 가지고 있는 2차원 데이터셋과 결정 트리가 만든 결정 경계

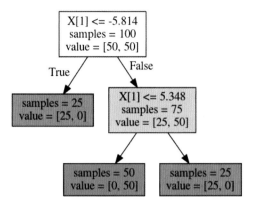

**그림 2-30** [그림 2-29]에 나타난 데이터로 학습한 결정 트리

이 그림은 두 개의 특성과 두 개의 클래스를 가진 데이터셋을 보여줍니다. X[1]에 있는 정보만 사용되었고 X[0]은 전혀 사용되지 않았습니다. 하지만 X[1]과 출력 클래스와의 관계는 단순하게 비례 또는 반비례하지 않습니다. 즉 "X[1] 값이 높으면 클래스 0이고 값이 낮으면 1"이라고 (또는 그 반대로) 말할 수 없습니다.

우리는 여기서 결정 트리를 가지고 분류에 대해서만 논하고 있지만 여기에서 말한 것들은 DecisionTreeRegressor로 구현된 회귀 결정 트리에서도 비슷하게 적용됩니다. 회귀 트리의 사용법과 분석은 분류 트리와 매우 비슷합니다. 하지만 회귀를 위한 트리 기반의 모델을 사용할 때 짚고 넘어가야 할 특별한 속성이 하나 있습니다. DecisionTreeRegressor(그리고 모든 다른 트리 기반 회귀 모델)는 **외삽**extrapolation, 즉 훈련 데이터의 범위 밖의 포인트에 대해 예측을 할 수 없습니다.

컴퓨터 메모리 가격 동향 데이터셋을 이용해 더 자세히 살펴보겠습니다. [그림 2-31]의 x 축은 날짜, y 축은 해당 년도의 램(RAM) 1메가바이트당 가격입니다.

```
In [70]
  import os
  ram_prices = pd.read_csv(os.path.join(mglearn.datasets.DATA_PATH, "ram_price.csv"))

  plt.yticks(fontname = "Arial")
  plt.semilogy(ram_prices.date, ram_prices.price)
  plt.xlabel("년")
  plt.ylabel("가격 ($/Mbyte)")
```

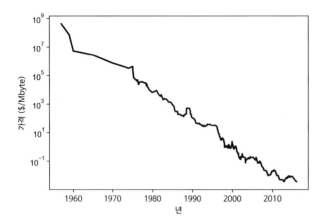

**그림 2-31** 로그 스케일로 그린 램 가격 동향

y 축은 로그 스케일입니다. 그래프를 로그 스케일로 그리면 약간의 굴곡을 제외하고는 선형적으로 나타나서 비교적 예측하기가 쉬워집니다.

날짜 특성 하나만으로 2000년 전까지의 데이터로부터 2000년 후의 가격을 예측해보겠습니다. 여기서는 간단한 두 모델 DecisionTreeRegressor와 LinearRegression을 비교해보겠습니다. 가격을 로그 스케일로 바꾸었기 때문에 비교적 선형적인 관계를 가집니다. 로그 스케일로 바꾸어도 DecisionTreeRegressor를 사용하는 데는 아무런 차이가 없지만 LinearRegression에는 큰 차이가 있습니다(4장에서 자세히 다루겠습니다). 모델을 훈련시키고 예측을 수행한 다음 로그 스케일을 되돌리기 위해 지수 함수를 적용합니다. 그래프 표현을 위해 전체 데이터셋에 대해 예측을 수행하였지만 테스트 데이터셋과의 비교가 관심 대상입니다.

```
In [71]
  from sklearn.tree import DecisionTreeRegressor
  # 2000년 이전을 훈련 데이터로, 2000년 이후를 테스트 데이터로 만듭니다
  data_train = ram_prices[ram_prices.date < 2000]
  data_test = ram_prices[ram_prices.date >= 2000]

  # 가격 예측을 위해 날짜 특성만을 이용합니다
  X_train = data_train.date.to_numpy()[:, np.newaxis]
  # 데이터와 타깃 사이의 관계를 간단하게 만들기 위해 로그 스케일로 바꿉니다
  y_train = np.log(data_train.price)
```

```
tree = DecisionTreeRegressor().fit(X_train, y_train)
linear_reg = LinearRegression().fit(X_train, y_train)

# 예측은 전체 기간에 대해서 수행합니다
X_all = ram_prices.date.to_numpy()[:, np.newaxis]

pred_tree = tree.predict(X_all)
pred_lr = linear_reg.predict(X_all)

# 예측한 값의 로그 스케일을 되돌립니다
price_tree = np.exp(pred_tree)
price_lr = np.exp(pred_lr)
```

[그림 2-32]는 실제 값과 결정 트리, 선형 회귀의 예측값을 비교한 것입니다.

```
In [72]
plt.semilogy(data_train.date, data_train.price, label="훈련 데이터")
plt.semilogy(data_test.date, data_test.price, label="테스트 데이터")
plt.semilogy(ram_prices.date, price_tree, label="트리 예측")
plt.semilogy(ram_prices.date, price_lr, label="선형회귀 예측")
plt.legend()
```

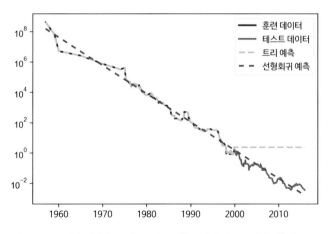

**그림 2-32** 램 가격 데이터를 사용해 만든 선형 모델과 회귀 트리의 예측값 비교

두 모델은 확연한 차이를 보입니다. 선형 모델은 우리가 아는 대로 직선으로 데이터를 근사하였습니다. 이 직선은 훈련 데이터와 테스트 데이터에 있는 미세한 굴곡을 매끈하게 근사하여 테스트 데이터(2000년 이후)를 꽤 정확히 예측합니다. 반면에 트리 모델은 훈련 데이터를 완벽하게 예측합니다. 트리의 복잡도에 제한을 두지 않아서 전체 데이터셋을 모두 기억하기 때문입니다. 그러나 모델이 가진 데이터 범위 밖으로 나가면 단순히 마지막 포인트를 이용해 예측하는 게 전부입니다. 트리 모델은 훈련 데이터 밖의 새로운 데이터를 예측할 능력이 없습니다. 이는 모든 트리 기반 모델의 공통된 단점입니다.[40]

## 장단점과 매개변수

앞서 설명처럼 결정 트리에서 모델 복잡도를 조절하는 매개변수는 트리가 완전히 만들어지기 전에 멈추게 하는 사전 가지치기 매개변수입니다. 보통은 사전 가지치기 방법 중 max_depth, max_leaf_nodes 또는 min_samples_leaf 중 하나만 지정해도 과대적합을 막는 데 충분합니다.[41]

결정 트리가 이전에 소개한 다른 알고리즘들보다 나은 점은 두 가지입니다. 첫째, 만들어진 모델을 쉽게 시각화할 수 있어서 비전문가도 이해하기 쉽습니다(비교적 작은 트리일 때). 그리고 데이터의 스케일에 구애받지 않습니다. 각 특성이 개별적으로 처리되어 데이터를 분할하는 데 데이터 스케일의 영향을 받지 않으므로 결정 트리에서는 특성의 정규화나 표준화 같은 전처리 과정이 필요 없습니다. 특히 특성의 스케일이 서로 다르거나 이진 특성과 연속적인 특성이 혼합되어 있을 때도 잘 작동합니다.

결정 트리의 주요 단점은 사전 가지치기를 사용함에도 불구하고 과대적합되는 경향이 있어 일반화 성능이 좋지 않다는 것입니다. 그래서 다음에 설명할 앙상블 방법을 단일 결정 트리의 대안으로 흔히 사용합니다.

---

40 사실 트리 기반 모델로 좋은 예측을 만들 수 있습니다(예를 들면 가격이 오르거나 내릴지를 예측할 때). 이 예제의 목적은 트리 모델이 시계열 데이터엔 잘 맞지 않는다는 것과 트리가 어떻게 예측을 만드는지 그 특성을 보여주기 위함입니다.

41 옮긴이_ max_leaf_nodes는 리프 노드의 최대 개수를 지정하는 매개변수이고 min_samples_leaf는 리프 노드가 되기 위한 최소한의 샘플 개수를 지정합니다. 이외에도 min_samples_split 매개변수를 사용하여 노드가 분기할 수 있는 최소 샘플 개수를 지정할 수 있습니다. scikit-learn 0.19 버전에서 분할로 얻어질 불순도(impurity) 감소 최솟값을 지정하는 min_impurity_decrease가 추가되었습니다. 0.18 버전에 추가되었던 분할 후보가 되기 위한 불순도 최솟값을 지정하는 min_impurity_split은 0.23 버전부터 사용하지 않고 1.0 버전에서는 삭제됩니다.

NOTE_ DecisionTreeClassifier와 DecisionTreeRegressor는 criterion 매개변수로 분할 기준을 지정합니다. DecisionTreeClassifier의 경우 지니 불순도인 'gini'(기본값)와 엔트로피 불순도인 'entropy'를 지정할 수 있습니다. DecisionTreeRegressor의 criterion 매개변수 중 'mse', 'mae'는 scikit-learn 1.0 버전에서 삭제된다는 경고가 발생되며 1.2 버전에서 삭제되었습니다. 대신 'squared_error'(기본값), 'absolute_error'를 사용하세요. DecisionTreeRegressor를 기반으로 하는 RandomForestRegressor, ExtraTreesRegressor, GradientBoostingClassifier, GradientBoostingRegressor의 criterion 매개변수 값도 동일하게 변경됩니다.

scikit-learn 버전 0.24에서 변환기를 포함하여 모든 추정기 클래스에 fit 메서드에 입력된 특성 개수를 저장하는 n_features_in_ 속성이 추가되었습니다. 따라서 DecisionTreeClassifier와 DecisionTreeRegressor 클래스의 n_features_ 속성 대신 n_features_in_를 사용하세요. n_features_ 속성은 1.2 버전에서 삭제되었습니다.

scikit-learn 1.0 버전에서는 입력된 pandas 데이터프레임의 열 이름을 feature_names_in_ 속성에 저장합니다. 다음은 앞에서 사용한 램 가격 데이터셋의 데이터프레임을 사용해 DecisionTreeRegressor를 훈련하고 입력된 특성 개수와 데이터프레임의 열 이름을 출력하는 예입니다.

```
In [73]
  tree.fit(data_train[['date']], y_train)

  print('특성 개수:', tree.n_features_in_)
  print('특성 이름:', tree.feature_names_in_)

Out [73]
  특성 개수: 1
  특성 이름: ['date']
```

scikit-learn과 pandas 데이터프레임 연동에 관한 조금 더 자세한 내용은 다음 코랩 노트북을 참고하세요 (https://bit.ly/sklearn-pandas).

## 2.3.6 결정 트리의 앙상블

**앙상블**ensemble은 여러 머신러닝 모델을 연결하여 더 강력한 모델을 만드는 기법입니다. 머신러닝에는 이런 종류의 모델이 많지만, 그중 두 앙상블 모델이 분류와 회귀 문제의 다양한 데이터셋에서 효과적이라고 입증되었습니다. **랜덤 포레스트**random forest와 **그레이디언트 부스팅**gradient boosting 결정 트리는 둘 다 모델을 구성하는 기본 요소로 결정 트리를 사용합니다.

# 랜덤 포레스트

앞서 확인한 것처럼 결정 트리의 주요 단점은 훈련 데이터에 과대적합되는 경향이 있다는 것입니다. 랜덤 포레스트는 이 문제를 회피할 수 있는 방법입니다. 랜덤 포레스트는 기본적으로 조금씩 다른 여러 결정 트리의 묶음입니다. 랜덤 포레스트의 아이디어는 각 트리는 비교적 예측을 잘 할 수 있지만 데이터의 일부에 과대적합하는 경향을 가진다는 데 기초합니다. 예컨대 잘 작동하되 서로 다른 방향으로 과대적합된 트리를 많이 만들면 그 결과를 평균냄으로써 과대적합된 양을 줄일 수 있습니다. 이렇게 하면 트리 모델의 예측 성능이 유지되면서 과대적합이 줄어드는 것이 수학적으로 증명되었습니다.

이런 전략을 구현하려면 결정 트리를 많이 만들어야 합니다. 각각의 트리는 타깃 예측을 잘 해야 하고 다른 트리와는 구별되어야 합니다. 랜덤 포레스트는 이름에서 알 수 있듯이 트리들이 달라지도록 트리 생성 시 무작위성을 주입합니다. 랜덤 포레스트에서 트리를 랜덤하게 만드는 방법은 두 가지 입니다. 트리를 만들 때 사용하는 데이터 포인트를 무작위로 선택하는 방법과 분할 테스트에서 특성을 무작위로 선택하는 방법입니다. 이 방식들을 자세히 살펴보겠습니다.

## 랜덤 포레스트 구축

랜덤 포레스트 모델을 만들려면 생성할 트리의 개수를 정해야 합니다(RandomForestRegressor나 RandomForestClassifier의 n_estimators 매개변수[42]). 여기에서는 트리가 10개 필요하다고 가정하겠습니다. 이 트리들은 완전히 독립적으로 만들어져야 하므로 알고리즘은 각 트리가 고유하게 만들어지도록 무작위한 선택을 합니다. 트리를 만들기 위해 먼저 데이터의 **부트스트랩 샘플**bootstrap sample을 생성합니다. 다시 말해 n_samples개의 데이터 포인트 중에서 무작위로 데이터를 n_samples 횟수만큼 반복 추출합니다[43](한 샘플이 여러 번 중복 추출될 수 있습니다). 이 데이터셋은 원래 데이터셋 크기와 같지만, 어떤 데이터 포인트는 누락될 수도 있고(대략 1/3 정도[44]) 어떤 데이터 포인트는 중복되어 들어 있을 수 있습니다.

---

42 옮긴이_ scikit-learn 0.22 버전부터 n_estimators의 기본값이 10에서 100으로 바뀌었습니다.

43 옮긴이_ RandomForestClassifier와 RandomForestRegressor의 bootstrap 매개변수(기본값은 True)를 False로 지정하면 부트스트랩 샘플링을 하지 않습니다. 사이킷런 0.22 버전에서 부트스트랩 샘플 개수를 지정할 수 있는 max_samples 매개변수가 추가되었습니다. 기본값은 None으로 훈련 샘플 개수만큼 추출됩니다. 이 매개변수에 원하는 샘플 개수를 지정하거나 훈련 샘플 개수의 비율(0~1 사이 실수)을 지정할 수 있습니다.

44 옮긴이_ 예를 들어, 100개의 샘플 중 어떤 샘플 하나가 선택되지 않을 확률은 $\frac{99}{100}$입니다. 뽑은 샘플을 제외하지 않고 100번 반복할 때 한 번도 선택되지 않을 확률은 $\left(\frac{99}{100}\right)^{100} = 0.366$입니다.

예를 들면 리스트 ['a', 'b', 'c', 'd']에서 부트스트랩 샘플을 만든다고 해보겠습니다. 가능한 부트 스트랩 샘플은 ['b', 'd', 'd', 'c']도 될 수 있고 ['d', 'a', 'd', 'a'] 같은 샘플도 만들어질 수 있습니다.

그다음 이렇게 만든 데이터셋으로 결정 트리를 만듭니다. 그런데 우리가 본 결정 트리 알고리즘 과 조금 다릅니다. 각 노드에서 전체 특성을 대상으로 최선의 테스트를 찾는 것이 아니고 알고리 즘이 각 노드에서 후보 특성을 무작위로 선택한 후 이 후보들 중에서 최선의 테스트를 찾습니다. 몇 개의 특성을 고를지는 max_features 매개변수로 조정할 수 있습니다. 후보 특성을 고르는 것은 노드마다 반복되므로 트리의 각 노드는 다른 후보 특성들을 사용하여 테스트를 만듭니다.

부트스트랩 샘플링은 랜덤 포레스트의 트리가 조금씩 다른 데이터셋을 이용해 만들어지도록 합니다. 또 각 노드에서 특성의 일부만 사용하기 때문에 트리의 각 분기는 각기 다른 특성 부분 집합을 사용합니다. 이 두 메커니즘이 합쳐져서 랜덤 포레스트의 모든 트리가 서로 달라지도록 만듭니다.

이 방식에서 핵심 매개변수는 max_features입니다. max_features를 n_features로 설정하 면 트리의 각 분기에서 모든 특성을 고려하므로 특성 선택에 무작위성이 들어가지 않습니다 (하지만 부트스트랩 샘플링으로 인한 무작위성은 그대로입니다). max_features=1로 설정하 면 트리의 분기는 테스트할 특성을 고를 필요가 없게 되며 그냥 무작위로 선택한 특성의 임계 값을 찾기만 하면 됩니다. 결국 max_features 값을 크게 하면 랜덤 포레스트의 트리들은 매우 비슷해지고 가장 두드러진 특성을 이용해 데이터에 잘 맞춰질 것입니다. max_features를 낮 추면 랜덤 포레스트 트리들은 많이 달라지고 각 트리는 데이터에 맞추기 위해 깊이가 깊어지게 됩니다.

랜덤 포레스트로 예측을 할 때는 먼저 알고리즘이 모델에 있는 모든 트리의 예측을 만듭니다. 회귀의 경우에는 이 예측들을 평균하여 최종 예측을 만듭니다. 분류의 경우는 약한 투표 전략 을 사용합니다. 즉 각 알고리즘이 가능성 있는 출력 레이블의 확률을 제공함으로써 간접적인 예측을 합니다. 트리들이 예측한 확률을 평균내어 가장 높은 확률을 가진 클래스가 예측값이 됩니다.

### 랜덤 포레스트 분석

앞서 사용한 two_moon 데이터셋을 가지고 트리 5개로 구성된 랜덤 포레스트 모델을 만들어 보겠습니다.

In [74]

```
from sklearn.ensemble import RandomForestClassifier
from sklearn.datasets import make_moons

X, y = make_moons(n_samples=100, noise=0.25, random_state=3)
X_train, X_test, y_train, y_test = train_test_split(X, y, stratify=y,
                                                    random_state=42)

forest = RandomForestClassifier(n_estimators=5, random_state=2)
forest.fit(X_train, y_train)
```

랜덤 포레스트 안에 만들어진 트리는 estimators_ 속성에 저장됩니다. 각 트리에서 학습된 결정 경계와 이를 취합해 만든 결정 경계를 함께 시각화해보겠습니다(그림 2-33).

In [75]

```
fig, axes = plt.subplots(2, 3, figsize=(20, 10))
for i, (ax, tree) in enumerate(zip(axes.ravel(), forest.estimators_)):
    ax.set_title("트리 {}".format(i))
    mglearn.plots.plot_tree_partition(X, y, tree, ax=ax)

mglearn.plots.plot_2d_separator(forest, X, fill=True, ax=axes[-1, -1], alpha=.4)
axes[-1, -1].set_title("랜덤 포레스트")
mglearn.discrete_scatter(X[:, 0], X[:, 1], y)
```

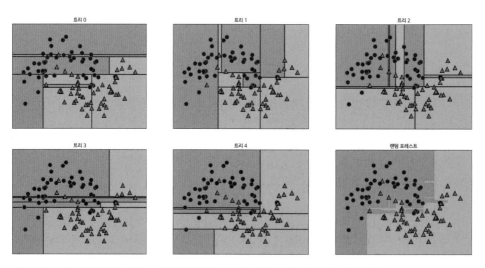

**그림 2-33** 다섯 개의 랜덤한 결정 트리의 결정 경계와 예측한 확률을 평균내어 만든 결정 경계

다섯 개의 트리가 만든 결정 경계는 확연하게 다르다는 것을 알 수 있습니다. 부트스트랩 샘플링 때문에 한쪽 트리에 나타나는 훈련 포인트가 다른 트리에는 포함되지 않을 수 있어 각 트리는 불완전합니다.

랜덤 포레스트는 개개의 트리보다는 덜 과대적합되고 훨씬 좋은 결정 경계를 만들어줍니다. 실제 애플리케이션에서는 매우 많은 트리를 사용하기 때문에(수백, 수천 개) 더 부드러운 결정 경계가 만들어집니다.

다른 예로 유방암 데이터셋에 100개의 트리로 이뤄진 랜덤 포레스트를 적용해보겠습니다.

```
In [76]
X_train, X_test, y_train, y_test = train_test_split(
    cancer.data, cancer.target, random_state=0)
forest = RandomForestClassifier(n_estimators=100, random_state=0)
forest.fit(X_train, y_train)

print("훈련 세트 정확도: {:.3f}".format(forest.score(X_train, y_train)))
print("테스트 세트 정확도: {:.3f}".format(forest.score(X_test, y_test)))
```

```
Out [76]
훈련 세트 정확도: 1.000
테스트 세트 정확도: 0.972
```

랜덤 포레스트는 아무런 매개변수 튜닝 없이도 선형 모델이나 단일 결정 트리보다 높은 97% 정확도를 내고 있습니다. 단일 결정 트리에서 한 것처럼 max_features 매개변수를 조정하거나 사전 가지치기를 할 수도 있습니다. 하지만 랜덤 포레스트는 기본 설정으로도 좋은 결과를 만들어줄 때가 많습니다.

결정 트리처럼 랜덤 포레스트도 특성 중요도를 제공하는데 각 트리의 특성 중요도를 취합하여 계산한 것입니다. 일반적으로 랜덤 포레스트에서 제공하는 특성 중요도가 하나의 트리에서 제공하는 것보다 더 신뢰할 만합니다. [그림 2-34]를 참고하세요.

```
In [77]
plot_feature_importances_cancer(forest)
```

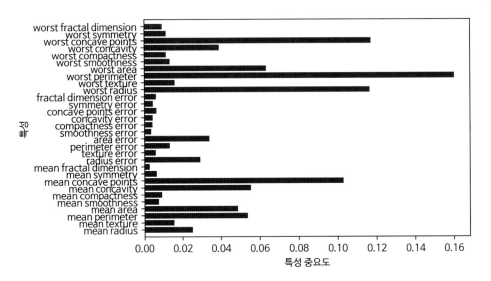

**그림 2-34** 유방암 데이터로 만든 랜덤 포레스트 모델의 특성 중요도

그림과 같이 랜덤 포레스트에서는 단일 트리의 경우보다 훨씬 많은 특성이 0 이상의 중요도 값을 갖습니다. 단일 트리의 결과와 마찬가지로 랜덤 포레스트도 "worst radius" 특성이 매우 중요하다고 보지만, 가장 많은 정보를 가진 특성으로는 "worst perimeter"를 선택했습니다. 랜덤 포레스트를 만드는 무작위성은 알고리즘이 가능성 있는 많은 경우를 고려할 수 있도록 하므로, 그 결과 랜덤 포레스트가 단일 트리보다 더 넓은 시각으로 데이터를 바라볼 수 있습니다.

### 장단점과 매개변수

회귀와 분류에 있어서 랜덤 포레스트는 현재 가장 널리 사용되는 머신러닝 알고리즘입니다. 랜덤 포레스트는 성능이 매우 뛰어나고 매개변수 튜닝을 많이 하지 않아도 잘 작동하며 데이터의 스케일을 맞출 필요도 없습니다.

기본적으로 랜덤 포레스트는 단일 트리의 단점을 보완하고 장점은 그대로 가지고 있습니다. 만약 의사 결정 과정을 간소하게 표현해야 한다면 단일 트리를 사용할 수 있습니다. 왜냐하면 수십, 수백 개의 트리를 자세히 분석하기 어렵고 랜덤 포레스트의 트리는 (특성의 일부만 사용하므로) 결정 트리보다 더 깊어지는 경향도 있기 때문입니다. 그러므로 비전문가에게 예측 과정을 시각적으로 보여주기 위해서는 하나의 결정 트리가 더 좋은 선택입니다. 대량의 데이터셋에서 랜덤 포레스트 모델을 만들 때 다소 시간이 걸릴 수 있지만 CPU 코어가 많다면 손쉽게 병렬 처리할 수 있습니다. 멀티 코어 프로세서일 때는 (요즘의 모든 컴퓨터는 코어가 둘 이상입니다) n_jobs 매개변수를 이용하여 사용할 코어 수를 지정할 수 있습니다. 사용하는 CPU 코어 개수에 비례해서 속도도 빨라집니다(코어를 두 개 사용하면 랜덤 포레스트의 훈련 속도도 두 배 빨라집니다). 하지만 n_jobs 매개변수를 코어 개수보다 크게 지정하는 것은 별로 도움이 되지 않습니다. n_jobs=−1로 지정하면 컴퓨터의 모든 코어를 사용합니다.[45]

유념할 점은 랜덤 포레스트는 이름 그대로 랜덤합니다. 그래서 다른 random_state를 지정하면 (또는 random_state를 지정하지 않으면) 전혀 다른 모델이 만들어집니다. 랜덤 포레스트의 트리가 많을수록 random_state 값의 변화에 따른 변동이 적습니다. 만약 같은 결과를 만들어야 한다면 random_state 값을 고정해야 합니다.

랜덤 포레스트는 텍스트 데이터 같이 매우 차원이 높고 희소한 데이터에는 잘 작동하지 않습니다. 이런 데이터에는 선형 모델이 더 적합합니다. 랜덤 포레스트는 매우 큰 데이터셋에도 잘 작동하며 훈련은 여러 CPU 코어로 간단하게 병렬화할 수 있습니다. 하지만 랜덤 포레스트는 선형 모델보다 많은 메모리를 사용하며 훈련과 예측이 느립니다. 속도와 메모리 사용에 제약이 있는 애플리케이션이라면 선형 모델이 적합할 수 있습니다.

중요 매개변수는 n_estimators, max_features이고 max_depth 같은 사전 가지치기 옵션이 있습니다.[46] n_estimators는 클수록 좋습니다. 더 많은 트리를 평균하면 과대적합을 줄여 더 안정적인 모델을 만듭니다. 하지만 이로 인해 잃는 것도 있는데, 더 많은 트리는 더 많은 메모리와 긴 훈련 시간으로 이어집니다. 경험적으로 봤을 때 "가용한 시간과 메모리만큼 많이" 만드는 것이 좋습니다.

앞서 이야기한 것처럼 max_features는 각 트리가 얼마나 무작위가 될지를 결정하며 작은 max_features는 과대적합을 줄여줍니다. 일반적으로 기본값을 쓰는 것이 좋은 방법입니다. 분류는 max_features=sqrt(n_features)이고 회귀는 max_features=n_features입니다.[47] max_features나 max_leaf_nodes 매개변수를 추가하면 가끔 성능이 향상되기도 합니다. 또 훈련과 예측에 필요한 메모리와 시간을 많이 줄일 수도 있습니다.

----

45 옮긴이_ n_jobs의 기본값은 1입니다.

46 옮긴이_ 결정 트리와 마찬가지로 max_leaf_nodes, min_samples_leaf, min_samples_split, min_impurity_decrease와 사전 가지치기 옵션인 ccp_alpha 매개변수도 제공합니다.

47 옮긴이_ RandomForesetClassifier의 max_features 매개변수 기본값이 sqrt(n_features)를 의미하는 'sqrt'입니다.

# 그레이디언트 부스팅 회귀 트리

그레이디언트 부스팅 회귀 트리는 여러 개의 결정 트리를 묶어 강력한 모델을 만드는 또 다른 앙상블 방법입니다. 이름이 회귀지만 이 모델은 회귀와 분류 모두에 사용할 수 있습니다.[48] 랜덤 포레스트와는 달리 그레이디언트 부스팅은 이전 트리의 오차를 보완하는 방식으로 순차적으로 트리를 만듭니다. 기본적으로 그레이디언트 부스팅 회귀 트리에는 무작위성이 없습니다.[49] 대신 강력한 사전 가지치기가 사용됩니다. 그레이디언트 부스팅 트리는 보통 하나에서 다섯 정도의 깊지 않은 트리를 사용하므로 메모리를 적게 사용하고 예측도 빠릅니다. 그레이디언트 부스팅의 근본 아이디어는 이런 얕은 트리 같은 간단한 모델(**약한 학습기**weak learner라고도 합니다)을 많이 연결하는 것입니다. 각각의 트리는 데이터의 일부에 대해서만 예측을 잘 수행할 수 있어서 트리가 많이 추가될수록 성능이 좋아집니다.[50]

그레이디언트 부스팅 트리는 머신러닝 경연 대회에서 우승을 많이 차지했고 업계에서도 널리 사용합니다. 랜덤 포레스트보다는 매개변수 설정에 조금 더 민감하지만 잘 조정하면 더 높은 정확도를 제공해줍니다.

앙상블 방식에 있는 사전 가지치기나 트리 개수 외에도 그레이디언트 부스팅에서 중요한 매개변수는 이전 트리의 오차를 얼마나 강하게 보정할 것인지를 제어하는 learning_rate입니다. 학습률이 크면 트리는 보정을 강하게 하기 때문에 복잡한 모델을 만듭니다. n_estimators 값을 키우면 앙상블에 트리가 더 많이 추가되어 모델의 복잡도가 커지고 훈련 세트에서의 실수를 바로잡을 기회가 더 많아집니다.

---

48 옮긴이_ scikit-learn에서 제공하는 GradientBoostingClassifier와 GradientBoostingRegressor 모두 회귀 트리인 DecisionTreeRegressor를 사용하여 그레이디언트 부스팅 알고리즘을 구현하고 있습니다.

49 옮긴이_ GradientBoostingClassifier와 GradientBoostingRegressor의 subsample 매개변수는 트리를 훈련하는데 사용할 훈련 샘플의 비율(0~1 사이)을 지정합니다. 기본값이 1.00이면 전체 샘플을 사용합니다. 이 값을 0보다 작게 설정하면 랜덤하게 선택된 일부 샘플로 개별 트리를 훈련하는 확률적 그레이디언트 부스팅이 되며 분산이 줄고 편향이 증가합니다. 또한 선택되지 않은 샘플(out-of-bag 샘플 또는 OOB 샘플)로 훈련된 트리의 손실 값을 계산하고 이전 트리와 현재 트리의 손실 차이를 oob_improvement_ 속성에 저장합니다. 또한 OOB 샘플의 손실 목록을 oob_scores_ 리스트에 저장하고 마지막 손실 값을 oob_score_ 속성에 저장합니다. max_features 매개변수로 트리 분할에 사용할 트리 개수를 지정할 수 있습니다. 기본값은 None으로 전체 특성을 사용합니다. 'sqrt'는 특성 개수의 제곱근, 'log2'는 log2(특성 개수)를 사용합니다. 특성 개수를 직접 지정하거나 0~1 사이로 사용할 특성 개수의 비율을 지정할 수도 있습니다.

50 옮긴이_ 그레이디언트 부스팅은 이전에 만든 트리의 예측과 타깃 값 사이의 오차를 줄이는 방향으로 새로운 트리를 추가하는 알고리즘입니다. 이를 위해 손실 함수를 정의하고 경사 하강법(gradient descent)을 사용하여 다음에 추가될 트리가 예측해야 할 값을 보정해나갑니다. 훈련에 사용할 손실 함수는 loss 매개변수에 지정합니다. GradientBoostingClassifier의 loss 매개변수 기본값은 로지스틱 손실을 의미하는 'log_loss'입니다. GradientBoostingRegressor에서 제곱 오차와 절댓값 오차를 의미하는 'ls'와 'lad'는 사이킷런 1.0 버전에서 삭제된다는 경고를 발생시키며 1.2 버전에서 삭제되었습니다. 대신 'squared_error'(기본값), 'absolute_error'를 사용하세요.

아래는 유방암 데이터셋을 이용해 GradientBoostingClassifier를 사용한 예입니다. 기본값인 깊이가 3인 트리 100개와 학습률 0.1을 사용하였습니다.

```
In [78]
  from sklearn.ensemble import GradientBoostingClassifier

  X_train, X_test, y_train, y_test = train_test_split(
      cancer.data, cancer.target, random_state=0)
  gbrt = GradientBoostingClassifier(random_state=0)
  gbrt.fit(X_train, y_train)

  print("훈련 세트 정확도: {:.3f}".format(gbrt.score(X_train, y_train)))
  print("테스트 세트 정확도: {:.3f}".format(gbrt.score(X_test, y_test)))

Out [78]
  훈련 세트 정확도: 1.000
  테스트 세트 정확도: 0.965
```

훈련 세트의 정확도가 100%이므로 과대적합된 것 같습니다. 과대적합을 막기 위해서 트리의 최대 깊이를 줄여 사전 가지치기를 강하게 하거나 학습률을 낮출 수 있습니다.

```
In [79]
  gbrt = GradientBoostingClassifier(random_state=0, max_depth=1)
  gbrt.fit(X_train, y_train)

  print("훈련 세트 정확도: {:.3f}".format(gbrt.score(X_train, y_train)))
  print("테스트 세트 정확도: {:.3f}".format(gbrt.score(X_test, y_test)))

Out [79]
  훈련 세트 정확도: 0.991
  테스트 세트 정확도: 0.972

In [80]
  gbrt = GradientBoostingClassifier(random_state=0, learning_rate=0.01)
  gbrt.fit(X_train, y_train)

  print("훈련 세트 정확도: {:.3f}".format(gbrt.score(X_train, y_train)))
  print("테스트 세트 정확도: {:.3f}".format(gbrt.score(X_test, y_test)))

Out [80]
```

```
훈련 세트 정확도: 0.988
테스트 세트 정확도: 0.965
```

이상의 두 방식은 모델의 복잡도를 감소시키므로 예상대로 훈련 세트의 정확도가 낮아졌습니다. 이 예에서 학습률을 낮추는 것은 테스트 세트의 성능을 조금밖에 개선하지 못했지만, 트리의 최대 깊이를 낮추는 것은 모델 성능 향상에 크게 기여했습니다.

다른 결정 트리 기반 모델처럼 특성의 중요도를 시각화하면 모델을 더 잘 이해할 수 있습니다 (그림 2-35). 트리를 100개나 사용했으므로 깊이가 1이더라도 모든 트리를 분석하기는 쉽지 않습니다.

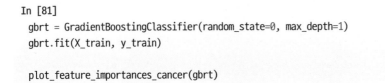

```
In [81]
  gbrt = GradientBoostingClassifier(random_state=0, max_depth=1)
  gbrt.fit(X_train, y_train)

  plot_feature_importances_cancer(gbrt)
```

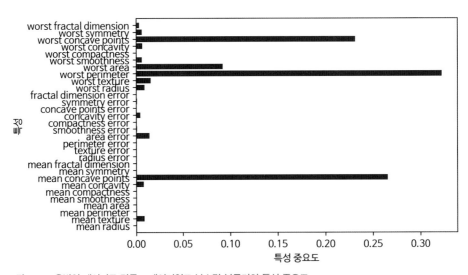

**그림 2-35** 유방암 데이터로 만든 그레이디언트 부스팅 분류기의 특성 중요도

그레이디언트 부스팅 트리의 특성 중요도 그래프가 랜덤 포레스트와 다르게 일부 특성을 강조하고 있습니다.

비슷한 종류의 데이터에서 그레이디언트 부스팅과 랜덤 포레스트 둘 다 잘 작동합니다만, 보통 더 안정적인 랜덤 포레스트를 먼저 적용하곤 합니다. 랜덤 포레스트가 잘 작동하더라도 예측 시간이 중요하거나 머신러닝 모델에서 마지막 성능까지 쥐어짜야 할 때 그레이디언트 부스팅을 사용하면 도움이 됩니다.

대규모 머신러닝 문제에 그레이디언트 부스팅을 적용하려면 xgboost 패키지[51]와 파이썬 인터페이스를 검토해보는 것이 좋습니다. 이 글을 쓰는 시점에는 여러 가지 데이터셋에서 scikit-learn의 그레이디언트 부스팅 구현보다 빨랐습니다(그리고 튜닝하기도 쉽습니다).

### 장단점과 매개변수

그레이디언트 부스팅 결정 트리는 지도 학습에서 가장 강력하고 널리 사용하는 모델 중 하나입니다. 가장 큰 단점은 매개변수를 잘 조정해야 한다는 것과 훈련 시간이 길다는 것입니다.[52] 다른 트리 기반 모델처럼 특성의 스케일을 조정하지 않아도 되고 이진 특성이나 연속적인 특성에서도 잘 동작합니다. 그리고 트리 기반 모델의 특성상 희소한 고차원 데이터에는 잘 작동하지 않습니다.

그레이디언트 부스팅 트리 모델의 중요 매개변수는 트리의 개수를 지정하는 n_estimators와 이전 트리의 오차를 보정하는 정도를 조절하는 learning_rate입니다. 이 두 매개변수는 매우 깊게 연관되며 learning_rate를 낮추면 비슷한 복잡도의 모델을 만들기 위해서 더 많은 트리를 추가해야 합니다. n_estimators가 클수록 좋은 랜덤 포레스트와는 달리 그레이디언트 부스팅에서 n_estimators를 크게 하면 모델이 복잡해지고 과대적합될 가능성이 높아집니다. 일반적인 관례는 가용한 시간과 메모리 한도에서 n_estimators를 맞추고 나서 적절한 learning_rate를 찾는 것입니다. scikit-learn 0.20 버전에서는 GradientBoostingClassifier와 GradientBoostingRegressor에 조기 종료를 위한 매개변수 n_iter_no_change와 validation_fraction이 추가되었습니다. 훈련 데이터에서 validation_fraction(기본값 0.1) 비율만큼 검증 데이터로 사용하여 n_iter_no_change 반복 동안 검증 점수가 향상되지 않으면 훈련이 종료됩니다. n_iter_no_change 기본값이 None이면 조기 종료를 사용하지 않습니다.

---

**51** 옮긴이_ xgboost(https://xgboost.readthedocs.io/)는 대용량 분산 처리를 위한 그레이디언트 부스팅 오픈 소스 라이브러리로 C++, 파이썬, R, 자바 등 여러 인터페이스를 지원합니다. 히스토그램 기반 부스팅 알고리즘을 사용하는 또 다른 인기 라이브러리는 마이크로소프트에서 만든 LightGBM(https://lightgbm.readthedocs.io/)입니다. 사이킷런 0.21 버전에서도 이와 비슷한 Hist GradientBoostingClassifier와 HistGradientBoostingRegressor 클래스가 추가되었습니다.

**52** 옮긴이_ 그레이디언트 부스팅 결정 트리는 순차적으로 트리를 학습하기 때문에 n_jobs 매개변수를 지원하지 않습니다.

중요한 또 다른 매개변수는 각 트리의 복잡도를 낮추는 max_depth(또는 max_leaf_nodes)입니다. 통상 그레이디언트 부스팅 모델에서는 max_depth를 매우 작게 설정하며 트리의 깊이가 5보다 깊어지지 않게 합니다.[53]

## 2.3.7 (한국어판 부록) 그 외 다른 앙상블[54]

앞서 대표적인 앙상블 방법인 랜덤 포레스트와 그레이디언트 부스팅 알고리즘을 살펴보았습니다. 이 절에서는 scikit-learn이 제공하는 다른 앙상블 알고리즘인 배깅Bagging, 에이다부스트AdaBoost, 엑스트라 트리Extra-Trees, 히스토그램 기반 그레이디언트 부스팅Histogram-based Gradient Boosting에 대해 살펴보겠습니다.

여기에서도 동일한 two_moons 데이터셋과 cancer 데이터셋을 사용하겠습니다. 먼저 필요한 모듈을 임포트하고 예제 데이터셋을 만듭니다.

```
In [2]
  from preamble import *
  from sklearn.model_selection import train_test_split
  from sklearn.datasets import make_moons
  from sklearn.datasets import load_breast_cancer

  Xm, ym = make_moons(n_samples=100, noise=0.25, random_state=3)
  Xm_train, Xm_test, ym_train, ym_test = train_test_split(
      Xm, ym, stratify=ym, random_state=42)

  cancer = load_breast_cancer()
  Xc_train, Xc_test, yc_train, yc_test = train_test_split(
      cancer.data, cancer.target, random_state=0)
```

## 배깅

**배깅**Bagging은 Bootstrap aggregating의 줄임말입니다. 배깅은 중복을 허용한 랜덤 샘플링으

---

53 옮긴이_ max_depth의 기본값은 3입니다. 이 외에도 min_samples_split, min_samples_leaf, min_impurity_decrease, ccp_alpha 매개변수를 지원합니다.

54 옮긴이_ 이 절의 코드는 번역서 깃허브의 "02.3.7-other-ensembles.ipynb" 노트북에 있습니다.

로 만든 훈련 세트를 사용하여 분류기를 각기 다르게 학습시킵니다. 부트스트랩 샘플을 만드는 것은 앞서 살펴본 랜덤 포레스트의 특징과 같습니다. 분류기가 predict_proba() 메서드를 지원하는 경우 확률값을 평균하여 예측을 수행합니다. 그렇지 않은 분류기를 사용할 때는 가장 빈도가 높은 클래스 레이블이 예측 결과가 됩니다.

배깅을 사용하여 cancer 데이터셋에 로지스틱 회귀 모델을 100개 훈련하여 앙상블해보겠습니다.

```
In [3]
  from sklearn.linear_model import LogisticRegression
  from sklearn.ensemble import BaggingClassifier
  bagging = BaggingClassifier(LogisticRegression(solver='liblinear'), n_estimators=100,
                              oob_score=True, n_jobs=-1, random_state=42)
  bagging.fit(Xc_train, yc_train)
```

위 코드에서 LogisticRegression 객체를 기반 분류기로 전달하고 훈련할 분류기의 개수는 100개로 지정했습니다(n_estimators의 기본값은 10입니다). oob_score를 True로 지정하면 매개변수는 부트스트래핑에 포함되지 않은 샘플을 기반으로 훈련된 모델을 평가합니다(이 값을 OOB^out of bag 오차라고도 부릅니다). oob_score 값을 통해 테스트 세트의 성능을 짐작할 수 있습니다. RandomForestClassifier도 oob_score 매개변수를 지원합니다. 두 모델 모두 이 매개변수의 기본값은 False입니다.

```
In [4]
  print("훈련 세트 정확도: {:.3f}".format(bagging.score(Xc_train, yc_train)))
  print("테스트 세트 정확도: {:.3f}".format(bagging.score(Xc_test, yc_test)))
  print("OOB 샘플의 정확도: {:.3f}".format(bagging.oob_score_))

Out [4]
  훈련 세트 정확도: 0.962
  테스트 세트 정확도: 0.958
  OOB 샘플의 정확도: 0.948
```

결정 트리로 배깅을 수행는 것보다 랜덤 포레스트를 사용하는 것이 편리하지만 여기서는 직접 결정 트리에 배깅을 적용해보겠습니다.

```
from sklearn.tree import DecisionTreeClassifier
bagging = BaggingClassifier(DecisionTreeClassifier(), n_estimators=5,
                            n_jobs=-1, random_state=42)
bagging.fit(Xm_train, ym_train)
```

랜덤 포레스트에서처럼 이 배깅 분류기에 있는 결정 트리의 결정 경계를 시각화해보겠습니다. 결과 그래프는 랜덤 포레스트의 결정 경계와 매우 비슷합니다.

In [6]

```
fig, axes = plt.subplots(2, 3, figsize=(20, 10))
for i, (ax, tree) in enumerate(zip(axes.ravel(), bagging.estimators_)):
    ax.set_title("트리 {}".format(i))
    mglearn.plots.plot_tree_partition(Xm, ym, tree, ax=ax)

mglearn.plots.plot_2d_separator(bagging, Xm, fill=True, ax=axes[-1, -1], alpha=.4)
axes[-1, -1].set_title("배깅")
mglearn.discrete_scatter(Xm[:, 0], Xm[:, 1], ym)
plt.show()
```

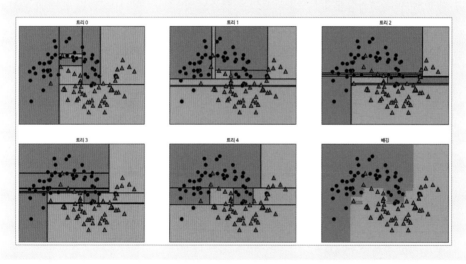

이번에는 n_estimators=100으로 늘려서 cancer 데이터셋에 훈련시켜보고 훈련 세트와 테스트 세트의 성능을 확인해보겠습니다.

```
In [7]
  bagging = BaggingClassifier(DecisionTreeClassifier(), n_estimators=100,
                              oob_score=True, n_jobs=-1, random_state=42)
  bagging.fit(Xc_train, yc_train)

  print("훈련 세트 정확도: {:.3f}".format(bagging.score(Xc_train, yc_train)))
  print("테스트 세트 정확도: {:.3f}".format(bagging.score(Xc_test, yc_test)))
  print("OOB 샘플의 정확도: {:.3f}".format(bagging.oob_score_))

Out [7]
  훈련 세트 정확도: 1.000
  테스트 세트 정확도: 0.965
  OOB 샘플의 정확도: 0.948
```

배깅은 max_samples 매개변수에서 부트스트랩 샘플의 크기를 지정할 수 있습니다. 기본값
은 1.0으로 훈련 샘플 개수만큼 추출됩니다. 이 매개변수에 원하는 샘플 개수를 지정하거나
훈련 샘플 개수의 비율(0~1 사이 실수)을 지정할 수 있습니다. bootstrap 매개변수(기본값
True) False로 지정하면 중복을 허용하지 않는 샘플링을 수행합니다. max_features 매개
변수에서 각 분류기 훈련에 사용할 특성 개수를 지정합니다. 랜덤 포레스트와 달리 기본값은
1.0으로 전체 특성을 사용합니다. 이 매개변수에 사용할 특성 개수를 지정하거나 특성의 비율
(0~1 사이의 실수)를 지정할 수 있습니다. bootstrap_features 매개변수(기본값 False)를
True로 지정하면 중복을 허용하여 특성을 선택합니다.

또한 랜덤 포레스트는 DecisionTreeClassifier(splitter='best')를 사용하도록 고정되어 있
습니다. 결정 트리를 splitter='random'으로 설정하면 무작위로 분할한 후보 노드 중에서 최
선의 분할을 찾습니다. 이런 결정 트리의 배깅 앙상블은 다음에 살펴볼 엑스트라 트리와 관련
이 많습니다.

## 엑스트라 트리

**엑스트라 트리**Extra-Trees는 랜덤 포레스트와 비슷하지만 후보 특성을 무작위로 분할한 다음 최적
의 분할을 찾습니다. 랜덤 포레스트와 달리 DecisionTreeClassifier(splitter='random')을
사용하고 부트스트랩 샘플링은 기본적으로 적용하지 않습니다(bootstrap=True로 지정하여
부트스트랩 샘플링을 사용할 수도 있습니다). 무작위성을 증가시키면 일반적으로 모델의 편향
이 늘어나지만 분산이 감소합니다. 엑스트라 트리와 랜덤 포레스트는 다른 방식으로 모델에 무

작위성을 주입한다고 볼 수 있습니다. 예측 방식은 랜덤 포레스트와 동일하게 각 트리가 만든 확률값을 평균합니다.

two_moons 데이터셋에 엑스트라 트리를 적용하여 결정 경계를 확인해보겠습니다. 후보 노드를 랜덤하게 분할한 다음 최선의 분할을 찾기 때문에 개별 트리의 결정 경계가 더 복잡해졌습니다. 개별 트리를 앙상블한 엑스트라 트리의 결정 경계는 비교적 안정적입니다.

```
In [8]
  from sklearn.ensemble import ExtraTreesClassifier
  xtree = ExtraTreesClassifier(n_estimators=5, n_jobs=-1, random_state=0)
  xtree.fit(Xm_train, ym_train)

  fig, axes = plt.subplots(2, 3, figsize=(20, 10))
  for i, (ax, tree) in enumerate(zip(axes.ravel(), xtree.estimators_)):
      ax.set_title("트리 {}".format(i))
      mglearn.plots.plot_tree_partition(Xm, ym, tree, ax=ax)

  mglearn.plots.plot_2d_separator(xtree, Xm, fill=True, ax=axes[-1, -1], alpha=.4)
  axes[-1, -1].set_title("엑스트라 트리")
  mglearn.discrete_scatter(Xm[:, 0], Xm[:, 1], ym)
  plt.show()
```

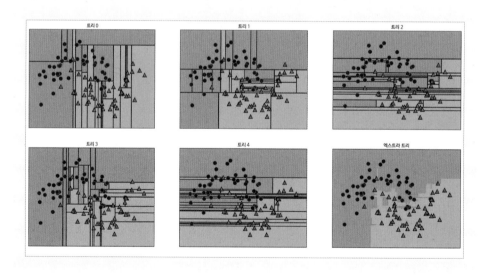

ExtraTreesClassifier 트리 개수를 100으로 지정하여 cancer 데이터셋을 적용해보겠습니다.

```
xtree = ExtraTreesClassifier(n_estimators=100, n_jobs=-1, random_state=0)
xtree.fit(Xc_train, yc_train)

print("훈련 세트 정확도: {:.3f}".format(xtree.score(Xc_train, yc_train)))
print("테스트 세트 정확도: {:.3f}".format(xtree.score(Xc_test, yc_test)))
```

Out [9]
```
훈련 세트 정확도: 1.000
테스트 세트 정확도: 0.972
```

이 예에서 엑스트라 트리는 랜덤 포레스트와 거의 같은 성능을 냅니다. 엑스트라 트리가 랜덤 포레스트보다 계산 비용이 비교적 적지만 무작위 분할 때문에 일반화 성능을 높이려면 종종 많은 트리를 만들어야 합니다. 일반적으로 랜덤 포레스트가 더 선호되는 이유입니다.

엑스트라 트리의 특성 중요도를 시각화해보겠습니다. 엑스트라 트리의 특성 중요도는 비교적 랜덤 포레스트와 비슷합니다.

In [10]
```
n_features = cancer.data.shape[1]
plt.barh(range(n_features), xtree.feature_importances_, align='center')
plt.yticks(np.arange(n_features), cancer.feature_names)
plt.xlabel("특성 중요도")
plt.ylabel("특성")
plt.ylim(-1, n_features)
plt.show()
```

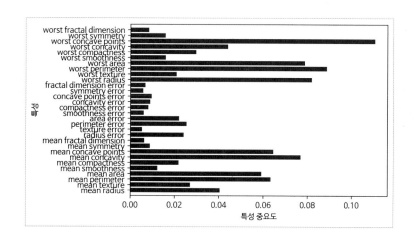

## 에이다부스트

**에이다부스트**AdaBoost는 Adaptive Boosting의 줄임말입니다. 에이다부스트는 그레이디언트 부스팅처럼 약한 학습기를 사용합니다. 그레이디언트 부스팅과는 달리 이전의 모델이 잘못 분류한 샘플에 가중치를 높여서 다음 모델을 훈련시킵니다. 훈련된 각 모델은 성능에 따라 가중치가 부여됩니다. 예측을 만들 때는 모델이 예측한 레이블을 기준으로 모델의 가중치를 합산하여 가장 높은 값을 가진 레이블을 선택합니다.

scikit-learn의 AdaBoostClassifier는 기본값으로 DecisionTreeClassifier(max_depth=1)를 사용하고 AdaBoostRegressor는 DecisionTreeRegressor(max_depth=3)를 사용하지만 base_estimator 매개변수에서 다른 모델을 지정할 수도 있습니다. 그레이디언트 부스팅과 마찬가지로 순차적으로 학습해야 하기 때문에 n_jobs 매개변수를 지원하지 않습니다. 여기에서는 기본값을 사용하여 two_moons 데이터셋과 cancer 데이터셋에 적용해보겠습니다. 먼저 two_moons 데이터셋에 적용하여 결정 경계를 그려보겠습니다.

```
In [11]
  from sklearn.ensemble import AdaBoostClassifier
  ada = AdaBoostClassifier(n_estimators=5, random_state=42)
  ada.fit(Xm_train, ym_train)

  fig, axes = plt.subplots(2, 3, figsize=(20, 10))
  for i, (ax, tree) in enumerate(zip(axes.ravel(), ada.estimators_)):
      ax.set_title("트리 {}".format(i))
      mglearn.plots.plot_tree_partition(Xm, ym, tree, ax=ax)

  mglearn.plots.plot_2d_separator(ada, Xm, fill=True, ax=axes[-1, -1], alpha=.4)
  axes[-1, -1].set_title("에이다부스트")
  mglearn.discrete_scatter(Xm[:, 0], Xm[:, 1], ym)
  plt.show()
```

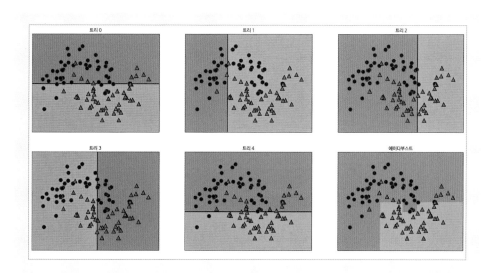

AdaBoostClassifier는 깊이가 1인 결정 트리를 사용하기 때문에 각 트리의 결정 경계가 직선 하나입니다. 앙상블된 결정 경계도 다른 앙상블 모델에 비해 좀 더 단순합니다. 이번에는 cancer 데이터셋에 적용해보겠습니다.

```
In [12]
  ada = AdaBoostClassifier(n_estimators=100, random_state=42)
  ada.fit(Xc_train, yc_train)

  print("훈련 세트 정확도: {:.3f}".format(ada.score(Xc_train, yc_train)))
  print("테스트 세트 정확도: {:.3f}".format(ada.score(Xc_test, yc_test)))

Out [12]
  훈련 세트 정확도: 1.000
  테스트 세트 정확도: 0.986
```

아주 얕은 트리를 앙상블했기 때문에 일반화 성능이 조금 더 향상되었습니다. 에이다부스트의 특성 중요도를 확인해보면 다른 모델에서 부각되지 않던 'area error' 특성을 크게 강조하고 있습니다.

```
plt.barh(range(n_features), ada.feature_importances_, align='center')
plt.yticks(np.arange(n_features), cancer.feature_names)
plt.xlabel("특성 중요도")
plt.ylabel("특성")
plt.ylim(-1, n_features)
plt.show()
```

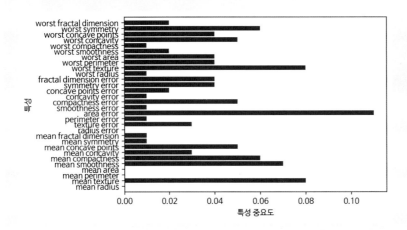

## 히스토그램 기반 부스팅

히스토그램 기반 부스팅은 인기 있는 머신러닝 알고리즘 중 하나입니다. scikit-learn에서 제공하는 히스토그램 기반 부스팅은 HistGradientBoostingClassifier와 HistGradient BoostingRegressor 클래스입니다. 처음에는 실험적으로 구현되었지만 scikit-learn 1.0 버전에서 정식 모델로 바뀌었고 성능도 안정화되었습니다.

히스토그램 기반 부스팅은 입력 특성을 256개의 구간으로 나누기 때문에 노드를 분할할 때 최적의 분할을 빠르게 찾을 수 있습니다. 또한 256개 구간 중 하나를 누락된 값을 위해서 사용하기 때문에 누락된 값을 위해 전처리할 필요가 없습니다. 일반적으로 샘플 개수가 1만 개보다 많은 경우 그레이디언트 부스팅보다 히스토그램 기반 부스팅이 훨씬 빠릅니다.

히스토그램 기반 부스팅은 기본 매개변수에서도 비교적 좋은 성능을 제공합니다. 모델의 성능을 높이려면 부스팅 횟수(트리 개수)를 지정하는 max_iter 매개변수(기본값 100) 값을 증가시킬 수 있습니다. two_moons 데이터셋에 기본 매개변수로 HistGradientBoosting Classifier를 적용하고 결정 경계를 그려 보겠습니다.

In [14]
```python
from sklearn.ensemble import HistGradientBoostingClassifier
hgb = HistGradientBoostingClassifier(random_state=42)
hgb.fit(Xm_train, ym_train)

mglearn.plots.plot_2d_separator(hgb, Xm, fill=True, alpha=.4)
plt.title("HistGradientBoosting")
mglearn.discrete_scatter(Xm[:, 0], Xm[:, 1], ym)
plt.show()
```

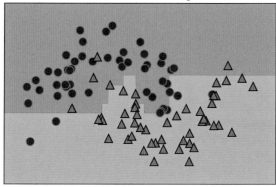

비교적 결정 경계가 복잡하지 않으면서도 중앙 부분에 섞인 두 클래스를 잘 나누고 있습니다. 다음으로 cancer 데이터셋에 적용해 보겠습니다.

In [15]
```python
hgb = HistGradientBoostingClassifier(random_state=42)
hgb.fit(Xc_train, yc_train)

print("훈련 세트 정확도: {:.3f}".format(hgb.score(Xc_train, yc_train)))
print("테스트 세트 정확도: {:.3f}".format(hgb.score(Xc_test, yc_test)))
```

Out [15]
```
훈련 세트 정확도: 1.000
테스트 세트 정확도: 0.979
```

테스트 세트 정확도는 에이다부스트보다는 낮지만 다른 앙상블 방법보다 좋은 결과를 제공합니다. scikit-learn의 히스토그램 기반 부스팅은 특성 중요도를 따로 제공하지 않습니다. 대신 scikit-learn의 permutation_importance 함수를 사용하여 특성 중요도를 계산할 수 있습니다. 이 함수는 특성 값을 차례대로 섞은 후 모델의 성능을 평가하여 어떤 특성이 중요한 역할을 하는지 계산합니다. 이 함수는 히스토그램 기반 부스팅뿐만 아니라 scikit-learn의 다른 모델에 모두 사용할 수 있습니다.

다음 코드는 10번씩 특성을 섞어서 cancer 데이터셋에서 훈련한 HistGradientBoosting Classifier 모델의 특성 중요도를 출력하는 코드입니다.

```
In [16]
    from sklearn.inspection import permutation_importance

    result = permutation_importance(hgb, Xc_train, yc_train,
                                    n_repeats=10, random_state=42, n_jobs=-1)

    plt.barh(range(n_features), result.importances_mean, align='center')
    plt.yticks(np.arange(n_features), cancer.feature_names)
    plt.xlabel("Feature Importance")
    plt.ylabel("Features")
    plt.ylim(-1, n_features)
    plt.show()
```

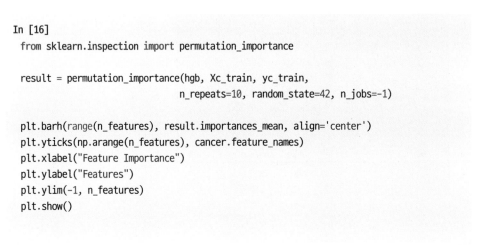

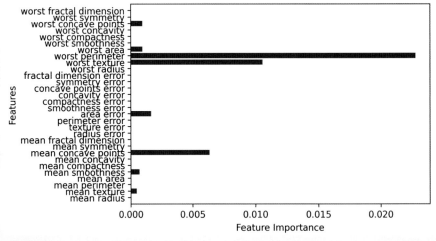

출력된 특성 중요도를 보면 그레이디언트 부스팅과 비슷하게 일부 특성에 크게 의존하고 있습

니다. 특히 'worst perimeter'가 가장 중요한 특성으로 나타납니다.

다음은 사이킷런에 있는 트리 기반 앙상블 모델의 매개변수 기본값을 정리한 표입니다.

**표 2-2** 트리 기반 앙상블 모델의 매개변수 기본값 비교

| | 랜덤포레스트 | 그레이디언트 부스팅 | 엑스트라 트리 | 히스토그램 기반 부스팅 |
|---|---|---|---|---|
| 트리 개수 | n_estimators=100 | n_estimators=100 | n_estimators=100 | max_iter=100 |
| 학습률 | 없음 | learning_rate=0.1 | 없음 | learning_rate=0.1 |
| 노드 분할 기준 | 분류: criterion='gini'<br>회귀: criterion='squared_error' | criterion='friedman_mse' | 분류: criterion='gini'<br>회귀: criterion='squared_error' | 없음 |
| 손실 함수 | 없음 | 분류: loss='log_loss'<br>회귀: loss='squared_error' | 없음 | 분류: loss='log_loss'<br>회귀: loss='squared_error' |
| 샘플 부트스트래핑 | bootstrap=True | 없음 | bootstrap=False | 없음 |
| 샘플 개수 | max_samples=None<br>(샘플 전체) | subsample=1.0 | max_samples=None<br>(샘플 전체) | 없음 |
| 특성 개수 | 분류: max_features='sqrt'<br>회귀: 전체 특성 | max_features=None<br>(특성 전체) | 분류: max_features='sqrt'<br>회귀: 전체 특성 | 없음 |
| OOB 점수 | oob_score=False | subsample=1.0<br>(subsample < 1일 때 OOB 점수 계산) | oob_score=False | 없음 |
| 가지치기 | max_depth=None<br>min_samples_split=2<br>min_samples_leaf=1<br>max_leaf_nodes=None<br>min_impurity_decrease=0.0<br>ccp_alpha=0.0 | max_depth=3<br>min_samples_split=2<br>min_samples_leaf=1<br>max_leaf_nodes=None<br>min_impurity_decrease=0.0<br>ccp_alpha=0.0 | max_depth=None<br>min_samples_split=2<br>min_samples_leaf=1<br>max_leaf_nodes=None<br>min_impurity_decrease=0.0<br>ccp_alpha=0.0 | max_depth=None<br>min_samples_leaf=20<br>max_leaf_nodes=31 |
| 조기 종료 | 없음 | n_iter_no_change=None<br>validation_fraction=0.1<br>tol=1e-4 | 없음 | early_stopping='auto'<br>(샘플 개수가 10,000 이상이면 True)<br>n_iter_no_change=10<br>validation_fraction=0.1<br>tol=1e-7 |
| 병렬화 | n_jobs=None<br>(1을 의미) | 없음 | n_jobs=None<br>(1을 의미) | 없음 |

### 2.3.8 커널 서포트 벡터 머신

다음으로 다룰 지도 학습 모델은 커널 서포트 벡터 머신<sup>kernelized support vector machines</sup>입니다. 86페이지 "분류용 선형 모델"에서 선형 서포트 벡터 머신을 사용해 분류 문제를 풀어보았습니다. 커널 서포트 벡터 머신(보통 그냥 SVM으로 부릅니다)은 입력 데이터에서 단순한 초평면<sup>hyperplane</sup>으로 정의되지 않는 더 복잡한 모델을 만들 수 있도록 확장한 것입니다. 서포트 벡터 머신을 분류와 회귀에 모두 사용할 수 있지만 여기서는 SVC를 사용하는 분류 문제만을 다루겠습니다. SVR를 사용하는 회귀 문제에도 같은 개념을 적용할 수 있습니다.

커널 서포트 벡터 머신의 수학적 정의는 조금 복잡해서 이 책의 범위를 넘어섭니다. 하지만 헤이스티, 팁시라니, 프리드먼의 『The Elements of Statistical Learning』(http://statweb. stanford.edu/~tibs/ElemStatLearn/) 12장에서 자세한 내용을 볼 수 있습니다. 여기서는 이 알고리즘의 이면에 있는 아이디어 정도만 조금 살펴보겠습니다.

### 선형 모델과 비선형 특성

[그림 2-15]에서 보았듯이 직선과 초평면은 유연하지 못하여 저차원 데이터셋에서는 선형 모델이 매우 제한적입니다. 선형 모델을 유연하게 만드는 한 가지 방법은 특성끼리 곱하거나 특성을 거듭제곱하는 식으로 새로운 특성을 추가하는 것입니다.

109페이지의 "트리의 특성 중요도" 절에서 사용한 인위적 데이터셋을 다시 보겠습니다.

```
In [82]
  X, y = make_blobs(centers=4, random_state=8)
  y = y % 2

  mglearn.discrete_scatter(X[:, 0], X[:, 1], y)
  plt.xlabel("특성 0")
  plt.ylabel("특성 1")
```

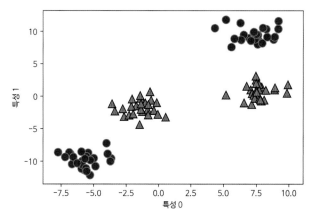

**그림 2-36** 선형적으로 구분되지 않는 클래스를 가진 이진 분류 데이터셋

분류를 위한 선형 모델은 직선으로만 데이터 포인트를 나눌 수 있어서 이런 데이터셋에는 잘 들어맞지 않습니다(그림 2-37).

```
In [83]
  from sklearn.svm import LinearSVC
  linear_svm = LinearSVC(max_iter=5000, tol=1e-3).fit(X, y)

  mglearn.plots.plot_2d_separator(linear_svm, X)
  mglearn.discrete_scatter(X[:, 0], X[:, 1], y)
  plt.xlabel("특성 0")
  plt.ylabel("특성 1")
```

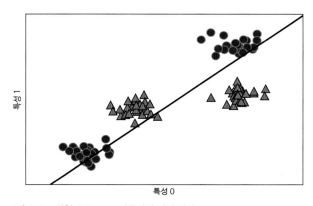

**그림 2-37** 선형 SVM으로 만들어진 결정 경계

두 번째 특성을 제곱한 특성1 ** 2를 새로운 특성으로 추가해 입력 특성을 확장해보겠습니다. 이제 (특성0, 특성1) 2차원 데이터 포인트가 아니라 (특성0, 특성1, 특성1 ** 2)의[55] 3차원 데이터 포인트로 표현됩니다. 이 데이터셋을 [그림 2-38]에서 3차원 산점도로 나타냈습니다.

```python
In [84]
# 두 번째 특성을 제곱하여 추가합니다
X_new = np.hstack([X, X[:, 1:] ** 2])
from mpl_toolkits.mplot3d import Axes3D, axes3d
figure = plt.figure()
# 3차원 그래프
if matplotlib.__version__ >= '3.4':
    # Axes3D가 자동으로 그림에 추가되는 방식은 matplotlib 3.4 버전에서
    # deprecated 되었습니다.
    # 이와 관련된 경고를 피하려면 auto_add_to_figure=False로 지정하고
    # figure.add_axes(ax)로 직접 추가하세요.
    ax = Axes3D(figure, elev=-152, azim=-26, auto_add_to_figure=False)
    figure.add_axes(ax)
else:
    ax = Axes3D(figure, elev=-152, azim=-26)
# y == 0 인 포인트를 먼저 그리고 그 다음 y == 1 인 포인트를 그립니다
mask = y == 0
ax.scatter(X_new[mask, 0], X_new[mask, 1], X_new[mask, 2], c='b',
           s=60, edgecolor='k')
ax.scatter(X_new[~mask, 0], X_new[~mask, 1], X_new[~mask, 2], c='r', marker='^',
           s=60, edgecolor='k')
ax.set_xlabel("특성0")
ax.set_ylabel("특성1")
ax.set_zlabel("특성1 ** 2")
```

---

55 예시를 위해 하나의 특성을 임의로 선택한 것으로, 큰 의미는 없습니다.

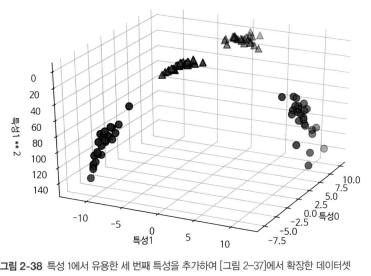

**그림 2-38** 특성 1에서 유용한 세 번째 특성을 추가하여 [그림 2-37]에서 확장한 데이터셋

새로운 데이터셋에서는 선형 모델과 3차원 공간의 평면을 사용해 두 클래스를 구분할 수 있습니다. 확장된 데이터셋에서 선형 모델을 만들어 확인해보겠습니다(그림 2-39).

```
In [85]
  linear_svm_3d = LinearSVC(max_iter=5000).fit(X_new, y)
  coef, intercept = linear_svm_3d.coef_.ravel(), linear_svm_3d.intercept_
  # 선형 결정 경계 그리기
  figure = plt.figure()
  if matplotlib.__version__ >= '3.4':
      # Axes3D가 자동으로 그림에 추가되는 방식은 matplotlib 3.4 버전에서
      # deprecated됩니다
      # 이와 관련된 경고를 피하려면 auto_add_to_figure=False로 지정하고
      # figure.add_axes(ax)로 직접 추가하세요
      ax = Axes3D(figure, elev=-152, azim=-26, auto_add_to_figure=False)
      figure.add_axes(ax)
  else:
      ax = Axes3D(figure, elev=-152, azim=-26)
  xx = np.linspace(X_new[:, 0].min() - 2, X_new[:, 0].max() + 2, 50)
  yy = np.linspace(X_new[:, 1].min() - 2, X_new[:, 1].max() + 2, 50)

  XX, YY = np.meshgrid(xx, yy)
  ZZ = (coef[0] * XX + coef[1] * YY + intercept) / -coef[2]
  ax.plot_surface(XX, YY, ZZ, rstride=8, cstride=8, alpha=0.3)
```

```
ax.scatter(X_new[mask, 0], X_new[mask, 1], X_new[mask, 2], c='b',
           s=60, edgecolor='k')
ax.scatter(X_new[~mask, 0], X_new[~mask, 1], X_new[~mask, 2], c='r', marker='^',
           s=60, edgecolor='k')

ax.set_xlabel("특성0")
ax.set_ylabel("특성1")
ax.set_zlabel("특성1 ** 2")
```

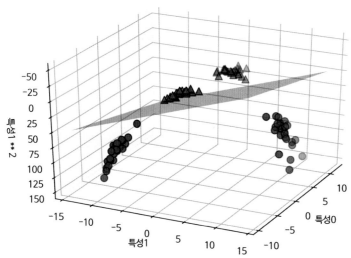

**그림 2-39** 확장된 3차원 데이터셋에서 선형 SVM이 만든 결정 경계

원래 특성으로 투영해보면 이 선형 SVM 모델은 더 이상 선형이 아닙니다. 직선보다 타원에 가까운 모습을 [그림 2-40]에서 확인할 수 있습니다.

```
In [86]
ZZ = YY ** 2
dec = linear_svm_3d.decision_function(np.c_[XX.ravel(), YY.ravel(), ZZ.ravel()])
plt.contourf(XX, YY, dec.reshape(XX.shape), levels=[dec.min(), 0, dec.max()],
             cmap=mglearn.cm2, alpha=0.5)
mglearn.discrete_scatter(X[:, 0], X[:, 1], y)
plt.xlabel("특성 0")
plt.ylabel("특성 1")
```

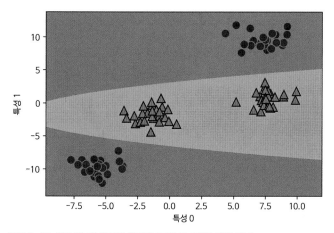

**그림 2-40** 원래 두 개 특성에 투영한 [그림 2-39]의 결정 경계

## 커널 기법

앞에서는 데이터셋에 비선형 특성을 추가하여 선형 모델을 강력하게 만들었습니다. 하지만 많은 경우 어떤 특성을 추가해야 할지 모르고 특성을 많이 추가하면 (예를 들면, 100개의 특성에서 가능한 모든 조합) 연산 비용이 커집니다. 다행히 수학적 기교를 사용해서 새로운 특성을 많이 만들지 않고서도 고차원에서 분류기를 학습시킬 수 있습니다. 이를 **커널 기법**[kernel trick]이라고 하며 실제로 데이터를 확장하지 않고 확장된 특성에 대한 데이터 포인트들의 거리(더 정확히는 스칼라 곱)를 계산합니다.

서포트 벡터 머신에서 데이터를 고차원 공간에 매핑하는 데 많이 사용하는 방법은 두 가지입니다. 원래 특성의 가능한 조합을 지정된 차수까지 모두 계산(예를 들어 특성1 ** 2 × 특성2 ** 5)하는 다항식 커널이 있고 가우시안[Gaussian] 커널로도 불리우는 RBF[radial basis function] 커널이 있습니다. 가우시안 커널은 차원이 무한한 특성 공간에 매핑하는 것으로, 설명하기가 좀 더 어렵습니다. 가우시안 커널은 모든 차수의 모든 다항식을 고려한다고 이해하면 좋습니다. 하지만 특성의 중요도는 고차항이 될수록 줄어듭니다.[56]

실제로는 커널 SVM 이면의 수학적인 이론은 중요하지 않지만, RBF 커널을 사용한 SVM이 결정을 만드는 방법은 비교적 쉽게 요약할 수 있습니다. 다음 절에서 이를 살펴보겠습니다.

---

[56] 지수 함수의 테일러 급수 전개 때문입니다.
옮긴이_ 가우시안 커널은 지수 함수의 테일러 전개를 이용한 것으로 무한한 다항식 차원으로 매핑하는 효과를 만듭니다.

## SVM 이해하기

학습이 진행되는 동안 SVM은 각 훈련 데이터 포인트가 두 클래스 사이의 결정 경계를 구분하는 데 얼마나 중요한지를 배우게 됩니다. 일반적으로 훈련 데이터의 일부만 결정 경계를 만드는 데 영향을 줍니다. 바로 두 클래스 사이의 경계에 위치한 데이터 포인트들입니다. 이런 데이터 포인트를 **서포트 벡터**support vector라 하며, 여기서 서포트 벡터 머신이란 이름이 유래했습니다.

새로운 데이터 포인트에 대해 예측하려면 각 서포트 벡터와의 거리를 측정합니다. 분류 결정은 서포트 벡터까지의 거리에 기반하며 서포트 벡터의 중요도는 훈련 과정에서 학습합니다(SVC 객체의 dual_coef_ 속성에 저장됩니다).

데이터 포인트 사이의 거리는 가우시안 커널에 의해 계산됩니다.

$$k_{rbf}(x_1, x_2) = \exp\left(-\gamma \parallel x_1 - x_2 \parallel^2\right)$$

여기에서 $x_1$과 $x_2$는 데이터 포인트이며 $\parallel x_1 - x_2 \parallel$는 유클리디안 거리이고 $\gamma$감마, gamma는 가우시안 커널의 폭을 제어하는 매개변수입니다.

[그림 2-41]은 두 개의 클래스를 가진 2차원 데이터셋에 서포트 벡터 머신을 학습시킨 결과를 보여줍니다. 결정 경계는 검은 실선으로, 서포트 벡터는 굵은 테두리로 크게 그렸습니다. 다음은 forge 데이터셋에 SVM을 학습시켜 이 그래프를 그리는 코드입니다.

```
In [87]
  from sklearn.svm import SVC
  X, y = mglearn.tools.make_handcrafted_dataset()
  svm = SVC(kernel='rbf', C=10, gamma=0.1).fit(X, y)
  mglearn.plots.plot_2d_separator(svm, X, eps=.5)
  # 데이터 포인트 그리기
  mglearn.discrete_scatter(X[:, 0], X[:, 1], y)
  # 서포트 벡터
  sv = svm.support_vectors_
  # dual_coef_의 부호에 의해 서포트 벡터의 클래스 레이블이 결정됩니다.
  sv_labels = svm.dual_coef_.ravel() > 0
  mglearn.discrete_scatter(sv[:, 0], sv[:, 1], sv_labels, s=15, markeredgewidth=3)
  plt.xlabel("특성 0")
  plt.ylabel("특성 1")
```

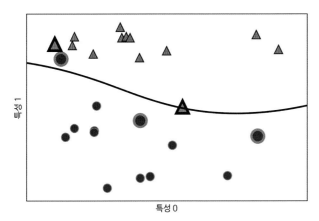

**그림 2-41** RBF 커널을 사용한 SVM으로 만든 결정 경계와 서포트 벡터

이 그림에서 SVM은 매우 부드럽고 비선형(직선이 아닌) 경계를 만들었습니다. 여기서 사용한 두 매개변수 C와 gamma에 대해 자세히 살펴보겠습니다.

## SVM 매개변수 튜닝

gamma 매개변수는 앞 절의 공식에 나와 있는 $\gamma$로 가우시안 커널 폭의 역수에 해당합니다. gamma 매개변수가 하나의 훈련 샘플이 미치는 영향의 범위를 결정합니다. 작은 값은 넓은 영역을 뜻하며 큰 값이라면 영향이 미치는 범위가 제한적입니다. 즉, 가우시안 커널의 반경이 클수록 훈련 샘플의 영향 범위도 커집니다.[57] C 매개변수는 선형 모델에서 사용한 것과 비슷한 규제 매개변수입니다. 이 매개변수는 각 포인트의 중요도(정확히는 dual_coef_ 값)를 제한합니다.

이 매개변수를 다르게 했을 때 어떻게 변경되는지 살펴보겠습니다(그림 2-42).

```
In [88]
  fig, axes = plt.subplots(3, 3, figsize=(15, 10))

  for ax, C in zip(axes, [-1, 0, 3]):
      for a, gamma in zip(ax, range(-1, 2)):
```

---

57 옮긴이_ gamma는 0보다 커야 하므로 가우시안 커널 함수 값의 범위는 $e^0 \sim e^{-\infty}$, 즉 1 ~ 0 사이입니다. 따라서 gamma 값이 작을수록 데이터 포인트의 영향 범위가 커집니다.

```
mglearn.plots.plot_svm(log_C=C, log_gamma=gamma, ax=a)

axes[0, 0].legend(["클래스 0", "클래스 1", "클래스 0 서포트 벡터",
                   "클래스 1 서포트 벡터"], ncol=4, loc=(.9, 1.2))
```

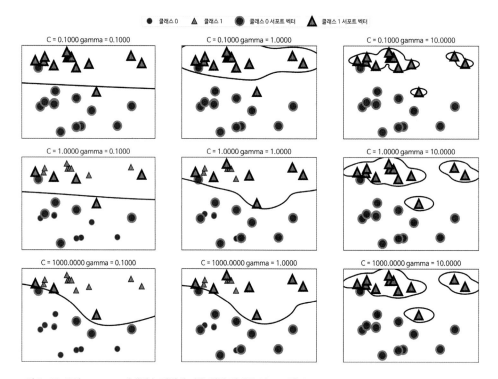

**그림 2-42** C와 gamma 매개변수 설정에 따른 결정 경계와 서포트 벡터

왼쪽에서 오른쪽으로 가면서 gamma 매개변수를 0.1에서 10으로 증가시켰습니다. 작은 gamma 값은 가우시안 커널의 반경을 크게 하여 많은 포인트들이 가까이 있는 것으로 고려됩니다. 그래서 왼쪽 그림의 결정 경계는 매우 부드럽고 오른쪽으로 갈수록 결정 경계는 하나의 포인트에 더 민감해집니다. 작은 gamma 값이 결정 경계를 천천히 바뀌게 하므로 모델의 복잡도를 낮춥니다. 반면에 큰 gamma 값은 더 복잡한 모델을 만듭니다.

위에서 아래로는 C 매개변수를 0.1에서 1000으로 증가시켰습니다. 선형 모델에서처럼 작은 C는 매우 제약이 큰 모델을 만들고 각 데이터 포인트의 영향력이 작습니다. 왼쪽 위의 결정 경계는 거의 선형에 가까우며 잘못 분류된 데이터 포인트가 경계에 거의 영향을 주지 않습니다. 왼쪽 아래에서 볼 수 있듯이 C를 증가시키면 이 포인트들이 모델에 큰 영향을 주며 결정 경계를 휘어서 정확하게 분류하게 합니다.

RBF 커널 SVM을 유방암 데이터셋에 적용해보겠습니다. 기본값 C=1, gamma=1/n_features를 사용합니다.[58]

```
In [89]
  X_train, X_test, y_train, y_test = train_test_split(
      cancer.data, cancer.target, random_state=0)

  svc = SVC()
  svc.fit(X_train, y_train)

  print("훈련 세트 정확도: {:.2f}".format(svc.score(X_train, y_train)))
  print("테스트 세트 정확도: {:.2f}".format(svc.score(X_test, y_test)))
```

```
Out [89]
  훈련 세트 정확도: 0.90
  테스트 세트 정확도: 0.94
```

훈련 세트에는 90% 정확도를 냈지만 테스트 세트에는 94% 정확도라서 이 모델은 상당히 과소적합되었습니다. SVM은 잘 작동하는 편이지만 매개변수 설정과 데이터 스케일에 매우 민감합니다. 특히 입력 특성의 범위가 비슷해야 합니다. 각 특성의 최솟값과 최댓값을 로그 스케일로 나타내보겠습니다(그림 2-43).

```
In [90]
  plt.boxplot(X_train, manage_xticks=False)
  plt.yscale("symlog")
  plt.xlabel("특성 목록")
  plt.ylabel("특성 크기")
```

---

58 옮긴이_ SVC의 gamma 매개변수의 기본값은 'auto'이며 이 값의 의미는 특성 개수의 역수입니다. 즉 1/X_train.shape[1]이 됩니다. scikit-learn 0.20 버전에서 gamma 매개변수 옵션에 'scale'이 추가되었습니다. 'scale'은 1/(X_train.shape[1] * X_train.std())로 스케일 조정이 되지 않은 특성에서 더 좋은 결과를 만듭니다. 0.22 버전부터는 gamma 매개변수의 기본값이 'auto'에서 'scale'로 변경됩니다. 서포트 벡터 머신을 사용하기 전에 특성을 표준화 전처리하면 'scale'과 'auto'는 큰 차이가 없습니다.

그래프를 보니 유방암 데이터셋의 특성은 자릿수 자체가 완전히 다릅니다. 이것이 일부 모델(선형 모델 등)에서도 어느 정도 문제가 될 수 있지만, 커널 SVM에서는 영향이 아주 큽니다. 이 문제를 해결하는 방법을 알아보겠습니다.

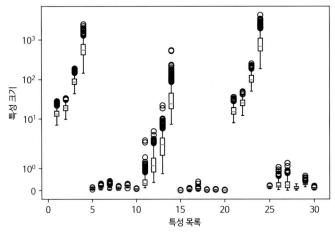

**그림 2-43** 유방암 데이터셋의 특성 값 범위(y 축은 로그 스케일)

## SVM을 위한 데이터 전처리

이 문제를 해결하는 방법 하나는 특성 값의 범위가 비슷해지도록 조정하는 것입니다. 커널 SVM에서는 모든 특성 값을 평균이 0이고 단위 분산이 되도록 하거나, 0과 1 사이로 맞추는 방법을 많이 사용합니다. 3장에서 StandardScaler와 MinMaxScaler 전처리 메서드를 사용해서 이를 처리하는 방법을 자세히 다루도록 하겠습니다. 어떤 전처리 방법이 좋은 선택인지는 데이터셋의 성질에 따라 다릅니다. 여기서는 우리가 직접 변환시켜보겠습니다.[59]

```
In [91]
  # 훈련 세트에서 특성별 최솟값 계산
  min_on_training = X_train.min(axis=0)
  # 훈련 세트에서 특성별 (최댓값 - 최솟값) 범위 계산
  range_on_training = (X_train - min_on_training).max(axis=0)

  # 훈련 데이터에 최솟값을 빼고 범위로 나누면
  # 각 특성에 대해 최솟값은 0 최댓값은 1입니다.
```

---

59 옮긴이_ 여기에서 사용한 식 $\dfrac{X - \min(X)}{\max(X) - \min(X)}$ 에서 최대와 최소의 차이가 분모가 되므로 결과는 항상 0과 1 사이의 값이 됩니다.

```
X_train_scaled = (X_train - min_on_training) / range_on_training
print("특성별 최솟값\n", X_train_scaled.min(axis=0))
print("특성별 최댓값\n", X_train_scaled.max(axis=0))
```

Out [91]
```
특성별 최솟값
[ 0.  0.  0.  0.  0.  0.  0.  0.  0.  0.  0.  0.  0.  0.  0.  0.  0.  0.
  0.  0.  0.  0.  0.  0.  0.  0.  0.  0.  0.  0.]
특성별 최댓값
 [ 1.  1.  1.  1.  1.  1.  1.  1.  1.  1.  1.  1.  1.  1.  1.  1.  1.  1.
   1.  1.  1.  1.  1.  1.  1.  1.  1.  1.  1.  1.]
```

In [92]
```
# 테스트 세트에도 같은 작업을 적용하지만
# 훈련 세트에서 계산한 최솟값과 범위를 사용합니다(자세한 내용은 3장에 있습니다).
X_test_scaled = (X_test - min_on_training) / range_on_training
```

In [93]
```
svc = SVC()
svc.fit(X_train_scaled, y_train)

print("훈련 세트 정확도: {:.3f}".format(svc.score(X_train_scaled, y_train)))
print("테스트 세트 정확도: {:.3f}".format(svc.score(X_test_scaled, y_test)))
```

Out [93]
```
훈련 세트 정확도: 0.984
테스트 세트 정확도: 0.972
```

데이터의 스케일을 조정하니 결과가 크게 달라졌습니다. 훈련 세트와 테스트 세트의 정확도가 모두 상승하여 과소적합이 많이 해소되었습니다. 여기서 C나 gamma 값을 증가시켜 좀 더 복잡한 모델을 만들 수 있습니다. 예를 들면 다음과 같습니다.

In [94]
```
svc = SVC(C=20)
svc.fit(X_train_scaled, y_train)
print("훈련 세트 정확도: {:.3f}".format(svc.score(X_train_scaled, y_train)))
print("테스트 세트 정확도: {:.3f}".format(svc.score(X_test_scaled, y_test)))
```

Out [94]
```
훈련 세트 정확도: 0.988
테스트 세트 정확도: 0.979
```

C 값을 증가시켰더니 모델의 성능이 97.9%로 향상되었습니다.

## 장단점과 매개변수

커널 서포트 벡터 머신은 강력한 모델이며 다양한 데이터셋에서 잘 작동합니다. SVM은 데이터의 특성이 몇 개 안 되더라도 복잡한 결정 경계를 만들 수 있습니다. 저차원과 고차원의 데이터(즉 특성이 적을 때와 많을 때)에 모두 잘 작동하지만 샘플이 많을 때는 잘 맞지 않습니다. 10,000개의 샘플 정도면 SVM 모델이 잘 작동하겠지만 100,000개 이상의 데이터셋에서는 속도와 메모리 관점에서 도전적인 과제입니다.

SVM의 또 하나의 단점은 데이터 전처리와 매개변수 설정에 신경을 많이 써야 한다는 점입니다. 그래서 요즘엔 사람들 대부분이 랜덤 포레스트나 그레이디언트 부스팅 같은 (전처리가 거의 또는 전혀 필요 없는) 트리 기반 모델을 애플리케이션에 많이 사용합니다. 더군다나 SVM 모델은 분석하기도 어렵습니다. 예측이 어떻게 결정되었는지 이해하기 어렵고 비전문가에게 모델을 설명하기가 난해합니다.

하지만 모든 특성이 비슷한 단위이고(예를 들면 모든 값이 픽셀의 컬러 강도) 스케일이 비슷하면 SVM을 시도해볼 만합니다.

커널 SVM에서 중요한 매개변수는 규제 매개변수 C이고 어떤 커널을 사용할지와 각 커널에 따른 매개변수입니다. 우리는 RBF 커널만 살펴봤지만 scikit-learn에는 다른 커널도 많습니다.[60] RBF 커널은 가우시안 커널 폭의 역수인 gamma 매개변수 하나를 가집니다.[61] gamma와 C 모두 모델의 복잡도를 조정하며 둘 다 큰 값이 더 복잡한 모델을 만듭니다. 그러므로 연관성이 많은 이 두 매개변수를 잘 설정하려면 C와 gamma를 함께 조정해야 합니다.

---

**60** 옮긴이_ SVC의 kernel 매개변수의 옵션은 'linear'($x_1 \cdot x_2$), 'poly'($\gamma (x_1 \cdot x_2) + c)^d$), 'rbf', 'sigmoid'($\tanh (\gamma (x_1 \cdot x_2) + c)$), 'precomputed'가 있습니다. c는 coef0, d는 degree 매개변수에서 지정할 수 있습니다. kernel 매개변수의 기본값은 'rbf'이고 'precomputed'는 미리 계산된 거리 값을 입력 특성으로 사용하는 경우입니다.

**61** 옮긴이_ 가우시안 커널의 공식 $\exp\left(\frac{-\| x_1 - x_2 \|^2}{2\sigma^2}\right)$을 $\exp(-\gamma \| x_1 - x_2 \|^2)$로 간소화해 표현합니다. 여기서 $\gamma = \frac{1}{2\sigma^2}$인 $\sigma$가 종종 가우시안 커널의 폭을 조절한다고 말합니다.

## 2.3.9 신경망(딥러닝)

신경망이라 알려진 알고리즘들은 최근 '딥러닝deep learning'이란 이름으로 다시 주목받고 있습니다. 딥러닝이 많은 머신러닝 애플리케이션에서 매우 희망적인 성과를 보여주고 있지만, 특정 분야에 정교하게 적용되어 있을 때가 많습니다. 여기서는 복잡한 딥러닝 알고리즘의 출발점이며 비교적 간단하게 분류와 회귀에 쓸 수 있는 **다층 퍼셉트론**multilayer perceptrons, MLP을 다루겠습니다. 다층 퍼셉트론은 (기본) 피드포워드feed-forward 신경망, 또는 종종 그냥 신경망이라고도 합니다.[62]

### 신경망 모델

MLP는 여러 단계를 거쳐 결정을 만들어내는 선형 모델의 일반화된 모습이라고 볼 수 있습니다.

선형 회귀 모델의 예측 공식은 다음과 같았습니다.

$$\hat{y} = w[0] \times x[0] + w[1] \times x[1] + ... + w[p] \times x[p] + b$$

글로 설명하면 $\hat{y}$은 $x[0]$에서 $x[p]$까지의 입력 특성과 $w[0]$에서 $w[p]$까지 학습된 계수의 가중치 합입니다. 이를 [그림 2-44]로 나타냈습니다.[63]

```
In [95]
  mglearn.plots.plot_logistic_regression_graph()
```

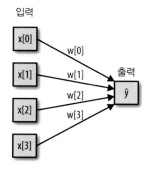

**그림 2-44** 입력 특성과 예측은 노드node로, 계수는 노드 사이의 연결로 나타낸 로지스틱 회귀

---

62 옮긴이_ 또는 입력, 출력, 은닉층의 유닛들이 모두 연결되어 있다고 해서 완전 연결 신경망(fully connected neural networks)이라고도 합니다.

63 옮긴이_ 신경망에서는 종종 편향 값 $b$를 그림에 나타내지 않곤 합니다. 다층 퍼셉트론 혹은 피드포워드 신경망에서는 은닉 유닛마다 하나의 편향 값이 있다고 생각하면 됩니다.

왼쪽 노드는 입력 특성을 나타내며 연결선은 학습된 계수를 표현하고 오른쪽 노드는 입력의 가중치 합, 즉 출력을 나타냅니다.

MLP에서는 가중치 합을 만드는 과정이 여러 번 반복되며, 먼저 중간 단계를 구성하는 **은닉 유닛**hidden unit을 계산하고 이를 이용하여 최종 결과를 산출하기 위해 다시 가중치 합을 계산합니다 (그림 2-45).

In [96]

```
mglearn.plots.plot_single_hidden_layer_graph()
```

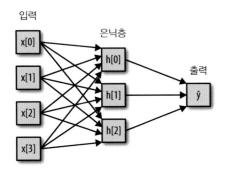

**그림 2-45** 은닉층이 하나인 다층 퍼셉트론

이런 모델은 많은 계수(또는 가중치)를 학습해야 합니다. 이 계수는 각 입력과 **은닉층**hidden layer 의 은닉 유닛 사이, 그리고 각 은닉 유닛과 출력 사이마다 있습니다.

여러 개의 가중치 합을 계산하는 것은 수학적으로 보면 하나의 가중치 합을 계산하는 것과 같습니다.[64] 그래서 이 모델을 선형 모델보다 강력하게 만들려면 또 다른 기교가 필요합니다. 각 은닉 유닛의 가중치 합을 계산한 후 그 결과에 비선형 함수인 **렐루**rectified linear unit, ReLU나 **하이퍼볼릭 탄젠트**hyperbolic tangent, tanh를 적용합니다.[65] 이 함수 결과의 가중치 합을 계산하여 출력 $\hat{y}$을 만

---

64 옮긴이_ $x[0]$이 $w[0]$ 하나의 가중치와 곱해져 출력으로 전달되는 것과 여러 은닉 유닛을 거쳐 다시 출력으로 가중치 합을 하는 것은 $x[0]$ 에 대해 가중치 변수를 정리하면 동일한 식으로 표현됩니다. 즉 단순 선형 함수만을 사용하면 하나의 가중치를 여러 개로 분할하는 역할 만 할 뿐입니다.

65 옮긴이_ 이런 함수들을 활성화 함수(activation function)라 하며 렐루와 하이퍼볼릭 탄젠트 외에도 로지스틱 함수를 제공합니다. 이 함수의 수식은 $\frac{1}{1+e^{-z}}$이며 $z$는 유닛의 출력 값입니다. 유닛의 가중치 합을 그대로 출력하는 항등 함수도 있습니다. 사이킷런 MLP 클래스의 activation 매개변수에서 각각 'relu', 'tanh', 'logistic', 'identity'로 지정합니다. 기본값은 'relu'입니다.

듭니다. 두 함수를 [그림 2-46]에 나타냈습니다. 렐루 함수는 0 이하를 잘라버리고, tanh 함수
는 낮은 입력값에 대해서는 −1로 수렴하고 큰 입력값에 대해서는 +1로 수렴합니다. 이런 비선
형 함수를 이용해 신경망이 선형 모델에서보다 훨씬 더 복잡한 함수를 학습할 수 있습니다.

```
In [97]
line = np.linspace(-3, 3, 100)
plt.plot(line, np.tanh(line), label="tanh")
plt.plot(line, np.maximum(line, 0), linestyle='--', label="relu")
plt.legend(loc="best")
plt.xlabel("x")
plt.ylabel("relu(x), tanh(x)")
```

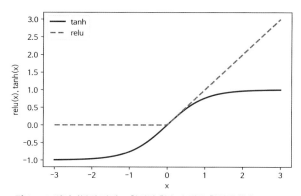

**그림 2-46** 하이퍼볼릭 탄젠트 활성화 함수와 렐루 활성화 함수

[그림 2-45]의 작은 신경망으로 (tanh 비선형 함수를 사용해서) 회귀 분석을 할 때 $\hat{y}$을 계산
하기 위한 전체 공식은 다음과 같습니다.[66]

$$h[0] = \tanh(w[0,0] \times x[0] + w[1,0] \times x[1] + w[2,0] \times x[2] + w[3,0] \times x[3] + b[0])$$
$$h[1] = \tanh(w[0,1] \times x[0] + w[1,1] \times x[1] + w[2,1] \times x[2] + w[3,1] \times x[3] + b[1])$$
$$h[2] = \tanh(w[0,2] \times x[0] + w[1,2] \times x[1] + w[2,2] \times x[2] + w[3,2] \times x[3] + b[2])$$
$$\hat{y} = v[0] \times h[0] + v[1] \times h[1] + v[2] \times h[2] + b$$

---

**66** 옮긴이_ 보통 분류의 경우에는 신경망 마지막 출력층에 시그모이드(이진 분류)나 소프트맥스(다중 분류) 함수를 적용하여 최종 출력 $\hat{y}$을
계산합니다. 소프트맥스 함수는 여러 유닛의 출력값을 정규화하기 위한 것으로써 함수의 수식은 $\dfrac{e^{z_i}}{\sum\limits_{i=1}^{k} e^{z_i}}$으로 나타내며 $z_i$는 각 유닛의 출력
값이고 $k$는 유닛 개수입니다.

$w$는 입력 $x$와 은닉층 $h$ 사이의 가중치이고, $v$는 은닉층 $h$와 출력 $\hat{y}$ 사이의 가중치입니다. 가중치 $v$와 $w$는 훈련 데이터에서 학습하고, $x$는 입력 특성이며, $\hat{y}$은 계산된 출력, $h$는 중간 계산값입니다. 우리가 정해야 하는 중요한 매개변수는 은닉층의 유닛 개수입니다. 소규모 데이터셋일 경우 10개 정도도 괜찮지만 매우 복잡한 데이터셋에서는 10,000개가 될 수도 있습니다. 또한 [그림 2-47]처럼 은닉층을 추가할 수도 있습니다.

In [98]
```
mglearn.plots.plot_two_hidden_layer_graph()
```

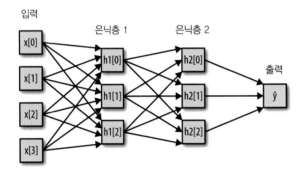

그림 2-47 은닉층이 두 개인 다층 퍼셉트론

이와 같이 많은 은닉층으로 구성된 대규모의 신경망이 생기면서 이를 딥러닝이라고 부르게 되었습니다.

## 신경망 튜닝

앞서 본 two_moons 데이터셋에 분류를 위한 다층 퍼셉트론(MLP) 구현인 MLPClassifier를 적용해보겠습니다. 결과는 [그림 2-48]에 나타냈습니다.

In [99]
```
from sklearn.neural_network import MLPClassifier
from sklearn.datasets import make_moons

X, y = make_moons(n_samples=100, noise=0.25, random_state=3)
```

```
X_train, X_test, y_train, y_test = train_test_split(X, y, stratify=y, random_state=42)

mlp = MLPClassifier(solver='lbfgs', random_state=0).fit(X_train, y_train)
mglearn.plots.plot_2d_separator(mlp, X_train, fill=True, alpha=.3)
mglearn.discrete_scatter(X_train[:, 0], X_train[:, 1], y_train)
plt.xlabel("특성 0")
plt.ylabel("특성 1")
```

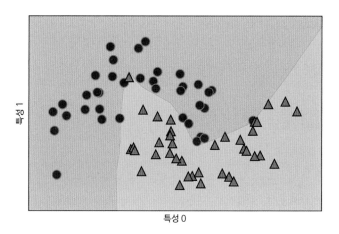

**그림 2-48** 은닉 유닛이 100개인 신경망으로 학습시킨 two_moons 데이터셋의 결정 경계

그림에서 보듯 이 신경망은 매우 비선형적이지만 비교적 매끄러운 결정 경계를 만들었습니다. 여기서 사용한 최적화 알고리즘은 solver='lbfgs'로 잠시 후에 설명하겠습니다.

MLP는 기본값으로 은닉 유닛 100개를 사용하는데 이런 작은 데이터셋에는 과분한 크기입니다. 은닉 유닛의 개수를 줄여도 (모델의 복잡도는 낮아지고) 여전히 좋은 결과를 얻을 수 있습니다(그림 2-49).

```
In [100]
mlp = MLPClassifier(solver='lbfgs', random_state=0, hidden_layer_sizes=[10],
                    max_iter=1000)
mlp.fit(X_train, y_train)
mglearn.plots.plot_2d_separator(mlp, X_train, fill=True, alpha=.3)
mglearn.discrete_scatter(X_train[:, 0], X_train[:, 1], y_train)
```

```
plt.xlabel("특성 0")
plt.ylabel("특성 1")
```

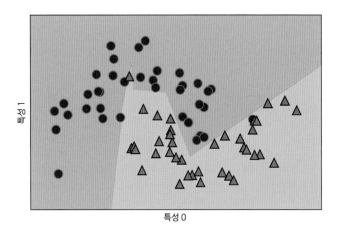

**그림 2-49** 은닉 유닛이 10개인 신경망으로 학습시킨 two_moons 데이터셋의 결정 경계

은닉 유닛이 10개여서 결정 경계가 조금 더 날카로워졌습니다. 기본 비선형 함수는 [그림 2-46]에 나와 있는 렐루입니다. 은닉층이 하나이므로 결정 경계를 만드는 함수는 직선 10개가 합쳐져서 구성됩니다. 더 매끄러운 결정 경계를 원한다면 은닉 유닛을 추가하거나(그림 2-48), 은닉층을 추가하거나(그림 2-50), 또는 tanh 함수를 사용할 수 있습니다(그림 2-51).

```
In [101]
# 10개의 유닛으로 된 두 개의 은닉층
mlp = MLPClassifier(solver='lbfgs', random_state=0,
                    hidden_layer_sizes=[10, 10], max_iter=1000)
mlp.fit(X_train, y_train)
mglearn.plots.plot_2d_separator(mlp, X_train, fill=True, alpha=.3)
mglearn.discrete_scatter(X_train[:, 0], X_train[:, 1], y_train)
plt.xlabel("특성 0")
plt.ylabel("특성 1")
```

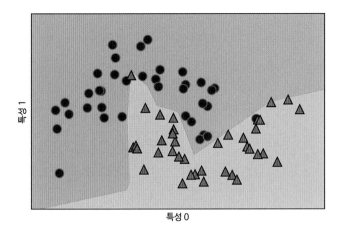

**그림 2-50** 10개의 은닉 유닛을 가진 두 개의 은닉층과 렐루 활성화 함수로 만든 결정 경계

In [102]

```
# tanh 활성화 함수가 적용된 10개의 유닛으로 된 두 개의 은닉층
mlp = MLPClassifier(solver='lbfgs', activation='tanh',
                    random_state=0, hidden_layer_sizes=[10, 10], max_iter=1000)
mlp.fit(X_train, y_train)
mglearn.plots.plot_2d_separator(mlp, X_train, fill=True, alpha=.3)
mglearn.discrete_scatter(X_train[:, 0], X_train[:, 1], y_train)
plt.xlabel("특성 0")
plt.ylabel("특성 1")
```

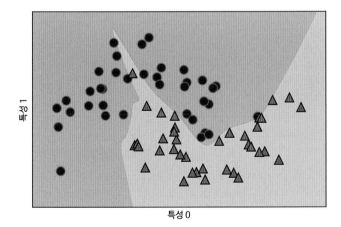

**그림 2-51** 10개의 은닉 유닛을 가진 두 개의 은닉층과 tanh 활성화 함수로 만든 결정 경계

그리고 리지 회귀와 선형 분류기에서 한 것처럼 L2 페널티를 사용해서 가중치를 0에 가깝게 감소시켜 모델의 복잡도를 제어할 수 있습니다. MLPClassifier에서 이런 역할을 하는 매개변수는 alpha(선형 회귀 모델과 같습니다)이고 기본값은 매우 낮게(거의 규제하지 않게) 되어 있습니다.[67] [그림 2-52]는 two_moons 데이터셋에 유닛이 각각 10개와 100개인 은닉층 2개를 사용했을 때 다른 alpha 값이 미치는 영향을 보여줍니다.

```
In [103]
  fig, axes = plt.subplots(2, 4, figsize=(20, 8))
  for axx, n_hidden_nodes in zip(axes, [10, 100]):
      for ax, alpha in zip(axx, [0.0001, 0.01, 0.1, 1]):
          mlp = MLPClassifier(solver='lbfgs', random_state=0, max_iter=1000,
                              hidden_layer_sizes=[n_hidden_nodes, n_hidden_nodes],
                              alpha=alpha)
          mlp.fit(X_train, y_train)
          mglearn.plots.plot_2d_separator(mlp, X_train, fill=True, alpha=.3, ax=ax)
          mglearn.discrete_scatter(X_train[:, 0], X_train[:, 1], y_train, ax=ax)
          ax.set_title("n_hidden=[{}, {}]\nalpha={:.4f}".format(
                      n_hidden_nodes, n_hidden_nodes, alpha))
```

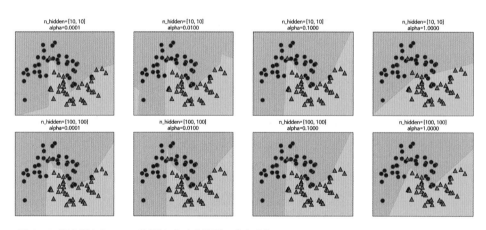

그림 2-52 은닉 유닛과 alpha 매개변수에 따라 변하는 결정 경계

---

67 옮긴이_ alpha 매개변수의 기본값은 0.0001입니다.

아마 느꼈겠지만 신경망의 복잡도를 제어하는 방법이 많이 있습니다. 은닉층의 수, 은닉층의 유닛 개수, 규제(alpha)를 사용할 수 있습니다. 사실 더 있지만 여기서 다루지는 않겠습니다.[68]

신경망에서는 학습을 시작하기 전에 가중치를 무작위로 설정하며 이 무작위한 초기화가 모델의 학습에 영향을 줍니다. 따라서 같은 매개변수를 사용하더라도 초깃값이 다르면 모델이 많이 달라질 수 있습니다. 신경망이 크고 복잡도도 적절하면 이런 점이 정확도에 미치는 영향은 크지 않지만 항상 기억하고는 있어야 합니다(특히 작은 신경망일 경우엔). [그림 2-53]은 같은 매개변수를 가졌지만 초기화를 다르게 하여 만든 모델들입니다.

```
In [104]
  fig, axes = plt.subplots(2, 4, figsize=(20, 8))
  for i, ax in enumerate(axes.ravel()):
      mlp = MLPClassifier(solver='lbfgs', random_state=i,
                          hidden_layer_sizes=[100, 100])
      mlp.fit(X_train, y_train)
      mglearn.plots.plot_2d_separator(mlp, X_train, fill=True, alpha=.3, ax=ax)
      mglearn.discrete_scatter(X_train[:, 0], X_train[:, 1], y_train, ax=ax)
```

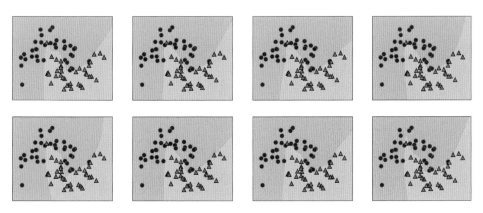

**그림 2-53** 무작위로 다른 초깃값을 주되 같은 매개변수로 학습한 결정 경계

---

68 옮긴이_ 신경망에서 사용하는 대표적인 다른 규제 방법은 드롭아웃(dropout)입니다. 드롭아웃은 은닉층 유닛의 일부를 랜덤하게 작동시키지 않음으로써 마치 서로 다른 많은 신경망을 앙상블시키는 것 같은 효과를 내어 과대적합을 방지합니다. scikit-learn에서는 드롭아웃을 지원하지 않습니다. 사이킷런의 신경망 구현에서 사용할 수 있는 다른 방법으로는 조기 종료가 있습니다. solver가 sgd 또는 adam일 때 early_stopping을 True로 설정하면 연속된 검증 점수가 tol 값만큼 향상되지 않을 경우 반복을 자동으로 조기 종료시킬 수 있습니다. 사이킷런 0.20 버전에서는 조기 종료하기 위해 검증 점수가 향상되지 않는 반복 횟수의 기준을 지정하는 n_iter_no_change 매개변수가 추가되었습니다. 검증 데이터의 비율은 validation_fraction 매개변수에서 지정하며 기본값은 0.1(훈련 데이터의 10%)입니다.

신경망을 더 잘 이해하기 위해 실제 데이터인 유방암 데이터셋에 MLPClassifier를 적용해보겠습니다. 매개변수는 기본값을 사용하겠습니다.

```
In [105]
  print("유방암 데이터의 특성별 최댓값:\n", cancer.data.max(axis=0))

Out [105]
  유방암 데이터의 특성별 최댓값:
  [   28.110    39.280   188.500  2501.000     0.163     0.345     0.427
       0.201     0.304     0.097     2.873     4.885    21.980   542.200
       0.031     0.135     0.396     0.053     0.079     0.030    36.040
      49.540   251.200  4254.000     0.223     1.058     1.252     0.291
       0.664     0.207]

In [106]
  X_train, X_test, y_train, y_test = train_test_split(
      cancer.data, cancer.target, random_state=0)

  mlp = MLPClassifier(random_state=42)
  mlp.fit(X_train, y_train)

  print("훈련 세트 정확도: {:.2f}".format(mlp.score(X_train, y_train)))
  print("테스트 세트 정확도: {:.2f}".format(mlp.score(X_test, y_test)))

Out [106]
  훈련 세트 정확도: 0.94
  테스트 세트 정확도: 0.92
```

MLP의 정확도는 꽤 높지만 다른 모델만큼은 아닙니다. 앞서 SVC 예제에서는 데이터의 스케일이 영향을 미쳤습니다. 이와 비슷하게 신경망도 모든 입력 특성을 평균은 0, 분산은 1이 되도록 변형하는 것이 좋습니다.[69] 그럼 이 조건에 맞도록 데이터의 스케일을 맞춰보겠습니다. 3장에서 이를 자동으로 처리해주는 StandardScaler를 배우겠지만 여기서는 우리가 직접 해보도록 하겠습니다.

---

69  옮긴이_ 데이터에서 평균을 빼고 표준편차로 나눈 값을 $z$-점수($z$-score) 또는 표준 점수(standard score)라고 합니다. $z$-점수는 평균이 0, 분산이 1인 표준정규분포입니다.

```
# 훈련 세트 각 특성의 평균을 계산합니다.
mean_on_train = X_train.mean(axis=0)
# 훈련 세트 각 특성의 표준 편차를 계산합니다.
std_on_train = X_train.std(axis=0)

# 데이터에서 평균을 빼고 표준 편차로 나누면
# 평균 0, 표준 편차 1인 데이터로 변환됩니다.
X_train_scaled = (X_train - mean_on_train) / std_on_train
# (훈련 데이터의 평균과 표준 편차를 이용해) 같은 변환을 테스트 세트에도 합니다.
X_test_scaled = (X_test - mean_on_train) / std_on_train

mlp = MLPClassifier(random_state=0)
mlp.fit(X_train_scaled, y_train)

print("훈련 세트 정확도: {:.3f}".format(mlp.score(X_train_scaled, y_train)))
print("테스트 세트 정확도: {:.3f}".format(mlp.score(X_test_scaled, y_test)))
```

Out [107]
```
훈련 세트 정확도: 0.991
테스트 세트 정확도: 0.965
```

```
ConvergenceWarning:
    Stochastic Optimizer: Maximum iterations (200) reached and the optimization hasn't
    converged yet.
```

스케일을 조정하니 결과가 매우 좋아졌으며 다른 모델의 성능 못지않습니다. 하지만 경고가 출력되었는데 최대 반복 횟수에 도달했다고 알려주고 있습니다. 이는 모델을 학습시키는 adam 알고리즘에 관련한 것으로 이 경고가 나오면 반복 횟수를 늘려야 합니다.[70]

In [108]
```
mlp = MLPClassifier(max_iter=1000, random_state=0)
mlp.fit(X_train_scaled, y_train)

print("훈련 세트 정확도: {:.3f}".format(mlp.score(X_train_scaled, y_train)))
print("테스트 세트 정확도: {:.3f}".format(mlp.score(X_test_scaled, y_test)))
```

---

70 옮긴이_ Adam(Adaptive Moment Estimation) 알고리즘은 경사 하강법의 학습률(learning rate) 매개변수를 학습이 반복됨에 따라 조정해가는 알고리즘 중 하나입니다. MLPClassifier와 MLPRegressor의 solver 매개변수 기본값이 adam이고 max_iter 매개변수의 기본값은 200입니다.

```
Out [108]
  훈련 세트 정확도: 1.000
  테스트 세트 정확도: 0.972
```

반복 횟수를 늘려서 훈련 세트와 테스트 세트의 성능을 올렸습니다. 이 정도로도 모델의 성능
은 매우 좋습니다. 하지만 훈련 세트와 테스트 세트 사이에는 성능 차이가 있으므로 일반화 성
능을 더 올리기 위해 모델의 복잡도를 낮춰보겠습니다. 여기서는 가중치를 더 강하게 규제하도
록 alpha 매개변수를 (0.0001에서 1로 아주 크게) 증가시켜보겠습니다.

```
In [109]
  mlp = MLPClassifier(max_iter=1000, alpha=1, random_state=0)
  mlp.fit(X_train_scaled, y_train)

  print("훈련 세트 정확도: {:.3f}".format(mlp.score(X_train_scaled, y_train)))
  print("테스트 세트 정확도: {:.3f}".format(mlp.score(X_test_scaled, y_test)))
```

```
Out [109]
  훈련 세트 정확도: 0.988
  테스트 세트 정확도: 0.972
```

이 결과는 지금까지 가장 좋은 모델의 성능과 동일합니다.[71]

신경망이 어떻게 학습하는지 분석할 수 있지만 선형 모델이나 트리 모델보다는 훨씬 까다롭습
니다. 모델의 가중치를 확인해보면 무엇이 학습됐는지 알아볼 수 있습니다. 이와 관련한 예를
scikit-learn 예제에서 볼 수 있습니다(http://scikit-learn.org/stable/auto_examples/
neural_networks/plot_mnist_filters.html). 유방암 데이터셋 같은 경우는 조금 더 어렵습
니다. [그림 2-54]는 입력과 은닉층 사이의 학습된 가중치를 보여줍니다. 이 그림의 행은 30개
의 입력 특성에 해당하며 열은 100개의 은닉 유닛에 해당합니다. 밝은 색은 큰 양수 값을 나타
내고 어두운 색은 음수 값을 나타냅니다.[72]

---

71 여러 모델이 0.972의 동일한 정확도를 낸 것을 알 수 있습니다. 이는 모든 모델이 똑같은 개수, 즉 4개를 실수한다는 뜻입니다. 실제 예
측한 것을 비교해보면 정확히 동일한 포인트를 잘못 분류한다는 것을 알 수 있습니다. 데이터셋이 작거나 무리와 동떨어진 데이터 포인
트가 있는 경우 이런 일이 일어날 수 있습니다.

72 옮긴이_ mlp.coef_[0]은 입력과 은닉층 사이의 가중치가 저장되어 있는 (30, 100) 크기의 NumPy 배열이고 mlp.coef_[1]은 은닉층
과 출력 사이의 가중치가 저장되어 있는 (100, 1) 크기의 NumPy 배열입니다.

```
In [110]
  plt.figure(figsize=(20, 5))
  plt.imshow(mlp.coefs_[0], interpolation='none', cmap='viridis')
  plt.yticks(range(30), cancer.feature_names)
  plt.xlabel("은닉 유닛")
  plt.ylabel("입력 특성")
  plt.colorbar()
```

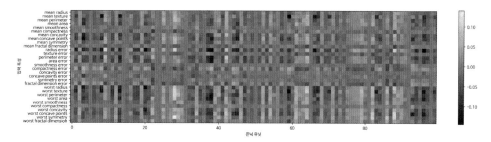

**그림 2-54** 유방암 데이터셋으로 학습시킨 신경망의 첫 번째 층의 가중치 히트맵heat map

모든 은닉 유닛에서 작은 가중치를 가진 특성은 모델에 덜 중요하다고 추론할 수 있습니다. "smoothness error"와 "fractal dimension error" 사이에 있는 특성과 "mean smoothness"와 "mean compactness"가 다른 특성들보다 가중치가 낮습니다.[73] 이 특성들은 덜 중요하거나 신경망에게 적절하게 입력되지 않았을 수 있습니다.

은닉층과 출력층 사이의 가중치도 시각화할 수 있지만 해석하긴 더 어렵습니다.

MLPClassifier와 MLPRegressor는 일반적인 신경망 구조를 위한 손쉬운 인터페이스를 제공하지만 전체 신경망 종류의 일부만 만들 수 있습니다.[74] 더 복잡하고 대규모인 모델을 만들려면 scikit-learn을 넘어서 전문적인 딥러닝 라이브러리들을 살펴보십시오. 파이썬 사용자에게는 keras, lasagna, tensorflow 등이 가장 널리 사용되고 있습니다.[75] lasagna는 theano 라

---

73 옮긴이_ 이 특성들을 포함해 몇몇 특성들의 가중치는 0에 가까운 값을 가지고 있어 너무 밝거나 너무 어둡지 않은 밋밋한 색깔로 히트맵에 가로줄을 만드는 것 같은 느낌을 줍니다.

74 옮긴이_ scikit-learn에는 최근 널리 사용되는 합성곱 신경망(convolutional neural network)이나 순환 신경망(recurrent neural network)이 구현되어 있지 않습니다.

75 옮긴이_ 최근에는 페이스북에서 오픈 소스로 공개한 PyTorch(파이토치) 라이브러리도 빠르게 인기를 얻고 있습니다.

이브러리 위에 구축한 것이고 keras는 tensorflow와 theano 중 선택할 수 있습니다.[76] 이 라이브러리들은 신경망을 만드는 데 훨씬 유연한 인터페이스를 제공하고 있어 딥러닝 연구 분야에서 빠르게 성장하고 있습니다. 잘 알려진 딥러닝 라이브러리들은 모두 scikit-learn에서는 지원하지 않는 기능인 고성능 그래픽 처리장치[GPU]를 사용할 수 있습니다. GPU를 사용하면 10 배에서 100배까지 빠르게 연산할 수 있어서 대규모 데이터셋을 사용한 딥러닝 분야에서 필수입니다.

## 장단점과 매개변수

신경망은 머신러닝 분야의 많은 애플리케이션에서 최고의 모델로 다시 떠오르고 있습니다. 주요한 장점은 대량의 데이터에 내재된 정보를 잡아내고 매우 복잡한 모델을 만들 수 있다는 점입니다. 충분한 연산 시간과 데이터를 주고 매개변수를 세심하게 조정하면 신경망은 (분류와 회귀 문제에 모두) 종종 다른 머신러닝 알고리즘을 뛰어넘는 성능을 냅니다.

이로 인해 단점도 생깁니다. 신경망은 (특히 크고 강력한 모델이라면) 종종 학습이 오래 걸립니다. 또한 앞서 보았듯이 데이터 전처리에 주의해야 합니다. SVM과 비슷하게 모든 특성이 같은 의미를 가진 동질의 데이터에서 잘 작동합니다. 다른 종류의 특성을 가진 데이터라면 트리기반 모델이 더 잘 작동할 수 있습니다. 신경망 매개변수 튜닝은 예술에 가까운 일입니다. 우리예에서는 신경망 모델을 조정하고 학습시키는 많은 방법 중 아주 일부만 살짝 보았을 뿐입니다.

## 신경망의 복잡도 추정

신경망에서 가장 중요한 매개변수는 은닉층의 개수와 각 은닉층의 유닛 수입니다. 처음엔 한 개 또는 두 개의 은닉층으로 시작해서 늘려가야 합니다. 각 은닉층의 유닛 수는 보통 입력 특성의 수와 비슷하게 설정하지만 수천 초중반을 넘는 일은 거의 없습니다.

신경망의 모델 복잡도에 관해 도움이 될 만한 측정치는 학습된 가중치 또는 계수의 수입니다. 특성 100개와 은닉 유닛 100개를 가진 이진 분류라면 입력층과 첫 번째 은닉층 사이에는 편향을 포함하여 100 * 100 + 100 = 10,100개의 가중치가 있습니다. 그리고 은닉층과 출력

---

76 옮긴이_ tensorflow는 아예 keras를 내부에 포함시켜서 2.0 버전부터는 keras를 메인 API로 사용합니다. Mila 연구소에서 만든 theano는 개발이 중지되었습니다. tensorflow에 관한 자세한 내용은 『핸즈온 머신러닝(2판)』(한빛미디어, 2020)을 참고하세요. keras는 『케라스 창시자에게 배우는 딥러닝』(길벗, 2018)을 참고하세요.

층 사이에 100 * 1 + 1 = 101개의 가중치가 더 있어서 가중치는 총 10,201개입니다. 은닉 유닛이 100개인 두 번째 은닉층을 추가하면 첫 번째 은닉층에서 두 번째 은닉층으로 100 * 100 + 100 = 10,100개의 가중치가 늘어나서 전체 가중치의 수는 20,301개입니다. 만약 유닛이 1,000개인 은닉층 하나만 사용한다면 입력층에서 은닉층 사이에 100 * 1,000 + 1,000 = 101,000개의 가중치를 학습해야 하고 은닉층에서 출력층 사이에 1,000 * 1 = 1,000개의 가중치를 학습해야 합니다. 총 102,001개의 가중치를 학습해야 합니다. 만약 두 번째 은닉 층을 추가하면 가중치는 1,000 * 1,000 + 1,000 = 1,001,000개가 추가되어 전체 가중치는 1,103,001개로 뛰어올라 유닛 100개짜리 은닉층 두 개였을 때보다 50배나 커집니다.

신경망의 매개변수를 조정하는 일반적인 방법은 먼저 충분히 과대적합되어서 문제를 해결할 만한 큰 모델을 만듭니다. 그런 다음 훈련 데이터가 충분히 학습될 수 있다고 생각될 때 신경망 구조를 줄이거나 규제 강화를 위해 alpha 값을 증가시켜 일반화 성능을 향상시킵니다.

우리 예제에서는 대부분 모델의 구성에 초점을 맞췄습니다. 층의 개수, 층당 유닛 개수, 규제, 비선형성[77]입니다. 이 요소들을 사용해 우리가 원하는 모델을 정의합니다. 또 solver 매개변수를 사용해 모델을 학습시키는 방법 또는 매개변수 학습에 사용하는 알고리즘을 지정할 수 있습니다. solver 매개변수에는 쉽게 사용할 수 있는 옵션이 두 가지 있습니다. 기본값은 'adam'으로 대부분의 경우에 잘 작동하지만 데이터의 스케일에 조금 민감합니다(그래서 데이터를 평균 0, 분산 1로 조정하는 게 중요합니다). 다른 하나는 'lbfgs'로 안정적이지만 규모가 큰 모델이나 대량의 데이터셋에서는 시간이 오래 걸립니다.[78] 또 많은 딥러닝 연구자가 사용하는 고급 옵션인 'sgd'가 있습니다. 'sgd' 옵션은 다른 여러 매개변수와 함께 튜닝하여 최선의 결과를 만들 수 있습니다.[79] 사용자 가이드에서 이런 매개변수들과 정의를 찾을 수 있습니다. MLP를 처

---

[77] 옮긴이_ 렐루, 하이퍼볼릭 탄젠트와 같은 활성화 함수를 말합니다.

[78] 옮긴이_ BFGS 알고리즘은 연구자들의 이름을 따서 Broyden – Fletcher – Goldfarb – Shanno 알고리즘으로도 불리는 의사 뉴턴 메서드(Newton Method) 중 하나입니다. L–BFGS(Limited–memory BFGS)는 BFGS 알고리즘을 제한된 메모리 공간에서 구현하는 방법으로 머신러닝에서 널리 사용합니다.

[79] 옮긴이_ 'sgd' 옵션일 때 영향을 미치는 매개변수 중 momentum과 nesterovs_momentum이 있습니다. 모멘텀 방식은 이전의 그레이디언트를 momentum 매개변수 비율만큼 현재 계산된 그레이디언트에 반영하여 갱신할 그레이디언트를 구합니다. 이전의 그레이디언트를 속도라고도 하며, 일정 비율의 과거 그레이디언트를 모두 포함하고 있어서 마치 관성 같은 효과를 준다고 볼 수 있습니다. 네스테로프 모멘텀은 모멘텀에서 구한 그레이디언트를 이전 그레이디언트로 가정하고 한 번 더 모멘텀 방식을 적용하여 갱신할 그레이디언트를 계산합니다. 더 자세한 내용은 역자의 블로그를 참고하세요. https://tensorflow.blog/2017/03/22/momentum-nesterov-momentum/ (단축 URL: https://goo.gl/xcNIDE)

음 사용할 때는 'adam'과 'lbfgs'를 추천합니다.[80]

> **NOTE_** fit 메서드는 모델을 다시 만듭니다. scikit-learn 모델의 중요한 특징 하나는 fit 메서드를 호출하면 이전에 학습한 것을 모두 초기화하는 점입니다. 그래서 어떤 데이터셋으로 모델을 만들고 나서 다른 데이터셋을 사용해 fit 메서드를 호출하면 첫 번째 데이터셋에서 학습한 것을 모두 잃어버립니다. 한 모델에서 원하는 만큼 fit 메서드를 호출할 수 있으며 그 결과는 새로운 모델 객체에서 fit 메서드를 호출하는 것과 같습니다.[81]

> **NOTE_** MLPClassifier와 MLPRegressor는 solver 매개변수가 'adam'이나 'sgd'일 때 learning_rate 매개변수에서 학습률을 지정할 수 있습니다. 이 매개변수는 SGDClassifier의 learning_rate에 있는 'constant', 'invscaling', 'adaptive' 옵션을 제공합니다. SDGClassifier의 et0에 해당하는 학습률 초깃값은 learning_rate_init이며 기본값은 0.001입니다.

## 2.4 분류 예측의 불확실성 추정

아직까지 이야기하지 않았는데, scikit-learn에서 많이 사용하는 인터페이스 중 하나는 분류기에 예측의 불확실성을 추정할 수 있는 기능입니다. 어떤 테스트 포인트에 대해 분류기가 예측한 클래스가 무엇인지 뿐만 아니라 정확한 클래스임을 얼마나 확신하는지가 중요할 때가 많습니다. 실제 애플리케이션에서는 오류의 종류에 따라 전혀 다른 결과를 만듭니다. 암을 진료하는 의료 애플리케이션을 생각해보겠습니다. 거짓 양성false positive 예측은 환자에게 추가 진료를 요구하겠지만 거짓 음성false negative 예측은 심각한 질병을 치료하지 못하게 만들 수 있습니다. 이 주제는 6장에서 더 자세히 살펴보겠습니다.

scikit-learn 분류기에서 불확실성을 추정할 수 있는 함수가 두 개 있습니다. decision_function과 predict_proba입니다. 대부분의(전체는 아니고) 분류 클래스는 적어도 둘 중 하나를 제공하고 두 함수를 모두 제공하는 경우도 많습니다. 인위적으로 만든 2차원 데이터셋을

---

80 옮긴이_ 최근에 나온 「The Marginal Value of Adaptive Gradient Methods in Machine Learning」A. C. Wilson et al. (2017, https://goo.gl/NAkWla) 논문에서 적응적인 최적화 방법인 Adam, RMSProp, AdaGrad가 일부 데이터셋에서 좋지 않은 성능을 내었습니다. 따라서 무조건 Adam 알고리즘을 기본으로 고정하지 말고 'sgd'+모멘텀 방식을 함께 테스트해보는 것이 좋습니다.

81 옮긴이_ solver 매개변수를 'adam' 또는 'sgd'로 두고 전체 데이터를 일정 크기로 나눈 미니 배치(mini-batch)를 사용하여 모델을 점진적으로 학습시킬 경우가 있습니다. 전체 데이터를 메모리에 모두 적재할 수 없을 때는 fit 메서드 대신에 학습된 것을 유지하면서 반복하여 학습할 수 있는 partial_fit 메서드를 사용합니다. batch_size 매개변수 기본값은 'auto'이며 샘플 개수와 200 중 작은 값이 됩니다.

사용해 GradientBoostingClassifier 분류기의 decision_function과 predict_proba 메서드가 어떤 역할을 하는지 살펴보겠습니다.

```
In [112]
  from sklearn.ensemble import GradientBoostingClassifier
  from sklearn.datasets import make_circles
  X, y = make_circles(noise=0.25, factor=0.5, random_state=1)

  # 예제를 위해 클래스의 이름을 "blue"와 "red"로 바꿉니다.
  y_named = np.array(["blue", "red"])[y]

  # 여러 개의 배열을 한꺼번에 train_test_split에 넣을 수 있습니다.
  # 훈련 세트와 테스트 세트로 나뉘는 방식은 모두 같습니다.
  X_train, X_test, y_train_named, y_test_named, y_train, y_test = \
      train_test_split(X, y_named, y, random_state=0)

  # 그레이디언트 부스팅 모델을 만듭니다.
  gbrt = GradientBoostingClassifier(random_state=0)
  gbrt.fit(X_train, y_train_named)
```

## 2.4.1 결정 함수

이진 분류에서 decision_function 반환값의 크기는 (n_samples,)이며 각 샘플이 하나의 실수 값을 반환합니다.

```
In [113]
  print("X_test.shape:", X_test.shape)
  print("결정 함수 결과 형태:", gbrt.decision_function(X_test).shape)

Out [113]
  X_test.shape: (25, 2)
  결정 함수 결과 형태: (25,)
```

이 값은 모델이 데이터 포인트가 양성 클래스인 클래스 1에 속한다고 믿는 정도입니다. 양수 값은 양성 클래스를 의미하며 음수 값은 음성 (즉 다른) 클래스를 의미합니다.

```
# 결정 함수 결과 중 앞부분 일부를 확인합니다
print("결정 함수:\n", gbrt.decision_function(X_test)[:6])
```

Out [114]
```
결정 함수:
 [ 4.136 -1.683 -3.951 -3.626  4.29    3.662]
```

결정 함수의 부호만 보고 예측 결과를 알 수 있습니다.

In [115]
```
print("임계치와 결정 함수 결과 비교:\n", gbrt.decision_function(X_test) > 0)
print("예측:\n", gbrt.predict(X_test))
```

Out [115]
```
임계치와 결정 함수 결과 비교:
[ True False False False  True  True False  True  True  True False  True
  True False  True False False False  True  True  True  True  True False
 False]
예측:
['red' 'blue' 'blue' 'blue' 'red' 'red' 'blue' 'red' 'red' 'red' 'blue'
 'red' 'red' 'blue' 'red' 'blue' 'blue' 'blue' 'red' 'red' 'red' 'red'
 'red' 'blue' 'blue']
```

이진 분류에서 음성 클래스는 항상 classes_ 속성의 첫 번째 원소이고 양성 클래스는 classes_의 두 번째 원소입니다. 그래서 predict 함수의 결과를 완전히 재현하려면 classes_ 속성을 사용하면 됩니다.

In [116]
```
# 불리언 값을 0과 1로 변환합니다.
greater_zero = (gbrt.decision_function(X_test) > 0).astype(int)
# classes_에 인덱스로 사용합니다.
pred = gbrt.classes_[greater_zero]
# pred 와 gbrt.predict의 결과를 비교합니다.
print("pred는 예측 결과와 같다:", np.all(pred == gbrt.predict(X_test)))
```

Out [116]
```
pred는 예측 결과와 같다: True
```

decision_function 값의 범위는 데이터와 모델 파라미터에 따라 달라집니다.

```
In [117]
  decision_function = gbrt.decision_function(X_test)
  print("결정 함수 최솟값: {:.2f} 최댓값: {:.2f}".format(
      np.min(decision_function), np.max(decision_function)))

Out [117]
  결정 함수 최솟값: -7.69 최댓값: 4.29
```

decision_function의 출력 범위가 임의의 값이라 이해하긴 어렵습니다.

다음 예에서 2차원 평면의 모든 점에 대해 decision_function의 값을 색으로 표현하여 앞서 본 결정 경계와 함께 그래프로 나타내보겠습니다. 훈련 데이터는 원 모양이고 테스트 데이터는 삼각형입니다(그림 2-55).

```
In [118]
  fig, axes = plt.subplots(1, 2, figsize=(13, 5))

  mglearn.tools.plot_2d_separator(gbrt, X, ax=axes[0], alpha=.4,
                                  fill=True, cm=mglearn.cm2)
  scores_image = mglearn.tools.plot_2d_scores(gbrt, X, ax=axes[1],
                                              alpha=.4, cm=mglearn.ReBl)

  for ax in axes:
      # 훈련 포인트와 테스트 포인트를 그리기
      mglearn.discrete_scatter(X_test[:, 0], X_test[:, 1], y_test,
                               markers='^', ax=ax)
      mglearn.discrete_scatter(X_train[:, 0], X_train[:, 1], y_train,
                               markers='o', ax=ax)
      ax.set_xlabel("특성 0")
      ax.set_ylabel("특성 1")
  cbar = plt.colorbar(scores_image, ax=axes.tolist())
  cbar.set_alpha(1)
  fig.draw_without_rendering()
  axes[0].legend(["테스트 클래스 0", "테스트 클래스 1", "훈련 클래스 0",
                  "훈련 클래스 1"], ncol=4, loc=(.1, 1.1))
```

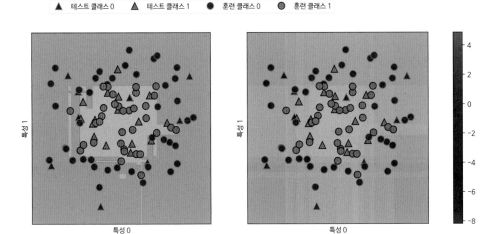

▲ 테스트 클래스 0    ▲ 테스트 클래스 1    ● 훈련 클래스 0    ● 훈련 클래스 1

**그림 2-55** 2차원 예제 데이터셋을 사용해 만든 그레이디언트 부스팅 모델의 결정 경계(좌)와 결정 함수(우)

예측한 결과뿐만 아니라 분류기가 얼마나 확신하는지를 알면 추가 정보를 얻게 됩니다. 그러나 결정 함수 그래프에서 두 클래스 사이의 경계를 구분하기는 어렵습니다.

## 2.4.2 예측 확률

predict_proba의 출력은 각 클래스에 대한 확률이고 decision_function의 출력보다 이해하기 더 쉽습니다. 이 값의 크기는 이진 분류에서는 항상 (n_samples, 2)입니다.

```
In [119]
  print("확률 값의 형태:", gbrt.predict_proba(X_test).shape)

Out [119]
  확률 값의 형태: (25, 2)
```

각 행의 첫 번째 원소는 첫 번째 클래스의 예측 확률이고 두 번째 원소는 두 번째 클래스의 예측 확률입니다. 확률이기 때문에 predict_proba의 출력은 항상 0과 1 사이의 값이며 두 클래스에 대한 확률의 합은 항상 1입니다.

```
In [120]
    # predict_proba 결과 중 앞부분 일부를 확인합니다
    print("예측 확률:\n", gbrt.predict_proba(X_test[:6]))

Out [120]
    예측 확률:
    [[0.016 0.984]
     [0.846 0.154]
     [0.981 0.019]
     [0.974 0.026]
     [0.014 0.986]
     [0.025 0.975]]
```

두 클래스의 확률 합은 1이므로 두 클래스 중 하나는 50% 이상의 확신을 가질 것이 틀림없습니다. 그리고 바로 그 클래스가 예측값이 됩니다.[82]

앞의 출력 값을 보면 분류기가 대부분의 포인트에서 비교적 강하게 확신하고 있습니다. 데이터에 있는 불확실성이 얼마나 이 값에 잘 반영되는지는 모델과 매개변수 설정에 달렸습니다. 과대적합된 모델은 혹 잘못된 예측이더라도 예측의 확신이 강한 편입니다. 일반적으로 복잡도가 낮은 모델은 예측에 불확실성이 더 많습니다. 이런 불확실성과 모델의 정확도가 동등하면 이 모델이 **보정**calibration되었다고 합니다. 즉 보정된 모델에서 70% 확신을 가진 예측은 70%의 정확도를 낼 것입니다.[83]

다음 예에서 앞에서와 같은 데이터셋을 사용해 결정 경계와 클래스 1의 확률을 그려보겠습니다(그림 2-56).

```
In [121]
    fig, axes = plt.subplots(1, 2, figsize=(13, 5))

    mglearn.tools.plot_2d_separator(
        gbrt, X, ax=axes[0], alpha=.4, fill=True, cm=mglearn.cm2)
    scores_image = mglearn.tools.plot_2d_scores(
        gbrt, X, ax=axes[1], alpha=.5, cm=mglearn.ReBl, function='predict_proba')
    for ax in axes:
```

---

82 확률값은 실수이므로 두 클래스가 정확히 0.500이 될 가능성은 거의 없습니다. 그러나 만약 그런 값이 나온다면 예측은 랜덤하게 둘 중 하나를 선택합니다.

83 옮긴이_ 보정 곡선은 사이킷런의 calibration_curve() 함수(https://bit.ly/3yoVG25)로 그릴 수 있습니다. 보정 곡선에 대한 조금 더 자세한 내용은 『머신러닝 파워드 애플리케이션』(한빛미디어, 2021) 5장을 참고하세요.

```
    # 훈련 포인트와 테스트 포인트를 그리기
    mglearn.discrete_scatter(X_test[:, 0], X_test[:, 1], y_test,
                             markers='^', ax=ax)
    mglearn.discrete_scatter(X_train[:, 0], X_train[:, 1], y_train,
                             markers='o', ax=ax)
    ax.set_xlabel("특성 0")
    ax.set_ylabel("특성 1")
# colorbar를 감추지 않습니다.
cbar = plt.colorbar(scores_image, ax=axes.tolist())
cbar.set_alpha(1)
fig.draw_without_rendering()
axes[0].legend(["테스트 클래스 0", "테스트 클래스 1", "훈련 클래스 0",
                "훈련 클래스 1"], ncol=4, loc=(.1, 1.1))
```

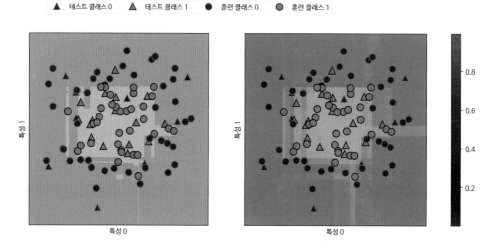

**그림 2-56** [그림 2-55]의 그레이디언트 부스팅 모델의 결정 경계(좌)와 예측 확률(우)

이 그래프의 경계는 훨씬 잘 나타나 있으며 불확실성이 있는 작은 영역들도 잘 확인할 수 있습니다.

scikit-learn 웹사이트(http://bit.ly/2cqCYx6)에 많은 모델의 불확실성 추정이 어떤지 잘 비교해놓았습니다. 이 그래프를 [그림 2-57]에 옮겨봤습니다. 웹사이트에 있는 예제도 한번 살펴보길 권합니다.

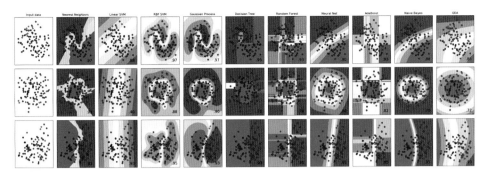

**그림 2-57** 인위적으로 만든 데이터셋을 사용한 scikit-learn의 여러 분류기의 비교
(이미지 출처: http://scikit-learn.org)

### 2.4.3 다중 분류에서의 불확실성

이제까지 이진 분류에서 불확실성 추정에 관해 이야기했습니다. 하지만 decision_function과 predict_proba 메서드는 다중 분류에도 사용할 수 있습니다. 클래스가 세 개인 iris 데이터셋에 적용해보겠습니다.

```
In [122]
  from sklearn.datasets import load_iris

  iris = load_iris()
  X_train, X_test, y_train, y_test = train_test_split(
      iris.data, iris.target, random_state=42)

  gbrt = GradientBoostingClassifier(learning_rate=0.01, random_state=0)
  gbrt.fit(X_train, y_train)

In [123]
  print("결정 함수의 결과 형태:", gbrt.decision_function(X_test).shape)
  # decision function 결과 중 앞부분 일부를 확인합니다.
  print("결정 함수 결과:\n", gbrt.decision_function(X_test)[:6, :])

Out [123]
  결정 함수의 결과 형태: (38, 3)
  결정 함수 결과:
  [[-1.996  0.048 -1.927]
   [ 0.061 -1.908 -1.928]
   [-1.991 -1.876  0.097]
```

```
[-1.996  0.048 -1.927]
[-1.997 -0.135 -1.203]
[ 0.061 -1.908 -1.928]]
```

다중 분류에서는 decision_function의 결괏값의 크기는 (n_samples, n_classes)입니다. 각 열은 각 클래스에 대한 확신 점수를 담고 있습니다. 수치가 크면 그 클래스일 가능성이 크고 수치가 작으면 그 클래스일 가능성이 낮습니다. 데이터 포인트마다 점수들에서 가장 큰 값을 찾아 예측 결과를 재현할 수 있습니다.

```
In [124]
print("가장 큰 결정 함수의 인덱스:\n",
      np.argmax(gbrt.decision_function(X_test), axis=1))
print("예측:\n", gbrt.predict(X_test))

Out [124]
가장 큰 결정 함수의 인덱스:
[1 0 2 1 1 0 1 2 1 1 2 0 0 0 0 1 2 1 1 2 0 2 0 2 2 2 2 2 0 0 0 0 1 0 0 2 1 0]
예측:
[1 0 2 1 1 0 1 2 1 1 2 0 0 0 0 1 2 1 1 2 0 2 0 2 2 2 2 2 0 0 0 0 1 0 0 2 1 0]
```

predict_proba의 출력값 크기는 (n_samples, n_classes)로, 앞서 본 것과 같습니다. 마찬가지로 각 데이터 포인트에서 클래스 확률의 합은 1입니다.

```
In [125]
# predict_proba 결과 중 앞부분 일부를 확인합니다.
print("예측 확률:\n", gbrt.predict_proba(X_test)[:6])
# 행 방향으로 확률을 더하면 1이 됩니다.
print("합:", gbrt.predict_proba(X_test)[:6].sum(axis=1))

Out [125]
예측 확률:
[[0.102 0.788 0.109]
 [0.783 0.109 0.107]
 [0.098 0.11  0.792]
 [0.102 0.788 0.109]
 [0.104 0.667 0.229]
 [0.783 0.109 0.107]]
합: [ 1.  1.  1.  1.  1.  1.]
```

predict_proba의 결과에 argmax 함수를 적용해서 예측을 재현할 수 있습니다.

```
In [126]
  print("가장 큰 예측 확률의 인덱스:\n",
        np.argmax(gbrt.predict_proba(X_test), axis=1))
  print("예측:\n", gbrt.predict(X_test))

Out [126]
  가장 큰 예측 확률의 인덱스:
  [1 0 2 1 1 0 1 2 1 1 2 0 0 0 0 1 2 1 1 2 0 2 0 2 2 2 2 2 0 0 0 1 0 0 2 1 0]
  예측:
  [1 0 2 1 1 0 1 2 1 1 2 0 0 0 0 1 2 1 1 2 0 2 0 2 2 2 2 2 0 0 0 1 0 0 2 1 0]
```

정리하면 predict_proba와 decision_function의 결괏값 크기는 항상 (n_samples, n_classes)입니다. 이진 분류의 decision_function은 조금 다릅니다. 이진 분류에서는 decision_function은 열이 하나뿐이며 양성 클래스인 classes_[1]에 대응하는 값을 가지고 있습니다. 이는 아마도 오래전부터 내려온 관례 때문입니다.

열이 n_classes개일 때는 열을 가로질러서 argmax 함수를 적용해 예측 결과를 재현할 수 있습니다. 하지만 주의할 것은 클래스가 문자열이거나 또는 정수형을 사용하지만 연속적이지 않고 0부터 시작하지 않을 수 있습니다.[84] predict의 결과와 decision_function이나 predict_proba의 결과를 비교하려면 분류기의 classes_ 속성을 사용해 클래스의 실제 이름을 얻어야 합니다.

```
In [127]
  logreg = LogisticRegression(max_iter=1000)

  # iris 데이터셋의 타깃을 클래스 이름으로 나타내기
  named_target = iris.target_names[y_train]
  logreg.fit(X_train, named_target)
  print("훈련 데이터에 있는 클래스 종류:", logreg.classes_)
  print("예측:", logreg.predict(X_test)[:10])
  argmax_dec_func = np.argmax(logreg.decision_function(X_test), axis=1)
  print("가장 큰 결정 함수의 인덱스:", argmax_dec_func[:10])
```

---

84 옮긴이_ 클래스가 숫자일 경우 predict_proba와 descision_function의 배열 인덱스와 같을 수 있습니다. 이런 경우 argmax의 값이 그대로 예측 클래스가 됩니다. 하지만 클래스의 숫자가 "1"처럼 문자열일 수 있고 연속된 숫자가 아닐 수 있으므로 항상 classes_의 값을 사용하는 것이 버그를 미연에 방지하는 길입니다.

```
print("인덱스를 classses_에 연결:", logreg.classes_[argmax_dec_func][:10])
```

```
Out [127]
  훈련 데이터에 있는 클래스 종류: ['setosa' 'versicolor' 'virginica']
  예측: ['versicolor' 'setosa' 'virginica' 'versicolor' 'versicolor'
   'setosa' 'versicolor' 'virginica' 'versicolor' 'versicolor']
  가장 큰 결정 함수의 인덱스: [1 0 2 1 1 0 1 2 1 1]
  인덱스를 classses_에 연결: ['versicolor' 'setosa' 'virginica' 'versicolor'
   'versicolor' 'setosa' 'versicolor' 'virginica' 'versicolor' 'versicolor']
```

## 2.5 요약 및 정리

모델 복잡도에 대해 이야기하는 것으로 이 장을 시작해서, **일반화** 또는 이전에 본 적 없는 새로운 데이터에 잘 맞는 모델을 학습시키는 것에 대해 설명하였습니다. 이를 통해서 훈련 데이터의 다양한 특징을 반영하지 못하는 모델을 뜻하는 과소적합과 훈련 데이터에 너무 맞춰져 있어서 새로운 데이터에 일반적이지 못한 모델을 뜻하는 과대적합이란 개념을 익혔습니다.

그런 다음 분류와 회귀에 사용할 수 있는 여러 종류의 머신러닝 알고리즘을 보았고, 장단점은 무엇인지와 모델의 복잡도는 각각 어떻게 제어하는지를 배웠습니다. 많은 알고리즘에서 좋은 성능을 내려면 매개변수를 적절히 설정하는 것이 중요합니다. 어떤 알고리즘은 입력 데이터에 대해, 특히 입력 특성의 스케일을 어떻게 하느냐에 민감합니다. 그러므로 모델의 가정과 매개변수의 의미를 이해하지 못하고 데이터셋에 아무 알고리즘이나 무조건 적용하면 좋은 모델을 만들 가능성이 낮습니다.

이 장은 알고리즘들에 대한 정보를 많이 담았습니다. 자세한 사항을 모두 기억하지 못하더라도 다음 장들을 학습할 수 있습니다. 여기서 배운 모델에 대한 지식을 이용하면 특정 상황에서, 또 실제 머신러닝을 잘 적용하는 데 도움이 될 것입니다. 다음은 각 모델에 대한 간단한 요약입니다.

**최근접 이웃**

작은 데이터셋일 경우, 기본 모델로서 좋고 설명하기 쉬움.

**선형 모델**

첫 번째로 시도할 알고리즘. 대용량 데이터셋 가능. 고차원 데이터에 가능.

### 나이브 베이즈

분류만 가능. 선형 모델보다 훨씬 빠름. 대용량 데이터셋과 고차원 데이터에 가능. 선형 모델보다 덜 정확함.

### 결정 트리

매우 빠름. 데이터 스케일 조정이 필요 없음. 시각화하기 좋고 설명하기 쉬움.

### 랜덤 포레스트

결정 트리 하나보다 거의 항상 좋은 성능을 냄. 매우 안정적이고 강력함. 데이터 스케일 조정 필요 없음. 고차원 희소 데이터에는 잘 안 맞음.

### 그레이디언트 부스팅 결정 트리

랜덤 포레스트보다 조금 더 성능이 좋음. 랜덤 포레스트보다 학습은 느리나 예측은 빠르고 메모리를 조금 사용. 랜덤 포레스트보다 매개변수 튜닝이 많이 필요함.

### 서포트 벡터 머신

비슷한 의미의 특성으로 이뤄진 중간 규모 데이터셋에 잘 맞음. 데이터 스케일 조정 필요. 매개변수에 민감.

### 신경망

특별히 대용량 데이터셋에서 매우 복잡한 모델을 만들 수 있음. 매개변수 선택과 데이터 스케일에 민감. 큰 모델은 학습이 오래 걸림.

새로운 데이터셋으로 작업할 때는 선형 모델이나 나이브 베이즈 또는 최근접 이웃 분류기 같은 간단한 모델로 시작해서 성능이 얼마나 나오는지 가늠해보는 것이 좋습니다. 데이터를 충분히 이해한 뒤에 랜덤 포레스트나 그레이디언트 부스팅 결정 트리, SVM, 신경망 같은 복잡한 모델을 만들 수 있는 알고리즘을 고려해볼 수 있습니다.

이제 이 장에서 논의한 모델들을 어떻게 적용하고, 튜닝하고, 분석하는지 어느 정도 알게 되었을 것입니다. 이 장에서는 이해하기 쉬운 이진 분류를 주로 다뤘습니다. 그러나 대부분의 알고리즘은 분류와 회귀에 모두 적용할 수 있고 모든 분류 알고리즘은 이진 분류와 다중 분류를 처리할 수 있습니다. 여러 알고리즘을 scikit-learn에 내장된 데이터셋에 적용해보십시오. boston_housing, diabetes는 회귀용 데이터셋이고 digits는 다중 분류용 데이터셋입니다.

여러 종류의 데이터셋을 가지고 알고리즘들을 적용해보면 학습 시간이 얼마나 필요한지, 모델을 해석하기가 쉬운지, 데이터 형태에 얼마나 민감한지 더 잘 이해할 수 있습니다.

우리는 매개변수를 차례대로 변경하면서 알고리즘을 분석해보았지만, 실제 모델에서 새로운 데이터에 잘 일반화된 모델을 만드는 것은 이보다 어렵습니다. 6장에서 매개변수를 적절하게 조정하는 방법과 좋은 매개변수를 자동으로 찾는 방법을 설명하겠습니다.

하지만 먼저 다음 장에서 비지도 학습과 데이터 전처리에 대해 자세히 알아보도록 하겠습니다.

# CHAPTER 3

# 비지도 학습과 데이터 전처리

우리가 다룰 두 번째 머신러닝 알고리즘 종류는 비지도 학습<sup>unsupervised learning</sup>입니다. 비지도 학습이란 알고 있는 출력값이나 정보 없이 학습 알고리즘을 가르쳐야 하는 모든 종류의 머신러닝을 가리킵니다. 비지도 학습에서 학습 알고리즘은 입력 데이터만으로 데이터에서 지식을 추출할 수 있어야 합니다.

## 3.1 비지도 학습의 종류

이번 장에서는 두 가지 비지도 학습을 살펴보겠습니다. 바로 데이터의 비지도 변환<sup>unsupervised transformation</sup>과 군집<sup>clustering</sup>입니다.

**비지도 변환**은 데이터를 새롭게 표현하여 사람이나 다른 머신러닝 알고리즘이 원래 데이터보다 쉽게 해석할 수 있도록 만드는 알고리즘입니다. 비지도 변환이 널리 사용되는 분야는 특성이 많은 고차원 데이터를 특성의 수를 줄이면서 꼭 필요한 특징을 포함한 데이터로 표현하는 방법인 차원 축소<sup>dimensionality reduction</sup>입니다. 차원 축소의 대표적 예는 시각화를 위해 데이터셋을 2차원으로 변경하는 경우입니다.

비지도 변환으로 데이터를 구성하는 단위나 성분을 찾기도 합니다. 많은 텍스트 문서에서 주제를 추출하는 것이 이런 예입니다. 이때 처리할 작업은 문서에서 이야기하는 주제들이 무엇인지 찾고 학습하는 것입니다. 이는 소셜 미디어에서 선거, 총기 규제, 팝스타 같은 주제로 일어나는 토론을 추적할 때 사용할 수 있습니다.

**군집 알고리즘**은 데이터를 비슷한 것끼리 그룹으로 묶는 것입니다. 소셜 미디어 사이트에 사진을 업로드하는 예를 생각해보겠습니다. 업로드한 사진을 분류하려면 같은 사람이 찍힌 사진을 같은 그룹으로 묶을 수 있습니다. 그러나 사이트는 사진에 찍힌 사람이 누군지, 전체 사진 앨범에 얼마나 많은 사람이 있는지 알지 못합니다. 가능한 방법은 사진에 나타난 모든 얼굴을 추출해서 비슷한 얼굴로 그룹 짓는 것입니다. 이 얼굴들이 같은 사람의 얼굴이라면 이미지들을 그룹으로 잘 묶은 것입니다.

## 3.2 비지도 학습의 도전 과제

비지도 학습에서 가장 어려운 일은 알고리즘이 뭔가 유용한 것을 학습했는지 평가하는 것입니다. 비지도 학습은 보통 레이블이 없는 데이터에 적용하기 때문에 무엇이 올바른 출력인지 모릅니다. 그래서 어떤 모델이 일을 잘하고 있는지 이야기하기가 매우 어렵습니다. 예를 들어 가상의 군집 알고리즘이 옆모습이 찍힌 사진과 앞모습이 찍힌 사진으로 그룹을 나눌 수 있습니다. 이것도 사람의 얼굴 사진을 분류하는 방법이지만 우리가 원하는 방향은 아닙니다. 그러나 이 알고리즘에게 우리가 원하는 것을 알려줄 방법이 없습니다. 그리고 비지도 학습의 결과를 평가하기 위해서는 직접 확인하는 것이 유일한 방법일 때가 많습니다.

이런 이유로 비지도 학습 알고리즘은 데이터 과학자가 데이터를 더 잘 이해하고 싶을 때 탐색적 분석 단계에서 많이 사용합니다. 비지도 학습은 지도 학습의 전처리 단계에서도 사용합니다. 비지도 학습의 결과로 새롭게 표현된 데이터를 사용해 학습하면 지도 학습의 정확도가 좋아지기도 하며 메모리와 시간을 절약할 수 있습니다.

진짜 비지도 학습 알고리즘으로 들어가기 전에 몇 가지 간단한 전처리 메서드를 짧게 설명 하겠습니다. 지도 학습 알고리즘에서 전처리와 스케일 조정을 자주 사용하지만, 스케일 조정 메서드는 지도 정보supervised information를 사용하지 않으므로 비지도 방식입니다.

## 3.3 데이터 전처리와 스케일 조정

앞 장에서 본 신경망과 SVM 같은 알고리즘은 데이터의 스케일에 매우 민감합니다. 그래서 보통 이런 알고리즘들에 맞게 데이터의 특성 값을 조정합니다. 보통 특성마다 스케일을 조정해서 데이터를 변경합니다. 간단한 예를 준비했습니다(그림 3-1).

```
In [3]
mglearn.plots.plot_scaling()
```

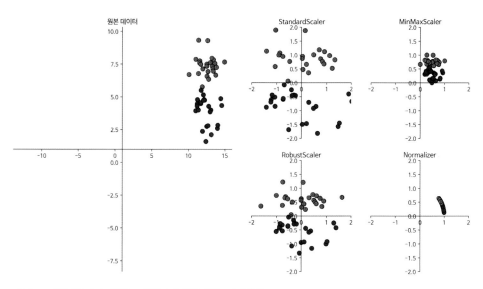

**그림 3-1** 데이터셋의 스케일을 조정하거나 전처리하는 여러 방법

### 3.3.1 여러 가지 전처리 방법

[그림 3-1]의 첫 번째 그래프는 두 개의 특성을 인위적으로 만든 이진 분류 데이터셋입니다. 첫 번째 특성(x 축의 값)은 10과 15 사이에 있습니다. 두 번째 특성(y 축의 값)은 1과 9 사이에 있습니다.

오른쪽의 네 그래프는 데이터를 기준이 되는 범위로 변환하는 네 가지 방법을 보여줍니다. scikit-learn의 StandardScaler는 각 특성의 평균을 0, 분산을 1로 변경하여 모든 특성이 같은 크기를 가지게 합니다.[1] 그러나 이 방법은 특성의 최솟값과 최댓값 크기를 제한하지는 않습니다. RobustScaler는 특성들이 같은 스케일을 갖게 된다는 통계적 측면에서는 StandardScaler와 비슷합니다. 하지만 평균과 분산 대신 중간 값median과 사분위 값quartile을 사용합니다.[2] 이런 방식 때문에 RobustScaler는 전체 데이터와 아주 동떨어진 데이터 포인트(예를 들면, 측정 에러)에 영향을 받지 않습니다. 이런 이상 데이터를 **이상치**outlier라 하며 다른 스케일 조정 기법에서는 문제가 될 수 있습니다.

반면에 MinMaxScaler는 모든 특성이 정확하게 0과 1 사이에 위치하도록 데이터를 변경합니다.[3] 2차원 데이터셋일 경우에는 모든 데이터가 x 축의 0과 1, y 축의 0과 1 사이의 사각 영역에 담기게 됩니다.

마지막으로 Normalizer는 매우 다른 스케일 조정 기법입니다. 이 방식은 특성 벡터의 유클리디안 길이가 1이 되도록 데이터 포인트를 조정합니다.[4] 다른 말로 하면 지름이 1인 원(3차원일 땐 구)에 데이터 포인트를 투영합니다. 이 말은 각 데이터 포인트가 다른 비율로(길이에 반비례하여) 스케일이 조정된다는 뜻입니다. 이러한 정규화normalization는 특성 벡터의 길이는 상관없고 데이터의 방향(또는 각도)만이 중요할 때 많이 사용합니다.

### 3.3.2 데이터 변환 적용하기

여러 종류의 변환을 둘러보았으니 scikit-learn을 사용해 실제로 적용해보겠습니다. 데이터셋으로는 2장에서 사용한 cancer를 이용하겠습니다. 스케일을 조정하는 전처리 메서드들은 보통 지도 학습 알고리즘을 적용하기 전에 적용합니다. 예제에서는 cancer 데이터셋에 커널 SVM(SVC)을 적용하고 데이터 전처리에는 MinMaxScaler를 사용하겠습니다. 먼저 데이터를 적재하고 훈련 세트와 테스트 세트로 나눕니다(전처리 후에 만들어진 지도 학습 모델을 평

---

1 옮긴이_ StandardScaler를 구하는 공식은 $\frac{x-\bar{x}}{\sigma}$이며 $\bar{x}$는 평균, $\sigma$는 표준편차입니다. 이 값을 표준 점수, 표준값 혹은 z-점수라고도 합니다.

2 중간 값은 $x$보다 작은 수가 절반이고 $x$보다 큰 수가 절반인 $x$입니다. 1사분위 값은 $x$보다 작은 수가 전체 개수의 1/4인 $x$이고, 3사분위는 $x$보다 큰 수가 전체 개수의 1/4인 $x$를 말합니다.
옮긴이_ RobustScaler를 구하는 공식은 $\frac{x-q_2}{q_3-q_1}$ 입니다. 여기서 $q_2$는 중간 값, $q_1$은 1사분위 값, $q_3$은 3사분위 값입니다.

3 옮긴이_ MinMaxScaler를 구하는 공식은 $\frac{x-x_{min}}{x_{max}-x_{min}}$으로 데이터에서 최솟값을 빼고 전체 범위로 나눕니다.

4 옮긴이_ Normalizer의 norm 매개변수는 'l1', 'l2', 'max' 세 가지 옵션을 제공하며 유클리디안 거리를 의미하는 'l2'가 기본값입니다. StandardScaler, RobustScaler, MinMaxScaler는 각 열(특성)의 통계치를 이용하지만 Normalizer는 행(데이터 포인트)마다 각기 정규화됩니다.

가하려면 훈련 세트와 테스트 세트로 나눠야 합니다).

```
In [4]
  from sklearn.datasets import load_breast_cancer
  from sklearn.model_selection import train_test_split
  cancer = load_breast_cancer()

  X_train, X_test, y_train, y_test = train_test_split(cancer.data, cancer.target,
                                                      random_state=1)
  print(X_train.shape)
  print(X_test.shape)

Out [4]
  (426, 30)
  (143, 30)
```

이 데이터셋에는 569개의 데이터 포인트가 있고 각 데이터 포인트는 30개의 측정값으로 이뤄져 있습니다. 이 데이터셋에서 샘플 426개를 훈련 세트로, 143개를 테스트 세트로 나눴습니다.

이전에 만든 지도 학습 모델처럼 먼저 전처리가 구현된 파이썬 클래스[5]를 임포트하고 객체를 생성합니다.

```
In [5]
  from sklearn.preprocessing import MinMaxScaler

  scaler = MinMaxScaler()
```

그런 다음 fit 메서드에 훈련 데이터를 적용합니다. MinMaxScaler의 fit 메서드는 훈련 세트에 있는 특성마다 최솟값과 최댓값을 계산합니다. 2장의 분류 모델이나 회귀 모델과는 달리 스케일 객체는 fit 메서드를 호출할 때 훈련 데이터(X_train)만 넘겨주며 y_train은 사용하지 않습니다.

---

5 옮긴이_ 이 책에서는 클래스란 용어를 분류 문제에서 출력값이나 범주형 특성을 나타낼 때 사용합니다. 따라서 프로그램 언어에서의 클래스를 말할 때는 '파이썬 클래스'라고 구체적으로 언급하겠습니다.

```
In [6]
  scaler.fit(X_train)

Out [6]
  MinMaxScaler(copy=True, feature_range=(0, 1))
```

fit 메서드로 학습한 변환을 적용하려면, 즉 실제로 훈련 데이터의 스케일을 조정하려면 스케일 객체의 transform 메서드를 사용합니다. scikit-learn의 transform은 새로운 데이터 표현 representation을 만들 때 사용하는 메서드입니다.

```
In [7]
  # 데이터 변환
  X_train_scaled = scaler.transform(X_train)
  # 스케일이 조정된 후 데이터셋의 속성을 출력합니다.
  print("변환된 후 크기:", X_train_scaled.shape)
  print("스케일 조정 전 특성별 최소값:\n", X_train.min(axis=0))
  print("스케일 조정 전 특성별 최대값:\n", X_train.max(axis=0))
  print("스케일 조정 후 특성별 최소값:\n", X_train_scaled.min(axis=0))
  print("스케일 조정 후 특성별 최대값:\n", X_train_scaled.max(axis=0))

Out [7]
  변환된 후 크기: (426, 30)
  스케일 조정 전 특성별 최솟값:
  [  6.981    9.71   43.79  143.5      0.053    0.019   0.       0.       0.106
     0.05     0.115   0.36    0.757    6.802    0.002   0.002   0.       0.
     0.01     0.001   7.93   12.02    50.41  185.2      0.071   0.027   0.
     0.       0.157   0.055]
  스케일 조정 전 특성별 최댓값:
  [  28.11    39.28   188.5   2501.       0.163    0.287   0.427    0.201
      0.304    0.096    2.873    4.885   21.98   542.2      0.031    0.135
      0.396    0.053    0.061    0.03    36.04    49.54   251.2   4254.
      0.223    0.938    1.17     0.291    0.577    0.149]
  스케일 조정 후 특성별 최솟값:
  [ 0.  0.  0.  0.  0.  0.  0.  0.  0.  0.  0.  0.  0.  0.  0.  0.  0.  0.
    0.  0.  0.  0.  0.  0.  0.  0.  0.  0.  0.  0.]
  스케일 조정 후 특성별 최댓값:
  [ 1.  1.  1.  1.  1.  1.  1.  1.  1.  1.  1.  1.  1.  1.  1.  1.  1.  1.
    1.  1.  1.  1.  1.  1.  1.  1.  1.  1.]
```

변환된 데이터의 배열 크기는 원래 데이터와 동일합니다. 즉 특성 값이 이동되거나 크기가 조정되었을 뿐입니다. 예상대로 모든 특성의 값은 0과 1 사이가 되었습니다.

이 데이터에 SVM을 적용하려면 테스트 세트도 변환해야 합니다. 이땐 X_test를 넣어 transform 메서드를 호출하면 됩니다.

```
In [8]
# 테스트 데이터 변환
X_test_scaled = scaler.transform(X_test)
# 스케일이 조정된 후 테스트 데이터의 속성을 출력합니다.
print("스케일 조정 후 특성별 최소값:\n", X_test_scaled.min(axis=0))
print("스케일 조정 후 특성별 최대값:\n", X_test_scaled.max(axis=0))
```

```
Out [8]
스케일 조정 후 특성별 최솟값:
[ 0.034  0.023  0.031  0.011  0.141  0.044  0.      0.      0.154 -0.006
 -0.001  0.006  0.004  0.001  0.039  0.011  0.      0.     -0.032  0.007
  0.027  0.058  0.02   0.009  0.109  0.026  0.      0.     -0.     -0.002]
스케일 조정 후 특성별 최댓값:
[ 0.958  0.815  0.956  0.894  0.811  1.22   0.88   0.933  0.932  1.037
  0.427  0.498  0.441  0.284  0.487  0.739  0.767  0.629  1.337  0.391
  0.896  0.793  0.849  0.745  0.915  1.132  1.07   0.924  1.205  1.631]
```

놀랍게도 스케일을 조정한 테스트 세트의 최솟값과 최댓값이 0과 1이 아닙니다. 일부 특성은 0~1 범위를 벗어났습니다! MinMaxScaler는 (그리고 다른 모든 스케일 모델도) 항상 훈련 세트와 테스트 세트에 같은 변환을 적용해야 합니다. transform 메서드는 테스트 세트의 최솟값과 범위를 사용하지 않고, 항상 훈련 세트의 최솟값을 빼고 훈련 세트의 범위로 나눕니다.[6]

### 3.3.3 (한국어판 부록) QuantileTransformer와 PowerTransformer[7]

scikit-learn 0.19.0 버전에 QuantileTransformer 변환기가 추가되었습니다. Quantile Transformer는 기본적으로 1,000개의 분위quantile를 사용하여 데이터를 균등하게 분포시킵니다. RobustScaler와 비슷하게 이상치에 민감하지 않으며 전체 데이터를 0과 1사이로 압축합

---

6 옮긴이_ 항상 훈련 세트의 통계치를 이용하므로 테스트 세트에 대한 스케일 조정 공식은 $\frac{x_{test} - x_{train\_min}}{x_{train\_max} - x_{train\_min}}$이 됩니다.

7 옮긴이_ 이 절의 코드는 번역서 깃허브의 "03.3.3-Quantile Transformer-PowerTransformer.ipynb" 노트북에 있습니다.

니다.

[그림 3-1]에 사용했던 것과 같은 데이터셋에 QuantileTransformer를 적용해보겠습니다.
먼저 이 절에서 필요한 모듈을 임포트합니다.

```
In [2]
  import matplotlib.pyplot as plt
  import numpy as np
  from sklearn.datasets import make_blobs
  from sklearn.preprocessing import QuantileTransformer, StandardScaler, PowerTransformer
```

[그림 3-1]과 동일한 예제 데이터를 생성하고 산점도를 그려보죠.

```
In [3]
  X, y = make_blobs(n_samples=50, centers=2, random_state=4, cluster_std=1)
  X += 3

  plt.scatter(X[:, 0], X[:, 1], c=y, s=30, edgecolors='black')
  plt.xlim(0, 16)
  plt.xlabel('x0')
  plt.ylim(0, 10)
  plt.ylabel('x1')
  plt.title("Original Data")
  plt.show()
```

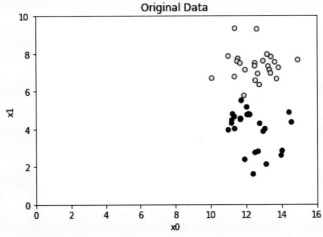

이 데이터셋에 QuantileTransformer를 적용해 어떻게 스케일이 변환되는지 확인해보겠습니다.

```
In [4]
  scaler = QuantileTransformer(n_quantiles=50)
  X_trans = scaler.fit_transform(X)

  plt.scatter(X_trans[:, 0], X_trans[:, 1], c=y, s=30, edgecolors='black')
  plt.xlim(0, 5)
  plt.xlabel('x0')
  plt.ylim(0, 5)
  plt.ylabel('x1')
  plt.title(type(scaler).__name__)
  plt.show()
```

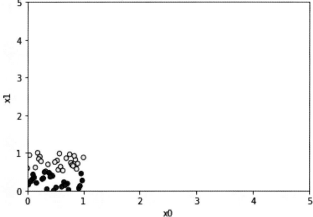

랜덤하게 흩어져 있던 데이터 포인트들이 두 특성의 0과 1 사이에 고르게 분포되어 있습니다. 변환된 데이터의 히스토그램을 그려보면 균등 분포를 쉽게 확인할 수 있습니다.

```
In [5]
  plt.hist(X_trans)
  plt.show()
```

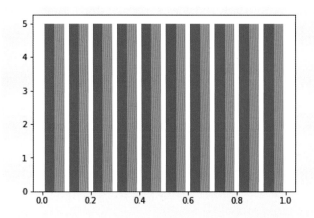

QuantileTransformer의 분위 수는 n_quantiles 매개변수에서 설정할 수 있으며 기본값은 1,000입니다. scaler 객체의 quantiles_ 속성에는 특성별로 계산된 분위 값이 들어 있으므로 이 속성의 크기는 (n_quantiles, n_features)입니다. 크기를 직접 확인해보죠.

```
In [6]
  print(scaler.quantiles_.shape)
```

```
Out [6]
  (1000, 2)
```

QuantileTransformer의 동작을 조금 더 잘 이해하기 위해서 간단한 샘플 데이터를 만들어 변환 결과를 비교해보겠습니다. 아래 코드에서 하나의 특성과 다섯 개의 샘플로 이루어진 간단한 데이터셋을 만들었습니다. np.percentile() 함수는 두 번째 매개변수에서 지정한 분위에 해당하는 샘플을 추출하여 반환합니다. 여기에서는 첫 번째, 1사분위, 중간값, 3사분위, 마지막 값을 지정했습니다. 훈련 샘플이 모두 다섯 개이므로 지정한 분위가 훈련 샘플과 정확히 일치합니다.

```
In [7]
  x = np.array([[0], [5], [8], [9], [10]])
  print(np.percentile(x[:, 0], [0, 25, 50, 75, 100]))
```

```
Out [7]
  [ 0.  5.  8.  9.  10.]
```

QuantileTransformer로 변환한 후에 확인해보겠습니다. 다음 결과를 보면 예제 데이터가 분위와 동일한 값으로 변환되었다는 것을 알 수 있습니다.

```
In [8]
  x_trans = QuantileTransformer(n_quantiles=5).fit_transform(x)
  print(np.percentile(x_trans[:, 0], [0, 25, 50, 75, 100]))

Out [8]
  [0.   0.25 0.5  0.75 1.  ]
```

QuantileTransformer는 output_distribution 매개변수에서 normal로 지정하여 균등 분포가 아니라 정규분포로 출력을 바꿀 수 있습니다. 정규분포로 바꾼 경우를 확인해보죠.

```
In [9]
  scaler = QuantileTransformer(output_distribution='normal', n_quantiles=50)
  X_trans = scaler.fit_transform(X)

  plt.scatter(X_trans[:, 0], X_trans[:, 1], c=y, s=30, edgecolors='black')
  plt.xlim(-5, 5)
  plt.xlabel('x0')
  plt.ylim(-5, 5)
  plt.ylabel('x1')
  plt.title(type(scaler).__name__)
  plt.show()
```

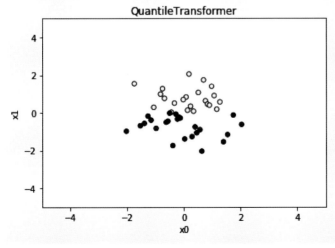

scikit-learn 0.20.0 버전에서는 데이터의 특성별로 정규분포 형태에 가깝도록 변환해주는 PowerTransformer가 추가되었습니다. PowerTransformer은 method 매개변수에 'yeo-johnson'[8]와 'box-cox'[9] 알고리즘을 지정할 수 있습니다. 기본값은 'yeo-johnson'입니다.

QuantileTransformer와 StandardScaler, PowerTransformer의 두 알고리즘이 예제 데이터셋을 정규분포로 변환하는 차이를 확인해보겠습니다.

```
In [10]
  plt.hist(X)
  plt.title('Original Data')
  plt.show()

  X_trans = QuantileTransformer(output_distribution='normal', n_quantiles=50)
            .fit_transform(X)
  plt.hist(X_trans)
  plt.title('QuantileTransformer')
  plt.show()

  X_trans = StandardScaler().fit_transform(X)
  plt.hist(X_trans)
  plt.title('StandardScaler')
  plt.show()

  X_trans = PowerTransformer(method='box-cox').fit_transform(X)
  plt.hist(X_trans)
  plt.title('PowerTransformer box-cox')
  plt.show()

  X_trans = PowerTransformer(method='yeo-johnson').fit_transform(X)
  plt.hist(X_trans)
  plt.title('PowerTransformer yeo-johnson')
  plt.show()
```

8 옮긴이_ I.K. Yeo and R.A. Johnson, "A new family of power transformations to improve normality or symmetry." Biometrika, 87(4), 2000, pp.954-959.

9 옮긴이_ G.E.P. Box and D.R. Cox, "An Analysis of Transformations", Journal of the Royal Statistical Society B, 26, 1964, pp.211-252.

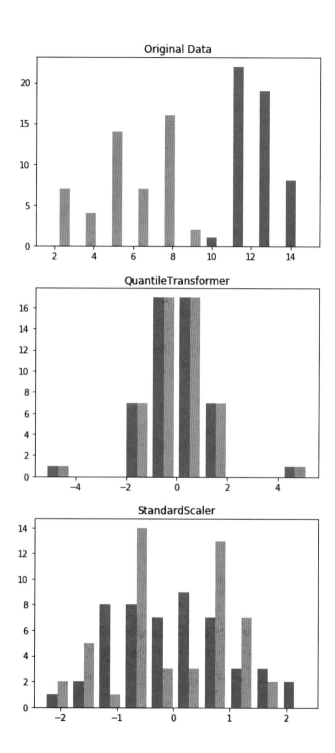

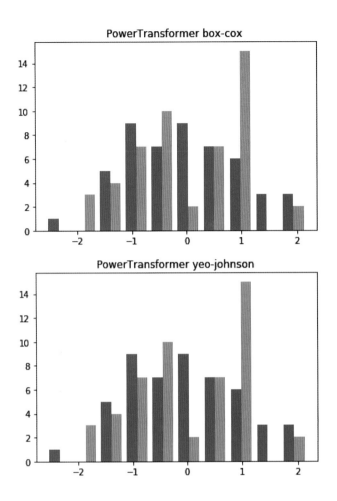

이 예에서는 PowerTransformer의 두 알고리즘이 동일한 결과를 만들었습니다. 실전에서는 데이터셋마다 어떤 변환이 정규분포에 가깝게 변환할지 사전에 알기 어렵습니다. 각 변환기의 결과를 히스토그램으로 확인해보는 것이 좋습니다.

### 3.3.4 훈련 데이터와 테스트 데이터의 스케일을 같은 방법으로 조정하기

지도 학습 모델에서 테스트 세트를 사용하려면 훈련 세트와 테스트 세트에 같은 변환을 적용해야 한다는 점이 중요합니다. 다음 예에서는 이와 반대로, 테스트 세트의 최솟값과 범위를 사용했을 때 어떤 일이 일어나는지 보여줍니다(그림 3-2).

In [9]
```python
from sklearn.datasets import make_blobs
# 인위적인 데이터셋 생성
X, _ = make_blobs(n_samples=50, centers=5, random_state=4, cluster_std=2)
# 훈련 세트와 테스트 세트로 나눕니다.
X_train, X_test = train_test_split(X, random_state=5, test_size=.1)

# 훈련 세트와 테스트 세트의 산점도를 그립니다.
fig, axes = plt.subplots(1, 3, figsize=(13, 4))
axes[0].scatter(X_train[:, 0], X_train[:, 1],
                c=mglearn.cm2.colors[0], label="훈련 세트", s=60)
axes[0].scatter(X_test[:, 0], X_test[:, 1], marker='^',
                c=mglearn.cm2.colors[1], label="테스트 세트", s=60)
axes[0].legend(loc='upper left')
axes[0].set_title("원본 데이터")

# MinMaxScaler를 사용해 스케일을 조정합니다.
scaler = MinMaxScaler()
scaler.fit(X_train)
X_train_scaled = scaler.transform(X_train)
X_test_scaled = scaler.transform(X_test)

# 스케일이 조정된 데이터의 산점도를 그립니다.
axes[1].scatter(X_train_scaled[:, 0], X_train_scaled[:, 1],
                c=mglearn.cm2.colors[0], label="훈련 세트", s=60)
axes[1].scatter(X_test_scaled[:, 0], X_test_scaled[:, 1], marker='^',
                c=mglearn.cm2.colors[1], label="테스트 세트", s=60)
axes[1].set_title("스케일 조정된 데이터")

# 테스트 세트의 스케일을 따로 조정합니다.
# 테스트 세트의 최솟값은 0, 최댓값은 1이 됩니다.
# 이는 예제를 위한 것으로, 절대로 이렇게 사용해서는 안 됩니다.
test_scaler = MinMaxScaler()
test_scaler.fit(X_test)
X_test_scaled_badly = test_scaler.transform(X_test)

# 잘못 조정된 데이터의 산점도를 그립니다.
axes[2].scatter(X_train_scaled[:, 0], X_train_scaled[:, 1],
                c=mglearn.cm2.colors[0], label="training set", s=60)
axes[2].scatter(X_test_scaled_badly[:, 0], X_test_scaled_badly[:, 1],
                marker='^', c=mglearn.cm2.colors[1], label="test set", s=60)
axes[2].set_title("잘못 조정된 데이터")

for ax in axes:
```

```
ax.set_xlabel("특성 0")
ax.set_ylabel("특성 1")
```

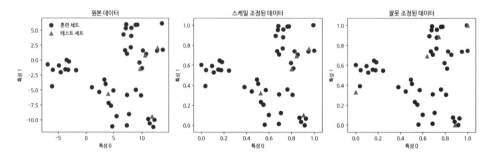

**그림 3-2** 훈련 데이터와 테스트 데이터의 스케일 조정을 함께 했을 때(가운데)와 따로 했을 때(오른쪽) 미치는 영향

첫 번째 그래프는 2차원 원본 데이터셋이며, 훈련 세트는 원으로 표시하고 테스트 세트는 삼각형으로 나타냈습니다. 두 번째 그래프는 같은 데이터를 MinMaxScaler로 스케일을 조정한 것입니다. 훈련 세트를 사용해 fit 메서드를 호출하고 훈련 세트와 테스트 세트에 transform 메서드를 적용했습니다. 축의 눈금이 바뀐 것만 빼면 두 번째 그래프는 첫 번째 그래프와 동일합니다. 이제 모든 특성은 0과 1 사이에 놓여 있습니다. 하지만 테스트 데이터(삼각형)의 최솟값과 최댓값은 0과 1이 아닙니다.

세 번째 그래프는 훈련 세트와 테스트 세트의 스케일을 서로 다른 방식으로 조정했을 때 무슨일이 일어나는지 보여줍니다. 이 경우 훈련 세트와 테스트 세트의 최솟값과 최댓값이 모두 0과 1입니다. 하지만 데이터셋이 매우 다르게 보입니다. 테스트 포인트는 스케일이 다르게 조정되었기 때문에 훈련 세트와 다른 비율로 이동했습니다. 따라서 데이터 배열이 뒤죽박죽되었습니다. 이건 확실히 우리가 원하는 바가 아닙니다.

다른 방향으로 생각해보면, 포인트가 하나뿐인 테스트 세트를 생각해볼 수 있습니다. 하나의포인트로는 MinMaxScaler에 필요한 최솟값과 최댓값이 없어 스케일을 조정할 수가 없습니다. 하지만 테스트 세트의 크기 때문에 작업 과정이 달라져서는 안 됩니다.

### 3.3.5 지도 학습에서 데이터 전처리 효과

이제 다시 cancer 데이터셋으로 돌아가서 SVC를 학습시킬 때 MinMaxScaler의 효과를 확인해보겠습니다(2장에서 한 스케일 조정과 같지만 방법이 다릅니다). 먼저 비교를 위해 원본 데이터로 SVC 모델을 만듭니다.

```
In [11]
  from sklearn.svm import SVC

  X_train, X_test, y_train, y_test = train_test_split(cancer.data, cancer.target,
                                                      random_state=0)

  svm = SVC(gamma='auto')
  svm.fit(X_train, y_train)
  print("테스트 세트 정확도: {:.2f}".format(svm.score(X_test, y_test)))
```

---

10 옮긴이_ 테스트 세트에 fit_transform()을 적용하면 훈련 세트에서 학습한 내용이 모두 지워집니다. 따라서 테스트 세트에는 반드시 transform() 메서드를 사용해야 합니다.

    테스트 세트 정확도: 0.63

다음은 SVC 모델을 학습시키기 전에 MinMaxScaler을 사용해 데이터의 스케일을 조정합니다.

```
In [12]
# 0~1 사이로 스케일 조정
scaler = MinMaxScaler()
scaler.fit(X_train)
X_train_scaled = scaler.transform(X_train)
X_test_scaled = scaler.transform(X_test)

# 조정된 데이터로 SVM 학습
svm.fit(X_train_scaled, y_train)

# 스케일 조정된 테스트 세트의 정확도
print("스케일 조정된 테스트 세트의 정확도: {:.2f}".format(
    svm.score(X_test_scaled, y_test)))
```

Out [12]
    스케일 조정된 테스트 세트의 정확도: 0.95

앞서 본 것처럼 스케일 조정의 효과는 꽤 큽니다. 데이터 스케일 조정에 복잡한 수학이 필요하진 않지만, 실수를 줄이려면 직접 구현하기보다 scikit-learn에서 제공하는 도구를 사용하는 것이 좋습니다.

모든 전처리 모델이 동일한 fit, transform 메서드를 제공하므로 사용하는 파이썬 클래스만 바꾸면 다른 전처리 알고리즘으로 손쉽게 교체할 수 있습니다.

```
In [13]
# 평균 0, 분산 1을 갖도록 스케일 조정
from sklearn.preprocessing import StandardScaler
scaler = StandardScaler()
scaler.fit(X_train)
X_train_scaled = scaler.transform(X_train)
X_test_scaled = scaler.transform(X_test)

# 조정된 데이터로 SVM 학습
svm.fit(X_train_scaled, y_train)
```

```
# 스케일 조정된 테스트 세트의 정확도
print("SVM test accuracy: {:.2f}".format(svm.score(X_test_scaled, y_test)))
```

Out [13]
```
SVM 테스트 정확도: 0.97
```

전처리 작업을 위한 데이터 변환을 얼마나 간단하게 할 수 있는지 보았습니다.[11] 이제 비지도 학습을 사용한 더 재미있는 변환에 대해 배워보겠습니다.


## 3.4 차원 축소, 특성 추출, 매니폴드 학습

앞서 이야기했듯, 비지도 학습을 사용해 데이터를 변환하는 이유는 여러 가지입니다. 가장 일반적인 동기는 시각화하거나, 데이터를 압축하거나, 추가적인 처리를 위해[12] 정보가 더 잘 드러나는 표현을 찾기 위해서입니다.

이번 절에서는 이런 용도로 가장 간단하고 흔히 사용하는 알고리즘인 주성분 분석principal component analysis, PCA을 소개합니다. 그리고 특성 추출에 널리 사용하는 비음수 행렬 분해non-negative matrix factorization, NMF와 2차원 산점도를 이용해 시각화 용도로 많이 사용하는 t-SNEt-distributed stochastic neighbor embedding 알고리즘도 살펴보겠습니다.


### 3.4.1 주성분 분석(PCA)

주성분 분석은 특성들이 통계적으로 상관관계가 없도록 데이터셋을 회전시키는 기술입니다. 회전한 뒤에 데이터를 설명하는 데 얼마나 중요하냐에 따라 종종 새로운 특성 중 일부만 선택됩니다. 다음 예제는 인위적으로 만든 2차원 데이터셋을 사용하여 PCA 효과를 나타낸 것입니다(그림 3-3).

In [14]
```
mglearn.plots.plot_pca_illustration()
```

....................................

11 옮긴이_ 중요한 전처리 작업 중 하나는 누락된 값의 처리입니다. 사이킷런에서는 특성의 평균이나 최빈값으로 대체하는 SimpleImputer 클래스(0.20 버전에서 추가)와 최근접 이웃 방식으로 대체하는 KNNImputer 클래스(0.22 버전에서 추가) 등을 제공합니다.

12 옮긴이_ 주로 지도 학습에 사용하기 위해서입니다.

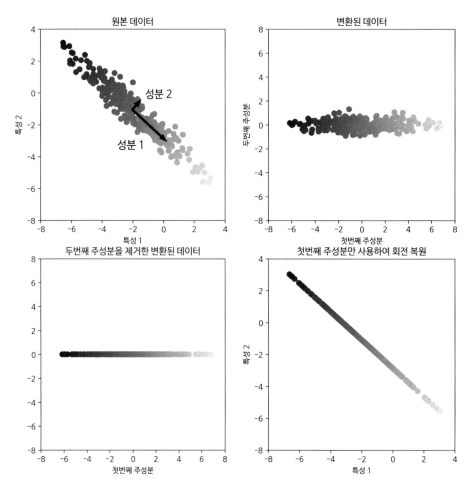

**그림 3-3** PCA를 이용한 데이터 변환

첫 번째 그래프는(왼쪽 위) 원본 데이터 포인트를 색으로 구분해 표시한 것입니다. 이 알고리즘은 먼저 "성분 1"이라고 쓰여 있는, 분산이 가장 큰 방향을 찾습니다. 이 방향(또는 벡터)이 데이터에서 가장 많은 정보를 담고 있는 방향입니다. 다른 말로, 특성들의 상관관계가 가장 큰 방향입니다. 그다음으로, 이 알고리즘은 첫 번째 방향과 직각인 방향 중에서 가장 많은 정보를 담은 방향을 찾습니다. 2차원에서는 가능한 직각 방향이 하나뿐이지만 고차원에서는 (무한히) 많은 직각 방향이 있을 수 있습니다. 두 성분을 화살표로 나타냈지만, 사실 화살표의 머리와 꼬리는 아무 의미가 없습니다. 즉 화살표를 중앙에서 오른쪽 아래로 향하게 그리지 않고 왼쪽 위로 향하게 그릴 수도 있습니다. 이런 과정을 거쳐 찾은 방향을 데이터에 있는 주된 분산의 방향이라고 해서 **주성분**principal component이라고 합니다. 일반적으로 원본 특성 개수만큼의 주성분이 있습니다.[13]

두 번째 그래프(오른쪽 위)는 같은 데이터지만 주성분 1과 2를 각각 x 축과 y 축에 나란하도록 회전한 것입니다. 회전하기 전에 데이터에서 평균을 빼서 중심을 원점에 맞췄습니다. PCA에 의해 회전된 두 축은 연관되어 있지 않으므로 변환된 데이터의 상관관계 행렬correlation matrix이 대각선 방향을 제외하고는 0이 됩니다.[14]

PCA는 주성분의 일부만 남기는 차원 축소 용도로 사용할 수 있습니다. 이 예에서는 [그림 3-3]의 세 번째 그래프처럼(왼쪽 아래) 첫 번째 주성분만 유지하려고 합니다. 이렇게 하면 2차원 데이터셋이 1차원 데이터셋으로 차원이 감소합니다. 그러나 단순히 원본 특성 중 하나만 남기는 것은 아닙니다. 가장 유용한 방향을 찾아서 그 방향의 성분, 즉 첫 번째 주성분을 유지하는 것입니다(첫 번째 그래프에서 오른쪽 아래로 향하는 성분이 여기 해당합니다).

마지막으로 데이터에 다시 평균을 더하고 반대로 회전시킵니다. 이 결과가 [그림 3-3]의 마지막 그래프입니다. 이 데이터 포인트들은 원래 특성 공간에 놓여 있지만 첫 번째 주성분의 정보만 담고 있습니다. 이 변환은 데이터에서 노이즈를 제거하거나 주성분에서 유지되는 정보를 시각화하는 데 종종 사용합니다.

## PCA를 적용해 유방암 데이터셋 시각화하기

PCA가 가장 널리 사용되는 분야는 고차원 데이터셋의 시각화입니다. 1장에서 본 것처럼 세 개 이상의 특성을 가진 데이터를 산점도로 표현하기란 쉽지 않습니다. iris 데이터셋의 경우 두 개씩 짝지은 특성들의 관계를 산점도 행렬로 그릴 수 있었습니다(그림 1-3). 하지만 유방암 데이터셋에는 산점도 행렬도 적용하기 어렵습니다. 이 데이터셋은 특성을 30개나 가지고 있어서 (산점도 행렬의 우삼각형 부분만 하더라도) $30 \times 14.5 = 435$개[15]의 산점도를 그려야 합니다! 이렇게 많은 그래프는 이해하기는커녕 자세히 들여다볼 수도 없습니다.

---

13 옮긴이_ scikit-learn에서는 특성 개수보다 많은 주성분을 설정하면 에러가 발생합니다. 0.20 버전부터는 지정된 주성분보다 샘플 개수가 적을 경우에도 에러가 발생합니다.

14 옮긴이_ 상관관계 행렬은 공분산 행렬을 정규화한 것으로 PCA로 변환한 데이터가 X_pca라고 할 때 NumPy 함수 np.corrcoef (X_pca.T)로 구할 수 있습니다. 이 행렬의 대각선 방향은 PCA로 만들어진 특성 자신과의 관계이므로 1이 됩니다.

15 옮긴이_ 정확히는 30개 특성에서 두 개씩 짝짓게 되므로 $\binom{30}{2} = \frac{30!}{2!(30-2)!} = 30 \times \frac{29!}{2! \times 28!} = 30 \times 14.5 = 435$ 개의 산점도가 그려집니다. 산점도 행렬은 대각선 부분에 히스토그램이 그려지며 대각선을 기준으로 대칭입니다.

이보다 쉬운 방법은 양성과 악성 두 클래스에 대해 각 특성의 히스토그램을 그리는 것입니다
(그림 3-4).

```
In [15]
  fig, axes = plt.subplots(15, 2, figsize=(10, 20))
  malignant = cancer.data[cancer.target == 0]
  benign = cancer.data[cancer.target == 1]

  ax = axes.ravel()

  for i in range(30):
      _, bins = np.histogram(cancer.data[:, i], bins=50)
      ax[i].hist(malignant[:, i], bins=bins, color=mglearn.cm3(0), alpha=.5)
      ax[i].hist(benign[:, i], bins=bins, color=mglearn.cm3(2), alpha=.5)
      ax[i].set_title(cancer.feature_names[i])
      ax[i].set_yticks(())
  ax[0].set_xlabel("특성 크기")
  ax[0].set_ylabel("빈도")
  ax[0].legend(["악성", "양성"], loc="best")
  fig.tight_layout()
```

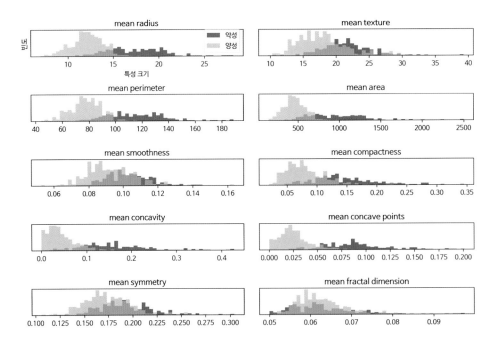

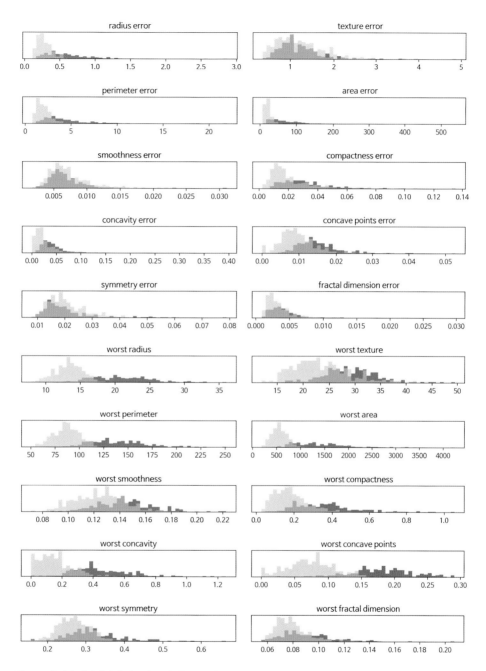

**그림 3-4** 유방암 데이터의 클래스별 특성 히스토그램

이 그림은 각 특성에 대한 히스토그램으로 특정 간격(*bin*이라고 부름)에 얼마나 많은 데이터 포인트가 나타나는지 횟수를 센 것입니다. 각 그래프는 히스토그램 두 개를 겹쳐놓은 것으로 초록색은 양성 클래스의 포인트를, 그리고 푸른색은 악성 클래스의 포인트를 나타냅니다. 이 그림은 특성들이 클래스별로 어떻게 분포되어 있는지를 알려주고, 이를 통해 어떤 특성이 양성 과 악성 샘플을 구분하는 데 더 좋은지 가늠해볼 수 있습니다. 예를 들어 "smoothness error" 특성은 두 히스토그램이 거의 겹쳐져 별로 쓸모가 없습니다. 하지만 "worst concave points" 는 두 히스토그램이 확실히 구분되어 매우 유용한 특성입니다.

그러나 이 그래프는 특성 간의 상호작용이나 이 상호작용이 클래스와 어떤 관련이 있는지는 전 혀 알려주지 못합니다. PCA를 사용하면 주요 상호작용을 찾아낼 수 있어 더 나은 그림을 만들 수 있습니다. 처음 두 개의 주성분을 찾아 2차원 공간에 하나의 산점도로 데이터를 시각화해보 겠습니다.

PCA를 적용하기 전에 StandardScaler를 사용해 각 특성의 분산이 1이 되도록 데이터의 스케 일을 조정합니다.[16]

```
In [16]
  from sklearn.datasets import load_breast_cancer
  cancer = load_breast_cancer()

  scaler = StandardScaler()
  scaler.fit(cancer.data)
  X_scaled = scaler.transform(cancer.data)
```

PCA 변환을 학습하고 적용하는 것은 데이터 전처리만큼 간단합니다. PCA 객체를 생성하고, fit 메서드를 호출해 주성분을 찾고, transform 메서드를 호출해 데이터를 회전시키고 차원을 축소합니다.[17] 기본값일 때 PCA는 데이터를 회전(그리고 이동)만 시키고 모든 주성분을 유지 합니다. 데이터의 차원을 줄이려면 PCA 객체를 만들 때 얼마나 많은 성분을 유지할지 알려주

---

16 옮긴이_ 특성의 스케일이 서로 다르면 올바른 주성분 방향을 찾을 수 없으니 PCA를 사용할 때는 표준값으로 바꿔야 합니다.

17 옮긴이_ PCA에서는 특잇값 분해(SVD) 방식을 사용해 주성분을 찾습니다. 먼저 fit 메서드에서 Scipy의 linalg.svd 함수를 이용해 U, s, V 배열을 구합니다. 그다음 transform 메서드에서 입력 데이터와 주성분 V 행렬의 전치행렬을 곱하여 변환된 데이터를 구합니다. 그 런데 이 값은 U와 s를 곱해서도 구할 수 있습니다. fit_transform 메서드에서는 U와 s를 사용해 변환된 데이터를 계산하며 차원이 많 은 데이터에서 몇 개의 주성분만 고를 경우 성능이 조금 더 좋습니다. scikit-learn 0.19 버전부터는 singular_values_ 속성에 특잇 값 s가 저장됩니다.

어야 합니다.

In [17]
```python
from sklearn.decomposition import PCA
# 데이터의 처음 두 개 주성분만 유지시킵니다.
pca = PCA(n_components=2)
# 유방암 데이터로 PCA 모델을 만듭니다.
pca.fit(X_scaled)

# 처음 두 개의 주성분을 사용해 데이터를 변환합니다.
X_pca = pca.transform(X_scaled)
print("원본 데이터 형태:", str(X_scaled.shape))
print("축소된 데이터 형태:", str(X_pca.shape))
```

Out [17]
```
원본 데이터 형태: (569, 30)
축소된 데이터 형태: (569, 2)
```

그런 다음 맨 처음 두 개의 주성분을 그립니다(그림 3-5).

In [18]
```python
# 클래스를 색깔로 구분하여 처음 두 개의 주성분을 그래프로 나타냅니다.
plt.figure(figsize=(8, 8))
mglearn.discrete_scatter(X_pca[:, 0], X_pca[:, 1], cancer.target)
plt.legend(["악성", "양성"], loc="best")
plt.gca().set_aspect("equal")
plt.xlabel("첫 번째 주성분")
plt.ylabel("두 번째 주성분")
```

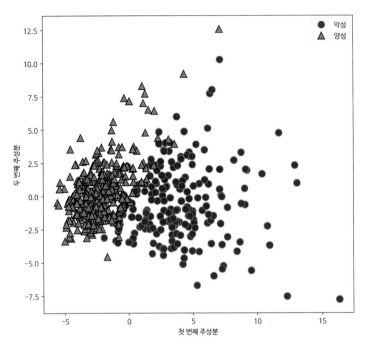

**그림 3-5** 처음 두 개의 주성분을 사용해 그린 유방암 데이터셋의 2차원 산점도

PCA는 비지도 학습이므로 회전축을 찾을 때 어떤 클래스 정보도 사용하지 않습니다. 단순히 데이터에 있는 상관관계만을 고려합니다. 이 산점도는 첫 번째 주성분과 두 번째 주성분을 사용하여 만들었고 클래스 정보를 이용하여 포인트의 모양을 구분하였습니다. 두 클래스가 2차원 공간에서 꽤 잘 구분되는 것을 볼 수 있습니다. 이런 그림이라면 (2차원 공간에서 직선 하나를 학습하는) 선형 분류기로도 두 클래스를 잘 구분할 수 있을 것 같습니다. 또 악성 포인트가 양성 포인트보다 더 넓게 퍼져있는 것을 볼 수 있으며 이는 [그림 3-4]의 히스토그램에서도 살짝 엿볼 수 있습니다.

PCA의 단점은 그래프의 두 축을 해석하기가 쉽지 않다는 점입니다. 주성분은 원본 데이터에 있는 어떤 방향에 대응하는 여러 특성이 조합된 형태입니다. 잠시 후에 보겠지만 이런 조합이 보통 매우 복잡합니다. PCA 객체가 학습될 때[18] components_ 속성에 주성분이 저장됩니다.

---

18 옮긴이_ fit 메서드가 호출될 때입니다.

```
In [19]
  print("PCA 주성분 형태:", pca.components_.shape)

Out [19]
  PCA 주성분 형태: (2, 30)
```

components_의 각 행은 주성분 하나씩을 나타내며 중요도에 따라 정렬되어 있습니다(맨 처음 주성분이 가장 위에 나타납니다). 열은 원본 데이터의 특성에 대응하는 값입니다. 이 예에서는 "mean radius", "mean texture" 등입니다. components_ 값을 한번 출력해보겠습니다.

```
In [20]
  print("PCA 주성분:", pca.components_)

Out [20]
  PCA components:
  [[ 0.219  0.104  0.228  0.221  0.143  0.239  0.258  0.261  0.138  0.064
     0.206  0.017  0.211  0.203  0.015  0.17   0.154  0.183  0.042  0.103
     0.228  0.104  0.237  0.225  0.128  0.21   0.229  0.251  0.123  0.132]
   [-0.234 -0.06  -0.215 -0.231  0.186  0.152  0.06  -0.035  0.19   0.367
    -0.106  0.09  -0.089 -0.152  0.204  0.233  0.197  0.13   0.184  0.28
    -0.22  -0.045 -0.2   -0.219  0.172  0.144  0.098 -0.008  0.142  0.275]]
```

이 값을 히트맵으로 시각화하면 이해하기 더 쉬울 수 있습니다(그림 3-6).

```
In [21]
  plt.matshow(pca.components_, cmap='viridis')
  plt.yticks([0, 1], ["첫 번째 주성분", "두 번째 주성분"])
  plt.colorbar()
  plt.xticks(range(len(cancer.feature_names)),
             cancer.feature_names, rotation=60, ha='left')
  plt.xlabel("특성")
  plt.ylabel("주성분")
```

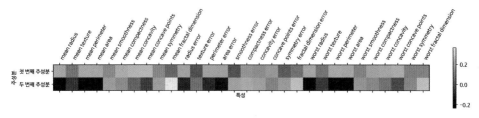

**그림 3-6** 유방암 데이터셋에서 찾은 처음 두 개의 주성분 히트맵

첫 번째 주성분의 모든 특성은 부호가 같습니다(모두 양수지만, 앞서 언급한 대로 주성분의 화살표 방향은 의미가 없습니다). 이 말은 모든 특성 사이에 공통의 상호관계가 있다는 뜻입니다. 따라서 한 특성의 값이 커지면 다른 값들도 같이 높아질 것입니다. 두 번째 주성분은 부호가 섞여 있고 두 주성분 모두 30개의 특성이 있습니다. 모든 특성이 섞여 있기 때문에 [그림 3-6]의 축이 가지는 의미를 설명하기가 쉽지 않습니다.

## 고유얼굴(eigenface) 특성 추출

PCA는 특성 추출에도 이용합니다. 특성 추출은 원본 데이터 표현보다 분석하기에 더 적합한 표현을 찾을 수 있으리란 생각에서 출발합니다. 이미지를 다루는 애플리케이션은 특성 추출이 도움이 될만한 좋은 사례입니다. 이미지는 적색, 녹색, 청색(RGB)의 강도가 기록된 픽셀로 구성됩니다. 보통 이미지 안의 물체는 수천 개의 픽셀로 이뤄지며 함께 모여 있을 때 의미가 있습니다.

PCA를 이용하여 LFW^Labeled Faces in the Wild 데이터셋[19]의 얼굴 이미지에서 특성을 추출하는 아주 간단한 애플리케이션을 만들어보겠습니다. 이 데이터셋은 인터넷에서 내려받은 유명 인사들의 얼굴 이미지들로 2000년 초반 이후의 정치인, 가수, 배우, 운동선수들의 얼굴을 포함합니다. 이번 예제에서는 처리 속도를 높이고자 흑백 이미지를 사용하고[20] 스케일을 줄였습니다. [그림 3-7]은 그중 몇 개의 샘플을 보여줍니다.

---

19 옮긴이_ 이 데이터는 매사추세츠 애머스트 주립대학교의 비전랩에서 만들었습니다. http://vis-www.cs.umass.edu/lfw/를 참고하세요.

20 옮긴이_ fetch_lfw_people 함수는 기본값으로 흑백 이미지를 사용하게 되어 있습니다. 컬러 이미지를 사용하려면 color=True 옵션을 주어 호출해야 합니다.

```
In [22]
  from sklearn.datasets import fetch_lfw_people
  people = fetch_lfw_people(min_faces_per_person=20, resize=0.7)
  image_shape = people.images[0].shape

  fig, axes = plt.subplots(2, 5, figsize=(15, 8),
                           subplot_kw={'xticks': (), 'yticks': ()})
  for target, image, ax in zip(people.target, people.images, axes.ravel()):
      ax.imshow(image)
      ax.set_title(people.target_names[target])
```

**그림 3-7** LFW 데이터셋에 있는 이미지의 샘플

LFW 데이터셋에는 62명의 얼굴을 찍은 이미지가 총 3,023개가 있으며 각 이미지의 크기는 87×65픽셀입니다.

```
In [24]
  print("people.images.shape:", people.images.shape)
  print("클래스 개수:", len(people.target_names))

Out [24]
  people.images.shape: (3023, 87, 65)
  클래스 개수: 62
```

그런데 이 데이터셋은 조금 편중되어서, 다음에서 볼 수 있듯이 조지 부시<sup>George W Bush</sup>와 콜린 파
월<sup>Colin Powell</sup>의 이미지가 많습니다.

```
In [25]
# 각 타깃이 나타난 횟수 계산
counts = np.bincount(people.target)
# 타깃별 이름과 횟수 출력
for i, (count, name) in enumerate(zip(counts, people.target_names)):
    print("{0:25} {1:3}".format(name, count), end='   ')
    if (i + 1) % 3 == 0:
        print()
```

```
Out [25]
Alejandro Toledo         39   Alvaro Uribe             35   Amelie Mauresmo          21
Andre Agassi             36   Angelina Jolie           20   Ariel Sharon             77
Arnold Schwarzenegger    42   Atal Bihari Vajpayee     24   Bill Clinton             29
Carlos Menem             21   Colin Powell            236   David Beckham            31
Donald Rumsfeld         121   George Robertson         22   George W Bush           530
Gerhard Schroeder       109   Gloria Macapagal Arroyo  44   Gray Davis               26
Guillermo Coria          30   Hamid Karzai             22   Hans Blix                39
Hugo Chavez              71   Igor Ivanov              20   Jack Straw               28
Jacques Chirac           52   Jean Chretien            55   Jennifer Aniston         21
Jennifer Capriati        42   Jennifer Lopez           21   Jeremy Greenstock        24
Jiang Zemin              20   John Ashcroft            53   John Negroponte          31
Jose Maria Aznar         23   Juan Carlos Ferrero      28   Junichiro Koizumi        60
Kofi Annan               32   Laura Bush               41   Lindsay Davenport        22
Lleyton Hewitt           41   Luiz Inacio Lula da Silva 48  Mahmoud Abbas            29
Megawati Sukarnoputri    33   Michael Bloomberg        20   Naomi Watts              22
Nestor Kirchner          37   Paul Bremer              20   Pete Sampras             22
Recep Tayyip Erdogan     30   Ricardo Lagos            27   Roh Moo-hyun             32
Rudolph Giuliani         26   Saddam Hussein           23   Serena Williams          52
Silvio Berlusconi        33   Tiger Woods              23   Tom Daschle              25
Tom Ridge                33   Tony Blair              144   Vicente Fox              32
Vladimir Putin           49   Winona Ryder             24
```

데이터셋의 편중을 없애기 위해 사람마다 50개의 이미지만 선택하겠습니다(이렇게 하지 않으
면 조지 부시 이미지에 치우친 특성이 추출됩니다).

In [26]

```
mask = np.zeros(people.target.shape, dtype=bool)
for target in np.unique(people.target):
    mask[np.where(people.target == target)[0][:50]] = 1

X_people = people.data[mask]
y_people = people.target[mask]

# 0~255 사이의 흑백 이미지의 픽셀 값을 0~1 스케일로 조정합니다.
# (옮긴이) MinMaxScaler를 적용하는 것과 거의 같습니다.
X_people = X_people / 255.
```

얼굴 인식이라 하면 통상적으로 새로운 얼굴 이미지가 데이터베이스에 있는 기존 얼굴 중 하나에 속하는지 찾는 작업입니다. 사진 애플리케이션, 소셜 미디어, 보안 애플리케이션들이 이에 속합니다. 해결 방법 중 하나는 각 사람을 서로 다른 클래스로 구분하는 분류기를 만드는 것입니다. 하지만 보통 얼굴 데이터베이스에는 사람의 수는 많지만 각 사람에 대한 이미지는 적습니다(즉 클래스별 훈련 데이터가 너무 적습니다). 이런 문제 때문에 대부분의 분류기를 훈련시키기 어렵습니다. 그리고 대규모 모델을 다시 훈련시키지 않고도 새로운 사람의 얼굴을 쉽게 추가할 수도 있어야 합니다.

간단한 방법으로, 분류하려는 얼굴과 가장 비슷한 얼굴 이미지를 찾는 1-최근접 이웃 분류기를 사용할 수 있습니다. 이 분류기는 원칙적으로 클래스마다 하나의 훈련 샘플을 사용합니다. KNeighborsClassifier가 얼마나 잘 적용되는지 보겠습니다.

In [27]

```
from sklearn.neighbors import KNeighborsClassifier
# 데이터를 훈련 세트와 테스트 세트로 나눕니다.
X_train, X_test, y_train, y_test = train_test_split(
    X_people, y_people, stratify=y_people, random_state=0)
# 이웃 개수를 한 개로 하여 KNeighborsClassifier 모델을 만듭니다.
knn = KNeighborsClassifier(n_neighbors=1)
knn.fit(X_train, y_train)
print("1-최근접 이웃의 테스트 세트 점수: {:.2f}".format(knn.score(X_test, y_test)))
```

Out [27]

```
1-최근접 이웃의 테스트 세트 점수: 0.23
```

정확도가 23%입니다. 클래스 62개를 분류하는 문제에서 아주 나쁜 결과는 아니지만(무작위로 분류하는 정확도는 1/62 = 1.6%입니다), 그렇다고 좋은 결과도 아닙니다. 네 번에 한 번 꼴로만 올바르게 인식합니다.

그래서 PCA가 필요합니다. 얼굴의 유사도를 측정하기 위해 원본 픽셀 공간에서 거리를 계산하는 것은 매우 나쁜 방법입니다. 픽셀을 사용해서 두 이미지를 비교할 때, 각 픽셀의 회색톤 값을 다른 이미지에서 동일한 위치에 있는 픽셀 값과 비교합니다. 이런 방식은 사람이 얼굴 이미지를 인식하는 것과는 많이 다르고, 픽셀을 있는 그대로 비교하는 방식으로는 얼굴의 특징을 잡아내기가 어렵습니다. 예를 들어 픽셀을 비교할 때 얼굴 위치가 한 픽셀만 오른쪽으로 이동해도 큰 차이를 만들어 완전히 다른 얼굴로 인식하게 됩니다. 그래서 주성분으로 변환하여 거리를 계산하면 정확도가 높아지지 않을까 기대해봅니다. 여기서는 PCA의 **화이트닝**whitening, 백색화 옵션을 사용해서 주성분의 스케일이 같아지도록 조정합니다. 이는 화이트닝 옵션 없이 변환한 후에 StandardScaler를 적용하는 것과 같습니다.[21] [그림 3-3]의 데이터를 다시 이용해서 화이트닝 옵션으로 데이터가 회전하는 것뿐만 아니라 스케일도 조정되어 그래프가 (타원이 아닌) 원 모양으로 바뀌었습니다(그림 3-8).

In [28]
```
mglearn.plots.plot_pca_whitening()
```

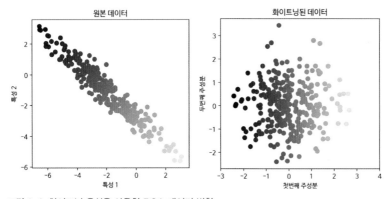

**그림 3-8** 화이트닝 옵션을 사용한 PCA 데이터 변환

---

21 옮긴이_ PCA로 변환된 데이터의 표준편차는 linalg.svd 함수에서 반환한 특잇값 배열 s를 샘플 개수의 제곱근으로 나누어 구할 수 있습니다. 화이트닝 옵션은 PCA 변환을 할 때 이 표준편차를 나누어 적용합니다. PCA 변환은 데이터의 평균을 0으로 만들어주므로 화이트닝을 적용하는 것은 PCA 변환한 뒤에 StandardScaler를 적용하는 것과 같습니다.

PCA 객체를 훈련 데이터로 학습시켜서 처음 100개의 주성분을 추출합니다. 그런 다음 훈련 데이터와 테스트 데이터를 변환합니다.

```
In [29]
  pca = PCA(n_components=100, whiten=True, random_state=0).fit(X_train)
  X_train_pca = pca.transform(X_train)
  X_test_pca = pca.transform(X_test)

  print("X_train_pca.shape:", X_train_pca.shape)

Out [29]
  X_train_pca.shape: (1547, 100)
```

새 데이터는 처음 100개의 주성분에 해당하는 특성을 가집니다. 이제 이 데이터를 사용해 1-최근접 이웃 분류기로 이미지를 분류해보겠습니다.

```
In [30]
  knn = KNeighborsClassifier(n_neighbors=1)
  knn.fit(X_train_pca, y_train)
  print("테스트 세트 정확도: {:.2f}".format(knn.score(X_test_pca, y_test)))

Out [30]
  테스트 세트 정확도: 0.31
```

모델의 정확도가 23%에서 31%로 크게 향상되었으므로 주성분이 데이터를 더 잘 표현한다고 직관적으로 판단할 수 있습니다.

이미지 데이터일 경우엔 계산한 주성분을 쉽게 시각화할 수 있습니다. 주성분이 나타내는 것은 입력 데이터 공간에서의 어떤 방향이라는 것을 기억하세요. 입력 차원은 87×65픽셀의 흑백 이미지이고, 따라서 이 공간의 어떤 방향도 87×65픽셀의 흑백 이미지입니다.[22]

몇 개의 주성분을 확인해보겠습니다(그림 3-9).

---

22 옮긴이_ 5,655개의 각 픽셀은 0~1 사이의 회색톤 값을 가지고 있는 하나의 차원이며 PCA의 주성분의 특성 개수는 항상 입력 데이터의 차원과 같습니다. 이렇게 얼굴 이미지에서 구한 주성분을 다시 이미지로 나타낸 것을 특별히 고유얼굴(eigenface)이라고 합니다.

```
print("pca.components_.shape:", pca.components_.shape)
```

Out [31]

```
pca.components_.shape: (100, 5655)
```

In [32]

```
fig, axes = plt.subplots(3, 5, figsize=(15, 12),
                          subplot_kw={'xticks': (), 'yticks': ()})
for i, (component, ax) in enumerate(zip(pca.components_, axes.ravel())):
    ax.imshow(component.reshape(image_shape), cmap='viridis')
    ax.set_title("주성분 {}".format((i + 1)))
```

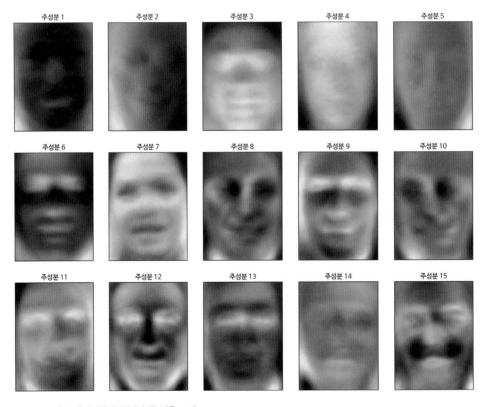

**그림 3-9** 얼굴 데이터셋의 주성분 중 처음 15개

이 주성분들을 완전하게 이해할 순 없지만 몇몇 주성분이 잡아낸 얼굴 이미지의 특징을 짐작해볼 수 있습니다. 첫 번째 주성분은 얼굴과 배경의 명암 차이를 기록한 것으로 보이며, 두 번째 주성분은 오른쪽과 왼쪽 조명의 차이를 담고 있는 것 등입니다. 이런 방식이 원본 픽셀 값을 사용하는 것보다 더 의미 있지만, 여전히 사람이 얼굴을 인식하는 방식과는 거리가 멉니다. 이 PCA 모델은 픽셀을 기반으로 하므로, (눈, 볼, 코의 위치 같은) 얼굴의 배치와 조명이 두 이미지가 얼마나 비슷한지 판단하는 데 큰 영향을 줍니다. 하지만 사람이라면 얼굴의 배치나 조명부터 인지하지는 않습니다. 사람은 얼굴의 비슷한 정도를 평가할 때 나이, 성별, 표정, 머리 모양 같이 픽셀의 강도로 표현하기 어려운 속성들을 사용합니다. 알고리즘이 데이터를 해석하는 방식은 사람의 방식과는 상당히 다르다는 것을 꼭 기억해두어야 합니다(특히 이미지같이 사람에게는 친숙한 시각 데이터일 경우).

어쨌든 PCA를 계속 사용해보겠습니다. PCA 변환은 데이터를 회전시키고 분산이 작은 주성분을 덜어내는 것이라고 했습니다. 또 다른 좋은 해석 방법은 테스트 포인트를 주성분의 가중치 합으로 나타내는 데 필요한 수치(PCA 변환 뒤의 새로운 특성값)를 찾는 것으로 해석할 수 있습니다(그림 3-10).[23]

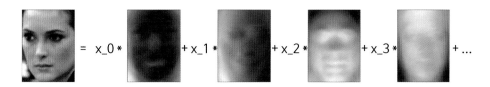

**그림 3-10** 이미지를 주성분의 가중치 합으로 분해한 PCA 구성도

[그림 3-10]의 $x_0$과 $x_1$은 이 데이터 포인트에 대한 주성분의 계수입니다. 다른 말로 하면, 이 이미지가 회전된 공간에 적용된 값입니다.

PCA 모델을 이해하는 또 다른 방법은 몇 개의 주성분을 사용해 원본 데이터를 재구성해보는 것입니다. [그림 3-3]에서 세 번째 그래프(왼쪽 아래)는 두 번째 주성분을 제거한 것이고, 그 다음 네 번째 그래프(오른쪽 아래)는 두 번째 주성분이 없는 상태에서 회전을 반대로 되돌리고

---

23 옮긴이_ 샘플 데이터(1 x 5,655)에 주성분의 전치행렬(5,655 x 100)을 곱하면 100개의 새로운 특성 값을 얻습니다. 이 새로운 특성 값(1 x 100)에 주성분(100 x 5,655)을 곱하면 원본 샘플(1 x 5,655)을 얻을 수 있어 PCA로 구한 특성과 주성분의 가중치 합으로 원본 샘플을 표현한다고 말할 수 있습니다.

평균을 더해서 원래 데이터 공간에 새로운 포인트로 옮긴 것입니다. 같은 방식으로 얼굴 데이터셋에 적용해서 몇 개의 주성분으로 데이터를 줄이고 원래 공간으로 되돌릴 수 있습니다. 원래 특성 공간으로 되돌리는 작업은 inverse_transform 메서드를 사용합니다. [그림 3-11]은 10, 50, 100, 500개의 주성분을 사용해 얼굴 이미지를 재구성한 것입니다.

```
In [34]
  mglearn.plots.plot_pca_faces(X_train, X_test, image_shape)
```

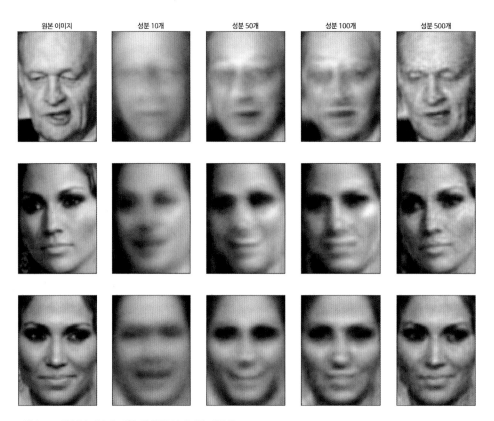

**그림 3-11** 주성분 개수에 따른 세 얼굴 이미지의 재구성

주성분을 10개만 사용했을 땐 얼굴의 각도, 조명 같은 이미지의 기본 요소만 나타납니다. 주성분을 더 많이 사용할수록 이미지가 더욱 상세해집니다. 이는 [그림 3-10]의 식에 덧셈 항을 더 추가하는 것과 같습니다. 주성분을 픽셀 수만큼 사용하면 변환 후에 어떤 정보도 잃지 않게 되

므로 이미지를 완벽하게 재구성할 수 있습니다.

cacner 데이터셋에서 한 것처럼 PCA의 처음 두 주성분을 이용해 전체 데이터를 누구의 얼굴인지 클래스로 구분해 산점도에 나타낼 수도 있습니다(그림 3-12).

```
In [35]
mglearn.discrete_scatter(X_train_pca[:, 0], X_train_pca[:, 1], y_train)
plt.xlabel("첫 번째 주성분")
plt.ylabel("두 번째 주성분")
```

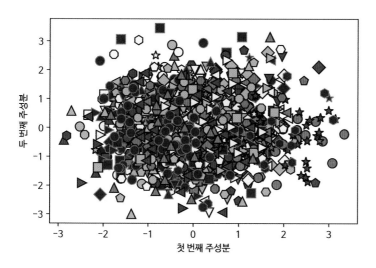

**그림 3-12** 처음 두 개의 주성분을 이용하여 만든 얼굴 데이터셋의 산점도(cancer 데이터셋에 대한 유사한 그래프는 [그림 3-5] 참조)

주성분을 두 개만 사용했을 땐 전체 데이터가 한 덩어리로 뭉쳐 있어 클래스가 잘 구분되지 않습니다. [그림 3-11]에서 10개의 주성분을 사용했을 때도 PCA는 얼굴의 아주 대략적인 특징만 잡았기 때문에 이런 그래프가 당연해 보입니다.

> **NOTE_** 각 주성분은 원본 데이터셋의 한 방향이므로 각 주성분이 얼만큼의 분산을 표현하는지 비교해 볼수 있습니다. 이를 설명된 분산의 비율이라고 합니다. scikit-learn의 PCA 클래스는 explained_variance_ratio_ 속성으로 각 주성분의 설명된 분산의 비율을 제공합니다. 앞에서 얼굴 데이터셋에 훈련한 PCA 객체의 설명된 분산의 비율을 모두 더해 보겠습니다.

```
In [36]
  np.sum(pca.explained_variance_ratio_)

Out [36]
  0.90277535
```

결과에서 보듯이 100개의 주성분으로 표현할 수 있는 얼굴 데이터셋의 분산은 약 90%입니다. [그림 3-11]
에서 보면 100개의 주성분으로 얼굴을 재구성했을 때 원본 이미지의 특징이 꽤 잘 드러나는 것을 볼 수 있습
니다.

주성분은 가장 큰 분산의 방향을 차례대로 찾기 때문에 맨 처음 찾은 주성분이 재구성에 기여하는 정도가 가
장 크고 나중으로 갈수록 작습니다. 따라서 적절한 주성분의 개수를 찾으려면 설명된 분산을 누적한 그래프
를 그리면 도움이 됩니다.

```
In [37]
  plt.bar(range(1,101), pca.explained_variance_ratio_,
          align='center', label='설명된 분산')
  plt.step(range(1,101), np.cumsum(pca.explained_variance_ratio_), alpha=0.5,
           where='mid', label='설명된 분산의 누적')
  plt.ylabel('설명된 분산의 비율')
  plt.xlabel('주성분')
  plt.legend()
  plt.show()
```

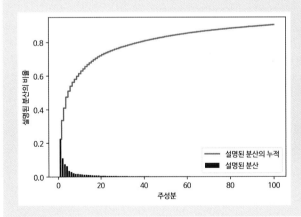

설명된 분산의 누적 그래프를 보면 대략 30번째 주성분 이후에는 설명된 분산이 크게 줄어드는 것을 볼 수 있습니다. 주성분 40개 정도만 선택하더라도 약 80%의 분산을 표현할 수 있습니다. PCA 클래스에 주성분을 40개로 지정하여 다시 훈련하고 변환된 데이터를 사용해 앞서 사용한 k-최근접 이웃 모델로 성능을 확인해 보겠습니다.

```
In [38]
  pca = PCA(n_components=40, whiten=True, random_state=0).fit(X_train)
  X_train_pca = pca.transform(X_train)
  X_test_pca = pca.transform(X_test)

  knn.fit(X_train_pca, y_train)
  print("테스트 세트 정확도: {:.2f}".format(knn.score(X_test_pca, y_test)))

Out [38]
  테스트 세트 정확도: 0.32
```

주성분 개수를 100개에서 40개로 줄였지만 테스트 세트에 대한 성능은 거의 동일합니다. 이는 41번째에서 100번째까지 주성분이 분류 작업에 큰 도움이 되지 않는다는 뜻입니다.

PCA 클래스의 n_components 매개변수에는 주성분 개수 대신 분산의 비율을 0~1 사이 실수로 지정할 수도 있습니다. 다음은 80% 분산 비율에 해당하는 주성분을 찾도록 지정하는 예입니다. 찾은 주성분 개수는 n_components_ 속성에 저장됩니다.

```
In [39]
  pca = PCA(n_components=0.8, whiten=True, random_state=0).fit(X_train)
  X_train_pca = pca.transform(X_train)
  X_test_pca = pca.transform(X_test)

  knn.fit(X_train_pca, y_train)
  print("테스트 세트 정확도: {:.2f}".format(knn.score(X_test_pca, y_test)))
  print("주성분 개수: ", pca.n_components_)

Out [39]
  테스트 세트 정확도: 0.30
  주성분 개수:  38
```

## 3.4.2 비음수 행렬 분해(NMF)

NMF<sup>non-negative matrix factorization</sup>는 유용한 특성을 뽑아내기 위한 또 다른 비지도 학습 알고리즘입니다. 이 알고리즘은 PCA와 비슷하고 차원 축소에도 사용할 수 있습니다. [그림 3-10]의 PCA처럼 어떤 성분의 가중치 합으로 각 데이터 포인트를 나타낼 수 있습니다. 하지만 PCA에서는 데이터의 분산이 가장 크고 수직인 성분을 찾았다면 NMF에서는 음수가 아닌 성분과 계수 값을 찾습니다. 즉, 주성분과 계수가 모두 0보다 크거나 같아야 합니다. 음수가 아닌 주성분과 계수의 가중치 합은 음수가 되지 않으므로 당연하게 이 방식은 음수가 아닌 특성을 가진 데이터에만 적용할 수 있습니다.

음수 아닌 가중치 합으로 데이터를 분해하는 기능은 여러 사람의 목소리가 담긴 오디오 트랙이나 여러 악기로 이뤄진 음악처럼 독립된 소스를 추가하여(덮어써서) 만들어진 데이터에 특히 유용합니다. 이럴 때 NMF는 섞여 있는 데이터에서 원본 성분을 구분할 수 있습니다. 음수로 된 성분이나 계수가 만드는 상쇄 효과를 이해하기 어려운 PCA보다 대체로 NMF의 주성분이 해석하기 쉽습니다. 예를 들어 [그림 3-9]의 고유얼굴<sup>eigenface</sup>은 양수와 음수 값을 모두 가지고 있지만, PCA를 설명할 때 언급했듯이 이 부호는 실제로 아무 규칙이 없습니다. 이 얼굴 데이터셋에 NMF를 적용하기 전에 인위적인 데이터셋으로 만든 예를 잠시 살펴보겠습니다.

### 인위적 데이터에 NMF 적용하기

PCA를 사용할 때와는 달리 NMF로 데이터를 다루려면 주어진 데이터가 양수인지 확인해야 합니다. 이 말은 데이터가 원점 (0, 0)에서 상대적으로 어디에 놓여 있는지가 NMF에서는 중요하다는 뜻입니다. 그렇기 때문에 원점 (0, 0)에서 데이터로 가는 방향을 추출한 것으로 음수 미포함 성분을 이해할 수 있습니다.

다음의 예는 2차원 예제 데이터에 NMF를 적용한 결과를 보여줍니다(그림 3-13).

```
In [40]
  mglearn.plots.plot_nmf_illustration()
```

왼쪽은 성분이 둘인 NMF로, 데이터셋의 모든 포인트를 양수로 이뤄진 두 개의 성분으로 표현할 수 있습니다. 데이터를 완벽하게 재구성할 수 있을 만큼 성분이 아주 많다면(즉 특성 개수만큼 많다면), 알고리즘은 데이터의 각 특성의 끝에 위치한 포인트를 가리키는 방향을 선택할

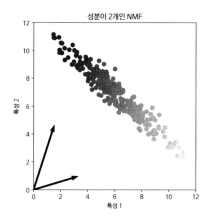
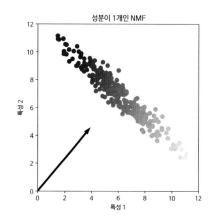

**그림 3-13** NMF로 찾은 성분이 2개일 때(왼쪽)와 1개일 때(오른쪽)

것입니다.[24]

하나의 성분만을 사용한다면 NMF는 데이터를 가장 잘 표현할 수 있는 평균으로 향하는 성분을 만듭니다. PCA와는 반대로 성분 개수를 줄이면 특정 방향이 제거되는 것뿐만 아니라 전체 성분이 완전히 바뀝니다! NMF에서 성분은 특정 방식으로 정렬되어 있지도 않아서 "첫 번째 비음수 성분" 같은 것이 없습니다. 즉 모든 성분을 동등하게 취급합니다.

NMF는 무작위로 초기화하기 때문에 난수 생성 초깃값에 따라 결과가 달라집니다. 두 개의 성분으로 모든 데이터를 완벽하게 나타낼 수 있는 이런 간단한 예에서는 난수가 거의 영향을 주지 않습니다(성분의 크기나 순서가 바뀔 수 있지만). 하지만 복잡한 경우에는 큰 차이를 만들수도 있습니다.[25]

---

24 옮긴이_ scikit-learn의 NMF 알고리즘은 입력 데이터가 X, 변환 데이터가 W, 성분이 H일 때, X = WH를 만족하는 W, H 행렬을 구하기 위해 행렬의 L2 노름인 프로베니우스 노름(Frobenius norm)의 제곱으로 만든 목적 함수 $\frac{1}{2}\sum_{ij}(X_{ij} - WH_{ij})^2$을 좌표 하강법으로 최소화합니다. 구해진 성분 H는 NMF 객체의 components_ 속성에 저장됩니다. 0.19 버전에서 곱셈 업데이트(Multiplicative Update) 알고리즘이 추가되었습니다. solver 매개변수의 기본값은 좌표 하강법을 사용하는 'cd'입니다. 'mu'로 지정하면 곱셈 업데이트 알고리즘을 사용할 수 있습니다.

25 옮긴이_ NMF에서 초기화 방식을 지정하는 init 매개변수의 기본값은 None으로 n_components가 샘플이나 특성 개수보다 작으면 'nndsvd'를 사용하고 그렇지 않으면 'random'을 사용합니다. 'nndsvd'는 특잇값 분해로 얻은 U와 V 행렬의 절댓값에 S 행렬의 제곱근을 곱해 W와 H 행렬을 만듭니다. 그다음 W와 H 행렬에서 1e-6보다 작은 값은 0으로 만듭니다. 'nndsvda'는 0을 입력 행렬의 평균값으로 바꿉니다. scikit-learn 1.1 버전부터는 'nndsvd'에서 'nndsvda'로 기본값이 바뀝니다. 'random'은 데이터 평균을 성분의 개수로 나눈 후 제곱근을 구하고, 그런 다음 정규분포의 난수를 발생시켜 앞에서 구한 제곱근을 곱하여 H와 W 행렬을 만듭니다. 이는 데이터 평균값을 각 성분과 두 개의 행렬에 나누어서 놓는 효과를 냅니다.

## 얼굴 이미지에 NMF 적용하기

앞에서 사용한 LFW 데이터셋에 NMF를 적용해보겠습니다. NMF의 핵심 매개변수는 추출할 성분의 개수입니다. 보통 이 값은 특성의 개수보다 작습니다(그렇지 않으면 픽셀 하나가 두 개의 성분으로 나뉘어 표현될 수 있습니다).

먼저 NMF를 사용해 데이터를 재구성하는 데 성분의 개수가 어떤 영향을 주는지 살펴보겠습니다(그림 3-14).

```
In [41]
  mglearn.plots.plot_nmf_faces(X_train, X_test[:3], image_shape)
```

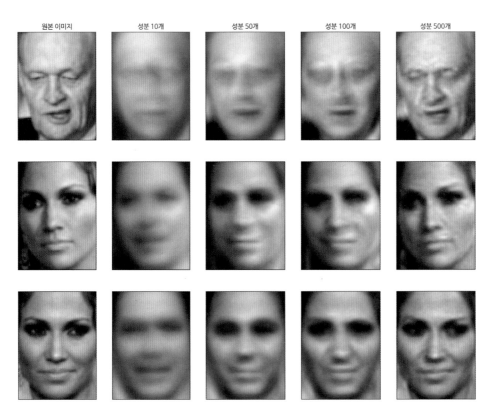

**그림 3-14** NMF 성분 개수에 따른 얼굴 이미지의 재구성

변환을 되돌린 결과는 PCA를 사용했을 때와 비슷하지만 품질이 조금 떨어집니다. PCA가 재구성 측면에서 최선의 방향을 찾기 때문입니다. NMF는 데이터를 인코딩하거나 재구성하는 용도로 사용하기보다는 주로 데이터에 있는 유용한 패턴을 찾는 데 활용합니다.

먼저 성분을 15개만 추출해보겠습니다. 결과는 [그림 3-15]와 같습니다.

```
In [42]
  from sklearn.decomposition import NMF
  nmf = NMF(n_components=15, init='nndsvd', random_state=0, max_iter=1000, tol=1e-2)
  nmf.fit(X_train)
  X_train_nmf = nmf.transform(X_train)
  X_test_nmf = nmf.transform(X_test)

  fig, axes = plt.subplots(3, 5, figsize=(15, 12),
                           subplot_kw={'xticks': (), 'yticks': ()})
  for i, (component, ax) in enumerate(zip(nmf.components_, axes.ravel())):
      ax.imshow(component.reshape(image_shape))
      ax.set_title("성분 {}".format(i))
```

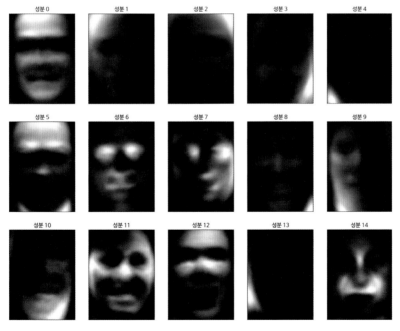

**그림 3-15** 얼굴 데이터셋에서 NMF로 찾은 성분 15개

이 성분들은 모두 양수 값이어서 [그림 3-9]의 PCA 성분보다 훨씬 더 얼굴 원형처럼 보입니다. 예를 들면 성분 3은 오른쪽으로 조금 돌아간 얼굴로 보이고 성분 7은 왼쪽으로 조금 회전한 얼굴로 보입니다. 이 성분들이 특별히 강하게 나타난 이미지들을 [그림 3-16]과 [그림 3-17]에서 살펴보겠습니다.

```
In [43]
  compn = 3
  # 4번째 성분으로 정렬하여 처음 10개 이미지를 출력합니다
  inds = np.argsort(X_train_nmf[:, compn])[::-1]
  fig, axes = plt.subplots(2, 5, figsize=(15, 8),
                           subplot_kw={'xticks': (), 'yticks': ()})
  for i, (ind, ax) in enumerate(zip(inds, axes.ravel())):
      ax.imshow(X_train[ind].reshape(image_shape))

  compn = 7
  # 8번째 성분으로 정렬하여 처음 10개 이미지를 출력합니다
  inds = np.argsort(X_train_nmf[:, compn])[::-1]
  fig, axes = plt.subplots(2, 5, figsize=(15, 8),
                           subplot_kw={'xticks': (), 'yticks': ()})
  for i, (ind, ax) in enumerate(zip(inds, axes.ravel())):
      ax.imshow(X_train[ind].reshape(image_shape))
```

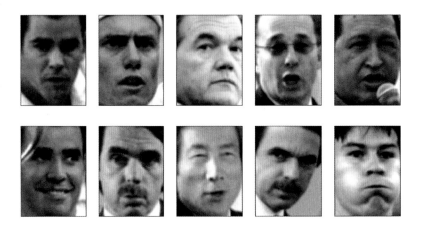

**그림 3-16** 성분 3의 계수가 큰 얼굴들

**그림 3-17** 성분 7의 계수가 큰 얼굴들

예상대로 성분 7에 대한 계수 값이 큰 얼굴들은 왼쪽으로 돌아가 있고(그림 3-16), 성분 3에 대한 계수 값이 큰 얼굴들은 오른쪽으로 돌아가 있습니다. 앞서 말한 것처럼, 이와 같은 패턴을 추출하는 것은 소리, 유전자 표현, 텍스트 데이터처럼 덧붙이는 구조를 가진 데이터에 적합합니다. 인위적인 데이터셋을 사용한 예를 통해서 이에 관해 자세히 살펴보겠습니다.

다음은 세 개의 서로 다른 입력으로부터 합성된 신호입니다(그림 3-18).

```
In [44]
  S = mglearn.datasets.make_signals()
  plt.figure(figsize=(6, 1))
  plt.plot(S, '-')
  plt.xlabel("시간")
  plt.ylabel("신호")
```

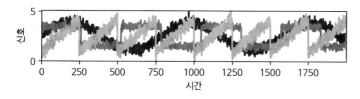

**그림 3-18** 원본 신호

불행히도 우리는 원본 신호는 볼 수 없고 이 세 개가 섞인 신호만 관찰할 수 있는 상황입니다. 그래서 합쳐진 신호를 분해해서 원본 신호를 복원해야 합니다. 이 신호를 여러 방법으로 (예컨대 100개의 측정 장치로) 관찰할 수 있고 각 장치는 일련의 측정 데이터를 제공한다고 가정합니다.

```
In [45]
# 원본 데이터를 사용해 100개의 측정 데이터를 만듭니다
A = np.random.RandomState(0).uniform(size=(100, 3))
X = np.dot(S, A.T)
print("측정 데이터 형태:", X.shape)
```

```
Out [45]
측정 데이터 형태: (2000, 100)
```

NMF를 사용해 세 개의 신호를 복원합니다.

```
In [46]
nmf = NMF(n_components=3, init='nndsvd', random_state=42, max_iter=1000, tol=1e-2)
S_ = nmf.fit_transform(X)
print("복원한 신호 데이터 형태:", S_.shape)
```

```
Out [46]
복원한 신호 데이터 형태: (2000, 3)
```

비교를 위해서 PCA도 적용합니다.

```
In [47]
pca = PCA(n_components=3)
H = pca.fit_transform(X)
```

[그림 3-19]에 NMF와 PCA로 찾은 신호를 나타내었습니다.

```
In [48]
models = [X, S, S_, H]
names = ['측정 신호 (처음 3개)',
        '원본 신호',
```

```
                  'NMF로 복원한 신호',
                  'PCA로 복원한 신호']

fig, axes = plt.subplots(4, figsize=(8, 4), gridspec_kw={'hspace': .5},
                         subplot_kw={'xticks': (), 'yticks': ()})

for model, name, ax in zip(models, names, axes):
    ax.set_title(name)
    ax.plot(model[:, :3], '-')
```

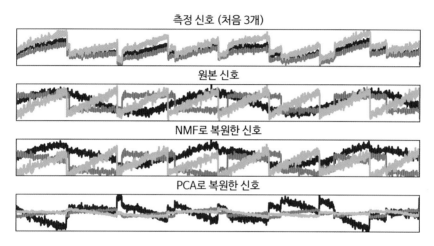

**그림 3-19** NMF와 PCA를 사용해 복원한 신호

참고를 위해 X에 담긴 측정 데이터 100개 중 처음 3개를 함께 그래프로 나타냈습니다. 그래프에서 볼 수 있듯이 NMF는 원본 신호를 잘 복원했지만 PCA는 실패했고 데이터 변동의 대부분을 첫 번째 성분을 사용해 나타냈습니다.[26] NMF로 생성한 성분은 순서가 없음에 유념해야 합니다. 이 예에서는 NMF 성분의 순서가 원본 신호와 같지만, 순전히 우연일 뿐입니다(세 커브의 겹쳐진 순서를 살펴보세요).

PCA나 NMF처럼 데이터 포인트를 일정 개수의 성분을 사용해 가중치 합으로 분해할 수 있는 알고리즘이 많이 있습니다. 전부를 다루는 것은 이 책의 범위를 넘어서며 성분과 계수에 있는 제약을 설명하려면 확률 이론이 필요할 때가 많습니다. 여러분이 패턴 추출에 관심이 있다

---

26 옮긴이_ 가장 짙은 색을 띤 맨 뒷편의 그래프가 첫 번째 주성분으로 복원한 신호입니다.

면 독립 성분 분석(ICA), 요인 분석(FA), 희소 코딩<sup>sparse coding</sup>(딕셔너리<sup>dictionary</sup> 학습)에 관해 설명하고 있는 scikit-learn 사용자 가이드의 분해 메서드 페이지를 살펴보길 추천합니다 (http://scikit-learn.org/stable/modules/decomposition.html).

### 3.4.3 t-SNE를 이용한 매니폴드 학습

데이터를 산점도로 시각화할 수 있다는 이점 때문에 PCA가 종종 데이터 변환에 가장 먼저 시도해볼 만한 방법이지만, LFW 데이터셋의 산점도에서 본 것처럼 알고리즘의 (회전하고 방향을 제거하는) 태생상 유용성이 떨어집니다. **매니폴드 학습**<sup>manifold learning</sup> 알고리즘이라고 하는 시각화 알고리즘들은 훨씬 복잡한 매핑을 만들어 더 나은 시각화를 제공합니다. 특별히 t-SNE[27] 알고리즘을 아주 많이 사용합니다.

매니폴드 학습 알고리즘은 그 목적이 시각화라 3개 이상의 특성을 뽑는 경우는 거의 없습니다. t-SNE를 포함해서 일부 매니폴드 알고리즘들은 훈련 데이터를 새로운 표현으로 변환시키지만 새로운 데이터에는 적용하지 못합니다. 즉 테스트 세트에는 적용할 수 없고, 단지 훈련했던 데이터만 변환할 수 있습니다. 그래서 매니폴드 학습은 탐색적 데이터 분석에 유용하지만 지도학습용으로는 거의 사용하지 않습니다. t-SNE의 아이디어는 데이터 포인트 사이의 거리를 가장 잘 보존하는 2차원 표현을 찾는 것입니다. 먼저 t-SNE는 각 데이터 포인트를 2차원에 무작위로 표현한 후 원본 특성 공간에서 가까운 포인트는 가깝게, 멀리 떨어진 포인트는 멀어지게 만듭니다. t-SNE는 멀리 떨어진 포인트와 거리를 보존하는 것보다 가까이 있는 포인트에 더 많은 비중을 둡니다. 다시 말해, 이웃 데이터 포인트에 대한 정보를 보존하려 노력합니다.[28]

scikit-learn에 있는 손글씨 숫자 데이터셋[29]에 t-SNE 매니폴드 학습을 적용해보겠습니다. 이 데이터셋의 각 포인트는 0에서 9 사이의 손글씨 숫자를 표현한 $8 \times 8$ 크기의 흑백 이미지입니다. [그림 3-10]에 각 클래스의 샘플 이미지를 나타냈습니다.

---

27  옮긴이_ t-Distributed Stochastic Neighbor Embedding의 약자입니다.

28  옮긴이_ scikit-learn의 t-SNE 구현은 쿨백-라이블러 발산(Kullback-Leibler divergence) 목적 함수를 최적화하기 위해 모멘텀을 적용한 배치 경사 하강법을 사용합니다. TNSE의 method 매개변수의 기본값은 'barnes_hut'로 그레이디언트(gradient) 계산의 복잡도를 $O(N^2)$에서 $O(N\log N)$으로 낮춰주는 반스-헛(Barnes-Hut) 방법입니다. 'exact' 옵션은 정확한 계산을 하지만 느리므로 대량의 데이터에는 적합하지 않습니다.

29  더 많은 샘플을 가지고 있는 MNIST 데이터셋과 혼돈하지 마세요.
    옮긴이_ 이 데이터셋의 출처는 UC 얼바인 대학교의 머신러닝 저장소입니다. http://archive.ics.uci.edu/ml/datasets/Optical+Recognition+of+Handwritten+Digits

```
In [49]
  from sklearn.datasets import load_digits
  digits = load_digits()

  fig, axes = plt.subplots(2, 5, figsize=(10, 5),
                           subplot_kw={'xticks':(), 'yticks': ()})
  for ax, img in zip(axes.ravel(), digits.images):
      ax.imshow(img)
```

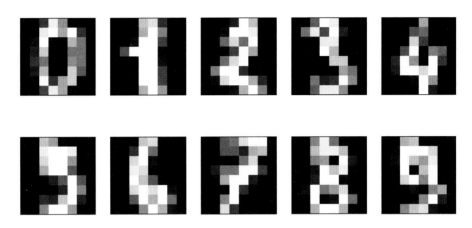

**그림 3-20** 숫자 데이터셋의 샘플 이미지

PCA를 사용해 데이터를 2차원으로 축소해 시각화하겠습니다. 처음 두 개의 주성분을 이용해 그래프를 그리고 각 샘플을 해당하는 클래스의 숫자로 나타냈습니다(그림 3-21).

```
In [50]
  # PCA 모델을 생성합니다.
  pca = PCA(n_components=2)
  pca.fit(digits.data)
  # 처음 두 개의 주성분으로 숫자 데이터를 변환합니다.
  digits_pca = pca.transform(digits.data)
  colors = ["#476A2A", "#7851B8", "#BD3430", "#4A2D4E", "#875525",
            "#A83683", "#4E655E", "#853541", "#3A3120","#535D8E"]
  plt.figure(figsize=(10, 10))
  plt.xlim(digits_pca[:, 0].min(), digits_pca[:, 0].max())
  plt.ylim(digits_pca[:, 1].min(), digits_pca[:, 1].max())
  for i in range(len(digits.data)):
```

```
# 숫자 텍스트를 이용해 산점도를 그립니다.
plt.text(digits_pca[i, 0], digits_pca[i, 1], str(digits.target[i]),
         color = colors[digits.target[i]],
         fontdict={'weight': 'bold', 'size': 9})
plt.xlabel("첫 번째 주성분")
plt.ylabel("두 번째 주성분")
```

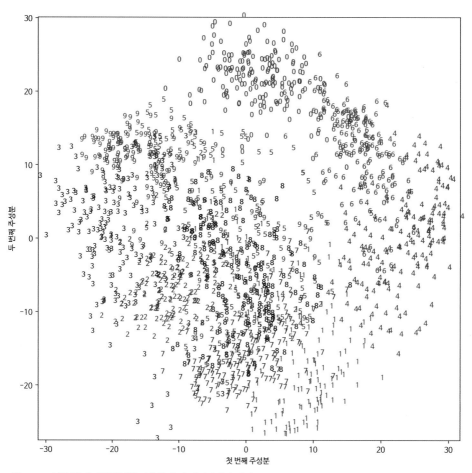

**그림 3-21** 처음 두 개의 주성분을 사용한 숫자 데이터셋의 산점도

이 그래프에서 각 클래스가 어디 있는지 보기 위해 실제 숫자를 사용해 산점도를 그렸습니다. 숫자 0, 6, 4는 두 개의 주성분만으로 비교적 잘 분리된 것 같습니다만, 아직 중첩된 부분이 있습니다. 다른 숫자들은 대부분 많은 부분이 겹쳐 있습니다.

같은 데이터셋에 t-SNE를 적용해 결과를 비교해보겠습니다.[30] t-SNE는 새 데이터를 변환하는 기능을 제공하지 않으므로 TSNE 모델에는 transform 메서드가 없습니다. 대신 모델을 만들자마자 데이터를 변환해주는 fit_transform 메서드를 사용할 수 있습니다(그림 3-22).

In [51]
```python
# 사이킷런 1.2 버전에서 TSNE의 init 매개변수 기본값이 'random'에서 'pca'로 바뀌고
# learning_rate 매개변수 기본값이 200.0에서 'auto'로 바뀌었습니다.
# 경고를 피하기 위해 다음 코드를 추가합니다.
import warnings
warnings.filterwarnings("ignore", category=FutureWarning)

from sklearn.manifold import TSNE
tsne = TSNE(random_state=42)
# TSNE에는 transform 메서드가 없으므로 대신 fit_transform을 사용합니다.
digits_tsne = tsne.fit_transform(digits.data)
```

In [52]
```python
plt.figure(figsize=(10, 10))
plt.xlim(digits_tsne[:, 0].min(), digits_tsne[:, 0].max() + 1)
plt.ylim(digits_tsne[:, 1].min(), digits_tsne[:, 1].max() + 1)
for i in range(len(digits.data)):
    # 숫자 텍스트를 이용해 산점도를 그립니다.
    plt.text(digits_tsne[i, 0], digits_tsne[i, 1], str(digits.target[i]),
             color = colors[digits.target[i]],
             fontdict={'weight': 'bold', 'size': 9})
plt.xlabel("t-SNE 특성 0")
plt.ylabel("t-SNE 특성 1")
```

---

30 옮긴이_ 사이킷런 1.2 버전에서 TSNE 클래스의 init 매개변수의 기본값이 'random'에서 'pca'로 바뀌었습니다.

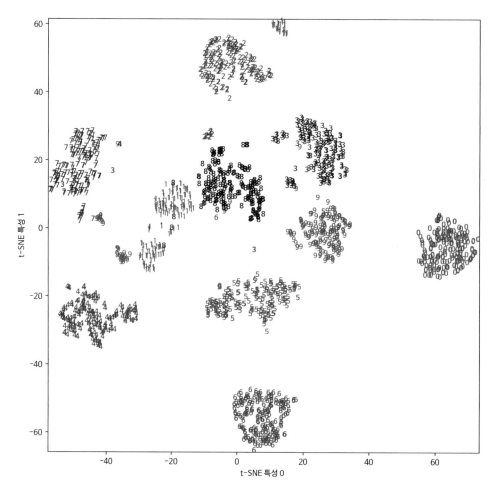

**그림 3-22** t-SNE로 찾은 두 개의 성분을 사용한 숫자 데이터셋의 산점도

t-SNE의 결과는 놀랍습니다. 모든 클래스가 확실히 잘 구분되었습니다. 1과 9는 조금 나뉘었지만 대부분의 숫자는 하나의 그룹으로 모여 있습니다. 이 알고리즘은 클래스 레이블 정보를 사용하지 않으므로 완전한 비지도 학습입니다. 그럼에도 원본 데이터 공간에서 포인트들이 얼마나 가까이 있는지에 대한 정보로 클래스가 잘 구분되는 2차원 표현을 찾습니다.

t-SNE는 매개변수를 약간 조정해야 하지만 기본값으로도 잘 작동하는 경우가 많습니다.

perplexity와 early_exaggeration를 변경해볼 수 있지만, 보통 효과는 크지 않습니다.[31]

## 3.5 군집

앞서 소개한 대로 **군집**clustering은 데이터셋을 클러스터cluster라는 그룹으로 나누는 작업입니다. 한 클러스터 안의 데이터 포인트끼리는 매우 비슷하고 다른 클러스터의 데이터 포인트와는 구분되도록 데이터를 나누는 것이 목표입니다. 분류 알고리즘과 비슷하게 군집 알고리즘은 각 데이터 포인트가 어느 클러스터에 속하는지 할당(또는 예측)합니다.

### 3.5.1 k-평균 군집

$k$-평균$^{k-means}$ 군집은 가장 간단하고 또 널리 사용하는 군집 알고리즘입니다. 이 알고리즘은 데이터의 어떤 영역을 대표하는 **클러스터 중심**cluster center을 찾습니다. 알고리즘은 두 단계를 반복합니다. 먼저 데이터 포인트를 가장 가까운 클러스터 중심에 할당하고, 그런 다음 클러스터에 할당된 데이터 포인트의 평균으로 클러스터 중심을 다시 지정합니다. 클러스터에 할당되는 데이터 포인트에 변화가 없을 때 알고리즘이 종료됩니다. 다음은 예시용 데이터셋에 $k$-평균 군집을 적용한 예입니다(그림 3-23).

```
In [53]
  mglearn.plots.plot_kmeans_algorithm()
```

---

31 옮긴이_ perplexity 값이 크면 더 많은 이웃을 포함하며 작은 그룹은 무시됩니다. 보통 데이터셋이 클 경우 perplexity 값도 커야 합니다. 기본값은 30이며 보통 5~50 사이의 값을 지정합니다. TSNE 모델은 초기 과장(early exaggeration) 단계와 최적화 단계를 가집니다. early_exaggeration 매개변수는 초기 과장 단계에서 원본 공간의 클러스터들이 얼마나 멀게 2차원에 나타낼지를 정합니다. early_exaggeration의 기본값은 12이며 최소한 1보다 커야 하고 값이 클수록 간격이 커집니다. 사이킷런 0.22 버전에서 여러 개의 코어를 활용할 수 있는 n_jobs 매개변수(기본값 1)가 추가되었습니다.

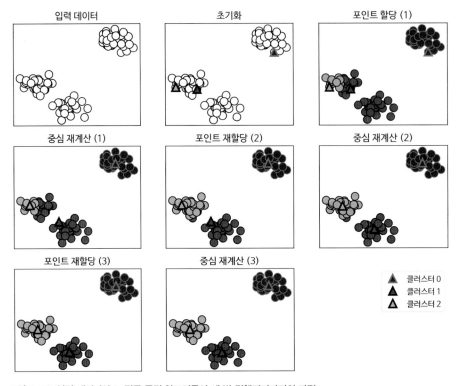

**그림 3-23** 입력 데이터와 $k$-평균 군집 알고리즘이 세 번 진행되기까지의 과정

[그림 3-23]에서 삼각형은 클러스터 중심이고 원은 데이터 포인트입니다. 클러스터는 색으로 구분했습니다. 3개의 클러스터를 찾도록 지정했으니 알고리즘이 클러스터 중심으로 삼을 데이터 포인트 3개를 무작위로 초기화했습니다(그림의 "초기화").[32] 그런 다음 알고리즘이 반복됩니다. 먼저 각 데이터 포인트를 가장 가까운 클러스터 중심에 할당합니다(그림의 "포인트 할당 (1)"). 다음엔 할당한 포인트의 평균값으로 클러스터 중심을 갱신합니다(그림의 "중심 재계산 (1)"). 이렇게 같은 과정을 두 번 더 반복합니다. 세 번 반복한 후에 클러스터 중심에 할당되는 포인트에 변화가 없으므로 알고리즘이 멈춥니다.[33]

새로운 데이터 포인트가 주어지면 $k$-평균 알고리즘은 가장 가까운 클러스터 중심을 할당합니다.

---

**32** 옮긴이_ 사이킷런의 KMeans 클래스는 init 매개변수에서 클러스터 초기화 방식을 지정할 수 있습니다. 이 매개변수의 기본값은 초기 클러스터 중심을 가능한 멀리 떨어지도록 만드는 알고리즘인 "k-means++"입니다. 다른 값은 무작위로 초기 클러스터 중심을 선택하는 "random"입니다. 이 그림은 초기 클러스터를 무작위로 할당한 예로 init 매개변수에 수동으로 초기 클러스터 중심을 지정했습니다.

**33** 옮긴이_ max_iter 매개변수(기본값 300)로 알고리즘의 최대 반복 횟수를 지정할 수 있습니다.

다음 예는 [그림 3-23]에서 학습시킨 클러스터 중심의 경계입니다(그림 3-24).

In [50]
```
mglearn.plots.plot_kmeans_boundaries()
```

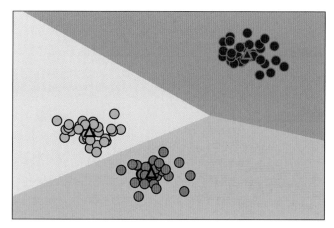

**그림 3-24** $k$-평균 알고리즘으로 찾은 클러스터 중심과 클러스터 경계


scikit-learn에서 $k$-평균 알고리즘을 사용하는 것도 다른 알고리즘과 비슷합니다. 여기서는 앞에서 사용한 인위적 데이터셋에 적용해보겠습니다. KMeans의 객체를 생성하고 찾고자 하는 클러스터의 수를 지정합니다.[34] 그런 다음 fit 메서드를 호출합니다.

In [54]
```
from sklearn.datasets import make_blobs
from sklearn.cluster import KMeans

# 인위적으로 2차원 데이터를 생성합니다.
X, y = make_blobs(random_state=1)

# 군집 모델을 만듭니다.
kmeans = KMeans(n_clusters=3)
kmeans.fit(X)
```

---

34 n_clusters를 지정하지 않으면 기본값 8을 사용합니다. 보통은 기본값을 그대로 쓰지 않습니다.

알고리즘을 적용하면 X에 담긴 각 훈련 데이터 포인트에 클러스터 레이블이 할당됩니다.[35] kmeans.labels_ 속성에서 이 레이블을 확인할 수 있습니다.

```
In [56]
  print("클러스터 레이블:\n{}".format(kmeans.labels_))

Out [56]
  클러스터 레이블:
  [1 2 2 2 0 0 0 2 1 1 2 2 0 1 0 0 0 1 2 2 0 2 0 1 2 0 0 1 1 0 1 1 0 1 2 0 2
   2 2 0 0 2 1 2 2 0 1 1 1 1 2 0 0 0 1 0 2 2 1 1 2 0 0 2 2 0 1 0 1 2 2 2 0 1
   1 2 0 0 1 2 1 2 2 0 1 1 1 1 2 1 0 1 1 2 2 0 0 1 0 1]
```

세 개의 클러스터를 지정했으므로 각 클러스터는 0에서 2까지의 번호가 붙습니다.

또 predict 메서드를 사용해 새로운 데이터의 클러스터 레이블을 예측할 수 있습니다. 예측은 각 포인트에 가장 가까운 클러스터 중심을 할당하는 것이며 기존 모델을 변경하지 않습니다. 훈련 세트에 대해 predict 메서드를 실행하면 labels_와 같은 결과를 얻게 됩니다.

```
In [57]
  print(kmeans.predict(X))

Out [57]
  [1 2 2 2 0 0 0 2 1 1 2 2 0 1 0 0 0 1 2 2 0 2 0 1 2 0 0 1 1 0 1 1 0 1 2 0 2
   2 2 0 0 2 1 2 2 0 1 1 1 1 2 0 0 0 1 0 2 2 1 1 2 0 0 2 2 0 1 0 1 2 2 2 0 1
   1 2 0 0 1 2 1 2 2 0 1 1 1 1 2 1 0 1 1 2 2 0 0 1 0 1]
```

군집은 각 데이터 포인트가 레이블을 가진다는 면에서 분류와 조금 비슷해 보입니다. 그러나 정답을 모르고 있으며 레이블 자체에 어떤 의미가 있지는 않습니다. 앞서 이야기한 얼굴 이미지를 군집시키는 예를 생각해보겠습니다. 알고리즘이 찾은 클러스터 3에는 한 친구의 얼굴만 담겨 있을 수 있습니다. 하지만 이는 사진들을 직접 봐야 알 수 있으며 숫자 3은 아무런 의미가 없습니다. 알고리즘이 우리에게 주는 정보는 3이라고 레이블된 얼굴들은 모두 서로 비슷하다는 것입니다.

---

35 옮긴이_ KMeans의 클러스터 레이블 할당이 무작위이기 때문에 Out[56], Out[57]과 그 이후 이미지의 클러스터 레이블이 바뀔 수 있습니다.

2차원 예제 데이터에서 군집 알고리즘을 적용할 때 한 그룹의 레이블은 0으로, 다른 그룹은 1로 지정되는 것은 중요하지 않습니다. 초기화를 무작위로 하기 때문에 알고리즘을 다시 실행하면 클러스터의 번호가 다르게 부여될 수 있습니다.

이 데이터의 그래프를 다시 그려보겠습니다(그림 3-25). cluster_centers_ 속성에 저장된 클러스터 중심을 삼각형으로 표시했습니다.

```
In [58]
  mglearn.discrete_scatter(X[:, 0], X[:, 1], kmeans.labels_, markers='o')
  mglearn.discrete_scatter(
      kmeans.cluster_centers_[:, 0], kmeans.cluster_centers_[:, 1], [0, 1, 2],
      markers='^', markeredgewidth=2)
```

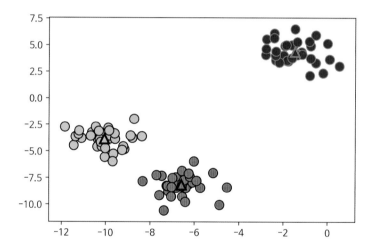

**그림 3-25** $k$-평균 알고리즘으로 찾은 세 개의 클러스터 중심과 클러스터 할당

이번에는 클러스터 수를 늘리거나 줄여보겠습니다(그림 3-26).

```
In [59]
  fig, axes = plt.subplots(1, 2, figsize=(10, 5))

  # 두 개의 클러스터 중심을 사용합니다.
  kmeans = KMeans(n_clusters=2)
```

```
kmeans.fit(X)
assignments = kmeans.labels_
mglearn.discrete_scatter(X[:, 0], X[:, 1], assignments, ax=axes[0])

# 다섯 개의 클러스터 중심을 사용합니다.
kmeans = KMeans(n_clusters=5)
kmeans.fit(X)
assignments = kmeans.labels_

mglearn.discrete_scatter(X[:, 0], X[:, 1], assignments, ax=axes[1])
```

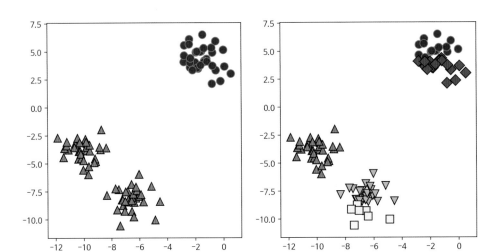

**그림 3-26** $k$–평균 알고리즘으로 클러스터를 두 개 사용했을 때(왼쪽)와 다섯 개 사용했을 때(오른쪽)의 클러스터 할당

## k–평균 알고리즘이 실패하는 경우

데이터셋의 클러스터 개수를 정확하게 알고 있더라도 $k$–평균 알고리즘이 항상 이를 구분해낼 수 있는 것은 아닙니다. 각 클러스터를 정의하는 것이 중심 하나뿐이므로 클러스터는 둥근 형태로 나타납니다. 이런 이유로 $k$–평균 알고리즘은 비교적 간단한 형태를 구분할 수 있습니다. 또한 $k$–평균은 모든 클러스터의 반경이 똑같다고 가정합니다. 그래서 클러스터 중심 사이의 정확히 중간에 경계를 그립니다. 이는 가끔 [그림 3–27]처럼 예상치 않은 결과를 만듭니다.

```
In [60]
  X_varied, y_varied = make_blobs(n_samples=200,
                                  cluster_std=[1.0, 2.5, 0.5],
                                  random_state=170)
  y_pred = KMeans(n_clusters=3, random_state=0).fit_predict(X_varied)
  mglearn.discrete_scatter(X_varied[:, 0], X_varied[:, 1], y_pred)
  plt.legend(["클러스터 0", "클러스터 1", "클러스터 2"], loc='best')
  plt.xlabel("특성 0")
  plt.ylabel("특성 1")
```

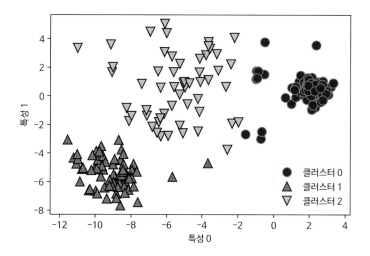

**그림 3-27** 클러스터의 밀도가 다를 때 $k$-평균으로 찾은 클러스터 할당

왼쪽 아래에 모여 있는 영역을 첫 번째 클러스터(클러스터 1), 오른쪽 위의 밀집된 영역을 두 번째 클러스터(클러스터 0), 가운데 비교적 엉성한 영역을 세 번째 클러스터(클러스터 2)라 고 생각할 수 있습니다. 그런데 클러스터 0과 클러스터 1은 클러스터 중심에서 멀리 떨어진 포 인트들도 포함하고 있습니다.

$k$-평균은 또 클러스터에서 모든 방향이 똑같이 중요하다고 가정합니다. [그림 3-28]은 세 그 룹으로 나뉜 2차원 데이터셋입니다. 그러나 이 그룹들이 대각선으로 늘어서 있습니다. $k$-평균 은 가장 가까운 클러스터 중심까지의 거리만 고려하기 때문에 이런 데이터를 잘 처리하지 못합 니다.

```
# 무작위로 클러스터 데이터를 생성합니다.
X, y = make_blobs(random_state=170, n_samples=600)
rng = np.random.RandomState(74)
# 데이터가 길게 늘어지도록 변경합니다.
transformation = rng.normal(size=(2, 2))
X = np.dot(X, transformation)

# 세 개의 클러스터로 데이터에 KMeans 알고리즘을 적용합니다.
kmeans = KMeans(n_clusters=3)
kmeans.fit(X)
y_pred = kmeans.predict(X)

# 클러스터 할당과 클러스터 중심을 나타냅니다.
mglearn.discrete_scatter(X[:, 0], X[:, 1], kmeans.labels_, markers='o')
mglearn.discrete_scatter(
    kmeans.cluster_centers_[:, 0], kmeans.cluster_centers_[:, 1], [0, 1, 2],
    markers='^', markeredgewidth=2)
plt.xlabel("특성 0")
plt.ylabel("특성 1")
```

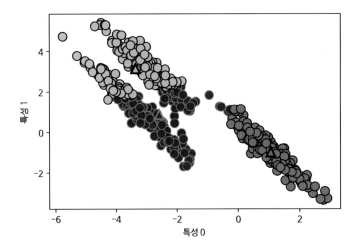

**그림 3-28** 원형이 아닌 클러스터를 구분하지 못하는 $k$-평균 알고리즘

클러스터가 2장에서 본 two_moons 데이터처럼 더 복잡한 형태라면 $k$-평균의 성능이 더 나빠집니다(그림 3-29).

In [62]
```
# two_moons 데이터를 생성합니다(이번에는 노이즈를 조금만 넣습니다).
from sklearn.datasets import make_moons
X, y = make_moons(n_samples=200, noise=0.05, random_state=0)

# 두 개의 클러스터로 데이터에 KMeans 알고리즘을 적용합니다.
kmeans = KMeans(n_clusters=2)
kmeans.fit(X)
y_pred = kmeans.predict(X)

# 클러스터 할당과 클러스터 중심을 표시합니다.
plt.scatter(X[:, 0], X[:, 1], c=y_pred, cmap=mglearn.cm2, s=60, edgecolors='k')
plt.scatter(kmeans.cluster_centers_[:, 0], kmeans.cluster_centers_[:, 1],
            marker='^', c=[mglearn.cm2(0), mglearn.cm2(1)], s=100, linewidth=2,
            edgecolors='k')
plt.xlabel("특성 0")
plt.ylabel("특성 1")
```

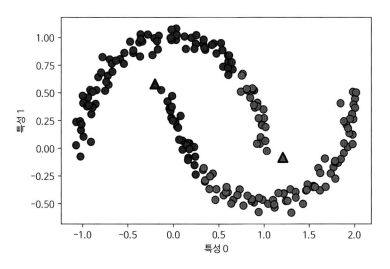

**그림 3-29** 복잡한 모양의 클러스터를 구분하지 못하는 $k$-평균 알고리즘

군집 알고리즘이 두 개의 반달 모양을 구분하면 좋겠지만 $k$-평균 알고리즘을 사용해서는 어렵습니다.

## 벡터 양자화 또는 분해 메서드로서의 k-평균

*k*-평균이 군집 알고리즘이지만, *k*-평균과 PCA나 NMF 같은 분해 알고리즘 사이에는 재미있는 유사점이 있습니다. PCA는 데이터에서 분산이 가장 큰 방향을 찾으려 하고, NMF는 데이터의 극단 또는 일부분에 상응되는 중첩할 수 있는 성분을 찾는다고 배웠습니다(그림 3-13). 두 방법 모두 데이터 포인트를 어떤 성분의 합으로 표현합니다. 반면에 *k*-평균은 클러스터 중심으로 각 데이터 포인트를 표현합니다. 이를 각 데이터 포인트가 클러스터 중심, 즉 하나의 성분으로 표현된다고 볼 수 있습니다. *k*-평균을 이렇게 각 포인트가 하나의 성분으로 분해되는 관점으로 보는 것을 **벡터 양자화**vector quantization라고 합니다.

PCA, NMF, *k*-평균에서 추출한 성분(그림 3-30)과 100개의 성분으로 테스트 세트의 얼굴을 재구성(그림 3-31)한 것을 나란히 비교해보겠습니다. *k*-평균의 경우 재구성은 훈련 세트에서 찾은 가장 가까운 클러스터의 중심입니다.

```
In [63]
X_train, X_test, y_train, y_test = train_test_split(
    X_people, y_people, stratify=y_people, random_state=42)
nmf = NMF(n_components=100, init='nndsvd', random_state=0, max_iter=1000, tol=1e-2)
nmf.fit(X_train)
pca = PCA(n_components=100, random_state=0)
pca.fit(X_train)
kmeans = KMeans(n_clusters=100, random_state=0)
kmeans.fit(X_train)

X_reconstructed_pca = pca.inverse_transform(pca.transform(X_test))
X_reconstructed_kmeans = kmeans.cluster_centers_[kmeans.predict(X_test)]
X_reconstructed_nmf = np.dot(nmf.transform(X_test), nmf.components_)
```

```
In [64]
fig, axes = plt.subplots(3, 5, figsize=(8, 8), subplot_kw={'xticks': (), 'yticks': ()})
fig.suptitle("추출한 성분")
for ax, comp_kmeans, comp_pca, comp_nmf in zip(
        axes.T, kmeans.cluster_centers_, pca.components_, nmf.components_):
    ax[0].imshow(comp_kmeans.reshape(image_shape))
    ax[1].imshow(comp_pca.reshape(image_shape), cmap='viridis')
    ax[2].imshow(comp_nmf.reshape(image_shape))

axes[0, 0].set_ylabel("kmeans")
axes[1, 0].set_ylabel("pca")
axes[2, 0].set_ylabel("nmf")
```

```
fig, axes = plt.subplots(4, 5, subplot_kw={'xticks': (), 'yticks': ()},
                         figsize=(8, 8))
fig.suptitle("재구성")
for ax, orig, rec_kmeans, rec_pca, rec_nmf in zip(
        axes.T, X_test, X_reconstructed_kmeans, X_reconstructed_pca,
        X_reconstructed_nmf):

    ax[0].imshow(orig.reshape(image_shape))
    ax[1].imshow(rec_kmeans.reshape(image_shape))
    ax[2].imshow(rec_pca.reshape(image_shape))
    ax[3].imshow(rec_nmf.reshape(image_shape))

axes[0, 0].set_ylabel("원본")
axes[1, 0].set_ylabel("kmeans")
axes[2, 0].set_ylabel("pca")
axes[3, 0].set_ylabel("nmf")
```

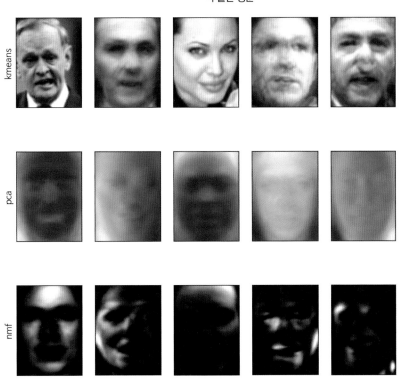

그림 3-30 $k$—평균의 클러스터 중심과 PCA, NMF로 찾은 성분의 비교

재구성

**그림 3-31** 성분(또는 클러스터 중심) 100개를 사용한 $k$-평균, PCA, NMF의 이미지 재구성 비교($k$-평균은 이미지당 하나의 클러스터 중심만 사용)

$k$-평균을 사용한 벡터 양자화의 흥미로운 면은 입력 데이터의 차원보다 더 많은 클러스터를 사용해 데이터를 인코딩할 수 있다는 점입니다. two_moons 데이터를 다시 사용해보겠습니다. 이 데이터가 2차원이므로 PCA와 NMF로는 할 수 있는 것이 많지 않습니다. PCA나 NMF를 사용해 1차원으로 축소하면 이 데이터 구조가 완전히 파괴되기 때문입니다. 하지만 많은 클러스터 중심을 사용한 $k$-평균은 데이터를 더 잘 표현할 수 있습니다(그림 3-32).

```
In [65]
  X, y = make_moons(n_samples=200, noise=0.05, random_state=0)
  kmeans = KMeans(n_clusters=10, random_state=0)
  kmeans.fit(X)
  y_pred = kmeans.predict(X)

  plt.scatter(X[:, 0], X[:, 1], c=y_pred, s=60, cmap='Paired', edgecolors='black')
  plt.scatter(kmeans.cluster_centers_[:, 0], kmeans.cluster_centers_[:, 1], s=60,
              marker='^', c=range(kmeans.n_clusters), linewidth=2, cmap='Paired',
              edgecolors='black')
  plt.xlabel("특성 0")
  plt.ylabel("특성 1")
  print("클러스터 레이블:\n", y_pred)

Out [65]
  클러스터 레이블:
  [9 2 5 4 2 7 9 6 9 6 1 0 2 6 1 9 3 0 3 1 7 6 8 6 8 5 2 7 5 8 9 8 6 5 3 7 0
   9 4 5 0 1 3 5 2 8 9 1 5 6 1 0 7 4 6 3 3 6 3 8 0 4 2 9 6 4 8 2 8 4 0 4 0 5
   6 4 5 9 3 0 7 8 0 7 5 8 9 8 0 7 3 9 7 1 7 2 2 0 4 5 6 7 8 9 4 5 4 1 2 3 1
   8 8 4 9 2 3 7 0 9 9 1 5 8 5 1 9 5 6 7 9 1 4 0 6 2 6 4 7 9 5 5 3 8 1 9 5 6
   3 5 0 2 9 3 0 8 6 0 3 3 5 6 3 2 0 2 3 0 2 6 3 4 4 1 5 6 7 1 1 3 2 4 7 2 7
   3 8 6 4 1 4 3 9 9 5 1 7 5 8 2]
```

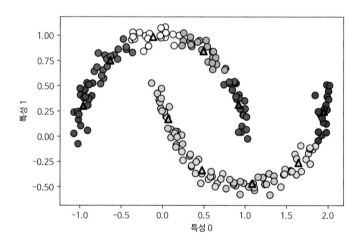

**그림 3-32** 복잡한 형태의 데이터셋을 다루기 위해 많은 클러스터를 사용한 $k$-평균

10개의 클러스터를 사용했기 때문에 각 데이터 포인트는 0에서 9 사이의 숫자가 할당되어 있습니다. 이는 데이터를 10개의 성분(즉 10개의 특성)으로 표현한 것으로 볼 수 있으며, 포인트가 속한 클러스터에 해당하는 특성을 제외한 다른 특성은 모두 0이라고 생각할 수 있습니다. 원래 특성 2개만으로는 불가능했지만, 이 10차원 형태를 이용하면 선형 모델을 사용해 두 개의 반달 모양을 구분할 수 있을 것 같습니다. 또한 클러스터 중심까지의 거리를 특성으로 사용하면 데이터를 더욱 잘 나타낼 수 있습니다. 이 데이터는 kmeans 모델의 transform 메서드를 사용하여 구할 수 있습니다.[36]

```
In [66]
distance_features = kmeans.transform(X)
print("클러스터 거리 데이터의 형태:", distance_features.shape)
print("클러스터 거리:\n", distance_features)

Out [66]
클러스터 거리 데이터의 형태: (200, 10)
클러스터 거리:
[[ 0.922  1.466  1.14  ...,  1.166  1.039  0.233]
 [ 1.142  2.517  0.12  ...,  0.707  2.204  0.983]
 [ 0.788  0.774  1.749 ...,  1.971  0.716  0.944]
 ...,
 [ 0.446  1.106  1.49  ...,  1.791  1.032  0.812]
 [ 1.39   0.798  1.981 ...,  1.978  0.239  1.058]
 [ 1.149  2.454  0.045 ...,  0.572  2.113  0.882]]
```

$k$-평균은 비교적 이해하기 쉽고 구현도 쉬울 뿐만 아니라 비교적 빠르기 때문에 가장 인기 있는 군집 알고리즘입니다. $k$-평균은 대용량 데이터셋에도 잘 작동하지만 scikit-learn은 아주 큰 대규모 데이터셋을 처리할 수 있는 MiniBatchKMeans도 제공합니다.[37]

$k$-평균의 단점 하나는 무작위 초기화를 사용하여 알고리즘의 출력이 난수 초깃값에 따라 달라진다는 점입니다. 기본적으로 scikit-learn은 서로 다른 난수 초깃값으로 10번 반복하여 최선

---

36 옮긴이_ transform 메서드가 반환하는 값은 데이터 포인트에서 각 클러스트 중심까지의 거리이므로 그 크기는 '샘플 개수×클러스터 수'입니다.

37 옮긴이_ MiniBatchKMeans는 이름에서 알 수 있듯이 알고리즘이 반복될 때 전체 데이터에서 일부를 무작위로 선택해(미니 배치) 클러스터의 중심을 계산합니다. 미니 배치의 크기는 batch_size 매개변수로 지정하며 기본값은 100입니다. scikit-learn 0.23 버전부터 KMeans 클래스는 OpenMP 기반의 병렬화를 제공합니다. 이 때문에 n_jobs 매개변수를 사용하면 경고가 발생하며 이 매개변수는 1.0 버전에서 삭제되었습니다.

의 결과를 만듭니다.[38] $k$-평균의 더 큰 단점은 클러스터의 모양을 가정하고 있어서 활용 범위가 비교적 제한적이며, 또 찾으려 하는 클러스터의 개수를 지정해야만 한다는 것입니다(실제 애플리케이션에서는 알 수 없을 것입니다).

다음은 이런 단점들을 개선한 두 가지 군집 알고리즘을 더 살펴보겠습니다.

> **NOTE_** k-평균 알고리즘에서 클러스터 개수를 선택하는 좋은 방법은 엘보우 방법[elbow method]입니다. 엘보우 방법은 클러스터 개수를 늘려가면서 k-평균의 이너셔[inertia] 감소가 완만해지는 지점을 찾습니다. 이너셔는 클러스터 중심에서 클러스터에 속한 각 샘플간의 제곱 거리의 합입니다. scikit-learn의 KMeans 클래스는 inertia_ 속성에 이너셔 값을 제공합니다. 다음 코드는 two_moons 데이터에서 클러스터 1개에서 10개까지 KMeans 모델을 훈련하여 클러스터 개수에 대한 이너셔 그래프를 그립니다.

```
In [67]
  inertia = []
  for i in range(1, 11):
      kmeans = KMeans(n_clusters=i, random_state=0)
      kmeans.fit(X)
      inertia.append(kmeans.inertia_)

  plt.plot(range(1, 11), inertia, marker='o')
  plt.xlabel('클러스터 개수')
  plt.ylabel('이너셔')
  plt.show()
```

---

38 여기서 최선이라 함은 클러스터 분산의 합이 작은 것을 말합니다.

**옮긴이_** KMeans의 n_init 매개변수는 알고리즘 전체를 다른 난수 초깃값을 사용해 반복하는 횟수를 지정하며 기본값은 10입니다. 이에 반해 MiniBatchKMeans의 n_init 매개변수는 최선의 초기 클러스터 중심을 찾는 데 사용하는 반복 횟수를 지정하는 것으로, 기본값은 3입니다.

그래프를 보면 클러스터 개수 2~4에서 이너셔 값이 크게 꺾이는 것을 볼 수 있습니다. 따라서 two_moons 데이터의 적절한 클러스터 개수는 2~4 사이라고 생각할 수 있습니다.

### 3.5.2 병합 군집

**병합 군집**agglomerative clustering은 다음과 같은 원리로 만들어진 군집 알고리즘의 모음을 말합니다. 병합 군집 알고리즘은 시작할 때 각 포인트를 하나의 클러스터로 지정하고, 그다음 어떤 종료 조건을 만족할 때까지 가장 비슷한 두 클러스터를 합쳐나갑니다. scikit-learn에서 사용하는 종료 조건은 클러스터 개수로, 지정된 개수의 클러스터가 남을 때까지 비슷한 클러스터를 합칩니다. linkage 옵션에서 가장 비슷한 클러스터를 측정하는 방법을 지정합니다. 이 측정은 항상 두 클러스터 사이에서 이뤄집니다.

다음은 scikit-learn에 구현된 옵션입니다.[39]

> **ward**
>
> 기본값인 ward 연결linkage은 모든 클러스터 내의 분산을 가장 작게 증가시키는 두 클러스터
> 를 합칩니다. 그래서 크기가 비교적 비슷한 클러스터가 만들어집니다.
>
> **average**
>
> average 연결은 클러스터 포인트 사이의 평균 거리가 가장 짧은 두 클러스터를 합칩니다.
>
> **complete**
>
> complete 연결(최대 연결이라고도 합니다)은 클러스터 포인트 사이의 최대 거리가 가장
> 짧은 두 클러스터를 합칩니다.

ward가 대부분의 데이터셋에 알맞기 때문에 예제에서 이 옵션을 사용하겠습니다. 클러스터에 속한 포인트 수가 많이 다를 때 (예를 들면 한 클러스터가 다른 것보다 매우 클 때) average나 complete가 더 나을 수 있습니다.

[그림 3-33]은 2차원 데이터셋에서 세 개의 클러스터를 찾기 위한 병합 군집의 과정입니다.

---

39 옮긴이_ scikit-learn 0.20에서는 클러스터 포인트 사이의 최소 거리가 가장 짧은 두 클러스터를 합치는 single 옵션이 추가되었습니다.

In [68]
```
mglearn.plots.plot_agglomerative_algorithm()
```

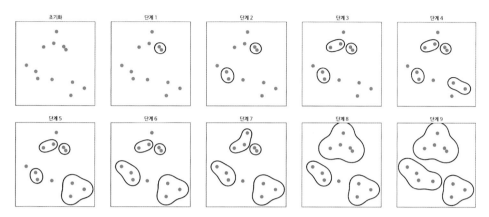

**그림 3-33** 두 인접 클러스터를 반복적으로 합쳐나가는 병합 군집

초기에 각 포인트가 하나의 클러스터입니다. 그다음 각 단계에서 가장 가까운 두 클러스터가 합쳐집니다. 네 번째 단계까지는 포인트가 하나뿐인 클러스터 두 개가 선택되어 합쳐져서 두 개의 포인트를 가진 클러스터가 되었습니다. 단계 5에서 두 개의 포인트를 가진 클러스터 중 하나가 세 개의 포인트로 확장됩니다. 이런 식으로 단계 9에 이르면 클러스터가 세 개만 남게 됩니다. 세 개의 클러스터를 찾는다고 지정했다면 알고리즘은 여기서 멈춥니다.

앞에서 사용한 세 개의 클러스터가 있는 간단한 데이터로 병합 군집이 어떻게 작동하는지 알아보겠습니다. 알고리즘의 작동 특성상 병합 군집은 새로운 데이터 포인트에 대해서는 예측을 할 수 없습니다. 그러므로 병합 군집은 predict 메서드가 없습니다. 대신 훈련 세트로 모델을 만들고 클러스터 소속 정보를 얻기 위해서 fit_predict 메서드를 사용합니다.[40] 결과는 [그림 3-34]와 같습니다.

In [69]
```
from sklearn.cluster import AgglomerativeClustering
```

---

40 *k*-평균에서처럼 labels_ 속성을 사용할 수 있습니다.
옮긴이_ 사실 KMeans와 AgglomerativeClustering의 fit_predict 메서드는 단순히 fit 메서드에서 찾은 labels_를 반환하는 함수입니다.

```
X, y = make_blobs(random_state=1)

agg = AgglomerativeClustering(n_clusters=3)
assignment = agg.fit_predict(X)

mglearn.discrete_scatter(X[:, 0], X[:, 1], assignment)
plt.legend(["클러스터 0", "클러스터 1", "클러스터 2"], loc="best")
plt.xlabel("특성 0")
plt.ylabel("특성 1")
```

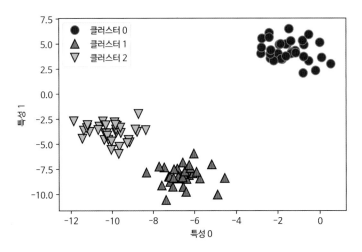

**그림 3-34** 병합 군집을 사용한 세 개의 클러스터 할당

예상대로 알고리즘은 클러스터를 완벽하게 찾았습니다. scikit-learn의 병합 군집 모델을 사용하려면 찾을 클러스터의 개수를 지정해야 하지만, 병합 군집이 적절한 개수를 선택하는 데 도움을 주기도 합니다. 다음 절에서 이 부분을 살펴보겠습니다.

## 계층적 군집과 덴드로그램

병합 군집은 **계층적 군집**hierarchical clustering을 만듭니다. 군집이 반복하여 진행되면 모든 포인트는 하나의 포인트를 가진 클러스터에서 시작하여 마지막 클러스터까지 이동하게 됩니다. 각 중간 단계는 데이터에 대한 (각기 다른 개수의) 클러스터를 생성합니다. 이는 가능한 모든 클러스터를 연결해보는 데 도움이 됩니다. [그림 3-35]는 [그림 3-33]에 나타난 모든 클러스터를 겹

쳐서 표시한 것입니다. 이 그림은 각 클러스터가 더 작은 클러스터로 어떻게 나뉘는지 잘 보여 줍니다.

In [70]
```
mglearn.plots.plot_agglomerative()
```

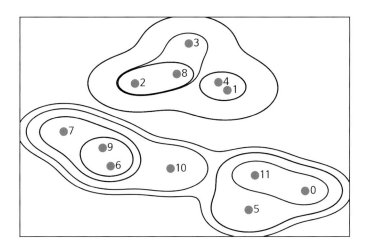

**그림 3-35** 병합 군집으로 생성한 계층적 군집(실선으로 표시)과 번호가 매겨진 데이터 포인트([그림 3-36]과 비교해 보세요.)

이 그래프는 계층 군집의 모습을 자세히 나타내지만, 2차원 데이터일 때뿐이며 특성이 셋 이상인 데이터셋에는 사용할 수 없습니다. 하지만 계층 군집을 시각화하는 또 다른 도구인 **덴드로그램**dendrogram은 다차원 데이터셋을 처리할 수 있습니다.

아쉽게도 scikit-learn은 아직까지 덴드로그램을 그리는 기능을 제공하지 않습니다. 그러나 SciPy를 사용해 손쉽게 만들 수 있습니다. SciPy 군집 알고리즘은 scikit-learn의 군집 알고리즘과는 인터페이스가 조금 다릅니다. SciPy는 데이터 배열 X를 받아 계층 군집의 유사도가 들어있는 연결 배열linkage array을 반환하는 함수를 제공합니다.[41] 이 연결 배열을 SciPy의 dendrogram 함수에 넣어 덴드로그램 그래프를 그릴 수 있습니다(그림 3-36).

---

41  옮긴이_ SciPy의 scipy.cluster.hierarchy 모듈은 ward() 외에 average(), complete()를 포함한 다양한 함수를 제공합니다.

```
In [71]
    # SciPy에서 ward 군집 함수와 덴드로그램 함수를 임포트합니다.
    from scipy.cluster.hierarchy import dendrogram, ward
    X, y = make_blobs(random_state=0, n_samples=12)
    # 데이터 배열 X에 ward 함수를 적용합니다.
    # SciPy의 ward 함수는 병합 군집을 수행할 때 생성된
    # 거리 정보가 담긴 배열을 반환합니다.
    linkage_array = ward(X)
    # 클러스터 간의 거리 정보가 담긴 linkage_array를 사용해 덴드로그램을 그립니다.
    dendrogram(linkage_array)

    # 두 개와 세 개의 클러스터를 구분하는 커트라인을 표시합니다.
    ax = plt.gca()
    bounds = ax.get_xbound()
    ax.plot(bounds, [7.25, 7.25], '--', c='k')
    ax.plot(bounds, [4, 4], '--', c='k')

    ax.text(bounds[1], 7.25, ' 두 개 클러스터', va='center', fontdict={'size': 15})
    ax.text(bounds[1], 4, ' 세 개 클러스터', va='center', fontdict={'size': 15})
    plt.xlabel("샘플 번호")
    plt.ylabel("클러스터 거리")
```

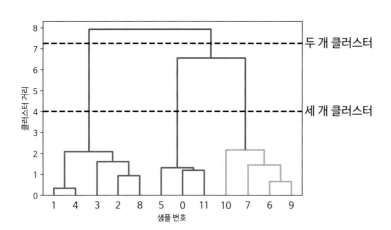

**그림 3-36** [그림 3-35]에 있는 클러스터의 덴드로그램과 두 개의 클러스터와 세 개의 클러스터를 구분하는 점선

덴드로그램에서 데이터 포인트(숫자 0에서 11까지)는 맨 아래 나타납니다. (각각이 하나의 클러스터인) 이 포인트들을 잎leaf으로 하는 트리가 만들어지며 새로운 부모 노드는 두 클러스터가 합쳐질 때 추가됩니다.

만들어진 순서대로(아래에서 위로) 보면 데이터 포인트 1과 4가 먼저 합쳐졌습니다([그림 3-33]에서 확인할 수 있습니다). 다음으로 포인트 6과 9가 클러스터로 합쳐지고, 이런 식으로 계속 됩니다.[42] 맨 꼭대기에는 두 개의 가지branch가 있는데, 그중 하나는 포인트 11, 0, 5, 10, 7, 6, 9로, 다른 하나는 포인트 1, 4, 3, 2, 8로 구성되어 있습니다. 이 둘이 그래프에서 가장 큰 클러스터들입니다.

덴드로그램의 y 축이 단순히 병합 알고리즘에서 두 클러스터가 합쳐질 때를 나타내는 것만은 아닙니다. 가지의 길이는 합쳐진 클러스터가 얼마나 멀리 떨어져 있는지를 보여줍니다. 이 덴드로그램에서 가장 긴 가지는 "세 개 클러스터"로 표시한 점선이 가로지르는 세 개의 수직선입니다. 이 가지가 가장 길다는 것은 클러스터가 세 개에서 두 개로 될 때 꽤 먼 거리의 포인트를 모은다는 뜻입니다.[43] 그래프의 맨 위를 다시 보면 마지막 두 클러스터를 하나로 합칠 때의 거리도 비교적 멀다 할 수 있습니다.

그렇지만 병합 군집은 two_moons 데이터셋과 같은 복잡한 형상을 구분하지 못합니다. 하지만 다음에 볼 알고리즘인 DBSCAN은 이런 문제가 없습니다.

> **NOTE_** scikit-learn 0.24 버전에서 AgglomerativeClustering에 각 노드의 자식 노드를 담은 children_ 속성과 노드 사이의 거리를 담은 distances_ 속성을 제공하기 때문에 dendrogram 함수로 덴드로그램을 그릴 수 있습니다. 먼저 make_blobs 함수로 만든 데이터에서 AgglomerativeClustering 모델을 훈련합니다.

```
In [72]
agg = AgglomerativeClustering(n_clusters=None, distance_threshold=0)
agg.fit(X)
```

agg 객체의 children_ 속성을 출력하고 포함된 값의 의미를 알아 보겠습니다.

---

42 옮긴이_ 두 클러스터가 합쳐질 때 노드가 생성되므로, y 축의 높이로 노드가 만들어진 순서를 알 수 있습니다.
43 옮긴이_ 5, 0, 11로 이뤄진 클러스터와 10, 7, 6, 9로 이뤄진 클러스터가 합쳐질 때 비교적 먼 거리의 포인트들이 한 클러스터로 묶이게 된다는 뜻입니다.

```
In [73]
 print(agg.children_)

Out [73]
 [[ 1  4]
  [ 6  9]
  [ 2  8]
  [ 0 11]
  [ 5 15]
  [ 7 13]
  [ 3 14]
  [12 18]
  [10 17]
  [16 20]
  [19 21]]
```

children_ 속성은 마지막 리프 노드$^{leaf\ node}$를 제외한 모든 노드의 자식 노드의 인덱스를 담고 있습니다. 샘플 개수가 총 12개 이므로 리프 노드를 제외하고 11개의 노드가 있습니다. 노드의 순서는 자식 노드 사이의 거리가 작은 것부터 큰 순서대로 정렬되어 있습니다.

샘플 개수(12)보다 작은 인덱스는 샘플의 인덱스입니다. 예를 들어 첫 번째 노드([1 4])는 샘플 인덱스 1과 4를 자식 노드로 가집니다. 샘플 개수보다 큰 인덱스는 병합된 노드의 인덱스입니다. 예를 들어 다섯 번째 노드([5 15])는 샘플 인덱스 5와 병합된 노드 인덱스 15 − 12(샘플 개수) = 3을 자식 노드로 가집니다. 노드 인덱스 3은 [0 11]에 해당합니다. [그림 3-36]에서 샘플 인덱스 5와 [0 11] 노드를 병합한 노드입니다.

dendrogram 함수를 사용하려면 children_, distances_ 속성과 함께 각 노드의 하위에 있는 전체 샘플 개수를 전달해야 합니다. 이를 위해 for 루프 안에서 샘플 개수를 카운트하겠습니다. 그다음 np.column_stack 함수로 세 배열을 열 방향으로 나란히 연결하여 dendrogram 함수에 전달합니다.

```
In [74]
 counts = np.zeros(agg.children_.shape[0])
 n_samples = len(agg.labels_)
 for i, merge in enumerate(agg.children_):
     current_count = 0
     for child_idx in merge:
```

```
        if child_idx < n_samples:
            current_count += 1  # 리프 노드
        else:
            current_count += counts[child_idx - n_samples]
    counts[i] = current_count

linkage_matrix = np.column_stack([agg.children_, agg.distances_, counts])
# 클러스터 간의 거리 정보가 담긴 linkage_matrix를 사용해 덴드로그램을 그립니다
dendrogram(linkage_matrix)

# 두 개와 세 개의 클러스터를 구분하는 커트라인을 표시합니다
ax = plt.gca()
bounds = ax.get_xbound()
ax.plot(bounds, [7.25, 7.25], '--', c='k')
ax.plot(bounds, [4, 4], '--', c='k')

ax.text(bounds[1], 7.25, ' 두 개 클러스터', va='center', fontdict={'size': 15})
ax.text(bounds[1], 4, ' 세 개 클러스터', va='center', fontdict={'size': 15})
plt.xlabel("샘플 인덱스")
plt.ylabel("클러스터 거리")
plt.show()
```

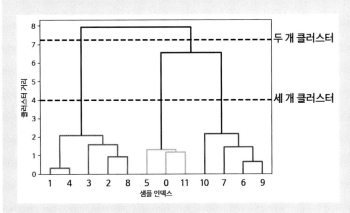

### 3.5.3 DBSCAN

**DBSCAN**<sup>density-based spatial clustering of applications with noise</sup>은 아주 유용한 군집 알고리즘입니다. DBSCAN의 주요 장점은 클러스터의 개수를 미리 지정할 필요가 없다는 점입니다. 이 알고리즘은 복잡한 형상도 찾을 수 있으며, 어떤 클래스에도 속하지 않는 포인트를 구분할 수 있습니다. DBSCAN은 병합 군집이나 $k$-평균보다는 다소 느리지만 비교적 큰 데이터셋에도 적용할 수 있습니다.[44]

DBSCAN은 특성 공간에서 가까이 있는 데이터가 많아 붐비는 지역의 포인트를 찾습니다. 이런 지역을 특성 공간의 **밀집 지역**<sup>dense region</sup>이라 합니다. DBSCAN의 아이디어는 데이터의 밀집 지역이 한 클러스터를 구성하며 비교적 비어있는 지역을 경계로 다른 클러스터와 구분된다는 것입니다.

밀집 지역에 있는 포인트를 **핵심 샘플**(또는 핵심 포인트)라고 하며 다음과 같이 정의합니다. DBSCAN에는 두 개의 매개변수 min_samples와 eps가 있습니다. 한 데이터 포인트에서 eps 거리 안에 데이터가 min_samples 개수만큼 들어 있으면 이 데이터 포인트를 핵심 샘플로 분류합니다. eps보다 가까운 핵심 샘플은 DBSCAN에 의해 동일한 클러스터로 합쳐집니다.[45]

이 알고리즘은 시작할 때 무작위로 포인트를 선택합니다. 그런 다음 그 포인트에서 eps 거리 안의 모든 포인트를 찾습니다. 만약 eps 거리 안에 있는 포인트 수가 min_samples보다 적다면 그 포인트는 어떤 클래스에도 속하지 않는 잡음<sup>noise</sup>으로 레이블합니다. eps 거리 안에 min_samples보다 많은 포인트가 있다면 그 포인트는 핵심 샘플로 레이블하고 새로운 클러스터 레이블을 할당합니다. 그런 다음 그 포인트의 (eps 거리 안의) 모든 이웃을 살핍니다. 만약 어떤 클러스터에도 아직 할당되지 않았다면 바로 전에 만든 클러스터 레이블을 할당합니다. 만약 핵심 샘플이면 그 포인트의 이웃을 차례로 방문합니다. 이런 식으로 계속 진행하여 클러스터는 eps 거리 안에 더 이상 핵심 샘플이 없을 때까지 자라납니다. 그런 다음 아직 방문하지 못한 포인트를 선택하여 같은 과정을 반복합니다.

결국 포인트의 종류는 세 가지입니다. 핵심 포인트, 경계 포인트(핵심 포인트에서 eps 거리 안에 있는 포인트), 그리고 잡음 포인트입니다. DBSCAN을 한 데이터셋에 여러 번 실행하면 핵

---

44 옮긴이_ DBSCAN의 algorithm 매개변수가 brute일 때만 n_jobs 매개변수가 적용되었습니다. scikit-learn 0.20 버전에서 algorithm에 상관없이 n_jobs 매개변수에 따라 다중 코어를 사용할 수 있도록 개선되었습니다.

45 옮긴이_ 거리를 재는 방식은 metric 매개변수에서 조절할 수 있으며 기본값은 유클리안 거리를 나타내는 'euclidean'입니다. min_samples의 기본값은 5이고 eps의 기본값은 0.5입니다.

심 포인트의 군집은 항상 같고 매번 같은 포인트를 잡음으로 레이블합니다. 그러나 경계 포인트는 한 개 이상의 클러스터 핵심 샘플의 이웃일 수 있습니다. 그렇기 때문에 경계 포인트가 어떤 클러스터에 속할지는 포인트를 방문하는 순서에 따라 달라집니다. 보통 경계 포인트는 많지 않으며 포인트 순서 때문에 받는 영향도 적어 중요한 이슈는 아닙니다.

그럼 이제 병합 군집에 사용했던 데이터셋에 DBSCAN을 적용해보겠습니다. 병합 군집과 마찬가지로 DBSCAN은 새로운 테스트 데이터에 대해 예측할 수 없으므로 fit_predict 메서드를 사용하여 군집과 클러스터 레이블을 한 번에 계산하겠습니다.

```
In [75]
  from sklearn.cluster import DBSCAN
  X, y = make_blobs(random_state=0, n_samples=12)

  dbscan = DBSCAN()
  clusters = dbscan.fit_predict(X)
  print("클러스터 레이블:\n", clusters)

Out [75]
  클러스터 레이블:
  [-1 -1 -1 -1 -1 -1 -1 -1 -1 -1 -1 -1]
```

여기서는 모든 포인트에 잡음 포인트를 의미하는 −1 레이블이 할당되었습니다. 이는 작은 샘플 데이터셋에 적합하지 않은 eps와 min_samples 기본값 때문입니다. 여러 가지 min_samples와 eps에 대한 클러스터 할당은 아래와 같으며 [그림 3-37]로 나타내었습니다.

```
In [76]
  mglearn.plots.plot_dbscan()

Out [76]
  min_samples: 2 eps: 1.000000  클러스터: [-1  0  0 -1  0 -1  1  1  0  1 -1 -1]
  min_samples: 2 eps: 1.500000  클러스터: [0 1 1 1 1 0 2 2 1 2 2 0]
  min_samples: 2 eps: 2.000000  클러스터: [0 1 1 1 1 0 0 0 1 0 0 0]
  min_samples: 2 eps: 3.000000  클러스터: [0 0 0 0 0 0 0 0 0 0 0 0]
  min_samples: 3 eps: 1.000000  클러스터: [-1  0  0 -1  0 -1  1  1  0  1 -1 -1]
  min_samples: 3 eps: 1.500000  클러스터: [0 1 1 1 1 0 2 2 1 2 2 0]
  min_samples: 3 eps: 2.000000  클러스터: [0 1 1 1 1 0 0 0 1 0 0 0]
  min_samples: 3 eps: 3.000000  클러스터: [0 0 0 0 0 0 0 0 0 0 0 0]
  min_samples: 5 eps: 1.000000  클러스터: [-1 -1 -1 -1 -1 -1 -1 -1 -1 -1 -1 -1]
```

```
min_samples: 5 eps: 1.500000 클러스터: [-1  0  0  0  0 -1 -1 -1  0 -1 -1 -1]
min_samples: 5 eps: 2.000000 클러스터: [-1  0  0  0  0 -1 -1 -1  0 -1 -1 -1]
min_samples: 5 eps: 3.000000 클러스터: [0 0 0 0 0 0 0 0 0 0 0 0]
```

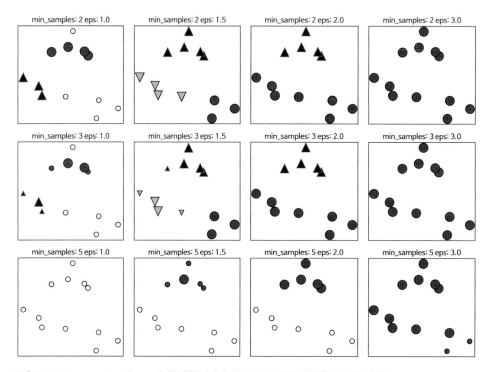

**그림 3-37** min_samples와 eps 매개변수를 바꿔가며 DBSCAN으로 계산한 클러스터 할당

이 그래프에서 클러스터에 속한 포인트는 색을 칠하고 잡음 포인트는 하얀색으로 남겨뒀습니다. 핵심 샘플은 크게 표시하고 경계 포인트는 작게 나타냈습니다. eps를 증가시키면 (왼쪽에서 오른쪽으로) 하나의 클러스터에 더 많은 포인트가 포함됩니다. 이는 클러스터를 커지게 하지만 여러 클러스터를 하나로 합치게도 만듭니다. min_samples를 키우면 (위에서 아래로) 핵심 포인트 수가 줄어들며 잡음 포인트가 늘어납니다.

eps 매개변수는 가까운 포인트의 범위를 결정하기 때문에 더 중요합니다. eps를 매우 작게 하면 어떤 포인트도 핵심 포인트가 되지 못하고, 모든 포인트가 잡음 포인트가 될 수 있습니다. eps를 매우 크게 하면 모든 포인트가 단 하나의 클러스터에 속하게 될 것입니다.

min_samples 설정은 덜 조밀한 지역에 있는 포인트들이 잡음 포인트가 될 것인지, 아니면 하나의 클러스터가 될 것인지를 결정하는 데 중요한 역할을 합니다. min_samples를 늘리면 min_samples의 수보다 작은 클러스터들은 잡음 포인트가 됩니다. 그러므로 min_samples는 클러스터의 최소 크기를 결정합니다. [그림 3-37]에서 eps=1.5일 때 min_samples=3과 min_samples=5의 그래프에서 이를 잘 확인할 수 있습니다. min_samples=3일 때는 포인트가 각각 4, 5, 3개인 세 개의 클러스터가 있습니다. min_samples=5일 때는 포인트가 4개와 3개인 작은 두 클러스터가 잡음 포인트로 바뀌었고 5개 샘플을 가진 클러스터만 남았습니다.

DBSCAN은 클러스터의 개수를 지정할 필요가 없지만 eps의 값은 간접적으로 몇 개의 클러스터가 만들어질지 제어합니다. 적절한 eps 값을 쉽게 찾으려면 StandardScaler나 MinMaxScaler로 모든 특성의 스케일을 비슷한 범위로 조정해주는 것이 좋습니다.

[그림 3-38]은 two_moons 데이터셋에 DBSCAN을 적용한 결과입니다. 이 알고리즘은 기본 설정값으로 두 개의 반달 모양을 정확히 찾아 구분하였습니다.

```
In [78]
  X, y = make_moons(n_samples=200, noise=0.05, random_state=0)

  # 평균이 0, 분산이 1이 되도록 데이터의 스케일을 조정합니다.
  scaler = StandardScaler()
  scaler.fit(X)
  X_scaled = scaler.transform(X)

  dbscan = DBSCAN()
  clusters = dbscan.fit_predict(X_scaled)
  # 클러스터 할당을 표시합니다.
  plt.scatter(X_scaled[:, 0], X_scaled[:, 1], c=clusters, cmap=mglearn.cm2, s=60,
              edgecolors='black')
  plt.xlabel("특성 0")
  plt.ylabel("특성 1")
```

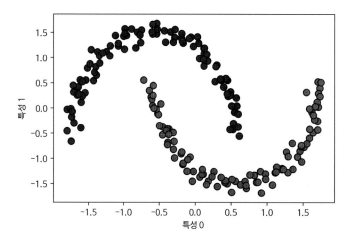

**그림 3-38** 기본값 eps=0.5를 사용해 DBSCAN으로 찾은 클러스터 할당

이 알고리즘은 예상한 클러스터 개수(2개)를 만들어내므로 매개변수 설정이 잘 맞는 것 같습니다. eps를 (기본값인 0.5에서) 0.2로 내리면 너무 많은 8개의 클러스터를 만들어냅니다. eps를 0.7로 올리면 클러스터를 하나만 만듭니다.

DBSCAN을 사용할 때 클러스터 할당 값을 주의해서 다뤄야 합니다. 클러스터 레이블을 다른 배열의 인덱스로 사용할 경우 잡음 포인트를 의미하는 −1 값이 예상치 못한 결과를 만들 수 있기 때문입니다.

### 3.5.4 군집 알고리즘의 비교와 평가

군집 알고리즘을 적용하는 데 어려운 점 하나는 알고리즘이 잘 작동하는지 평가하거나 여러 알고리즘의 출력을 비교하기가 매우 어렵다는 것입니다. 군집 알고리즘의 평가에 대해 이야기한 후 실제 데이터셋을 이용해 $k$-평균, 병합 군집, DBSCAN 알고리즘을 비교해보겠습니다.

#### 타깃 값으로 군집 평가하기

군집 알고리즘의 결과를 실제 정답 클러스터와 비교하여 평가할 수 있는 지표들이 있습니다. 1(최적일 때)과 0(무작위로 분류될 때) 사이의 값을 제공하는 **ARI**<sup>adjusted rand index</sup>[46]와 **NMI** <sup>normalized mutual information</sup>[47]가 가장 널리 사용하는 지표입니다(ARI는 음수가 될 수 있습니다).

다음에서 ARI를 사용해서 $k$-평균, 병합 군집, DBSCAN 알고리즘을 비교합니다. 두 클러스터에 무작위로 포인트를 할당해 함께 비교했습니다(그림 3-39).

```
In [78]
  from sklearn.metrics.cluster import adjusted_rand_score
  X, y = make_moons(n_samples=200, noise=0.05, random_state=0)

  # 평균이 0, 분산이 1이 되도록 데이터의 스케일을 조정합니다.
  scaler = StandardScaler()
  scaler.fit(X)
  X_scaled = scaler.transform(X)

  fig, axes = plt.subplots(1, 4, figsize=(15, 3),
                             subplot_kw={'xticks': (), 'yticks': ()})

  # 사용할 알고리즘 모델을 리스트로 만듭니다.
  algorithms = [KMeans(n_clusters=2), AgglomerativeClustering(n_clusters=2),
                DBSCAN()]

  # 비교를 위해 무작위로 클러스터 할당합니다.
  random_state = np.random.RandomState(seed=0)
  random_clusters = random_state.randint(low=0, high=2, size=len(X))

  # 무작위 할당한 클러스터를 그립니다.
  axes[0].scatter(X_scaled[:, 0], X_scaled[:, 1], c=random_clusters,
                  cmap=mglearn.cm3, s=60, edgecolors='black')
  axes[0].set_title("무작위 할당 - ARI: {:.2f}".format(
          adjusted_rand_score(y, random_clusters)))

  for ax, algorithm in zip(axes[1:], algorithms):
      # 클러스터 할당과 클러스터 중심을 그립니다.
      clusters = algorithm.fit_predict(X_scaled)
      ax.scatter(X_scaled[:, 0], X_scaled[:, 1], c=clusters,
                 cmap=mglearn.cm3, s=60, edgecolors='black')
      ax.set_title("{} - ARI: {:.2f}".format(algorithm.__class__.__name__,
                                   adjusted_rand_score(y, clusters)))
```

---

46 옮긴이_ 무작위로 클러스터에 포인트를 할당할 경우 ARI 값은 0에 가까워지며, 무작위 할당보다 나쁘게 군집되면 음수 값을 가질 수 있습니다. adjusted_rand_score 함수의 문서에는 ARI 값의 범위를 −1~1 사이로 설명하지만 최저값에 대한 근거를 찾을 수 없었습니다. 대신 ARI 공식을 분석해보면 −0.5가 최저값으로 생각됩니다. 스택익스체인지의 댓글을 참고하세요. https://goo.gl/hdCYNe

47 옮긴이_ NMI를 위한 함수는 normalized_mutual_info_score로 사용법은 adjusted_rand_score와 같습니다.

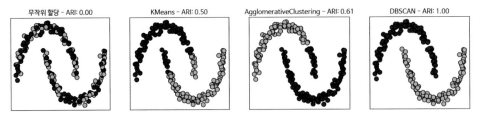

**그림 3-39** two_moons 데이터셋에 적용한 무작위 할당, $k$-평균, 병합 군집, DBSCAN의 ARI 점수 비교

클러스터를 무작위로 할당했을 때의 ARI 점수는 0이고, DBSCAN은 (완벽하게 군집을 만들어 냈으므로) 점수가 1입니다.

군집 모델을 평가할 때 흔히 하는 실수가 adjusted_rand_score나 normalized_mutual_info_score 같은 군집용 측정 도구를 사용하지 않고 accuracy_score를 사용하는 것입니다. 정확도를 사용하면 할당된 클러스터의 레이블 이름이 실제 레이블 이름과 맞는지 확인합니다. 그러나 클러스터 레이블은 그 자체로 의미가 있는 것이 아니며 포인트들이 같은 클러스터에 속해 있는가만이 중요합니다.

```
In [79]
  from sklearn.metrics import accuracy_score

  # 포인트가 클러스터로 나뉜 두 가지 경우
  clusters1 = [0, 0, 1, 1, 0]
  clusters2 = [1, 1, 0, 0, 1]
  # 모든 레이블이 달라졌으므로 정확도는 0입니다.
  print("정확도: {:.2f}".format(accuracy_score(clusters1, clusters2)))
  # 같은 포인트가 클러스터에 모였으므로 ARI는 1입니다.
  print("ARI: {:.2f}".format(adjusted_rand_score(clusters1, clusters2)))

Out [79]
  정확도: 0.00
  ARI: 1.00
```

## 타깃 값 없이 군집 평가하기

군집 알고리즘을 평가하는 한 방법을 설명했지만, 사실 ARI 같은 방법에는 큰 문제점이 있습니다. 군집 알고리즘을 적용할 때 보통 그 결과와 비교할 타깃 값이 없습니다. 데이터가 속한 정확한 클러스터를 알고 있다면 이 정보를 이용해 분류기와 같은 지도 학습 모델을 만들 것입니다. 그러므로 ARI나 NMI 같은 지표는 애플리케이션의 성능 평가가 아니라 알고리즘을 개발할 때나 도움이 됩니다.

타깃 값이 필요 없는 군집용 지표로 **실루엣 계수**silhouette coefficient가 있습니다. 그러나 이 지표는 실제로 잘 동작하진 않습니다. 실루엣 점수는 클러스터의 밀집 정도를 계산하는 것으로, 높을수록 좋으며 최대 점수는 1입니다.[48] 밀집된 클러스터가 좋긴 하지만 모양이 복잡할 때는 밀집도를 활용한 평가가 잘 들어맞지 않습니다.[49]

다음은 two_moons 데이터셋에서 실루엣 점수를 사용해 $k$-평균, 병합 군집, DBSCAN의 결과를 비교한 예입니다(그림 3-40).

```
In [80]
  from sklearn.metrics.cluster import silhouette_score

  X, y = make_moons(n_samples=200, noise=0.05, random_state=0)

  # 평균이 0, 분산이 1이 되도록 데이터의 스케일을 조정합니다.
  scaler = StandardScaler()
  scaler.fit(X)
  X_scaled = scaler.transform(X)

  fig, axes = plt.subplots(1, 4, figsize=(15, 3),
                          subplot_kw={'xticks': (), 'yticks': ()})

  # 비교를 위해 무작위로 클러스터 할당합니다.
  random_state = np.random.RandomState(seed=0)
  random_clusters = random_state.randint(low=0, high=2, size=len(X))

  # 무작위 할당한 클러스터를 그립니다.
  axes[0].scatter(X_scaled[:, 0], X_scaled[:, 1], c=random_clusters,
              cmap=mglearn.cm3, s=60, edgecolors='black')
  axes[0].set_title("무작위 할당: {:.2f}".format(
        silhouette_score(X_scaled, random_clusters)))

  algorithms = [KMeans(n_clusters=2), AgglomerativeClustering(n_clusters=2), DBSCAN()]
```

---

48 옮긴이_ -1일 때는 잘못된 군집임을 나타내고 0은 중첩된 클러스터를 뜻합니다.
49 옮긴이_ 즉 원형 클러스터에서 값이 더 높게 나옵니다.

```
for ax, algorithm in zip(axes[1:], algorithms):
    clusters = algorithm.fit_predict(X_scaled)
    # 클러스터 할당과 클러스터 중심을 그립니다.
    ax.scatter(X_scaled[:, 0], X_scaled[:, 1], c=clusters, cmap=mglearn.cm3,
               s=60, edgecolors='black')
    ax.set_title("{} : {:.2f}".format(algorithm.__class__.__name__,
                                      silhouette_score(X_scaled, clusters)))
```

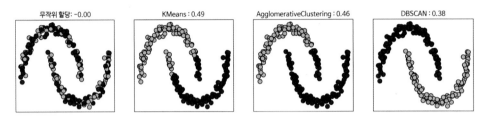

**그림 3-40** two_moons 데이터셋에 적용한 무작위 할당, 병합 군집, DBSCAN의 실루엣 점수 비교. 더 나은 군집을 만든 DBSCAN의 실루엣 점수가 $k$-평균보다 낮음

이 그림에서 볼 수 있듯이 DBSCAN의 결과가 더 낮지만 $k$-평균의 실루엣 점수가 높습니다. 클러스터 평가에 더 적합한 전략은 견고성 기반robustness-based의 지표입니다. 데이터에 잡음 포인트를 추가하거나 여러 가지 매개변수 설정으로 알고리즘을 실행하고 그 결과를 비교하는 것입니다. 매개변수와 데이터에 변화를 주며 반복해도 결과가 일정하다면 신뢰할만 하다고 말할 수 있습니다. 그러나 안타깝게도 이 글을 쓰는 시점에 아직 scikit-learn에는 이 기능이 구현되어 있지 않습니다.

군집 모델이 매우 안정적이거나 실루엣 점수가 높다고 하더라도, 군집에 어떤 유의미한 것이 있는지 또는 군집이 데이터의 흥미로운 면을 반영하고 있는지는 여전히 알 수 없습니다. 얼굴 이미지의 예를 다시 보겠습니다. 우리는 비슷한 얼굴의 그룹을 찾고 싶습니다. 예를 들면 남자, 여자, 노인, 청년, 수염이 있거나 없는 사람 등입니다. 만약 우리가 데이터를 두 개의 클러스터로 묶는다면 알고리즘은 어떤 포인트를 클러스터로 묶을지 계산합니다. 우리는 이렇게 찾은 클러스터가 우리가 원하는 방식에 맞는 것인지 알지 못합니다. 옆모습과 앞모습으로 모을 수도 있고, 밤에 찍은 사진과 낮에 찍은 사진으로 구분할 수도 있고, 아이폰으로 찍은 것과 안드로이드 폰으로 찍은 것을 묶을 수도 있습니다. 이 클러스터가 우리 기대에 부합하는지 알 수 있는 유일한 방법은 클러스터를 직접 확인하는 것뿐입니다.

## 얼굴 데이터셋으로 군집 알고리즘 비교

LFW 데이터셋에 $k$-평균, DBSCAN, 병합 군집 알고리즘을 적용해보고 어떤 클러스터를 찾았는지 확인해보겠습니다. PCA(whiten=True)로 생성한 100개의 주성분, 즉 고유얼굴을 입력 데이터로 사용하겠습니다.

```
In [81]
    # LFW 데이터에서 고유얼굴을 찾은 다음 데이터를 변환합니다.
    from sklearn.decomposition import PCA
    pca = PCA(n_components=100, whiten=True, random_state=0)
    X_pca = pca.fit_transform(X_people)
```

앞서 이 주성분은 얼굴 이미지의 원본 픽셀보다 의미 있는 정보를 담고 있음을 보았습니다. 또 계산도 빠르게 해줍니다.[50] PCA 없이 원본 데이터를 사용해 예제를 실행해보고 비슷한 클러스터가 찾아졌는지 확인해보면 좋습니다.[51]

### DBSCAN으로 얼굴 데이터셋 분석하기

군집 알고리즘 마지막에 보았던 DBSCAN을 먼저 적용해보겠습니다.

```
In [82]
    # 기본 매개변수로 DBSCAN을 적용합니다.
    dbscan = DBSCAN()
    labels = dbscan.fit_predict(X_pca)
    print("고유한 레이블:", np.unique(labels))

Out [82]
    고유한 레이블: [-1]
```

레이블이 −1뿐이므로 모든 데이터가 DBSCAN에 의해 잡음 포인트로 레이블되었습니다. 바꿀 수 있는 것이 두 가지 있습니다. eps 값을 크게 하여 각 포인트의 이웃을 늘릴 수 있고 min_samples 값을 낮추어 클러스터에 모을 포인트 수를 줄일 수 있습니다. min_samples를

---

50 옮긴이_ X_people은 (2,063 × 5,655)의 차원을 가지지만 PCA를 적용해 100개의 주성분으로 변환한 X_pca는 (2,063 × 100)의 차원으로 축소되므로 계산에 더 유리합니다.
51 옮긴이_ X_people을 사용해 DBSCAN 알고리즘을 적용하면 클러스터 개수가 더 줄어들고 비슷한 이미지가 모여지지 않습니다.

먼저 바꿔보겠습니다.

```
In [83]
  dbscan = DBSCAN(min_samples=3)
  labels = dbscan.fit_predict(X_pca)
  print("고유한 레이블:", np.unique(labels))

Out [83]
  고유한 레이블: [-1]
```

클러스터의 최소 포인트를 3으로 줄여도 모두 잡음 포인트로 레이블되었습니다. 그러면 eps를 키워보겠습니다.

```
In [84]
  dbscan = DBSCAN(min_samples=3, eps=15)
  labels = dbscan.fit_predict(X_pca)
  print("고유한 레이블:", np.unique(labels))

Out [84]
  고유한 레이블: [-1  0]
```

eps를 15로 크게 늘렸더니 클러스터 하나와 잡음 포인트를 얻었습니다. 이 결과에서 데이터의 나머지와 비교해 잡음이 어떤 것인지 확인해보겠습니다. 상황을 더 잘 이해하기 위해 잡음 포인트가 몇 개인지, 클러스터에 속한 포인트가 몇 개인지 보겠습니다.

```
In [85]
  # 잡음 포인트와 클러스터에 속한 포인트 수를 셉니다.
  # bincount는 음수를 받을 수 없어서 labels에 1을 더했습니다.
  # 반환값의 첫 번째 원소는 잡음 포인트의 수입니다.
  print("클러스터별 포인트 수:", np.bincount(labels + 1))

Out [85]
  클러스터별 포인트 수: [  32 2031]
```

잡음 포인트는 총 32개로, 많지 않으니 모두 확인해볼 수 있습니다(그림 3-41).

```
In [86]
noise = X_people[labels==-1]

fig, axes = plt.subplots(3, 9, subplot_kw={'xticks': (), 'yticks': ()},
                         figsize=(12, 4))
for image, ax in zip(noise, axes.ravel()):
    ax.imshow(image.reshape(image_shape))
```

**그림 3-41** 얼굴 데이터셋에서 DBSCAN이 잡음 포인트로 레이블한 샘플

얼굴 이미지에서 무작위로 선택한 [그림 3-7]의 이미지와 비교해보면 이 이미지들이 왜 잡음으로 레이블되었는지 추측해볼 수 있습니다. 두 번째 줄의 세 번째 이미지는 손이 얼굴 앞을 가리고 있고, 다섯 번째 이미지는 잔에 든 것을 마시는 사람이며, 또 모자를 쓴 사람의 이미지도 여럿 있습니다. 다른 이미지들은 얼굴 각도가 이상하거나 얼굴을 너무 가까이서 혹은 너무 멀리서 자른 경우입니다.

특이한 것을 찾아내는 이런 종류의 분석을 **이상치 검출**outlier detection이라고 합니다. 실제 애플리케이션이라면 이미지 여백을 잘라 일정한 데이터셋을 만드는 것이 좋습니다. 모자를 썼거나 무엇을 마시거나 얼굴 앞에 뭔가를 들고 있는 사람의 사진에 대해서 할 수 있는 것이 거의 없지만, 우리가 적용할 알고리즘에는 이슈가 될 수 있음을 알아 두는 게 좋습니다.

큰 클러스터 하나보다 더 많은 클러스터를 찾으려면 eps를 0.5(기본값)~15 사이 정도로 줄여야 합니다. eps 값에 따른 차이를 살펴보겠습니다.

```
In [87]
  for eps in [1, 3, 5, 7, 9, 11, 13]:
      print("\neps=", eps)
      dbscan = DBSCAN(eps=eps, min_samples=3)
      labels = dbscan.fit_predict(X_pca)
      print("클러스터 수:", len(np.unique(labels)))
      print("클러스터 크기:", np.bincount(labels + 1))
```

```
Out [80]
  eps=1
  클러스터 수: 1
  클러스터 크기: [2063]

  eps=3
  클러스터 수: 1
  클러스터 크기: [2063]

  eps=5
  클러스터 수: 1
  클러스터 크기: [2063]

  eps=7
  클러스터 수: 14
  클러스터 크기: [2004    3   14    7    4    3    3    4    4    3    3    5    3    3]

  eps=9
  클러스터 수: 4
  클러스터 크기: [1307  750    3    3]

  eps=11
  클러스터 수: 2
  클러스터 크기: [ 413 1650]

  eps=13
  클러스터 수: 2
  클러스터 크기: [ 120 1943]
```

eps가 작으면 모든 포인트가 잡음으로 레이블됩니다. eps=7에서 잡음 포인트가 많지만 작은 클러스터도 많이 생겼습니다. eps=9일 때 잡음 포인트가 여전히 많지만 큰 클러스터 하나와 작은 클러스터 여러 개를 얻었습니다. eps=11부터는 큰 클러스터 하나와 잡음 포인트를 만들어냅니다.

재미있는 사실은 큰 클러스터가 하나밖에 없다는 것입니다. 큰 클러스터 하나가 대부분의 포인트를 포함하고 작은 클러스터가 몇 개 있을 뿐입니다. 이는 데이터에 확연히 구분되는 얼굴 이미지가 두세 개가 아니고 모든 이미지는 거의 동일하게 나머지 이미지들과 비슷하다는(또는 비슷하지 않다는) 것을 의미합니다.[52]

작은 클러스터가 많이 만들어진 eps=7의 결과는 더욱 흥미롭습니다. 13개 클러스터에 있는 모든 포인트를 시각화하여 자세히 조사해보겠습니다(그림 3-42).

```
In [88]
  dbscan = DBSCAN(min_samples=3, eps=7)
  labels = dbscan.fit_predict(X_pca)

  for cluster in range(max(labels) + 1):
      mask = labels == cluster
      n_images =  np.sum(mask)
      fig, axes = plt.subplots(1, 14, figsize=(14*1.5, 4),
                               subplot_kw={'xticks': (), 'yticks': ()})
      i = 0
      for image, label, ax in zip(X_people[mask], y_people[mask], axes):
          ax.imshow(image.reshape(image_shape))
          ax.set_title(people.target_names[label].split()[-1])
          i += 1
      for j in range(len(axes) - i):
          axes[j+i].imshow(np.array([[1]*65]*87), vmin=0, vmax=1)
          axes[j+i].axis('off')
```

---

52 옮긴이_ 대다수와 비슷하거나 비슷하지 않은 이미지가 하나의 큰 클러스터와 잡음 포인트로 나뉘었습니다.

**그림 3-42** eps=7에서 DBSCAN으로 찾은 클러스터

몇 개 클러스터는 슈뢰더Schroeder나 고이즈미Koizumi처럼 (이 데이터셋 안에서) 매우 뚜렷한 얼굴을 가진 사람들입니다. 같은 클러스터의 이미지들은 얼굴 표정과 각도가 거의 동일합니다. 일부 클러스터는 여러 사람의 얼굴을 포함하지만 방향과 표정이 비슷합니다.

이것으로 얼굴 데이터셋에 적용한 DBSCAN 알고리즘의 분석을 마칩니다. 여기서 우리는 수동으로 직접 분석했으며, 이는 지도 학습에서 $R^2$ 점수나 정확도를 기반으로 한 훨씬 자동화된 탐색 방식과는 차이가 있습니다.

이제 $k$-평균과 병합 군집을 적용해보겠습니다.

### k-평균으로 얼굴 데이터셋 분석하기

DBSCAN에서는 하나의 큰 클러스터 외에는 만들 수 없다는 것을 보았습니다. 이에 비해 병합 군집과 $k$-평균은 비슷한 크기의 클러스터들을 만들 수 있지만 클러스터 개수를 지정해야만 합니다. 이 데이터셋에서는 실제 사람 수를 알고 있으므로 클러스터의 수를 지정할 수 있지만, 비지도 군집 알고리즘이 원래대로 복원해낼 것 같지는 않습니다. 그 대신 클러스터 개개를 분석해볼 수 있도록 클러스터 개수를 10 정도로 줄여서 적용해보겠습니다.

```
In [89]
 # k-평균으로 클러스터를 추출합니다
 km = KMeans(n_clusters=n_clusters, random_state=0)
 labels_km = km.fit_predict(X_pca)
 print("k-평균의 클러스터 크기:", np.bincount(labels_km))

Out [89]
 k-평균의 클러스터 크기: [155 175 238 75 358 257 91 219 323 172]
```

$k$-평균 군집은 데이터를 비교적 비슷한 크기인 91에서 358까지의 클러스터로 나누었습니다. 이는 DBSCAN의 결과와는 매우 다릅니다.

$k$-평균 클러스터 중심을 시각화해보면 결과를 더 자세히 분석할 수 있습니다(그림 3-43). PCA 성분으로 군집 알고리즘을 적용했기 때문에 $k$-평균의 클러스터 중심을 pca.inverse_transform을 사용해 원본 공간으로 되돌린 후 시각화해야 합니다.[53]

---

53 옮긴이_ X_pca는 주성분으로 변환된 (2,063 × 100)의 크기를 가지고 있으므로 km.cluster_centers_도 100개의 특성을 가집니다. 시각화하려면 5,655개의 원본 특성 공간으로 되돌려야 합니다.

```
In [90]
  fig, axes = plt.subplots(2, 5, subplot_kw={'xticks': (), 'yticks': ()},
                           figsize=(12, 4))
  for center, ax in zip(km.cluster_centers_, axes.ravel()):
      ax.imshow(pca.inverse_transform(center).reshape(image_shape))
```

**그림 3-43** 클러스터 개수를 10으로 지정했을 때 $k$-평균이 찾은 클러스터 중심

$k$-평균이 찾은 클러스터 중심은 매우 부드러운 얼굴 이미지입니다. 사실 각 중심 이미지는 91개에서 358개까지 얼굴 이미지의 평균이기 때문에 별로 놀라운 일이 아닙니다. 그리고 차원이 감소된 PCA 성분이 이미지를 더 부드럽게 만듭니다([그림 3-11]에서 100개의 PCA 성분으로 재구성한 이미지를 참고하세요). 군집 알고리즘은 각기 다른 얼굴의 각도와 다른 표정(세 번째 클러스터 중심은 웃는 얼굴처럼 보입니다), 셔츠 깃의 여부를 선택한 것으로 보입니다.

좀 더 자세히 보기 위해 [그림 3-44]에서 각 클러스터에서 가장 대표되는 이미지(클러스터에 할당된 이미지 중 중심에서 가장 가까운 이미지) 다섯 개와 가장 동떨어진 이미지(클러스터에 할당된 이미지 중 중심에서 가장 먼 이미지) 다섯 개를 나타내었습니다.

```
In [91]
  mglearn.plots.plot_kmeans_faces(km, pca, X_pca, X_people,
                                  y_people, people.target_names)
```

**그림 3-44** $k$—평균으로 찾은 클러스터의 샘플 이미지, 가장 왼쪽은 클러스터 중심, 그다음은 클러스터 중심에서 가장 가까운 5개 포인트와 클러스터에 할당되었지만 클러스터 중심에서 가장 먼 5개 포인트

[그림 3-44]를 보면 세 번째 클러스터가 웃는 얼굴이고 나머지 클러스터는 얼굴 각도를 중시한다고 생각할 수 있습니다. 중심에서 먼 포인트들은 클러스터 중심과 많이 달라 보이고 특별한 규칙이 없는 것 같습니다. 이는 $k$-평균이 DBSCAN처럼 잡음 포인트 개념이 없이 모든 포인트를 구분하기 때문입니다. 클러스터 수를 늘리면 알고리즘이 미세한 차이를 더 찾을 수 있습니다. 그러나 클러스터를 많이 추가하면 직접 조사하는 것이 더 어려워집니다.

**병합 군집으로 얼굴 데이터셋 분석하기**

병합 군집의 결과를 살펴보겠습니다.

```
In [92]
# 병합 군집으로 클러스터를 추출합니다
agglomerative = AgglomerativeClustering(n_clusters=10)
labels_agg = agglomerative.fit_predict(X_pca)
print("병합 군집의 클러스터 크기:", np.bincount(labels_agg))

Out [92]
병합 군집의 클러스터 크기: [169 660 144 329 217  85  18 261  31 149]
```

병합 군집도 비교적 비슷한 크기인 18개에서 660개 크기의 클러스터를 만듭니다. $k$-평균보다는 크기가 고르지 않지만 DBSCAN보다는 훨씬 비슷한 크기입니다.

ARI 점수를 이용해 병합 군집과 $k$-평균으로 만든 두 데이터가 비슷한지 측정해보겠습니다.

```
In [93]
print("ARI: {:.2f}".format(adjusted_rand_score(labels_agg, labels_km)))

Out [93]
ARI: 0.09
```

ARI 값이 0.09라는 것은 두 군집 labels_agg와 labels_km에 공통 부분이 거의 없다는 뜻입니다. 사실 $k$-평균의 클러스터 중심에서 멀리 떨어진 포인트는 공통 부분이 거의 없을 것 같습니다.

다음엔 덴드로그램을 그려보겠습니다(그림 3-45). 2,063개 데이터 포인트를 모두 트리로 나타내면 너무 복잡해지므로 이 예제에서는 트리 깊이를 제한했습니다.[54]

```
In [94]
  linkage_array = ward(X_pca)
  # 클러스터 사이의 거리가 담겨 있는 linkage_array로 덴드로그램을 그립니다.
  plt.figure(figsize=(20, 5))
  dendrogram(linkage_array, p=7, truncate_mode='level', no_labels=True)
  plt.xlabel("샘플 번호")
  plt.ylabel("클러스터 거리")
  ax = plt.gca()
  bounds = ax.get_xbound()
  ax.plot(bounds, [36, 36], '--', c='k')
```

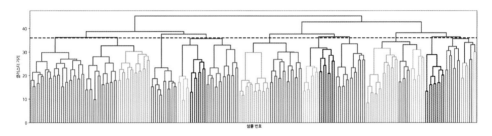

**그림 3-45** 얼굴 데이터셋에 적용한 병합 군집의 덴드로그램

수직선이 10개가 되는 비교적 높은 위치에서 잘라내어, 10개의 클러스터를 만들었습니다. [그림 3-36]의 예제 데이터로 만든 덴드로그램에서는 가지의 길이를 보고 데이터를 나누고 있는 두 개 또는 세 개의 클러스터를 확인할 수 있었습니다. 하지만 얼굴 데이터셋에서는 자연스럽게 자를 수 있는 위치가 보이지 않습니다. 어떤 가지는 그룹을 잘 구분한 듯 보이지만 어떤 그룹은 알고리즘이 잘 적용된 것 같지 않습니다. 이는 모든 포인트를 클러스터로 모으려고 한 이전의 DBSCAN 결과를 생각하면 놀라운 일이 아닙니다.

$k$-평균에서처럼 10개의 클러스터를 그림으로 나타내보겠습니다(그림 3-46). 병합 군집에서는 클러스터 중심이라는 개념이 없으므로(하지만 평균점을 계산할 수는 있습니다) 그냥 클러

---

54 옮긴이_ dendrogram 함수의 p 매개변수는 truncate_mode='level'일 때 트리의 최대 깊이를 지정합니다. 여기서는 최대 7까지 깊이로 제한했으므로 마지막 잎 노드를 제외한 가지(수직선)의 개수가 7 이하가 됩니다.

스터에 속한 몇 개의 포인트를 나타내보겠습니다. 첫 번째 이미지 왼쪽에 각 클러스터에 속한 데이터 포인트의 개수를 적었습니다.

```
In [95]
  n_clusters = 10
  for cluster in range(n_clusters):
      mask = labels_agg == cluster
      fig, axes = plt.subplots(1, 10, subplot_kw={'xticks': (), 'yticks': ()},
                               figsize=(15, 8))
      axes[0].set_ylabel(np.sum(mask))
      for image, label, asdf, ax in zip(X_people[mask], y_people[mask],
                                        labels_agg[mask], axes):
          ax.imshow(image.reshape(image_shape))
          ax.set_title(people.target_names[label].split()[-1],
                       fontdict={'fontsize': 9})
```

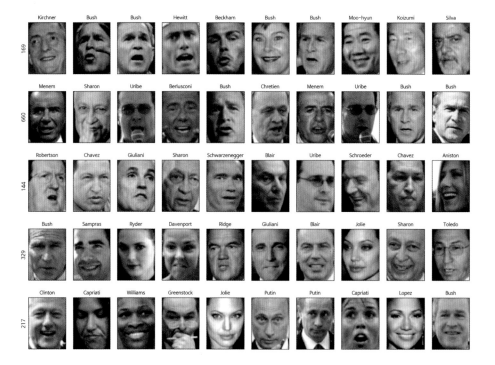

**그림 3-46** In[84] 코드로 생성한 클러스터에서 무작위로 선택된 이미지. 각 행은 하나의 클러스터에 해당하며 왼쪽의 숫자는 각 클러스터에 속한 이미지 개수

일부 클러스터가 의미 있는 주제를 가지고 있는 반면, 다른 클러스터들은 일관성을 가지기에는 클러스터가 너무 큰 것 같습니다. 더 일관된 클러스터를 얻기 위해서 클러스터 수를 40개로 늘려 알고리즘을 다시 실행합니다. 그리고 몇 가지 흥미로운 클러스터를 골라보았습니다(그림 3-47).

```
In [96]
# 병합 군집으로 클러스터를 추출합니다.
agglomerative = AgglomerativeClustering(n_clusters=40)
labels_agg = agglomerative.fit_predict(X_pca)
print("병합 군집의 클러스터 크기:", np.bincount(labels_agg))

n_clusters = 40
for cluster in [13, 16, 23, 38, 39]: # 흥미로운 클러스터 몇개를 골랐습니다.
    mask = labels_agg == cluster
    fig, axes = plt.subplots(1, 15, subplot_kw={'xticks': (), 'yticks': ()},
```

```
                            figsize=(15, 8))
        cluster_size = np.sum(mask)
        axes[0].set_ylabel("#{}: {}".format(cluster, cluster_size))
        for image, label, asdf, ax in zip(X_people[mask], y_people[mask],
                                            labels_agg[mask], axes):
            ax.imshow(image.reshape(image_shape))
            ax.set_title(people.target_names[label].split()[-1],
                        fontdict={'fontsize': 9})
        for i in range(cluster_size, 15):
            axes[i].set_visible(False)
```

Out [96]

    병합 군집의 클러스터 크기:
    [  43 120 100 194  56  58 127  22   6  37  65  49  84  18 168  44  47  31
      78  30 166  20  57  14  11  29  23   5   8  84  67  30  57  16  22  12
      29   2  26   8]

**그림 3-47** 클러스터 수를 40으로 설정한 병합 군집으로 찾은 일부 클러스터의 이미지. 이미지 왼쪽 숫자는 클러스터의
인덱스와 클러스터에 있는 데이터 포인트 개수

여기서 군집 알고리즘은 '대머리', '옆모습', '검은 피부색과 웃는 얼굴', '웃는 여성', '후세인'을
뽑아낸 것 같습니다. 더 자세히 분석해보면 덴드로그램을 사용해서도 매우 비슷한 클러스터들
을 찾아낼 수 있을 것입니다.

### 3.5.5 군집 알고리즘 요약

이번 절에서는 군집 알고리즘을 적용하고 평가하는 것이 매우 정성적인 분석 과정이며 탐색적 데이터 분석 단계에 크게 도움될 수 있다는 것을 보았습니다. 우리는 $k$-평균, DBSCAN, 병합 군집이라는 세 가지 군집 알고리즘을 살펴보았습니다. 세 알고리즘 모두 군집을 세밀하게 조절할 수 있는 방법을 제공합니다. $k$-평균과 병합 군집은 원하는 클러스터 개수를 지정할 수 있고 DBSCAN은 eps 매개변수를 사용하여 클러스터 크기를 간접적으로 조절할 수 있습니다. 이 세 모델은 실제 대량의 데이터셋에 사용할 수 있고 비교적 쉽게 이해할 수 있으며 여러 개의 클러스터로 군집을 만들 수 있습니다.

각 알고리즘은 조금씩 다른 장점을 가지고 있습니다. $k$-평균은 클러스터 중심을 사용해 클러스터를 구분합니다. 이 알고리즘은 각 데이터 포인트를 클러스터의 중심으로 대표할 수 있기 때문에 분해 방법으로 볼 수도 있습니다. DBSCAN은 클러스터에 할당되지 않는 잡음 포인트를 인식할 수 있으며 클러스터의 개수를 자동으로 결정합니다. 다른 두 알고리즘과는 달리 two_moons 예에서처럼 복잡한 클러스터의 모양을 인식할 수 있습니다. DBSCAN은 크기가 많이 다른 클러스터를 만들어내곤 하는데, 장점이기도 하고 단점이 될 수도 있습니다. 병합 군집은 전체 데이터의 분할 계층도를 만들어주며 덴드로그램을 사용해 손쉽게 확인할 수 있습니다.

## 3.6 요약 및 정리

이번 장에서는 탐색적 데이터 분석과 데이터 전처리에 사용할 수 있는 여러 가지 비지도 학습 알고리즘을 소개했습니다. 데이터를 올바르게 표현하는 것은 지도 학습과 비지도 학습을 잘 적용하기 위해 필수적이며, 전처리와 분해 방법은 데이터 준비 단계에서 아주 중요한 부분입니다.

분해, 매니폴드 학습, 군집은 주어진 데이터에 대한 이해를 높이기 위한 필수 도구이며, 레이블 정보가 없을 때 데이터를 분석할 수 있는 유일한 방법이기도 합니다. 지도 학습에서도 데이터 탐색 도구는 데이터의 특성을 잘 이해하는 데 중요합니다. 비지도 학습의 성과를 정량화하기가 어려울 때가 많지만, 데이터에 대한 통찰을 얻을 수 있는 이런 도구들을 사용하지 않을 이유는 없습니다. 머신러닝 연구자들이 사용하는 이런 핵심 알고리즘들을 모두 손에 익혀두면 좋습니다.

또 2차원 예제 데이터와 scikit-learn에 있는 실제 데이터셋인 digits, iris, cancer 데이터셋에 여러분이 직접 군집과 분해 알고리즘을 적용해보세요.

## 추정기 인터페이스 요약

2장과 3장에서 소개한 API를 간단하게 정리해보겠습니다. scikit-learn의 모든 전처리, 지도 학습, 비지도 학습 알고리즘은 파이썬 클래스로 구현되어 있습니다. 이런 파이썬 클래스를 scikit-learn에서는 **추정기**<sup>estimator</sup>라고 부릅니다. 알고리즘을 사용하려면 먼저 이 파이썬 클래스의 객체를 생성해야 합니다.

```
In [97]
  from sklearn.linear_model import LogisticRegression
  logreg = LogisticRegression()
```

추정기 클래스는 알고리즘을 포함하고 있고 이 알고리즘을 사용해 데이터에서 학습한 모델을 저장합니다.

모델 객체를 구성할 때 필요한 매개변수를 지정해야 합니다. 규제, 복잡도 제어, 찾을 클러스터 개수 등이 이런 매개변수에 해당합니다. 모든 추정기 클래스는 모델을 만들 때 사용하는 fit 메서드를 제공합니다. fit 메서드는 항상 첫 번째 매개변수로 데이터 X를 필요로 하며, 하나의 데이터 포인트가 하나의 행이고 연속된 실숫값으로 표현된 NumPy 배열이거나 SciPy 희소 행렬입니다. 지도 학습 알고리즘은 회귀나 분류에서 필요한 타깃 값을 가지고 있는 1차원 NumPy 배열인 y 매개변수도 필요로 합니다(출력 레이블 또는 응답이라고도 합니다).

scikit-learn에서 학습된 모델을 적용하는 방법은 두 가지입니다. y 배열과 같은 형태로 새 예측을 만들기 위해서는 predict 메서드를 사용합니다. 입력 데이터 X의 새로운 표현 형태를 얻기 위해서는 transform 메서드를 사용합니다. predict와 transform 메서드의 사용 방식을 [표 3-1]에 정리했습니다.

**표 3-1** scikit-learn API 요약

| estimator.fit(X_train, [y_train]) | |
|---|---|
| estimator.transform(X_test) | estimator.predict(X_test) |
| 전처리 | 분류 |
| 차원 축소 | 회귀 |
| 특성 추출 | 군집 |
| 특성 선택 | |

추가로, 모든 지도 학습 모델은 모델을 평가하기 위한 score(X_test, y_test) 메서드를 제공합니다. [표 3-1]에서 X_train과 y_train은 훈련 데이터와 훈련 레이블을 나타내며 X_test는 테스트 데이터를 나타냅니다.

# CHAPTER 4

# 데이터 표현과 특성 공학

지금까지 우리는 데이터가 2차원 실수형 배열로 각 열이 데이터 포인트를 설명하는 **연속형 특성**continuous feature이라고 가정했습니다. 하지만 많은 애플리케이션에서 이렇게 데이터가 수집되지는 않습니다. 일반적인 특성의 전형적인 형태는 **범주형 특성**categorical feature입니다. 또는 **이산형 특성**discrete feature이라고도 하는 이런 특성은 보통 숫자 값이 아닙니다. 범주형 특성과 연속적인 특성 사이의 차이는 분류와 회귀의 차이와 비슷하지만, 출력이 아닌 입력에 대한 것이란 점이 다릅니다. 앞서 본 연속형 특성의 예로는 픽셀 밝기와 붓꽃 측정값이 있습니다. 범주형 특성의 예로는 제품의 브랜드, 색상, 판매분류(책, 옷, 하드웨어) 등이 있습니다. 이런 특성들은 모두 상품을 묘사하는 속성이지만 연속된 값으로 나타나지 않습니다. 한 제품은 옷에 속하거나 책에 속합니다. 책과 옷 사이에는 중간값이 없고 이 카테고리들 사이에는 순서가 없습니다(책이 옷보다 크거나 작지 않고, 하드웨어는 책과 옷 사이에 있지 않습니다).

하지만 데이터가 어떤 형태의 특성으로 구성되어 있는가보다 데이터를 어떻게 표현하는가가 머신러닝 모델의 성능에 주는 영향이 더 큽니다. 2장과 3장에서 데이터의 스케일이 중요하다는 것을 보았습니다. 다른 말로 하면 데이터의 스케일을 조정하지 않으면(예컨대 단위 분산으로), 측정치가 센티미터냐 인치냐에 따라 차이가 생깁니다. 또 2장에서 본 대로 특성의 상호작용(특성 간의 곱)이나 일반적인 다항식을 추가 특성으로 넣는 것이 도움될 수 있습니다.

특정 애플리케이션에 가장 적합한 데이터 표현을 찾는 것을 **특성 공학**feature engineering이라 하며, 데이터 과학자와 머신러닝 기술자가 실제 문제를 풀기 위해 당면하는 주요 작업 중 하나입니다. 올바른 데이터 표현은 지도 학습 모델에서 적절한 매개변수를 선택하는 것보다 성능에 더 큰 영향을 미칩니다.

이번 장에서는 먼저 범주형 특성의 보편적이고 중요한 사례를 살펴보고, 특정 모델에 잘 맞도록 특성을 변환하는 예를 보겠습니다.

## 4.1 범주형 변수

예제에 사용할 데이터는 1994년 인구 조사 데이터베이스에서 추출한 미국 성인의 소득 데이터셋입니다.[1] 이 adult 데이터셋을 사용해 어떤 근로자의 수입이 50,000달러를 초과하는지, 그 이하일지를 예측하려고 합니다. 데이터셋에는 근로자 나이age, 고용형태workclass (자영업self-emp-not-inc, 사업체 근로자private, 공공 근로자state-gov), 교육 수준education, 성별gender, 주당 근로시간hours-per-week, 직업occupation 등의 특성이 있습니다. [표 4-1]은 이 데이터셋의 처음 몇 개를 보여줍니다.

표 4-1 adult 데이터셋에 있는 처음 몇 개 샘플

|  | age | workclass | education | gender | hours-per-week | occupation | income |
|---|---|---|---|---|---|---|---|
| 0 | 39 | State-gov | Bachelors | Male | 40 | Adm-clerical | <=50K |
| 1 | 50 | Self-emp-not-inc | Bachelors | Male | 13 | Exec-managerial | <=50K |
| 2 | 38 | Private | HS-grad | Male | 40 | Handlers-cleaners | <=50K |
| 3 | 53 | Private | 11th | Male | 40 | Handlers-cleaners | <=50K |
| 4 | 28 | Private | Bachelors | Female | 40 | Prof-specialty | <=50K |
| 5 | 37 | Private | Masters | Female | 40 | Exec-managerial | <=50K |
| 6 | 49 | Private | 9th | Female | 16 | Other-service | <=50K |
| 7 | 52 | Self-emp-not-inc | HS-grad | Male | 45 | Exec-managerial | >50K |
| 8 | 31 | Private | Masters | Female | 50 | Prof-specialty | >50K |
| 9 | 42 | Private | Bachelors | Male | 40 | Exec-managerial | >50K |
| 10 | 37 | Private | Some-college | Male | 80 | Exec-managerial | >50K |

---

1 옮긴이_ 이 데이터는 역자 깃허브 저장소의 data 폴더에 있습니다. 또 'Adult Data Set'으로도 알려져 있으며 얼바인 머신러닝 저장소 (https://archive.ics.uci.edu/ml/datasets/Adult)에서 확인할 수 있습니다.

이 작업은 소득(income)이 〈=50k와 〉50k라는 두 클래스를 가진 분류 문제로 볼 수 있습니다. 정확한 소득을 예측할 수도 있지만, 그러면 회귀 문제가 됩니다. 그러나 이는 훨씬 어렵기도 하고 5만 달러 기준만으로도 재미있는 문제입니다.

이 데이터셋에 있는 age와 hours-per-week는 우리가 다뤄본 연속형 특성입니다. 그런데 workclass, education, sex, occupation은 범주형 특성입니다. 이런 특성들은 어떤 범위가 아닌 고정된 목록 중 하나를 값으로 가지며, 정량적이 아니고 정성적인 속성입니다.

맨 먼저 이 데이터에 로지스틱 회귀 분류기를 학습시켜보겠습니다. 2장에서 배운 것처럼 로지스틱 회귀는 다음 공식을 사용하여 $\hat{y}$을 예측합니다.

$$\hat{y} = w[0] \times x[0] + w[1] \times x[1] + ... + w[p] \times x[p] + b > 0$$

여기서 $w[i]$와 $b$는 훈련 세트로부터 학습되는 계수이고 $x[i]$는 입력 특성입니다. 이 공식에서 $x[i]$는 숫자여야 하므로 $x[2]$가 "Masters"나 "Bachelors"가 될 수 없습니다. 그러므로 로지스틱 회귀를 사용하려면 데이터를 다른 방식으로 표현해야 합니다. 다음 절에서 이 문제를 어떻게 해결할 수 있는지 설명하겠습니다.


### 4.1.1 원-핫-인코딩(가변수)

범주형 변수를 표현하는 데 가장 널리 쓰이는 방법은 **원-핫-인코딩**one-hot-encoding입니다. 이를 **원-아웃-오브-엔 인코딩**one-out-of-N encoding 혹은 가변수dummy variable라고도 합니다. 가변수는 범주형 변수를 0 또는 1 값을 가진 하나 이상의 새로운 특성으로 바꾼 것입니다. 0과 1로 표현된 변수는 선형 이진 분류 공식에 (그리고 scikit-learn에 있는 다른 모든 모델에) 적용할 수 있어서, 다음과 같이 개수에 상관없이 범주마다 하나의 특성으로 표현합니다.

workclass 특성에 "Government Employee", "Private Employee", "Self Employed", "Self Employed Incorporated"란 값이 있다고 가정해보겠습니다. 이 네 가지 값을 인코딩하기 위해 네 개의 새로운 특성 "Government Employee", "Private Employee", "Self Employed", "Self Employed Incorporated"를 만듭니다. 어떤 사람의 workclass 값에 해당하는 특성은 1이 되고 나머지 세 특성은 0이 됩니다. 즉 데이터 포인트마다 정확히 네 개의 새로운 특성 중 하나는 1이 됩니다. 그래서 원-핫 또는 원-아웃-오브-엔 인코딩이라고 합니다.

[표 4-2]는 이 방식을 적용한 예입니다. 특성 하나가 네 개의 새로운 특성으로 인코딩되었습니다. 머신러닝 알고리즘에 이 데이터를 적용할 때는 원래 workclass 특성은 빼고 0과 1로 된 특성만을 사용합니다.

**표 4-2** 원-핫-인코딩을 사용한 workclass 특성[2]

| workclass | Government Employee | Private Employee | Self Employed | Self Employed Incorporated |
|---|---|---|---|---|
| Government Employee | 1 | 0 | 0 | 0 |
| Private Employee | 0 | 1 | 0 | 0 |
| Self Employed | 0 | 0 | 1 | 0 |
| Self Employed Incorporated | 0 | 0 | 0 | 1 |

> **NOTE_** 우리가 사용하는 원-핫 인코딩은 통계학에서 사용하는 더미 코딩dummy coding과 비슷하지만 완전히 같지는 않습니다. 간편하게 하려고 각 범주를 각기 다른 이진 특성으로 바꾸었습니다. 통계학에서는 $k$개의 값을 가진 범주형 특성을 $k-1$개의 특성으로 변환하는 것이 일반적입니다(마지막 범주는 모든 열이 0으로 표현됩니다). 이렇게 하는 이유는 분석의 편리성 때문입니다(더 기술적으로 말하면, 데이터 행렬의 랭크 부족rank deficient 현상을 피하기 위해서입니다[3]).

pandas나 scikit-learn을 이용하여 범주형 변수를 원-핫 인코딩으로 바꿀 수 있습니다. 여기서는 pandas로 처리하는 방법을 알아 보겠습니다. 먼저 pandas를 이용해 CSV 파일에서 데이터를 읽습니다.

```
In [3]
  import os
  # 이 파일은 열 이름을 나타내는 헤더가 없으므로 header=None으로 지정하고
  # "names" 매개변수로 열 이름을 제공합니다
  data = pd.read_csv(
      os.path.join(mglearn.datasets.DATA_PATH, "adult.data"),
      header=None, index_col=False,
      names=['age', 'workclass', 'fnlwgt', 'education', 'education-num',
             'marital-status', 'occupation', 'relationship', 'race', 'gender',
             'capital-gain', 'capital-loss', 'hours-per-week', 'native-country',
```

---

2 옮긴이_ [표 4-2]에는 workclass 특성과 원-핫 인코딩된 특성을 합쳐 총 다섯 개의 특성만 나타냈습니다.

3 옮긴이_ 네 개의 범주를 네 개의 특성으로 인코딩하면 맨 마지막 특성은 앞의 세 특성을 참조해서 예측할 수 있습니다. 이렇게 한 열이 다른 열에 의존적이거나 열의 값이 모두 0인 경우를 열 랭크 부족(column rank deficient)이라 하며, 행렬 분해 방식에 따라 문제가 될 수 있습니다. scikit-learn에서는 이런 문제를 피해가므로 랭크 부족에 대해 신경 쓰지 않아도 됩니다.

```
               'income'])
# 예제를 위해 몇개의 열만 선택합니다
data = data[['age', 'workclass', 'education', 'gender', 'hours-per-week',
             'occupation', 'income']]
data.head()
```

[표 4-3]은 결과입니다.

**표 4-3** adult 데이터셋의 처음 다섯 개의 행

|   | age | workclass | education | gender | hours-per-week | occupation | income |
|---|-----|-----------|-----------|--------|----------------|------------|--------|
| 0 | 39 | State-gov | Bachelors | Male | 40 | Adm-clerical | <=50K |
| 1 | 50 | Self-emp-not-inc | Bachelors | Male | 13 | Exec-managerial | <=50K |
| 2 | 38 | Private | HS-grad | Male | 40 | Handlers-cleaners | <=50K |
| 3 | 53 | Private | 11th | Male | 40 | Handlers-cleaners | <=50K |
| 4 | 28 | Private | Bachelors | Female | 40 | Prof-specialty | <=50K |

## 문자열로 된 범주형 데이터 확인하기

이처럼 데이터셋을 읽고 나면, 먼저 열에 어떤 의미 있는 범주형 데이터가 있는지 확인해보는 것이 좋습니다. 사용자로부터 (예컨대 웹사이트 방문자) 입력받은 데이터를 다룰 때는 정해진 범주 밖의 값이 있을 수 있고 철자나 대소문자가 틀려서 데이터를 전처리해야 할 수 있습니다. 예를 들면 사람에 따라 남성을 "male" 또는 "man"이라고 할 수 있으므로 두 입력값을 모두 같은 범주로 인식해야 합니다. 열의 내용을 확인하는 좋은 방법은 pandas에서 (DataFrame의 열을 나타내는) Series에 있는 value_counts 메서드를 사용하여 유일한 값이 각각 몇 번 나타나는지 출력해보는 것입니다.

```
In [4]
  print(data.gender.value_counts())

Out [4]
  Male      21790
  Female    10771
  Name: gender, dtype: int64
```

이 데이터셋의 gender는 정확히 두 가지 값, Male과 Female을 가지고 있어서 원-핫-인코딩으로 나타내기 좋은 형태입니다. 실제 애플리케이션에서는 모든 열을 살펴보고 그 값들을 확인해야 합니다. 여기서는 그냥 넘어가겠습니다.

pandas에서는 get_dummies 함수를 사용해 데이터를 매우 쉽게 인코딩할 수 있습니다. get_dummies 함수는 객체 타입(문자열 같은)이나 범주형[4]을 가진 열을 자동으로 변환해줍니다.

```
In [5]
 print("원본 특성:\n", list(data.columns), "\n")
 data_dummies = pd.get_dummies(data)
 print("get_dummies 후의 특성:\n", list(data_dummies.columns))

Out [5]
 원본 특성:
  ['age', 'workclass', 'education', 'gender', 'hours-per-week', 'occupation',
   'income']

 get_dummies 후의 특성:
  ['age', 'hours-per-week', 'workclass_ ?', 'workclass_ Federal-gov',
   'workclass_ Local-gov', 'workclass_ Never-worked', 'workclass_ Private',
   'workclass_ Self-emp-inc', 'workclass_ Self-emp-not-inc',
   'workclass_ State-gov', 'workclass_ Without-pay', 'education_ 10th',
   'education_ 11th', 'education_ 12th', 'education_ 1st-4th',
   ...
   'education_ Preschool', 'education_ Prof-school', 'education_ Some-college',
   'gender_ Female', 'gender_ Male', 'occupation_ ?',
   'occupation_ Adm-clerical', 'occupation_ Armed-Forces',
   'occupation_ Craft-repair', 'occupation_ Exec-managerial',
   'occupation_ Farming-fishing', 'occupation_ Handlers-cleaners',
   ...
   'occupation_ Tech-support', 'occupation_ Transport-moving',
   'income_ <=50K', 'income_ >50K']
```

연속형 특성인 age와 hours-per-week는 그대로지만 범주형 특성은 값마다 새로운 특성으로 확장되었습니다.

---

4 옮긴이_ R의 factor와 유사한, pandas의 범주형 데이터를 위한 타입인 category를 말합니다. http://pandas.pydata.org/pandas-docs/stable/categorical.html을 참고하세요.

```
In [6]
  data_dummies.head()
```

Out [6]

| | age | hours-per-week | work class_ ? | work class_ Federal-gov | work class_ Local-gov | ... | occu pation_ Tech-support | occupation_ Transport-moving | income_ <=50K | income_ >50K |
|---|---|---|---|---|---|---|---|---|---|---|
| 0 | 39 | 40 | 0.0 | 0.0 | 0.0 | ... | 0.0 | 0.0 | 1.0 | 0.0 |
| 1 | 50 | 13 | 0.0 | 0.0 | 0.0 | ... | 0.0 | 0.0 | 1.0 | 0.0 |
| 2 | 38 | 40 | 0.0 | 0.0 | 0.0 | ... | 0.0 | 0.0 | 1.0 | 0.0 |
| 3 | 53 | 40 | 0.0 | 0.0 | 0.0 | ... | 0.0 | 0.0 | 1.0 | 0.0 |
| 4 | 28 | 40 | 0.0 | 0.0 | 0.0 | ... | 0.0 | 0.0 | 1.0 | 0.0 |

5 rows × 46 columns

data_dummies의 values 속성을 이용해 DataFrame을 NumPy 배열로 바꿀 수 있으며, 이를 이용해 머신러닝 모델을 학습시킵니다. 모델을 학습시키기 전에 이 데이터로부터 (income 으로 시작하는 두 열에 인코딩된) 타깃 값을 분리해야 합니다. 출력값이나 출력값으로부터 유도된 변수를 특성 표현에 포함하는 것은 지도 학습 모델을 만들 때 특히 저지르기 쉬운 실수입니다.

> **CAUTION_** pandas에서 열 인덱싱은 범위 끝을 포함합니다. 그래서 'age':'occupation_ Transport-moving'이라 하면 'occupation_ Transport-moving'을 포함합니다. 이와는 달리 NumPy 배열의 슬라이싱은 마지막 범위를 포함하지 않습니다. 예를 들면 np.arange(11)[0:10]은 인덱스 10인 항목을 포함하지 않습니다.

여기서는 특성을 포함한 열, 즉 age부터 occupation_ Transport-moving까지 모든 열을 추출합니다. 이 범위에는 타깃을 뺀 모든 특성이 포함됩니다.[5]

```
In [7]
  features = data_dummies.loc[:, 'age':'occupation_ Transport-moving']
  # NumPy 배열 추출
  X = features.values
  y = data_dummies['income_ >50K'].values
```

--------

[5] 옮긴이_ 이 예제에서는 타깃 값도 원-핫-인코딩으로 변환했지만, scikit-learn에서는 문자열도 타깃 값으로 쓸 수 있으므로 income 열을 그대로 사용해도 됩니다.

```
print("X.shape: {}  y.shape: {}".format(X.shape, y.shape))
```

Out [7]

```
X.shape: (32561, 44)  y.shape: (32561,)
```

이제 데이터가 scikit-learn에서 사용할 수 있는 형태가 되었으므로, 이전과 같은 방식을 사용할 수 있습니다.

In [8]
```
from sklearn.linear_model import LogisticRegression
from sklearn.model_selection import train_test_split
X_train, X_test, y_train, y_test = train_test_split(X, y, random_state=0)
logreg = LogisticRegression(max_iter=1000)
logreg.fit(X_train, y_train)
print("테스트 점수: {:.2f}".format(logreg.score(X_test, y_test)))
```

Out [8]
```
테스트 점수: 0.81
```

CAUTION_ 이 예에서 훈련 데이터와 테스트 데이터를 모두 담고 있는 DataFrame을 사용해 get_dummies를 호출했습니다. 이는 훈련 세트와 테스트 세트에 범주형 값이 같은 방식으로 표현되어야 하기 때문입니다.

훈련 세트와 테스트 세트를 두 개의 서로 다른 DataFrame으로 가지고 있다고 가정해보겠습니다. workclass 특성의 "Private Employee" 값이 테스트 세트에 나타나지 않으면 pandas는 이 특성의 값이 세 개뿐이라 판단하고 세 개의 가변수 특성을 만듭니다. 그러면 훈련 세트와 테스트 세트의 특성 개수가 달라지고 훈련 세트에서 학습된 모델을 테스트 세트에 적용할 수 없게 됩니다. 더 심각하게 workclass 특성이 훈련 세트는 "Government Employee"와 "Private Employee"를 가지고 있고 테스트 세트는 "Self Employed"와 "Self Employed Incorporated"를 가지고 있다고 생각해보십시오. pandas는 양쪽 모두 두 개의 새로운 가변수 특성을 추가하게 되고, 결국 만들어진 두 DataFrame의 특성 개수는 같을 것입니다. 그러나 가변수 특성 두 개는 훈련 세트와 테스트 세트에서 완전히 다른 의미를 가지고 있습니다. 즉 훈련 세트에서 "Government Employee"를 나타내는 열은 테스트 세트에서는 "Self Employed"를 의미하게 됩니다.

사실 매우 다른 의미의 두 열을 (위치가 같다는 이유로) 같은 것이라고 생각하기 때문에, 이런 데이터로 머신러닝 모델을 만들면 매우 나쁜 결과를 얻게 됩니다. 이런 문제를 겪지 않으려면 훈련 데이터와 테스트 데이터 포인트를 모두 포함하는 DataFrame을 사용해 get_dummies 함수를 호출하든지, 또는 각각 get_dummies를 호출한 후에 훈련 세트와 테스트 세트의 열 이름을 비교해서 같은 속성인지를 확인해야 합니다.

## 4.1.2 숫자로 표현된 범주형 특성

adult 데이터셋에서는 범주형 변수가 문자열로 인코딩되어 있습니다. 철자 오류가 날 수 있지만, 다른 한편으로는 변수가 범주형이란 것을 확실하게 알려줍니다. 하지만 저장 공간을 절약하거나 데이터 취합 방식에 따라 범주형 변수가 숫자로 인코딩된 경우가 많습니다. 예를 들어 adult 데이터셋에 있는 인구조사 데이터가 설문지를 이용해 모은 것이라 가정하면 workclass 에 대한 대답은 0(첫 번째 체크박스), 1(두 번째 체크박스), 2(세 번째 체크박스) 등이 됩니다. 그럼 이제 이 열은 "Private" 같은 문자열이 아니라 0에서 8까지의 숫자로 채워지게 됩니다. 누군가 이 데이터셋을 보면 이 변수를 연속형으로 다뤄야 할지 범주형으로 다뤄야 할지 단번에 알아채기 어렵습니다. 그러나 숫자가 workclass를 나타낸다고 알게 되면, 이 값은 이산적이므로 연속형 변수로 다루면 안 된다는 것이 명확해집니다.

> CAUTION_ 범주형 특성은 종종 숫자로 인코딩됩니다. 특성의 값이 숫자라고 해서 연속형 특성으로 다뤄야 한다는 의미는 아닙니다. 숫자로 된 특성이 연속적인지 또는 이산적인지는 (그리고 원-핫-인코딩된 것인지는) 항상 명확하지는 않습니다. 인코딩된 값 사이에 (workclass처럼) 어떤 순서도 없으면, 이 특성은 이산적이라고 생각해야 합니다. 예컨대 별 다섯 개 만점으로 매긴 평점 데이터 같은 경우에 적절한 인코딩 방법은 풀려는 문제나 데이터, 그리고 어떤 머신러닝 알고리즘을 사용할지에 달렸습니다.[6]

pandas의 get_dummies 함수는 숫자 특성은 모두 연속형이라고 생각해서 가변수를 만들지 않습니다. 예를 들기 위해 각각 문자열과 숫자로 표현된 두 개의 범주형 특성을 가진 DataFrame 객체를 만들어보겠습니다.

```
In [9]
# 숫자 특성과 범주형 문자열 특성을 가진 DataFrame을 만듭니다
demo_df = pd.DataFrame({'숫자 특성': [0, 1, 2, 1],
                        '범주형 특성': ['양말', '여우', '양말', '상자']})
demo_df
```

[표 4-4]는 결과입니다.

---

6 옮긴이_ 이런 평점은 별의 수에 따라 분류되므로 보통 범주형으로 다루지만, 평균을 구하는 등 연속형으로 다루기도 합니다. 또 다른 예로는 영화 관람 등급처럼 범주형이지만 순서를 가진 속성도 있습니다.

**표 4-4** 문자열 범주형 특성과 숫자 특성을 가진 DataFrame

|   | 범주형 특성 | 숫자 특성 |
|---|---|---|
| 0 | 양말 | 0 |
| 1 | 여우 | 1 |
| 2 | 양말 | 2 |
| 3 | 상자 | 1 |

get_dummies를 사용하면 문자열 특성만 인코딩되며 숫자 특성은 바뀌지 않아 [표 4-5]처럼 됩니다.

```
In [10]
    pd.get_dummies(demo_df)
```

**표 4-5** 숫자 특성은 그대로 남은 [표 4-4] 데이터의 원-핫-인코딩 결과

|   | 숫자 특성 | 범주형 특성_상자 | 범주형 특성_여우 | 범주형 특성_양말 |
|---|---|---|---|---|
| 0 | 0 | 0 | 0 | 1 |
| 1 | 1 | 0 | 1 | 0 |
| 2 | 2 | 0 | 0 | 1 |
| 3 | 1 | 1 | 0 | 0 |

'숫자 특성'도 가변수로 만들고 싶다면 columns 매개변수에 인코딩하고 싶은 열을 명시해야 합니다.[7] 그러면 두 특성을 모두 범주형으로 간주합니다(표 4-6).

```
In [11]
    demo_df['숫자 특성'] = demo_df['숫자 특성'].astype(str)
    pd.get_dummies(demo_df, columns=['숫자 특성', '범주형 특성'])
```

**표 4-6** [표 4-4] 데이터의 숫자와 문자열 특성이 원-핫-인코딩된 결과

|   | 숫자 특성_0 | 숫자 특성_1 | 숫자 특성_2 | 범주형 특성_상자 | 범주형 특성_여우 | 범주형 특성_양말 |
|---|---|---|---|---|---|---|
| 0 | 1 | 0 | 0 | 0 | 0 | 1 |
| 1 | 0 | 1 | 0 | 0 | 1 | 0 |
| 2 | 0 | 0 | 1 | 0 | 0 | 1 |
| 3 | 0 | 1 | 0 | 1 | 0 | 0 |

---

7 옮긴이_ 숫자를 문자열로 바꾸면 columns 매개변수를 지정하지 않아도 가변수 특성이 만들어집니다. 또는 숫자형 특성이더라도 columns 매개변수에 지정하면 가변수가 만들어집니다. 이 예에서는 두 방법을 모두 사용했으나 둘 중 하나는 생략해도 됩니다.

## 4.2 OneHotEncoder와 ColumnTransformer: scikit-learn으로 범주형 변수 다루기

이전에 언급한 것처럼 scikit-learn은 원-핫-인코딩을 수행할 수 있습니다. scikit-learn 은 훈련 세트와 테스트 세트를 같은 방식으로 다루기 쉬운 것이 장점입니다. 원-핫-인코딩은 OneHotEncoder 클래스에 구현되어 있습니다.[8] OneHotEncoder는 모든 열에 인코딩을 수행합니다.

```
In [12]
  from sklearn.preprocessing import OneHotEncoder
  # sparse_output =False로 설정하면
  # OneHotEncoder가 희소 행렬이 아니라 넘파이 배열을 반환합니다.
  ohe = OneHotEncoder(sparse_output=False)
  print(ohe.fit_transform(demo_df))

Out [12]
  [[1. 0. 0. 0. 1. 0.]
   [0. 1. 0. 0. 0. 1.]
   [0. 0. 1. 0. 1. 0.]
   [0. 1. 0. 1. 0. 0.]]
```

문자열 특성과 정수 특성이 모두 변환되었습니다. scikit-learn의 출력은 DataFrame이 아니기 때문에 열 이름이 없습니다. 변환된 특성에 해당하는 원본 범주형 변수 이름을 얻으려면 get_feature_names_out 메서드를 사용합니다.[9]

```
In [13]
  print(ohe.get_feature_names_out())

Out [13]
  ['x0_0' 'x0_1' 'x0_2' 'x1_상자' 'x1_양말' 'x1_여우']
```

---

8 옮긴이_ 버전 1.1에서 추가된 min_frequency 매개변수를 사용하면 특정 횟수 또는 비율보다 적게 등장하는 범주를 하나의 특성으로 합칠 수 있습니다. 또한 max_categories 매개변수를 사용하여 원-핫 인코딩으로 만들어지는 특성의 개수를 제한할 수 있습니다.

9 옮긴이_ get_feature_names() 메서드가 사이킷런 1.2 버전에서 삭제되었으므로 대신 get_feature_names_out()을 사용합니다.

처음 세 개의 열은 첫 번째 원본 특성(여기서는 x0)의 값 0, 1, 2에 해당합니다. 마지막 세 개의 열은 두 번째 원본 특성(여기서는 x1)의 값 '상자', '여우', '양말'에 해당합니다.

대부분의 애플리케이션에서 일부 특성은 범주형이고 일부는 연속형입니다. OneHotEncoder는 모든 특성을 범주형이라고 가정하기 때문에 바로 적용할 수는 없습니다. ColumnTransformer 클래스가 필요한 이유가 여기에 있습니다. 이 클래스는 입력 데이터에 있는 열마다 다른 변환을 적용할 수 있습니다. 연속형 특성과 범주형 특성은 매우 다른 종류의 전처리 과정이 필요하기 때문에 이 클래스가 매우 유용합니다.

앞서 보았던 adult 데이터셋의 예로 다시 돌아가보죠.

```
In [14]
  data.head()
```

```
Out [14]
```

| | age | workclass | education | gender | hours-per-week | occupation | income |
|---|---|---|---|---|---|---|---|
| 0 | 39 | State-gov | Bachelors | Male | 40 | Adm-clerical | <=50K |
| 1 | 50 | Self-emp-not-inc | Bachelors | Male | 13 | Exec-managerial | <=50K |
| 2 | 38 | Private | HS-grad | Male | 40 | Handlers-cleaners | <=50K |
| 3 | 53 | Private | 11th | Male | 40 | Handlers-cleaners | <=50K |
| 4 | 28 | Private | Bachelors | FeMale | 40 | Prof-specialty | <=50K |

이 데이터셋에 선형 모델을 적용하여 소득을 예측하려면 범주형 변수에 원-핫-인코딩을 적용하는 것 외에 연속형 변수인 age와 hours-per-week의 스케일도 조정해야 합니다. 여기에 ColumnTransformer가 필요합니다. 각 열의 변환은 이름(나중에 왜 이름이 필요한지 소개하겠습니다), 변환기 객체, 이 변환이 적용될 열을 지정합니다. 열은 열 이름이나 정수 인덱스, 불리언 마스크[Boolean mask]로 선택할 수 있습니다. 해당 열에 변환이 적용된 후 변환 결과가 (옆으로 나란히) 합쳐집니다. 앞선 예에서 열 이름을 사용하면 다음과 같습니다.[10]

---

10 옮긴이_ DataFrame 대신 넘파이 배열을 사용할 때에는 정수 인덱스나 불리언 마스크를 사용합니다.

```
from sklearn.compose import ColumnTransformer
from sklearn.preprocessing import StandardScaler

ct = ColumnTransformer(
    [("scaling", StandardScaler(), ['age', 'hours-per-week']),
     ("onehot", OneHotEncoder(sparse_output=False),
     ['workclass', 'education', 'gender', 'occupation'])])
```

다른 scikit-learn 변환기와 동일하게 ColumnTransformer 객체의 fit, transform 메서드를 사용할 수 있습니다. 이전처럼 선형 모델을 만들어보죠. 이번에는 연속형 변수의 스케일을 조정하겠습니다. train_test_split 함수에 넘파이 배열 대신에 특성을 포함하고 있는 DataFrame을 전달할 수 있습니다. 이렇게 하면 ColumnTransformer에 필요한 열 이름을 보존할 수 있습니다.[11]

In [16]

```
from sklearn.linear_model import LogisticRegression
from sklearn.model_selection import train_test_split
# income을 제외한 모든 열을 추출합니다
data_features = data.drop("income", axis=1)
# 데이터프레임과 income을 분할합니다
X_train, X_test, y_train, y_test = train_test_split(
    data_features, data.income, random_state=0)

ct.fit(X_train)
X_train_trans = ct.transform(X_train)
print(X_train_trans.shape)
```

Out [16]

```
(24420, 44)
```

pd.get_dummies를 사용했을 때와 마찬가지로 44개의 특성이 만들어졌습니다. 연속형 특성을 스케일 조정했다는 것만 다릅니다. 이제 LogisticRegression 모델을 만들 수 있습니다.

---

11 옮긴이_ data_features가 DataFrame이므로 훈련 세트와 테스트 세트로 나누어진 X_train과 X_test도 DataFrame입니다. 마찬가지로 data.income, y_train, y_test는 모두 팬더스의 Series 객체입니다.

```
In [17]
  logreg = LogisticRegression(max_iter=1000)
  logreg.fit(X_train_trans, y_train)

  X_test_trans = ct.transform(X_test)
  print("테스트 점수: {:.2f}".format(logreg.score(X_test_trans, y_test)))

Out [17]
  테스트 점수: 0.81
```

이 경우에 데이터의 스케일이 영향을 미치지 못했습니다. 하나의 변환기로 모든 전처리 단계를 캡슐화하면 장점이 더 있습니다. 나중에 이에 대해 설명하겠습니다. ColumnTransformer 안의 단계에 접근하려면 named_transformers_ 속성을 사용합니다.

```
In [18]
  ct.named_transformers_.onehot

Out [18]
  OneHotEncoder(sparse_output=False)
```

## 4.3 make_column_transformer로 간편하게 ColumnTransformer 만들기

앞서 설명한 대로 ColumnTransformer를 만들면 조금 번거로울 때가 있습니다. 각 단계 이름을 일일이 지정할 필요가 없는 경우가 많습니다. 클래스 이름을 기반으로 자동으로 각 단계에 이름을 붙여주는 편리한 함수(make_column_transformer)가 있습니다. make_column_transformer 함수의 사용법은 다음과 같습니다.[12]

--------

12 옮긴이_ scikit-learn 0.20.1에서 make_column_transformer 함수에 전달하는 튜플의 원소 순서가 (열_리스트, 변환기_객체)에서 ColumnTransformer 클래스와 동일하게 (변환기_객체, 열_리스트)로 변경되었습니다.

```
from sklearn.compose import make_column_transformer
ct = make_column_transformer(
    (StandardScaler(), ['age', 'hours-per-week']),
    (OneHotEncoder(sparse_output=False), ['workclass', 'education',
                                          'gender', 'occupation']))
```

ColumnTransformer의 한 가지 단점은 0.20 버전에서 아직 변환된 출력 열에 대응하는 입력 열을 찾지 못한다는 것입니다.[13]

## 4.4 구간 분할, 이산화 그리고 선형 모델, 트리 모델

데이터를 가장 잘 표현하는 방법은 데이터가 가진 의미뿐 아니라 어떤 모델을 사용하는지에 따라 다릅니다. 아주 폭넓게 사용하는 두 알고리즘인 선형 모델과 트리 기반 모델(결정 트리, 그레이디언트 부스팅 트리, 랜덤 포레스트 등)은 특성의 표현 방식으로 인해 미치는 영향이 매우 다릅니다. 2장에서 사용한 wave 데이터셋을 다시 보겠습니다. 이 데이터에는 입력 특성이 하나뿐입니다. 이 데이터셋을 이용해 선형 회귀 모델과 결정 트리 회귀를 비교해보겠습니다(그림 4-1).[14]

In [20]

```
from sklearn.linear_model import LinearRegression
from sklearn.tree import DecisionTreeRegressor

X, y = mglearn.datasets.make_wave(n_samples=120)
line = np.linspace(-3, 3, 1000, endpoint=False).reshape(-1, 1)

reg = DecisionTreeRegressor(min_samples_leaf=3).fit(X, y)
plt.plot(line, reg.predict(line), label="결정 트리")

reg = LinearRegression().fit(X, y)
```

---

13 옮긴이_ 변환된 데이터는 넘파이 배열이므로 열 이름을 가지고 있지 않습니다. 순서대로 X_train_trans의 처음 2개의 열은 'age'와 'hours-per-week'에 해당합니다. 그다음 9개의 열에서 'workclass'가 원-핫-인코딩 열입니다. 그다음 16개의 열이 'education', 2개가 'gender', 15개가 'occupation'에 해당합니다.

14 옮긴이_ 이번 절과 다음 절의 코드는 wave 데이터셋으로 모델을 만들고 np.linspace로 1,000개의 x 축 포인트를 담은 NumPy 배열 line을 만들어 모델의 예측값을 시각화합니다.

```python
plt.plot(line, reg.predict(line), '--', label="선형 회귀")
plt.plot(X[:, 0], y, 'o', c='k')
plt.ylabel("회귀 출력")
plt.xlabel("입력 특성")
plt.legend(loc="best")
```

선형 모델은 선형 관계로만 모델링하므로 특성이 하나일 땐 직선으로 나타납니다. 결정 트리는 이 데이터로 훨씬 복잡한 모델을 만들 수 있습니다. 그러나 이는 데이터의 표현 형태에 따라 굉장히 달라집니다. 연속형 데이터에 아주 강력한 선형 모델을 만드는 방법 하나는 한 특성을 여러 특성으로 나누는 **구간 분할**bining입니다(이산화라고도 합니다).

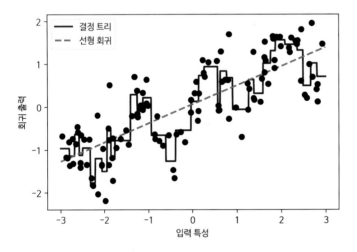

**그림 4-1** wave 데이터셋에 적용한 선형 회귀와 결정 트리의 비교

이 특성의 입력값 범위(여기서는 −3에서 3까지)가 나뉘어 여러 구간으로, 예를 들면 10개로 되어 있다고 생각해봅시다. 그럼 각 데이터 포인트가 어떤 구간에 속하는지로 나타낼 수 있습니다. 구간의 경계를 정의하는 데는 여러 방법이 있습니다. 예를 들어 균일한 너비로 (즉 구간의 경계 간의 거리가 동일하게) 하거나 데이터의 분위를 사용할 수 있습니다(즉, 데이터가 많은 구간은 좁아집니다). KBinsDiscretizer 클래스에 이런 방법들이 구현되어 있습니다.

```python
In [21]
from sklearn.preprocessing import KBinsDiscretizer
```

```
In [22]
  kb = KBinsDiscretizer(n_bins=10, strategy='uniform')
  kb.fit(X)
  print("bin edges: \n", kb.bin_edges_)

Out [22]
  bin edges:
   [array([-2.967, -2.378, -1.789, -1.2  , -0.612, -0.023,  0.566,  1.155,
            1.744,  2.333,  2.921])]
```

첫 번째 구간은 특성의 값이 −2.967(데이터에서 가장 작은 값)부터 −2.378까지 모든 데이터 포인트를 담습니다. 두 번째 구간은 −2.378부터 −1.789 사이인 모든 데이터 포인트를 포함합니다. 이런 식으로 계속됩니다. KBinsDiscretizer는 한 번에 여러 개의 특성에 적용할 수 있습니다. bin_edges_는 특성별로 경곗값이 저장되어 있습니다. 이 경우에는 길이가 1인 배열이 출력됩니다.[15]

transform 메서드를 사용하면 각 데이터 포인트를 해당되는 구간으로 인코딩할 수 있습니다. 기본적으로 KBinsDiscretizer는 구간에 원−핫−인코딩을 적용합니다. 구간마다 하나의 새로운 특성이 생기므로 희소 행렬을 만듭니다. 10개의 구간을 지정했기 때문에 변환된 데이터는 10차원입니다.

```
In [23]
  X_binned = kb.transform(X)
  X_binned

Out [23]
  <120x10 sparse matrix of type '<class 'numpy.float64'>'
      with 120 stored elements in Compressed Sparse Row format>
```

희소 행렬을 밀집 배열로 변환하여 원본 데이터 포인트와 인코딩 결과를 비교해보겠습니다.

```
In [24]
  print(X[:10])
  X_binned.toarray()[:10]
```

---

15 옮긴이_ print 함수로 출력했기 때문에 리스트처럼 보이지만 bin_edges_ 속성은 1차원 넘파이 배열입니다. 이 배열의 원소는 각 특성의 경곗값이 저장된 넘파이 배열입니다.

```
Out [24]
   [[-0.753]
    [ 2.704]
    [ 1.392]
    [ 0.592]
    [-2.064]
    [-2.064]
    [-2.651]
    [ 2.197]
    [ 0.607]
    [ 1.248]]

array([[0., 0., 0., 1., 0., 0., 0., 0., 0., 0.],
       [0., 0., 0., 0., 0., 0., 0., 0., 0., 1.],
       [0., 0., 0., 0., 0., 0., 0., 1., 0., 0.],
       [0., 0., 0., 0., 0., 1., 0., 0., 0., 0.],
       [0., 1., 0., 0., 0., 0., 0., 0., 0., 0.],
       [0., 1., 0., 0., 0., 0., 0., 0., 0., 0.],
       [1., 0., 0., 0., 0., 0., 0., 0., 0., 0.],
       [0., 0., 0., 0., 0., 0., 0., 0., 1., 0.],
       [0., 0., 0., 0., 0., 0., 1., 0., 0., 0.],
       [0., 0., 0., 0., 0., 0., 0., 1., 0., 0.]])
```

첫 번째 데이터 포인트 −0.753이 네 번째 구간에 들어갔습니다. 두 번째 데이터 포인트 2.704 는 열 번째 구간에 포함되었습니다. 이런 식으로 계속됩니다.

여기에서 wave 데이터셋에 있는 연속형 특성을 각 데이터 포인트가 어느 구간에 속했는지 원-핫-인코딩한 범주형 특성으로 변환하였습니다. encode='ordinal'로 설정하면 원-핫-인 코딩된 구간의 인덱스를 바로 계산할 수 있지만 유용하지는 않습니다. 예제를 간단하게 만들기 위해 encode='onehot-dense'로 지정하여 원-핫-인코딩된 밀집 배열을 만들겠습니다. 그 러면 모든 특성을 바로 출력할 수 있습니다.

```
In [25]
   kb = KBinsDiscretizer(n_bins=10, strategy='uniform', encode='onehot-dense')
   kb.fit(X)
   X_binned = kb.transform(X)
```

원-핫-인코딩된 데이터로 선형 회귀 모델과 결정 트리 모델을 새로 만들어보겠습니다. [그림 4-2]에 구간 경계와 결과가 나타나 있습니다.

```
In [26]
line_binned = kb.transform(line)

reg = LinearRegression().fit(X_binned, y)
plt.plot(line, reg.predict(line_binned), label='구간 선형 회귀')

reg = DecisionTreeRegressor(min_samples_split=3).fit(X_binned, y)
plt.plot(line, reg.predict(line_binned), label='구간 결정 트리')
plt.plot(X[:, 0], y, 'o', c='k')
plt.vlines(kb.bin_edges_[0], -3, 3, linewidth=1, alpha=.2)
plt.legend(loc="best")
plt.ylabel("회귀 출력")
plt.xlabel("입력 특성")
```

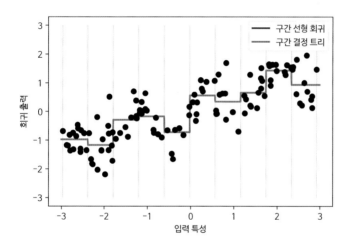

**그림 4-2** 구간으로 나눈 특성에 적용한 선형 회귀와 결정 트리 회귀의 비교

선형 회귀 모델과 결정 트리가 같은 예측을 만들어내서 파선과 실선이 완전히 겹쳐졌습니다. 구간별로 이 두 모델이 예측한 것은 상숫값입니다. 각 구간 안에서는 특성의 값이 상수이므로, 어떤 모델이든 그 구간의 포인트에 대해서는 같은 값을 예측할 것입니다. 구간으로 나눈 특성을 사용하기 전과 비교해보면, 각 구간에서 다른 값을 가지고 있으므로 선형 모델이 훨씬 유연해진 것을 알 수 있습니다. 반면에 결정 트리는 덜 유연해졌습니다. 트리 모델은 데이터를 자유롭게 나눠 학습할 수 있으므로 특성의 값을 구간으로 나누는 것이 아무런 득이 되지 않습니다. 다르게 생각하면 결정 트리는 데이터셋에서 예측을 위한 가장 좋은 구간을 학습한다고 볼 수 있습니다. 거기다가 구간 나누기는 특성마다 따로 해야 하지만, 결정 트리는 한 번에 여러 특성

을 살필 수 있습니다. 하지만 선형 모델은 이런 변환으로부터 큰 이득을 얻었습니다.

일부 특성과 출력이 비선형 관계이지만, 용량이 매우 크고 고차원 데이터셋이라 선형 모델을 사용해야 한다면 구간 분할이 모델 성능을 높이는 데 아주 좋은 방법이 될 수 있습니다.

## 4.5 상호작용과 다항식

특별히 특성을 풍부하게 나타내는 또 하나의 방법은 원본 데이터에 **상호작용**interaction과 **다항식** polynomial을 추가하는 것입니다. 이런 종류의 특성 공학은 통계적 모델링에서 자주 사용하지만 일반적인 머신러닝 애플리케이션에도 많이 적용합니다.

첫 번째 예제로 [그림 4-2]를 다시 보겠습니다. 선형 모델은 wave 데이터셋의 각 구간에 대해 상숫값을 학습했습니다. 그런데 선형 모델은 이런 절편 외에도 기울기도 학습할 수 있습니다. 선형 모델에 기울기를 추가하는 방법은 구간으로 분할된 데이터에 원래 특성(이 그림에서 x 축)을 다시 추가하는 것입니다. 이렇게 하면 11차원 데이터셋이 만들어지고 [그림 4-3]처럼 나타납니다.

```
In [27]
  X_combined = np.hstack([X, X_binned])
  print(X_combined.shape)

Out [27]
  (120, 11)

In [28]
  reg = LinearRegression().fit(X_combined, y)

  line_combined = np.hstack([line, line_binned])
  plt.plot(line, reg.predict(line_combined), label='원본 특성을 더한 선형 회귀')

  plt.vlines(kb.bin_edges_[0], -3, 3, linewidth=1, alpha=.2)
  plt.legend(loc="best")
  plt.ylabel("회귀 출력")
  plt.xlabel("입력 특성")
  plt.plot(X[:, 0], y, 'o', c='k')
```

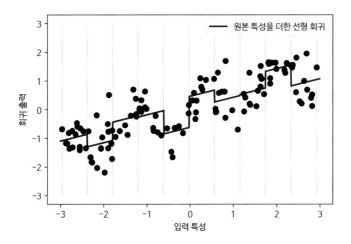

**그림 4-3** 구간으로 분할된 특성과 하나의 기울기를 사용한 선형 회귀

이 예에서 이 모델은 각 구간의 절편과 기울기를 학습했습니다. 학습된 기울기는 양수이고 모든 구간에 걸쳐 동일합니다. 즉 x 축 특성이 하나이므로 기울기도 하나입니다. 기울기가 모든 구간에서 같으니 별로 유익해 보이지 않습니다. 오히려 각 구간에서 다른 기울기를 가지는 게 좋을 것 같습니다! 이런 효과를 위해서 데이터 포인트가 있는 구간과 x 축 사이의 상호작용 특성을 추가할 수 있습니다. 이 특성이 구간 특성과 원본 특성의 곱입니다. 이 데이터셋을 만들어 보겠습니다.

```
In [29]
  X_product = np.hstack([X_binned, X * X_binned])
  print(X_product.shape)

Out [29]
  (120, 20)
```

데이터셋은 이제 데이터 포인트가 속한 구간과 이 구간에 원본 특성을 곱한 값을 더해 20개의 특성을 가집니다. 이 곱셈 특성을 각 구간에 대한 x 축 특성의 복사본이라고 생각할 수 있습니다. 즉 이 값은 구간 안에서는 원본 특성이고 다른 곳에서는 0입니다.[16] [그림 4-4]는 이 데이터를 사용해 만든 선형 모델의 결과입니다.

---

16  옮긴이_ X_binned는 데이터 포인트가 속한 구간의 원-핫-인코딩이므로 X를 곱하면 해당 구간 이외에는 모두 0이 됩니다.

```
In [30]
  reg = LinearRegression().fit(X_product, y)

  line_product = np.hstack([line_binned, line * line_binned])
  plt.plot(line, reg.predict(line_product), label='원본 특성을 곱한 선형 회귀')

  plt.vlines(kb.bin_edges_[0], -3, 3, linewidth=1, alpha=.2)

  plt.plot(X[:, 0], y, 'o', c='k')
  plt.ylabel("회귀 출력")
  plt.xlabel("입력 특성")
  plt.legend(loc="best")
```

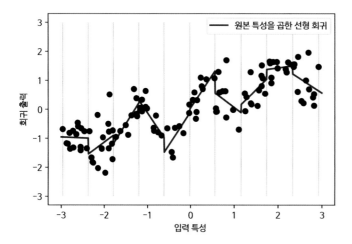

**그림 4-4** 구간별 기울기가 다른 선형 회귀

이 그림에서 볼 수 있듯이 이 모델에서는 각 구간에서 절편과 기울기가 모두 다릅니다.

구간 나누기는 연속형 특성을 확장하는 방법 중 하나입니다. 원본 특성의 다항식을 추가하는 방법도 있습니다. 특성 x가 주어지면 x ** 2, x ** 3, x ** 4 등을 시도해볼 수 있습니다. 이 방식이 preprocessing 모듈의 PolynomialFeatures에 구현되어 있습니다.

```
In [31]
  from sklearn.preprocessing import PolynomialFeatures
```

```
# x ** 10까지 고차항을 추가합니다
# 기본값인 "include_bias=True"는 절편에 해당하는 1인 특성을 추가합니다
poly = PolynomialFeatures(degree=10, include_bias=False)
poly.fit(X)
X_poly = poly.transform(X)
```

10차원을 사용했으므로 10개의 특성이 만들어집니다.[17]

In [32]
```
print("X_poly.shape:", X_poly.shape)
```

Out [32]
```
X_poly.shape: (120, 10)
```

X와 X_poly의 값을 비교해보겠습니다.

In [33]
```
print("X 원소:\n", X[:5])
print("X_poly 원소:\n", X_poly[:5])
```

Out [33]
```
X 원소:
[[-0.753]
 [ 2.704]
 [ 1.392]
 [ 0.592]
 [-2.064]]
X_poly 원소:
[[    -0.753       0.567      -0.427       0.321      -0.242       0.182
      -0.137       0.103      -0.078       0.058]
 [     2.704       7.313      19.777      53.482     144.632     391.125
    1057.714    2860.360    7735.232   20918.278]
 [     1.392       1.938       2.697       3.754       5.226       7.274
      10.125      14.094      19.618      27.307]
 [     0.592       0.350       0.207       0.123       0.073       0.043
       0.025       0.015       0.009       0.005]
```

---

17 옮긴이_ include_bias=True로 설정하면 절편을 고려하여 11개의 특성이 만들어집니다. 사이킷런 1.0 버전부터는 PolynomialFeatures 클래스의 degree 매개변수에 변환할 최소 차수과 최대 차수를 튜플로 전달할 수 있습니다.

```
[   -2.064       4.260      -8.791       18.144     -37.448      77.289
   -159.516     329.222    -679.478    1402.367]]
```

각 특성의 차수를 알려주는 get_feature_names_out 메서드를 사용해 특성의 의미를 알 수 있습니다.

```
In [34]
  print("항 이름:\n", poly.get_feature_names_out())

Out [34]
  항 이름:
  ['x0', 'x0^2', 'x0^3', 'x0^4', 'x0^5', 'x0^6', 'x0^7', 'x0^8', 'x0^9', 'x0^10']
```

X_poly의 첫 번째 열은 X와 같고 다른 열은 첫 번째 열의 거듭제곱입니다. 그래서 어떤 값은 매우 크게 나오는 것을 볼 수 있습니다. 두 번째 행은 다른 값보다 월등하게 커 20,000이 넘기도 합니다.

다항식 특성을 선형 모델과 함께 사용하면 전형적인 **다항 회귀**polynomial regression 모델이 됩니다(그림 4-5).

```
In [35]
  reg = LinearRegression().fit(X_poly, y)

  line_poly = poly.transform(line)
  plt.plot(line, reg.predict(line_poly), label='다항 선형 회귀')
  plt.plot(X[:, 0], y, 'o', c='k')
  plt.ylabel("회귀 출력")
  plt.xlabel("입력 특성")
  plt.legend(loc="best")
```

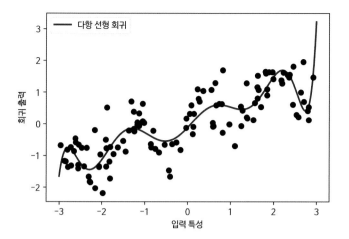

**그림 4-5** 10차 다항식을 이용한 선형 회귀

다항식 특성은 1차원 데이터셋에서도 매우 부드러운 곡선을 만듭니다. 그러나 고차원 다항식은 데이터가 부족한 영역에서 너무 민감하게 동작합니다.[18]

비교를 위해 아무런 변환도 거치지 않은 원본 데이터에 커널 SVM 모델을 학습시켜보았습니다 (그림 4-6).

```
In [36]
  from sklearn.svm import SVR

  for gamma in [1, 10]:
      svr = SVR(gamma=gamma).fit(X, y)
      plt.plot(line, svr.predict(line), label='SVR gamma={}'.format(gamma))

  plt.plot(X[:, 0], y, 'o', c='k')
  plt.ylabel("회귀 출력")
  plt.xlabel("입력 특성")
  plt.legend(loc="best")
```

---

18 옮긴이_ 그래프의 시작점과 끝점에서 급격하게 내려가거나 상승하는 모습을 볼 수 있습니다.

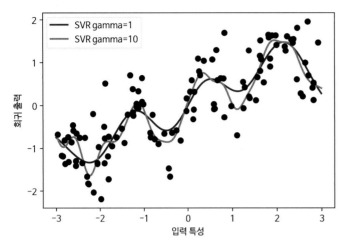

**그림 4-6** RBF 커널 SVM의 gamma 매개변수 변화에 따른 비교

더 복잡한 모델인 커널 SVM을 사용해 특성 데이터를 변환하지 않고 다항 회귀와 비슷한 복잡도를 가진 예측을 만들었습니다.

상호작용과 다항식을 위한 더 현실적인 애플리케이션으로 보스턴 주택 가격 데이터셋을 이용해보겠습니다. 이미 2장에서 이 데이터셋에 다항식 특성을 적용했었습니다. 이제 이 특성들이 어떻게 구성되었는지 살펴보고, 다항식 특성이 얼마나 도움이 되는지 보겠습니다. 먼저 데이터를 읽어 들이고 MinMaxScaler를 사용해 스케일을 0에서 1 사이로 조정합니다.

```
In [37]
  from sklearn.model_selection import train_test_split
  from sklearn.preprocessing import MinMaxScaler

  # 보스턴 주택 데이터셋이 1.2 버전에서 삭제되므로 직접 다운로드합니다.
  data_url = "http://lib.stat.cmu.edu/datasets/boston"
  raw_df = pd.read_csv(data_url, sep="\s+", skiprows=22, header=None)
  data = np.hstack([raw_df.values[::2, :], raw_df.values[1::2, :2]])
  target = raw_df.values[1::2, 2]
  X_train, X_test, y_train, y_test = train_test_split(data, target,
                                                      random_state=0)

  # 데이터 스케일 조정
  scaler = MinMaxScaler()
  X_train_scaled = scaler.fit_transform(X_train)
  X_test_scaled = scaler.transform(X_test)
```

이제 차수를 2로 하여 다항식 특성을 뽑습니다.

```
In [38]
poly = PolynomialFeatures(degree=2).fit(X_train_scaled)
X_train_poly = poly.transform(X_train_scaled)
X_test_poly = poly.transform(X_test_scaled)
print("X_train.shape:", X_train.shape)
print("X_train_poly.shape:", X_train_poly.shape)
```

```
Out [38]
X_train.shape: (379, 13)
X_train_poly.shape: (379, 105)
```

이 데이터는 원래 특성이 13개인데 105개의 교차 특성으로 확장되었습니다.[19] 새로운 특성은 원래 특성의 제곱은 물론 가능한 두 특성의 조합을 모두 포함합니다. 즉 degree=2로 하면 원본 특성에서 두 개를 뽑아 만들 수 있는 모든 곱을 얻을 수 있습니다.[20] 어떤 원본 특성이 곱해져 새 특성이 만들어졌는지 정확한 관계를 보려면 get_feature_names 메서드를 사용합니다.

```
In [39]
print("다항 특성 이름:\n", poly.get_feature_names())
```

```
Out [39]
다항 특성 이름:
['1', 'x0', 'x1', 'x2', 'x3', 'x4', 'x5', 'x6', 'x7', 'x8', 'x9', 'x10',
 'x11', 'x12', 'x0^2', 'x0 x1', 'x0 x2', 'x0 x3', 'x0 x4', 'x0 x5', 'x0 x6',
 'x0 x7', 'x0 x8', 'x0 x9', 'x0 x10', 'x0 x11', 'x0 x12', 'x1^2', 'x1 x2',
 'x1 x3', 'x1 x4', 'x1 x5', 'x1 x6', 'x1 x7', 'x1 x8', 'x1 x9', 'x1 x10',
 'x1 x11', 'x1 x12', 'x2^2', 'x2 x3', 'x2 x4', 'x2 x5', 'x2 x6', 'x2 x7',
 'x2 x8', 'x2 x9', 'x2 x10', 'x2 x11', 'x2 x12', 'x3^2', 'x3 x4', 'x3 x5',
 'x3 x6', 'x3 x7', 'x3 x8', 'x3 x9', 'x3 x10', 'x3 x11', 'x3 x12', 'x4^2',
 'x4 x5', 'x4 x6', 'x4 x7', 'x4 x8', 'x4 x9', 'x4 x10', 'x4 x11', 'x4 x12',
 'x5^2', 'x5 x6', 'x5 x7', 'x5 x8', 'x5 x9', 'x5 x10', 'x5 x11', 'x5 x12',
 'x6^2', 'x6 x7', 'x6 x8', 'x6 x9', 'x6 x10', 'x6 x11', 'x6 x12', 'x7^2',
 'x7 x8', 'x7 x9', 'x7 x10', 'x7 x11', 'x7 x12', 'x8^2', 'x8 x9', 'x8 x10',
```

---

**19** 옮긴이_ 2장에서는 load_extended_boston 함수에서 include_bias=False 옵션을 사용하여 절편을 포함하지 않았으므로 특성의 수가 104개였습니다.

**20** 옮긴이_ 만약 degree=3이라면 원본 특성, 중복을 허용하여 두 개를 뽑아 만든 곱의 항, 중복을 허용하여 세 개를 뽑아 만들 수 있는 항을 모두 포함합니다. 따라서 1(절편) + 13(원본 특성) + 91(두 개 조합) + 455(세 개 조합) = 560개의 특성이 만들어집니다. interaction_only=True로 설정하면 거듭제곱이 포함된 항은 모두 제외됩니다.

```
'x8 x11', 'x8 x12', 'x9^2', 'x9 x10', 'x9 x11', 'x9 x12', 'x10^2', 'x10 x11',
'x10 x12', 'x11^2', 'x11 x12', 'x12^2']
```

첫 번째 특성은 상수항, 즉 "1"입니다. 다음 13개 특성은 원본 특성("x0"에서 "x12"까지)입니다. 그다음은 첫 번째 특성의 제곱 항("x0^2")과 첫 번째 특성과 다른 특성 간의 조합입니다.

상호작용 특성이 있는 데이터와 없는 데이터에 대해 Ridge를 사용해 성능을 비교해보겠습니다.

```
In [40]
  from sklearn.linear_model import Ridge
  ridge = Ridge().fit(X_train_scaled, y_train)
  print("상호작용 특성이 없을 때 점수: {:.3f}".format(ridge.score(X_test_scaled,
      y_test)))
  ridge = Ridge().fit(X_train_poly, y_train)
  print("상호작용 특성이 있을 때 점수: {:.3f}".format(ridge.score(X_test_poly,
      y_test)))

Out [40]
  상호작용 특성이 없을 때 점수: 0.621
  상호작용 특성이 있을 때 점수: 0.753
```

확실히 상호작용과 다항식 특성이 Ridge의 성능을 크게 높였습니다. 그러나 랜덤 포레스트 같이 더 복잡한 모델을 사용하면 이야기가 좀 달라집니다.

```
In [41]
  from sklearn.ensemble import RandomForestRegressor
  rf = RandomForestRegressor(n_estimators=100, random_state=0).fit(X_train_scaled,
      y_train)
  print("상호작용 특성이 없을 때 점수: {:.3f}".format(rf.score(X_test_scaled, y_test)))
  rf = RandomForestRegressor(n_estimators=100, random_state=0).fit(X_train_poly, y_train)
  print("상호작용 특성이 있을 때 점수: {:.3f}".format(rf.score(X_test_poly, y_test)))

Out [41]
  상호작용 특성이 없을 때 점수: 0.795
  상호작용 특성이 있을 때 점수: 0.775
```

특성을 추가하지 않아도 랜덤 포레스트는 Ridge의 성능과 맞먹습니다. 오히려 상호작용과 다항식을 추가하면 성능이 조금 줄어듭니다.

## 4.6 일변량 비선형 변환

앞에서 제곱 항이나 세제곱 항을 추가하면 선형 회귀 모델에 도움이 됨을 보았습니다. 한편 log, exp, sin 같은 수학 함수를 적용하는 방법도 특성 변환에 유용합니다. 트리 기반 모델은 특성의 순서에만 영향을 받지만[21] 선형 모델과 신경망은 각 특성의 스케일과 분포에 밀접하게 연관되어 있습니다. 그리고 특성과 타깃 값 사이에 비선형성이 있다면 특히 선형 회귀에서는 모델을 만들기가 어렵습니다. log와 exp 함수는 데이터의 스케일을 변경해 선형 모델과 신경 망의 성능을 올리는 데 도움을 줍니다. 2장에서 컴퓨터 메모리 가격 데이터를 사용한 애플리케 이션을 보았습니다. sin과 cos 함수는 이런 주기적인 패턴이 들어 있는 데이터를 다룰 때 편리 합니다.

대부분의 모델은 각 특성이 (회귀에서는 타깃도) 정규분포와 비슷할 때 최고의 성능을 냅니 다.[22] 즉 특성의 히스토그램이 종 모양과 비슷할 때입니다. log나 exp 같은 함수를 사용하는 것은 편법이지만, 이런 모양을 만드는 쉽고 효과적인 방법입니다. 이런 변환이 도움되는 전형 적인 경우는 정수 카운트 데이터를 다룰 때입니다. 카운트 데이터라면 "사용자가 얼마나 자주 로그인하는가?" 같은 특성을 말합니다. 카운트에는 음수가 없으며 특별한 통계 패턴을 따르는 경우가 많습니다. 여기서 실제 데이터의 속성과 비슷한 카운트 데이터를 만들어 사용하겠습니 다. 이 특성은 모두 정수이고 응답은 실수입니다.

```
In [42]
 rnd = np.random.RandomState(0)
 X_org = rnd.normal(size=(1000, 3))
 w = rnd.normal(size=3)

 X = rnd.poisson(10 * np.exp(X_org))
 y = np.dot(X_org, w)
 print(X[:10, 0])

Out [42]
 [ 56  81  25  20  27  18  12  21 109   7]
```

---

21 옮긴이_ 트리 기반 모델의 max_features 매개변수는 트리의 각 분기에서 사용될 후보 특성의 개수를 제한합니다. 랜덤 포레스트 분류 기는 기본적으로 특성 개수의 제곱근을 사용하며, 따라서 특성의 나열 순서가 결과에 영향을 줄 수 있습니다. 결정 트리와 그레이디언트 부스팅 트리의 기본값은 "None"으로, 전체 특성을 모두 사용합니다. 하지만 max_features="sqrt"로 설정하면 랜덤 포레스트처럼 특 성의 나열 순서에 영향을 받을 수 있습니다.

22 옮긴이_ 확률적 요소를 가진 많은 알고리즘의 이론이 정규분포를 근간으로 하고 있습니다.

첫 번째 특성 맨 앞 10개를 살펴보면 모두 양의 정수이지만 특정한 패턴은 보이지 않습니다. 하지만 각 값이 나타난 횟수를 세면 그 분포가 잘 드러납니다.

```
In [43]
  print("특성 출현 횟수:\n", np.bincount(X[:, 0]))
```

```
Out [43]
  특성 출현 횟수:
  [28 38 68 48 61 59 45 56 37 40 35 34 36 26 23 26 27 21 23 23 18 21 10  9 17
    9  7 14 12  7  3  8  4  5  5  3  4  2  4  1  1  3  2  5  3  8  2  5  2  1
    2  3  3  2  2  3  0  1  2  1  0  0  3  1  0  0  0  1  3  0  1  0  2  0
    1  1  0  0  0  0  1  0  0  2  2  0  1  1  0  0  0  0  1  1  0  0  0  0  0
    0  0  1  0  0  0  0  0  1  1  0  0  1  0  0  0  0  0  0  0  1  0  0  0  0
    1  0  0  0  0  0  0  0  0  0  0  0  0  0  0  1]
```

2가 68번으로 가장 많이 나타나며(bincount는 항상 0부터 시작합니다). 큰 값의 수는 빠르게 줄어듭니다. 그러나 85나 86처럼 아주 큰 값도 약간은 있습니다. [그림 4-7]에 이를 나타내었습니다.

```
In [44]
  plt.xlim(0, 160)
  plt.ylim(0, 70)
  bins = np.bincount(X[:, 0])
  plt.bar(range(len(bins)), bins, color='grey')
  plt.ylabel("출현 횟수")
  plt.xlabel("값")
```

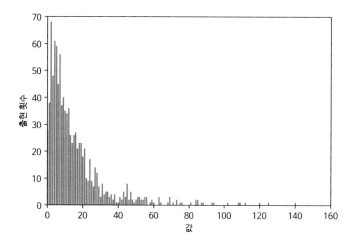

**그림 4-7** X[0] 특성 값의 히스토그램

X[:, 1]과 X[:, 2] 특성도 비슷합니다. 이런 종류의 분포는 (작은 수치가 많고 큰 수치는 몇 안되는) 실제로 자주 나타납니다.[23] 그러나 선형 모델은 이런 데이터를 잘 처리하지 못합니다. 이데이터에 리지 회귀를 적용해보겠습니다.

```
In [45]
  from sklearn.linear_model import Ridge
  X_train, X_test, y_train, y_test = train_test_split(X, y, random_state=0)
  score = Ridge().fit(X_train, y_train).score(X_test, y_test)
  print("테스트 점수: {:.3f}".format(score))

Out [45]
  테스트 점수: 0.622
```

비교적 낮은 $R^2$ 점수가 나온 것으로 보아 Ridge는 X와 y의 관계를 제대로 모델링하지 못했습니다. 하지만 로그 스케일로 변환하면 도움이 됩니다. 데이터에 0이 있으면 log 함수를 적용할수 없으므로(로그 0은 정의할 수 없습니다[24]) $\log(X + 1)$을 사용합니다.

---

23 카운트 데이터의 전형적인 분포는 푸아송(Poisson) 분포입니다.
　　옮긴이_ 푸아송 분포는 단위 시간 안에 일어날 이벤트 횟수를 표현하는 확률 분포입니다. 이 예에서는 타깃 값을 만들기 위해 먼저 정규 분포를 만들고 그다음 poisson 함수를 적용했습니다.
24 옮긴이_ np.log(0)은 음의 무한대로 –inf를 반환합니다.

In [46]
```
X_train_log = np.log(X_train + 1)
X_test_log = np.log(X_test + 1)
```

변환 후를 보면 데이터의 분포가 덜 치우쳐 있으며 매우 큰 값을 가진 이상치가 보이지 않습니다(그림 4-8).

In [47]
```
plt.hist(X_train_log[:, 0], bins=25, color='gray')
plt.ylabel("출현 횟수")
plt.xlabel("값")
```

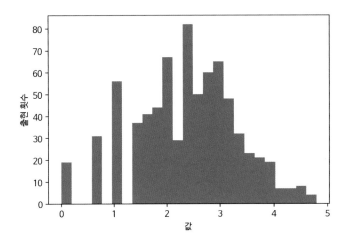

**그림 4-8** 로그 변환 후 X[0] 특성 값의 히스토그램

이 데이터에 리지 모델을 만들면 훨씬 좋은 결과가 나옵니다.

In [48]
```
score = Ridge().fit(X_train_log, y_train).score(X_test_log, y_test)
print("테스트 점수: {:.3f}".format(score))
```

Out [48]
```
테스트 점수: 0.875
```

데이터셋과 모델의 조합에 최적인 변환 방법을 찾기란 예술에 가까운 일입니다. 이 예에서는 모든 특성이 같은 속성을 가지고 있습니다. 하지만 실제로 이런 경우는 드물며, 일부 특성만 변환하거나 특성마다 모두 다르게 변환하기도 합니다. 앞서 언급한 대로 이런 변환은 트리 기반 모델에서는 불필요하지만 선형 모델에서는 필수입니다. 가끔 회귀에서 타깃 변수 y를 변환하는 것이 좋을 때도 있습니다. 카운트(예컨대 주문 횟수)를 예측하는 경우가 전형적인 예로 $\log(y+1)$를 사용해 변환하면 도움이 됩니다.[25]

이전 예에서 보았듯이 구간 분할, 다항식, 상호작용은 데이터가 주어진 상황에서 모델의 성능에 큰 영향을 줄 수 있습니다. 특별히 선형 모델이나 나이브 베이즈 모델 같은 덜 복잡한 모델일 경우입니다. 반면에 트리 기반 모델은 스스로 중요한 상호작용을 찾아낼 수 있고 대부분의 경우 데이터를 명시적으로 변환하지 않아도 됩니다. SVM, 최근접 이웃, 신경망 같은 모델은 이따금 구간 분할, 상호작용, 다항식으로 이득을 볼 수 있지만, 선형 모델보다는 영향이 그렇게 뚜렷하지 않습니다.

## 4.7 특성 자동 선택

새로운 특성을 만드는 방법이 많으므로 데이터의 차원이 원본 특성의 수 이상으로 증가하기 쉽습니다. 그러나 특성이 추가되면 모델은 더 복잡해지고 과대적합될 가능성도 높아집니다. 보통 새로운 특성을 추가할 때나 고차원 데이터셋을 사용할 때, 가장 유용한 특성만 선택하고 나머지는 무시해서 특성의 수를 줄이는 것이 좋습니다. 이렇게 하면 모델이 간단해지고 일반화 성능이 올라갑니다. 하지만 어떤 특성이 좋은지 어떻게 알 수 있을까요? 이를 위한 전략으로 **일변량 통계**univariate statistics, **모델 기반 선택**model-based selection, **반복적 선택**iterative selection이 있습니다. 이 세 방식을 모두 자세히 살펴보겠습니다. 이 방법들은 모두 지도 학습 방법이므로 최적값을 찾으려면 타깃 값이 필요합니다. 그리고 데이터를 훈련 세트와 테스트 세트로 나눈 다음 훈련 데이터만 특성 선택에 사용해야 합니다.[26]

---

25 이렇게 푸아송 회귀로 근사하는 것은 확률론적 입장에서 볼 때 어느 정도 적절한 방법입니다.

26 옮긴이_ 이렇게 하는 이유는 테스트 세트의 정보가 누설되는 것을 막기 위해서 입니다. 정보 누설에 대한 자세한 내용은 398쪽 '정보 누설에 대한 예시' 설명을 참고하세요.

## 4.7.1 일변량 통계

일변량 통계에서는 개개의 특성과 타깃 사이에 중요한 통계적 관계가 있는지를 계산합니다. 그런 다음 깊게 관련되어 있다고 판단되는 특성을 선택합니다. 분류에서는 **분산분석**ANOVA, analysis of variance이라고도 합니다.[27] 이 방법의 핵심 요소는 **일변량**, 즉 각 특성이 독립적으로 평가된다는 점입니다. 따라서 다른 특성과 깊게 연관된 특성은 선택되지 않을 것입니다. 일변량 분석은 계산이 매우 빠르고 평가를 위해 모델을 만들 필요가 없습니다. 한편으로 이 방식은 특성을 선택한 후 적용하려는 모델에 상관없이 사용할 수 있습니다.

scikit-learn에서 일변량 분석으로 특성을 선택하려면 분류에서는 f_classif(기본값)를, 회귀에서는 f_regression을 보통 선택하여 테스트하고[28], 계산한 $p-$값$p$-value에 기초하여 특성을 제외하는 방식을 선택합니다. 이런 방식들은 매우 높은 $p-$값을 가진(즉 타깃 값과 연관성이 작을 것 같다는 뜻입니다[29]) 특성을 제외할 수 있도록 임계값을 조정하는 매개변수를 사용합니다. 임계값을 계산하는 방법은 각각 다르며 가장 간단한 SelectKBest는 고정된 k개의 특성을 선택하고 SelectPercentile은 지정된 비율만큼 특성을 선택합니다. 그럼 cancer 데이터셋에 분류를 위한 특성 선택을 적용해보겠습니다. 문제를 조금 복잡하게 하기 위해 의미 없는 노이즈 특성을 데이터에 추가하겠습니다. 특성 선택이 이 의미 없는 특성을 식별해서 제거하는지 보겠습니다.

---

27 옮긴이_ 분산분석은 데이터를 클래스별로 나누어 평균을 비교하는 방법입니다. 분산분석으로 계산한 어떤 특성의 F–값이 높으면 그 특성은 클래스별 평균이 서로 다르다는 뜻입니다.

28 옮긴이_ 이 두 함수는 sklearn.feature_selection 모듈에 있으며 SelectKBest(score_func=f_regression)처럼 score_func 매개변수를 사용하여 지정할 수 있습니다. 분류 문제일 경우 f_classif에서는 클래스별 평균의 분산($SS_{between}$)을 전체 분산($SS_{tot}$)에서 클래스별 평균 분산($SS_{between}$)을 뺀 값으로 나누어 F–값을 계산합니다. 클래스가 k개이고 샘플이 n개일 경우를 식으로 나타내면 $F = \dfrac{SS_{between}/(k-1)}{(SS_{tot} - SS_{between})/(n-k)}$ 이고, $SS_{between} = \sum_{j=1}^{k} n_j (\bar{x}_j - \bar{x})^2$, $SS_{tot} = \sum_{i=1}^{n} (x_i - \bar{x})^2$입니다. scikit-learn에서는 계산 속도를 높이기 위해 이 식에서 유도된 간소화된 식을 사용하여 계산합니다. https://goo.gl/9NvAoQ를 참고하세요.

f_regression에서는 각 특성에 대해 상관계수 $Corr = \dfrac{\sum_{i=1}^{n}(x_i - \bar{x})(y_i - \bar{y})}{std(x)std(y)}$ 를 계산하고 이를 이용하여 F–값과 $p-$값을 계산합니다. 분류에서 사용할 수 있는 옵션으로 카이 제곱(Chi-squared) 함수인 chi2도 있습니다.

29 옮긴이_ 클래스들의 평균이 같다는 가설을 세울 때 $p-$값은 이 가설을 지지하는 확률을 나타내는 것으로, F–분포에서는 F–값 이후의 오른쪽 꼬리 부분의 면적이며 pvalues_ 속성에 저장되어 있습니다. pvalues_ 값이 큰 특성은 클래스들의 평균이 비슷하므로 타깃에 미치는 영향이 적다고 판단합니다.
scikit-learn의 SelectKBest, SelectPercentile에서 특성을 선택하는 기준은 F–값이며 값이 클수록 클래스 평균의 분산이 비교적 크다는 것을 나타냅니다. F–값은 scores_ 속성에 저장되어 있습니다.

```
In [49]
  from sklearn.datasets import load_breast_cancer
  from sklearn.feature_selection import SelectPercentile, f_classif
  from sklearn.model_selection import train_test_split

  cancer = load_breast_cancer()

  # 고정된 난수를 발생시킵니다.
  rng = np.random.RandomState(42)
  noise = rng.normal(size=(len(cancer.data), 50))
  # 데이터에 노이즈 특성을 추가합니다.
  # 처음 30개는 원본 특성이고 다음 50개는 노이즈입니다.
  X_w_noise = np.hstack([cancer.data, noise])

  X_train, X_test, y_train, y_test = train_test_split(
      X_w_noise, cancer.target, random_state=0, test_size=.5)
  # f_classif(기본값)와 SelectPercentile을 사용하여 특성의 50%를 선택합니다.
  select = SelectPercentile(score_func=f_classif, percentile=50)
  select.fit(X_train, y_train)
  # 훈련 세트에 적용합니다.
  X_train_selected = select.transform(X_train)

  print("X_train.shape:", X_train.shape)
  print("X_train_selected.shape:", X_train_selected.shape)

Out [40]
  X_train.shape: (284, 80)
  X_train_selected.shape: (284, 40)
```

결과에서 볼 수 있듯이 특성 개수가 80개에서 40개로 줄었습니다(원본 특성의 50%).[30] get_support 메서드는 선택된 특성을 불리언 값으로 표시해주어 어떤 특성이 선택되었는지 확인할 수 있습니다(그림 4-9).

```
In [50]
  mask = select.get_support()
  print(mask)
  # True는 검은색, False는 흰색으로 마스킹합니다.
  plt.matshow(mask.reshape(1, -1), cmap='gray_r')
```

---

30 옮긴이_ 특성 선택의 경우 fit 메서드에서 훈련 세트로 통곗값을 계산하고 transform 메서드에서 훈련 세트와 테스트 세트의 특성을 선택합니다.

```
plt.xlabel("특성 번호")
plt.yticks([0])
```

Out [41]

```
[ True  True  True  True  True  True  True  True  True False  True False
  True  True  True  True  True  True False False  True  True  True  True
  True  True  True  True  True  True False False False  True False  True
 False False  True False False False False  True False False  True False
 False  True False  True False False False False False False  True False
  True False False False False  True False  True False False False False
  True  True False  True False False False False]
```

**그림 4-9** SelectPercentile이 선택한 특성

마스킹된 그래프에서 볼 수 있듯이 선택된 특성은 대부분 원본 특성이고 노이즈 특성이 거의
모두 제거되었습니다. 그러나 원본 특성이 완벽하게 복원된 것은 아닙니다. 전체 특성을 이용
했을 때와 선택된 특성만 사용했을 때 로지스틱 회귀의 성능을 비교해보겠습니다.

In [51]
```
from sklearn.linear_model import LogisticRegression

# 테스트 데이터 변환
X_test_selected = select.transform(X_test)

lr = LogisticRegression(max_iter=5000)
lr.fit(X_train, y_train)
print("전체 특성을 사용한 점수: {:.3f}".format(lr.score(X_test, y_test)))
lr.fit(X_train_selected, y_train)
print("선택된 일부 특성을 사용한 점수: {:.3f}".format(
        lr.score(X_test_selected, y_test)))
```

Out [42]
```
전체 특성을 사용한 점수: 0.951
선택된 일부 특성을 사용한 점수: 0.933
```

이 경우에서는 일부 원본 특성이 없더라도 노이즈 특성을 제거한 쪽의 성능이 더 높습니다. 이 예는 인위적으로 간단하게 만든 예제이고 실제 데이터에서의 결과는 보통 엇갈리는 경우도 많습니다. 하지만 너무 많은 특성 때문에 모델을 만들기가 현실적으로 어려울 때 일변량 분석을 사용하여 특성을 선택하면 큰 도움이 될 수 있습니다. 또는 많은 특성들이 확실히 도움이 안 된다고 생각될 때 사용할 수 있습니다.

## 4.7.2 모델 기반 특성 선택

모델 기반 특성 선택은 지도 학습 머신러닝 모델을 사용하여 특성의 중요도를 평가해서 가장 중요한 특성들만 선택합니다. 특성 선택에 사용하는 지도 학습 모델은 최종적으로 사용할 지도 학습 모델과 같을 필요는 없습니다. 특성 선택을 위한 모델은 각 특성의 중요도를 측정하여 순서를 매길 수 있어야 합니다. 결정 트리와 이를 기반으로 한 모델은 각 특성의 중요도가 담겨 있는 feature_importances_ 속성을 제공합니다. 선형 모델 계수의 절댓값도 특성의 중요도를 재는 데 사용할 수 있습니다. 2장에서 L1 규제를 사용한 선형 모델은 일부 특성의 계수만 학습함을 보았습니다. 이를 그 모델 자체를 위해 특성이 선택된다고 생각할 수 있지만, 다른 모델의 특성 선택을 위해 전처리 단계로 사용할 수도 있습니다. 일변량 분석과는 반대로 모델 기반 특성 선택은 한 번에 모든 특성을 고려하므로 (사용된 모델이 상호작용을 잡아낼 수 있다면) 상호작용 부분을 반영할 수 있습니다. 모델 기반의 특성 선택은 SelectFromModel에 구현되어 있습니다.

```
In [52]
  from sklearn.feature_selection import SelectFromModel
  from sklearn.ensemble import RandomForestClassifier
  select = SelectFromModel(
      RandomForestClassifier(n_estimators=100, random_state=42),
      threshold="median")
```

SelectFromModel은 (지도 학습 모델로 계산된) 중요도가 지정한 임계치보다 큰 모든 특성을 선택합니다. 일변량 분석으로 선택한 특성과 결과를 비교하기 위해 절반 가량의 특성이 선택될 수 있도록 중간값을 임계치로 사용하겠습니다.[31] 트리 100개로 만든 랜덤 포레스트 분류

---

31 옮긴이_ L1 규제가 없는 모델을 사용할 경우 SelectFromModel의 threshold 매개변수의 기본값은 평균값을 나타내는 "mean"입니다. 또한 "1.2*median", "1.3*mean"처럼 중간값과 평균값의 비율로 나타낼 수 있습니다.

기를 사용해 특성 중요도를 계산합니다. 이는 매우 복잡한 모델이고 일변량 분석보다는 훨씬 강력한 방법입니다. 실제로 모델을 만들어보겠습니다.

```
In [53]
  select.fit(X_train, y_train)
  X_train_l1 = select.transform(X_train)
  print("X_train.shape:", X_train.shape)
  print("X_train_l1.shape:", X_train_l1.shape)

Out [53]
  X_train.shape: (284, 80)
  X_train_l1.shape: (284, 40)
```

선택된 특성을 같은 방식으로 그려보겠습니다(그림 4-10).

```
In [54]
  mask = select.get_support()
  # True는 검은색, False는 흰색으로 마스킹합니다.
  plt.matshow(mask.reshape(1, -1), cmap='gray_r')
  plt.xlabel("특성 번호")
```

**그림 4-10** RandomForestClassifier를 사용한 SelectFromModel이 선택한 특성

이번에는 두 개를 제외한 모든 원본 특성이 선택되었습니다.[32] 특성을 40개 선택하도록 지정했으므로 일부 노이즈 특성도 선택되었습니다. 성능이 얼마나 되는지 확인해보겠습니다.

```
In [55]
  X_test_l1 = select.transform(X_test)
  score = LogisticRegression(max_iter=5000).fit(X_train_l1, y_train).score(
          X_test_l1, y_test)
  print("테스트 점수: {:.3f}".format(score))
```

---

32 옮긴이_ 인덱스가 0부터 시작하므로 29까지가 원본 특성입니다.

```
Out [55]
    테스트 점수: 0.947
```

특성 선택이 더 잘 되었으므로 성능도 조금 향상되었습니다.


### 4.7.3 반복적 특성 선택

일변량 분석에서는 모델을 사용하지 않았고, 모델 기반 선택에서는 하나의 모델을 사용해 특성을 선택했습니다. **반복적 특성 선택**Iterative Feature Selection에서는 특성의 수가 각기 다른 일련의 모델이 만들어집니다. 기본적으로 두 가지 방법이 있습니다. 첫 번째는 특성을 하나도 선택하지 않은 상태로 시작해서 어떤 종료 조건에 도달할 때까지 하나씩 추가하는 방법입니다.[33] 두 번째는 모든 특성을 가지고 시작해서 어떤 종료 조건이 될 때까지 특성을 하나씩 제거해가는 방법입니다. 일련의 모델이 만들어지기 때문에 이 방법은 앞서 소개한 방법들보다 계산 비용이 훨씬 많이 듭니다. **재귀적 특성 제거**RFE, recursive feature elimination가 이런 방법의 하나입니다. 이 방법은 모든 특성으로 시작해서 모델을 만들고 특성 중요도가 가장 낮은 특성을 제거합니다. 그런 다음 제거한 특성을 빼고 나머지 특성 전체로 새로운 모델을 만듭니다. 이런 식으로 미리 정의한 특성 개수가 남을 때까지 계속합니다. 이를 위해 모델 기반 선택에서처럼 특성 선택에 사용할 모델은 특성의 중요도를 결정하는 방법을 제공해야 합니다. 다음은 앞에서와 같은 랜덤 포레스트 모델을 사용해 [그림 4-11]에 나타난 결과를 얻었습니다.

```
In [56]
  from sklearn.feature_selection import RFE
  select = RFE(RandomForestClassifier(n_estimators=100, random_state=42),
              n_features_to_select=40)

  select.fit(X_train, y_train)
  # 선택된 특성을 표시합니다.
  mask = select.get_support()
  plt.matshow(mask.reshape(1, -1), cmap='gray_r')
```

---

33 옮긴이_ 이를 전진 선택법(foward stepwise selection)과 후진 선택법(backward stepwise selection)이라고도 부릅니다. scikit-learn 0.24 버전에서 추가된 SequentialFeatureSelector 클래스는 scoring 매개변수에 지정된 측정 지표의 교차 검증 점수를 기준으로 특성을 하나씩 추가하거나 제거합니다. scoring 매개변수의 기본값은 회귀일 경우에는 $R^2$, 분류일 경우에는 정확도입니다. direction 매개변수가 'forward'일 경우 전진 선택법, 'backward'일 때 후진 선택법을 수행합니다. 기본값은 'forward'입니다.

```
plt.xlabel("특성 번호")
```

**그림 4-11** 랜덤 포레스트 분류 모델을 사용한 RFE가 선택한 특성

일변량 분석이나 모델 기반 선택보다 특성 선택이 나아졌지만, 여전히 특성 한 개를 놓쳤습니다. 랜덤 포레스트 모델은 특성이 누락될 때마다 다시 학습하므로 40번이나 실행됩니다. 그래서 이 코드를 실행하면 모델 기반 선택보다 훨씬 오래 걸립니다. RFE를 사용해서 특성을 선택했을 때 로지스틱 회귀의 정확도를 확인해보겠습니다.

```
In [57]
  X_train_rfe = select.transform(X_train)
  X_test_rfe = select.transform(X_test)

  score = LogisticRegression(max_iter=5000).fit(X_train_rfe, y_train).score(
          X_test_rfe, y_test)
  print("테스트 점수: {:.3f}".format(score))

Out [57]
  테스트 점수: 0.940
```

또한 RFE에 사용된 모델을 이용해서도 예측을 할 수 있습니다. 이 경우 선택된 특성만 사용됩니다.

```
In [58]
  print("테스트 점수: {:.3f}".format(select.score(X_test, y_test)))

Out [49]
  테스트 점수: 0.951
```

RFE 안에 있는 랜덤 포레스트의 성능이 이 모델에서 선택한 특성으로 만든 로지스틱 회귀의 성능과 같습니다. 다른 말로 하면, 특성 선택이 제대로 되면 선형 모델의 성능은 랜덤 포레스트와 견줄만합니다.

머신러닝 알고리즘에 어떤 입력값을 넣을지 확신이 안 선다면 특성 자동 선택이 도움될 수 있습니다. 또 예측 속도를 높이거나 해석하기 더 쉬운 모델을 만드는 데 필요한 만큼 특성의 수를 줄이는 데도 효과적입니다. 대부분 실전에서는 특성 선택이 큰 성능 향상을 끌어내진 못하는 것 같습니다. 그러나 특성 선택은 머신러닝 기술자에게 여전히 중요한 도구입니다.

## 4.8 전문가 지식 활용

특성 공학은 특정한 애플리케이션을 위해 전문가의 지식Expert Knowledge을 사용할 수 있는 중요한 영역입니다. 많은 경우 머신러닝의 목적은 전문가가 설계하는 규칙을 만들지 않기 위해서지만, 그렇다고 애플리케이션이나 그 분야의 전문 지식이 무시된다는 뜻은 아닙니다. 종종 분야 전문가는 초기 데이터에서 더 유용한 특성을 선택할 수 있도록 도움을 줄 수 있습니다.

여행사를 위해 항공료를 예측해야 한다고 생각해보겠습니다. 날짜, 항공사, 출발지, 도착지와 함께 가격을 기록할 수 있을 것입니다. 이 데이터로부터 꽤 괜찮은 머신러닝 모델을 만들 수도 있습니다. 그러나 항공료에 포함된 중요한 요소 몇 가지는 학습될 수 없습니다. 예를 들어 휴가 성수기나 공휴일 근처에서는 항공료가 훨씬 비싸집니다. (크리스마스 같은) 일부 공휴일은 날짜가 고정되어 있어서 날짜로부터 학습할 수 있지만, (하누카나 부활절[34]처럼) 음력 공휴일도 있습니다. 또는 (방학처럼) 기관이 지정하기도 합니다. 이런 이벤트들은 데이터가 (그레고리안) 날짜를 사용해서만 기록되어서는 학습될 수 없습니다. 그러나 공휴일과 방학 전후의 비행 스케줄이 기록된 특성을 추가하는 일은 어렵지 않습니다. 이런 식으로 그 작업에 내재된 사전 지식이 특성으로 추가될 수 있다면 머신러닝 알고리즘에 도움이 됩니다. 특성이 추가된다고 머신러닝 알고리즘이 반드시 그 특성을 사용하는 것은 아닙니다. 예컨대 공휴일 정보가 항공료 예측에 도움이 안 된다고 판단되더라도 이 정보를 데이터에 추가하는 것이 문제가 되지는 않습니다.

전문가 지식을 사용하는 전형적인 사례를 하나 보겠습니다(어쩌면 이 경우는 상식이라고 하는 게 맞을지 모르겠습니다). 바로 앤디 집 앞의 자전거가 대여 가능한지 예측하는 작업입니다.

뉴욕에서 시티바이크는 회원 가입 시스템과 함께 자전거 대여소를 운영합니다. 대여소는 도시

---

34 옮긴이_ 하누카는 유대교의 축제일로 11~12월 사이에 있고, 부활절은 3~4월 사이에 있습니다. 모두 유대력을 기준으로 합니다.

전체에 퍼져 있어서 여기저기 돌아다니기에 편리한 이동 수단입니다. 자전거 대여 데이터는 익명으로 공개되어 있고(https://www.citibikenyc.com/system-data) 여러 방식으로 분석되어 왔습니다. 우리가 풀려는 문제는 특정 날짜와 시간에 앤디 집 앞에 있는 자전거를 사람들이 얼마나 대여할 것인지를 예측하는 것입니다. 그래서 앤디가 빌릴 자전거가 남아 있는지 알려고 합니다.

이 대여소에 대한 2015년 8월 데이터를 pandas의 DataFrame으로 읽어 들입니다. 그런 다음 세 시간 간격으로 데이터를 다시 나누어 하루 동안의 주요 경향을 보겠습니다.[35]

```
In [59]
  citibike = mglearn.datasets.load_citibike()

In [60]
  print("시티 바이크 데이터:\n", citibike.head())

Out [60]
  시티바이크 데이터:
  starttime
  2015-08-01 00:00:00     3
  2015-08-01 03:00:00     0
  2015-08-01 06:00:00     9
  2015-08-01 09:00:00    41
  2015-08-01 12:00:00    39
  Freq: 3H, Name: one, dtype: int64
```

다음은 8월 한 달 동안의 대여 횟수를 그래프로 나타낸 것입니다(그림 4-12).

```
In [61]
  plt.figure(figsize=(10, 3))
  xticks = pd.date_range(start=citibike.index.min(), end=citibike.index.max(),
                         freq='D')
  week = ["일", "월", "화","수", "목", "금", "토"]
  xticks_name = [week[int(w)]+d for w, d in zip(xticks.strftime("%w"),
                                                xticks.strftime(" %m-%d"))]
  plt.xticks(xticks, xticks_name, rotation=90, ha="left")
```

---

35 옮긴이_ 이 데이터는 시티바이크 데이터를 읽은 데이터프레임에 one이라는 1로 채워진 열을 추가한 후 resample 메서드를 사용하여 3시간마다 누적한 것입니다. load_citibike 함수는 3시간마다 자전거가 대여된 횟수를 저장한 열인 one, 즉 pandas의 Series 객체 하나를 반환합니다. 자세한 내용은 깃허브에 있는 mglearn 모듈에서 확인할 수 있습니다.

```
plt.plot(citibike, linewidth=1)
plt.xlabel("날짜")
plt.ylabel("대여횟수")
```

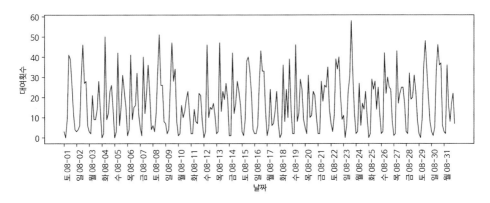

**그림 4-12** 한 시티바이크 대여소에서 한 달간 자전거가 대여된 횟수

데이터를 보면 24시간 간격으로 낮과 밤을 확실히 구분할 수 있습니다. 주중과 주말의 패턴도 꽤 차이가 나는 것 같습니다. 이와 같은 시계열 데이터를 이용한 예측 작업은 과거 데이터에서 학습하여 미래를 예측하는 방식을 사용합니다. 즉 데이터를 훈련 세트와 테스트 세트로 나눌 때 어떤 날짜까지의 모든 데이터를 훈련 세트로 하고, 그 날짜 이후의 모든 데이터를 테스트 세트로 사용합니다. 이전의 대여 데이터를 모두 입력하고 내일 어떻게 될지를 예측하는 이런 방식은 시계열 예측에서 많이 사용합니다. 여기서는 23일 치 184개 데이터 포인트를 훈련 세트로 사용하고, 남은 8일 치 64개 데이터 포인트를 테스트 세트로 사용하겠습니다.[36]

이 작업에서 우리가 사용할 특성은 일정 횟수의 대여가 일어난 날짜와 시간뿐입니다. 즉 입력 특성은 "2015−08−01 00:00:00"과 같은 날짜와 시간이고 출력은 (citibike 데이터프레임이 만들어진 대로) 연속된 세 시간 동안의 대여 횟수입니다.

(놀랍게도) 컴퓨터에 날짜를 저장하는 일반적인 방법은 "1970년 1월 1일 00:00:00"부터 (또는 Unix 시간부터) 경과한 시간을 초로 나타낸 POSIX 시간입니다. 첫 번째 시도는 날짜와 시

---

36  옮긴이_ 3시간 동안 누적한 카운트이므로 데이터 포인트는 하루에 24/3=8개씩입니다. 23일 치는 184개이고 8일 치는 64개가 됩니다.

간을 하나의 숫자로 표현한 특성을 사용하겠습니다.[37]

먼저 데이터를 훈련 세트와 테스트 세트로 나눠 모델을 만들고, 결과 그래프를 그리는 함수를 만듭니다.

In [63]

```
# 처음 184개 데이터 포인트를 훈련 세트로 사용하고 나머지는 테스트 세트로 사용합니다.
n_train = 184

# 주어진 특성을 사용하여 평가하고 그래프를 만듭니다.
def eval_on_features(features, target, regressor):
    # 훈련 세트와 테스트 세트로 나눕니다.
    X_train, X_test = features[:n_train], features[n_train:]
    # 타깃 값도 나눕니다.
    y_train, y_test = target[:n_train], target[n_train:]
    regressor.fit(X_train, y_train)
    print("테스트 세트 R^2: {:.2f}".format(regressor.score(X_test, y_test)))
    y_pred = regressor.predict(X_test)
    y_pred_train = regressor.predict(X_train)
    plt.figure(figsize=(10, 3))

    plt.xticks(range(0, len(X), 8), xticks_name, rotation=90, ha="left")

    plt.plot(range(n_train), y_train, label="훈련")
    plt.plot(range(n_train, len(y_test) + n_train), y_test, '-', label="테스트")
    plt.plot(range(n_train), y_pred_train, '--', label="훈련 예측")

    plt.plot(range(n_train, len(y_test) + n_train), y_pred, '--',
             label="테스트 예측")
    plt.legend(loc=(1.01, 0))
    plt.xlabel("날짜")
    plt.ylabel("대여횟수")
```

---

37 옮긴이_ pandas의 Series는 인덱스인 index와 값을 담은 NumPy 배열인 values 속성을 가지고 있습니다. 특별히 citibike의 인덱스는 DatetimeIndex로, 기본 단위는 나노초입니다(나노 = $10^{-9}$).

랜덤 포레스트는 데이터 전처리가 거의 필요하지 않아 맨 처음 시도해보기 좋은 모델입니다. POSIX 시간을 가진 특성 X와 랜덤 포레스트 회귀 모델을 eval_on_features 함수에 전달합니다. [그림 4-13]은 그 결과입니다.

```
In [64]
  from sklearn.ensemble import RandomForestRegressor
  regressor = RandomForestRegressor(n_estimators=100, random_state=0)
  eval_on_features(X, y, regressor)

Out [64]
  테스트 세트 R^2: -0.04
```

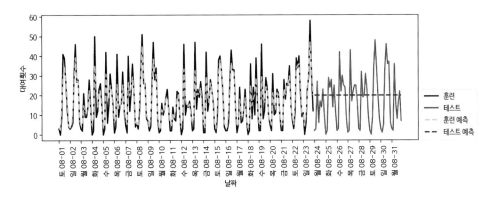

**그림 4-13** POSIX 시간만 사용하여 만든 랜덤 포레스트의 예측

랜덤 포레스트 모델이 그렇듯이 훈련 세트의 예측은 매우 정확합니다. 그런데 테스트 세트에 대해선 한 가지 값으로만 예측했습니다.[38] $R^2$은 −0.04로, 거의 아무것도 학습되지 않았다는 것을 나타냅니다. 무엇이 잘못된 것일까요?

문제는 랜덤 포레스트와 특성 사이의 조합에 있습니다. 테스트 세트에 있는 POSIX 시간 특성의 값은 훈련 세트에 있는 특성 값의 범위 밖에 있습니다. 즉 테스트 세트에 있는 데이터 포인트는 훈련 세트에 있는 모든 데이터보다 뒤의 시간입니다. 트리 모델인 랜덤 포레스트는 훈련 세트에 있는 특성의 범위 밖으로 **외삽**extrapolation할 수 있는 능력이 없습니다. 결국 이 모델은 테

---

38 **옮긴이_** 테스트 세트는 8월 24일부터이며 예측이 수평선으로 나타납니다.

스트 세트와 가장 가까이 있는 마지막 훈련 세트 데이터의 타깃 값을 예측으로 사용하게 됩니다.[39]

당연히 이보다 나은 방법이 있습니다. 여기에 전문가 지식이 필요합니다. 훈련 데이터의 대여 데이터 그래프를 보면 시간과 요일이라는 두 요소가 중요한 것으로 보입니다. 그럼 이 두 특성을 추가해보겠습니다. POSIX 시간으로는 아무것도 학습되지 않으므로 이 특성은 제외합니다. 먼저 시간만 사용해보겠습니다. 이번에는 [그림 4-14]처럼 매일 같은 패턴의 예측이 만들어졌습니다.

```
In [65]
  X_hour = citibike.index.hour.values.reshape(-1, 1)
  eval_on_features(X_hour, y, regressor)
```

```
Out [65]
  테스트 세트 R^2: 0.60
```

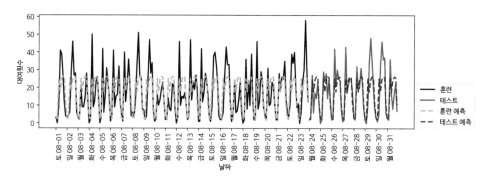

**그림 4-14** 시간만 사용하여 만든 랜덤 포레스트의 예측

$R^2$이 훨씬 나아졌지만 주간 패턴은 예측하지 못하는 것 같습니다. 이제 요일 정보도 추가해보겠습니다(그림 4-15).

---

39 옮긴이_ 2장에서 메모리 가격 데이터에 결정 트리 모델을 학습시키면서 살펴본 문제점과 같습니다.

```
In [66]
  X_hour_week = np.hstack([citibike.index.dayofweek.values.reshape(-1, 1),
                           citibike.index.hour.values.reshape(-1, 1)])
  eval_on_features(X_hour_week, y, regressor)

Out [66]
  테스트 세트 R^2: 0.84
```

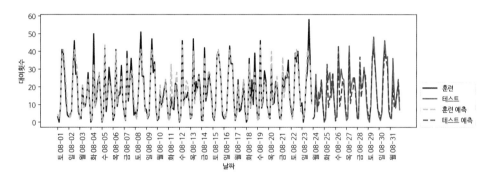

**그림 4-15** 시간과 요일 특성을 사용해 만든 랜덤 포레스트의 예측

이제 모델은 하루의 시간과 요일에 따른 주기적인 패턴을 따르고 있습니다. $R^2$은 0.84로 상당히 좋은 예측 성능을 내었습니다. 이 모델이 학습한 것은 8월 23일까지 요일별, 시간별 평균 대여 횟수입니다.[40] 이런 작업에 사실 랜덤 포레스트같이 복잡한 모델이 필요한 것은 아니므로 더 간단한 모델인 LinearRegression을 적용해보겠습니다(그림 4-16).

```
In [67]
  from sklearn.linear_model import LinearRegression
  eval_on_features(X_hour_week, y, LinearRegression())

Out [67]
  테스트 세트 R^2: 0.13
```

---

40 옮긴이_ 랜덤 포레스트 회귀로 만든 예측은 여러 트리가 예측한 값들의 평균입니다. 그래서 8월 24일 월요일의 예측값과 8월 31일의 예측값은 동일합니다.

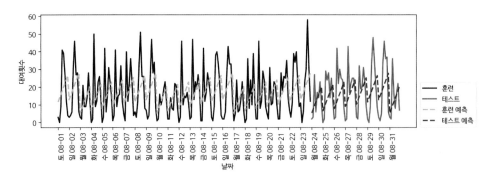

**그림 4-16** 시간과 요일 특성을 사용하여 만든 선형 회귀의 예측

LinearRegression 성능은 훨씬 나쁘고 주기적인 패턴도 이상합니다. 그 이유는 요일과 시간이 정수로 인코딩되어 있어서 연속형 변수로 해석되기 때문입니다. 선형 모델은 시간을 선형 함수로만 학습할 수 있어서, 하루에서 시간이 흐를수록 대여 수가 늘어나게 학습되었습니다. 하지만 실제 패턴은 이보다 복잡합니다. 이 패턴을 잡아내기 위해 OneHotEncoder를 사용하여 정수형을 범주형 변수로 해석하도록 하겠습니다(그림 4-17).[41]

```
In [68]
  enc = OneHotEncoder()
  X_hour_week_onehot = enc.fit_transform(X_hour_week).toarray()

In [69]
  eval_on_features(X_hour_week_onehot, y, Ridge())

Out [69]
  테스트 세트 R^2: 0.62
```

---

41 옮긴이_ scikit-learn 0.22 버전에서 OneHotEncoder 클래스가 정수 카테고리를 인식하는 방식이 변경되었습니다. 이전에는 훈련 데이터에 나타난 0~최댓값 사이 범위를 카테고리로 인식하여 원-핫 인코딩하지만 0.22 버전부터는 고유한 정숫값을 카테고리로 사용합니다.

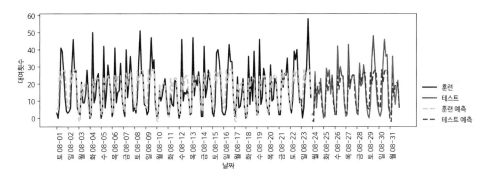

**그림 4-17** 시간과 요일의 원–핫 인코딩을 사용해 만든 선형 회귀의 예측

연속형 특성일 때보다 훨씬 좋아졌습니다. 이 선형 모델은 요일마다 하나의 계수를 학습하고, 시간마다도 하나의 계수를 학습합니다. 이 말은 시간 패턴이 모든 날에 걸쳐 공유된다는 뜻입니다.

상호작용 특성을 사용하면 시간과 요일의 조합별 계수를 학습할 수 있습니다(그림 4-18).

```
In [70]
  poly_transformer = PolynomialFeatures(degree=2, interaction_only=True,
                                        include_bias=False)
  X_hour_week_onehot_poly = poly_transformer.fit_transform(X_hour_week_onehot)
  lr = Ridge()
  eval_on_features(X_hour_week_onehot_poly, y, lr)
```

```
Out [70]
  테스트 세트 R^2: 0.85
```

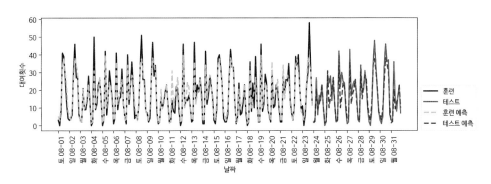

**그림 4-18** 시간과 요일의 곱을 특성으로 사용해서 만든 선형 회귀의 예측

이런 특성 변환을 통해 모델의 성능이 랜덤 포레스트와 거의 비슷해졌습니다. 이 모델의 가장 큰 장점은 무엇이 학습되었는지가 명확하다는 것입니다. 바로 각 날짜와 시간에 대해 하나의 계수를 학습했습니다. 랜덤 포레스트와는 달리 이 모델이 학습한 계수를 그래프로 나타낼 수 있습니다.

먼저 시간과 요일 특성의 이름을 짓습니다.

```
In [71]
hour = ["%02d:00" % i for i in range(0, 24, 3)]
day = ["월", "화", "수", "목", "금", "토", "일"]
features =  day + hour
```

그런 다음 get_feature_names_out 메서드를 사용해 PolynomialFeatures로 추출한 모든 상호작용 특성에 이름을 달아줍니다. 그리고 계수가 0이 아닌 특성만 선택합니다.

```
In [72]
features_poly = poly_transformer.get_feature_names_out(features)
features_nonzero = np.array(features_poly)[lr.coef_ != 0]
coef_nonzero = lr.coef_[lr.coef_ != 0]
```

이제 선형 모델에서 학습한 계수를 [그림 4-19]처럼 나타낼 수 있습니다.

```
In [73]
plt.figure(figsize=(15, 2))
plt.plot(coef_nonzero, 'o')
plt.xticks(np.arange(len(coef_nonzero)), features_nonzero, rotation=90)
plt.xlabel("특성 이름")
plt.ylabel("계수 크기")
```

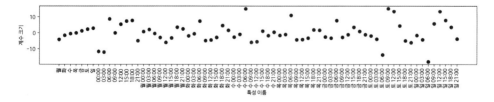

**그림 4-19** 시간과 요일의 곱을 사용한 선형 모델의 계수

## 4.9 요약 및 정리

이번 장에서 여러 종류의 데이터 타입(특히 범주형 변수)을 다루는 법을 배웠습니다. 예를 들어 원-핫-인코딩 범주형 변수처럼 머신러닝 알고리즘에 적합한 방식으로 데이터를 표현하는 것이 아주 중요함을 설명했습니다. 그리고 새로운 특성을 만드는 것과 데이터에서 특성을 유도하기 위해 전문가의 지식을 활용하는 것에 대해 다뤘습니다. 특히 선형 모델은 구간 분할이나 다항식과 상호작용 특성을 새로 추가해 큰 이득을 볼 수 있습니다. 반면에 랜덤 포레스트나 SVM 같은 비선형 모델은 특성을 늘리지 않고서도 복잡한 문제를 학습할 수 있습니다. 실제로는 어떤 특성을 사용하느냐가 (그리고 특성과 모델의 궁합이) 가장 중요합니다.

이제 적절한 방식으로 데이터를 표현하는 방법과 어떤 작업에 어떤 알고리즘을 사용할지 이해했을 것입니다. 다음 장에서는 머신러닝 모델의 성능을 평가하고, 올바른 매개변수를 선택하는 방법을 다루도록 하겠습니다.

# CHAPTER 5

# 모델 평가와 성능 향상

지금까지 지도 학습과 비지도 학습 이론을 다루면서 다양한 머신러닝 알고리즘을 살펴봤습니다. 이제 모델 평가와 매개변수 선택에 대해 더 자세히 배워보도록 하겠습니다.

(3장에서 보았듯이) 비지도 학습 모델을 평가하고 선택하는 일은 매우 정성적인 작업이므로 여기서는 지도 학습인 회귀와 분류에 집중할 것입니다.

우리는 지도 학습 모델을 평가하기 위해 train_test_split 함수를 사용하여 데이터셋을 훈련 세트와 테스트 세트로 나눴습니다. 그리고 모델을 만들기 위해 훈련 세트에 fit 메서드를 적용했고, 모델을 평가하기 위해 테스트 세트에 score 메서드를 사용했습니다. 분류에서 score 메서드는 정확히 분류된 샘플의 비율을 계산하는 역할을 합니다. 다음은 이 과정을 담은 예제입니다.

```
In [3]
  from sklearn.datasets import make_blobs
  from sklearn.linear_model import LogisticRegression
  from sklearn.model_selection import train_test_split

  # 인위적인 데이터셋을 만듭니다.
  X, y = make_blobs(random_state=0)
  # 데이터와 타깃 레이블을 훈련 세트와 테스트 세트로 나눕니다.
  X_train, X_test, y_train, y_test = train_test_split(X, y, random_state=0)
  # 모델 객체를 만들고 훈련 세트로 학습시킵니다.
  logreg = LogisticRegression().fit(X_train, y_train)
  # 모델을 테스트 세트로 평가합니다.
  print("테스트 세트 점수: {:.2f}".format(logreg.score(X_test, y_test)))
```

```
Out [3]
  테스트 세트 점수: 0.88
```

데이터를 훈련 세트와 테스트 세트로 나누는 이유는 지금까지 본 적 없는 새로운 데이터에 모델이 얼마나 잘 일반화되는지 측정하기 위해서입니다. 모델이 훈련 세트에 잘 맞는 것보다, 학습 과정에 없던 데이터에 대해 예측을 얼마나 잘 하느냐가 중요합니다.

이번 장에서는 두 가지 관점에서 이 평가 방법을 확장해보겠습니다. 먼저 안정적인 일반화 성능 측정 방법인 교차 검증을 소개하고, score 메서드가 제공하는 정확도와 $R^2$ 값 이외에 분류와 회귀 성능을 측정하는 다른 방법을 알아보겠습니다.

또한 가장 좋은 일반화 성능을 얻기 위해서 지도 학습 모델의 매개변수를 조정하는 데 유용한 그리드 서치에 관해서도 이야기하겠습니다.

# 5.1 교차 검증

**교차 검증**cross-validation은 일반화 성능을 재기 위해 훈련 세트와 테스트 세트로 한 번 나누는 것보다 더 안정적이고 뛰어난 통계적 평가 방법입니다. 교차 검증에서는 데이터를 여러 번 반복해서 나누고 여러 모델을 학습합니다. 가장 널리 사용되는 교차 검증 방법은 **k-겹 교차 검증**k-fold cross-validation으로 k는 특정 숫자인데 보통 5 또는 10을 사용합니다. 5-겹 교차 검증을 하려면 데이터를 먼저 **폴드**fold라고 하는 (거의) 비슷한 크기의 '부분 집합' 다섯 개로 나눕니다. 그다음 일련의 모델들을 만듭니다. 첫 번째 모델은 첫 번째 폴드를 테스트 세트로 사용하고 나머지(2에서 5까지) 폴드를 훈련 세트로 사용하여 학습합니다. 즉 이 모델은 폴드 2~5까지의 데이터를 사용해 만들어지고 폴드 1을 사용해 정확도를 평가합니다. 그다음 두 번째 모델은 폴드 2를 테스트 세트로 사용하고 폴드 1, 3, 4, 5의 데이터를 훈련 데이터로 사용합니다. 이런 방법으로 폴드 3, 4, 5를 테스트 세트로 사용해 반복합니다. 이렇게 데이터를 훈련 세트와 테스트 세트로 나누는 다섯 번의 분할마다 정확도를 측정하여, 결국 다섯 개의 정확도 값을 얻게 됩니다. 이 과정을 [그림 5-1]에 나타냈습니다.

```
In [4]
 mglearn.plots.plot_cross_validation()
```

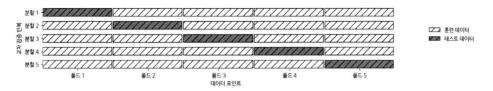

**그림 5-1** 5-겹 교차 검증에서의 데이터 분할

보통 데이터의 첫 번째 1/5 조각이 첫 번째 폴드이고 두 번째 1/5 조각이 두 번째 폴드가 되는 식입니다.

### 5.1.1 scikit-learn의 교차 검증

scikit-learn에서 교차 검증은 model_selection 모듈의 cross_val_score 함수로 구현되어 있습니다. cross_val_score 함수의 매개변수는 평가하려는 모델과 훈련 데이터, 타깃 레이블입니다. iris 데이터셋에 적용한 LogisticRegression을 평가해보겠습니다.

```
In [5]
  from sklearn.model_selection import cross_val_score
  from sklearn.datasets import load_iris
  from sklearn.linear_model import LogisticRegression

  iris = load_iris()
  logreg = LogisticRegression(max_iter=1000)

  scores = cross_val_score(logreg, iris.data, iris.target)
  print("교차 검증 점수:", scores)

Out [5]
  교차 검증 점수: [0.967 1.    0.933 0.967 1.   ]
```

여기에서는 cross_val_score가 5-겹 교차 검증을 수행했기 때문에 5개의 점수가 반환되었습니다. scikit-learn 0.22 버전부터 3-겹 교차 검증에서 5-겹 교차 검증으로 바뀌었습니다.[1] 폴드의 수는 cv 매개변수를 사용해서 바꿀 수 있습니다.

------

1 옮긴이_ GridSearchCV 클래스도 scikit-learn 0.22 버전부터 3-겹 교차 검증에서 5-겹 교차 검증으로 바뀌었습니다.

```
In [6]
  scores = cross_val_score(logreg, iris.data, iris.target, cv=10)
  print("교차 검증 점수:", scores)

Out [6]
  교차 검증 점수: [1.     0.933 1.     1.     0.933 0.933 0.933 1.     1.     1.    ]
```

적어도 5-겹 교차 검증 정도를 사용하는 것이 좋습니다. 보통 교차 검증의 정확도를 간단하게 나타내려면 평균을 사용합니다.

```
In [7]
  print("교차 검증 평균 점수: {:.2f}".format(scores.mean()))

Out [7]
  교차 검증 평균 점수: 0.97
```

교차 검증 평균값으로 우리는 이 모델의 정확도가 대략 97%일 것으로 기대할 수 있습니다. 10-겹 교차 검증이 만든 다섯 개의 값을 모두 보면 100%에서 93%까지 폴드에 따라 비교적 차이가 큽니다. 이는 모델이 훈련에 사용한 폴드에 매우 의존적이거나 데이터셋이 작기 때문일 수 있습니다. 교차 검증에 cross_validate 함수를 사용할 수도 있습니다. 이 함수는 cross_val_score 함수와 인터페이스가 비슷하지만 분할마다 훈련과 테스트에 걸린 시간을 담은 딕셔너리를 반환합니다(테스트 점수는 물론 설정에 따라 훈련 점수도 얻을 수 있습니다).[2]

```
In [8]
  from sklearn.model_selection import cross_validate
  res = cross_validate(logreg, iris.data, iris.target,
                       return_train_score=True)
  res

Out [8]
  {'fit_time': array([0.036, 0.048, 0.034, 0.035, 0.034]),
   'score_time': array([0., 0., 0., 0., 0.]),
   'test_score': array([0.967, 1.   , 0.933, 0.967, 1.   ]),
```

---

2  옮긴이_ 사실 cross_val_score 함수는 cross_validate 함수를 사용합니다. cross_val_score 함수는 cross_validate에서 반환된 결과 중 'test_score' 키만 반환합니다. cross_validate 함수에 관한 더 자세한 내용은 옮긴이의 블로그(https://bit.ly/2B05jJ3)를 참고하세요.

```
  'train_score': array([0.967, 0.967, 0.983, 0.983, 0.975])}
```

팬더스를 사용하여 결괏값을 출력하고 평균을 계산해보겠습니다.

```
In [9]
 res_df = pd.DataFrame(res)
 res_df
 print("평균 시간과 점수:\n", res_df.mean())
```

Out [9]

|   | fit_time | score_time | test_score | train_score |
|---|----------|------------|------------|-------------|
| 0 | 0.02 | 2.51e-04 | 0.97 | 0.97 |
| 1 | 0.03 | 2.36e-04 | 1.00 | 0.97 |
| 2 | 0.03 | 2.29e-04 | 0.93 | 0.98 |
| 3 | 0.02 | 2.29e-04 | 0.97 | 0.98 |
| 4 | 0.02 | 2.30e-04 | 1.00 | 0.97 |

```
 평균 시간과 점수:
  fit_time       2.13e-02
 score_time      2.35e-04
 test_score      9.73e-01
 train_score     9.75e-01
 dtype: float64
```

## 5.1.2 교차 검증의 장점

데이터를 훈련 세트와 테스트 세트로 한 번 나누는 것보다 교차 검증을 사용하면 몇 가지 장점이 있습니다. 먼저 train_test_split는 데이터를 무작위로 나눕니다. 데이터를 무작위로 나눌 때 운 좋게 훈련 세트에는 분류하기 어려운 샘플만 담기게 되었다고 생각해보겠습니다. 이 경우 테스트 세트에는 분류하기 쉬운 샘플만 들어 있어서 테스트 세트의 정확도는 비현실적으로 높게 나올 것입니다. 반대로 운 나쁘게 분류하기 어려운 샘플들이 모두 테스트 세트에 들어간다면 정확도가 아주 낮게 나올 것입니다. 그러나 교차 검증을 사용하면 테스트 세트에 각 샘플이 정확하게 한 번씩 들어갑니다. 각 샘플은 폴드 중 하나에 속하며 각 폴드는 한 번씩 테스트 세트가 됩니다. 그렇기 때문에 교차 검증의 점수를 (그리고 평균값을) 높이기 위해서는 데이터셋에 있는 모든 샘플에 대해 모델이 잘 일반화되어야 합니다.

또 데이터를 여러 개로 나누면 모델이 훈련 데이터에 얼마나 민감한지 알 수 있습니다. iris 데이터셋에서 90~100%의 정확도를 얻었습니다. 이 범위는 꽤 넓으며 새로운 데이터를 적용했을 때 최악의 경우와 최선의 경우를 짐작할 수 있게 합니다.

교차 검증의 또 다른 장점은 분할을 한 번 했을 때보다 데이터를 더 효과적으로 사용할 수 있다는 점입니다. train_test_split를 사용하면 보통 데이터 중 75%를 훈련 세트로 사용하고 25%를 평가에 사용합니다. 5-겹 교차 검증을 사용하면 매 반복에서 4/5의 데이터, 즉 80%를 모델 학습에 사용합니다. 10-겹 교차 검증이라면 데이터의 9/10인 90%를 모델 학습에 사용합니다. 많은 데이터는 보통 더 정확한 모델을 만들어냅니다.

교차 검증의 주요 단점은 연산 비용이 늘어난다는 것입니다. 모델을 $k$개 만들어야 하므로 데이터를 한 번 나눴을 때보다 대략 $k$배 더 느립니다.

> NOTE_ 교차 검증이 새로운 데이터에 적용할 모델을 만드는 방법이 아니라는 점을 잊지 마세요. 교차 검증 함수는 모델을 반환하지 않습니다. cross_val_score 함수를 호출하면 내부적으로 여러 모델이 만들어지지만, 교차 검증의 목적은 단지 주어진 데이터셋에 학습된 알고리즘이 얼마나 잘 일반화될지 평가하는 것입니다.[3]

### 5.1.3 계층별 k-겹 교차 검증과 그외 전략들

앞 절에서 언급한 대로 데이터셋을 나열 순서대로 $k$개의 폴드로 나누는 것이 항상 좋지는 않습니다. iris 데이터셋으로 예를 들어보겠습니다.

```
In [10]
  from sklearn.datasets import load_iris
  iris = load_iris()
  print("Iris 레이블:\n", iris.target)

Out [8]
  Iris 레이블:
```

--------

3 옮긴이_ 교차 검증으로 모델을 만들어낼 수는 없지만 sklearn.model_selection 모듈의 cross_val_predict 함수를 사용하여 교차 검증으로 만든 예측값을 구할 수 있습니다. cross_val_predict(logreg, iris.data, iris.target, cv=5)와 같이 호출하면 각 폴드가 테스트 세트일 때 예측된 값을 반환해줍니다.

```
[0 0 0 0 0 0 0 0 0 0 0 0 0 0 0 0 0 0 0 0 0 0 0 0 0 0 0 0 0 0 0 0 0 0
 0 0 0 0 0 0 0 0 0 0 0 0 0 0 1 1 1 1 1 1 1 1 1 1 1 1 1 1 1 1 1 1 1 1
 1 1 1 1 1 1 1 1 1 1 1 1 1 1 1 1 1 1 1 1 1 1 1 1 2 2 2 2 2 2 2 2 2 2
 2 2 2 2 2 2 2 2 2 2 2 2 2 2 2 2 2 2 2 2 2 2 2 2 2 2 2 2 2 2 2 2 2 2
 2 2]
```

결과에서 볼 수 있듯이 첫 번째 1/3은 클래스 0입니다. 두 번째 1/3은 클래스 1이고 마지막 1/3은 클래스 2입니다. 이 데이터에 3-겹 교차 검증을 적용한다고 생각해보겠습니다. 첫 번째 폴드는 클래스 0만 가지고 있으므로, 첫 번째 반복에서 테스트 세트는 클래스 0만을, 훈련 세트는 클래스 1과 2만을 가지게 됩니다. 세 번의 반복 모두 훈련 세트와 테스트 세트의 클래스가 다르므로 이 데이터셋에서 3-겹 교차 검증의 정확도는 0이 됩니다. iris 데이터셋에서 0%보다는 높은 정확도가 나와야 하므로 이 방법은 잘못되었습니다.

단순한 $k$-겹 교차 검증에는 문제가 있으니, scikit-learn은 분류일 경우 이 방법 대신 **계층별 $k$-겹 교차 검증**<sup>stratified k-fold cross-validation</sup>을 사용합니다.[4] 계층별 교차 검증에서는 [그림 5-2]처럼 폴드 안의 클래스 비율이 전체 데이터셋의 클래스 비율과 같도록 데이터를 나눕니다.

In [11]
```
mglearn.plots.plot_stratified_cross_validation()
```

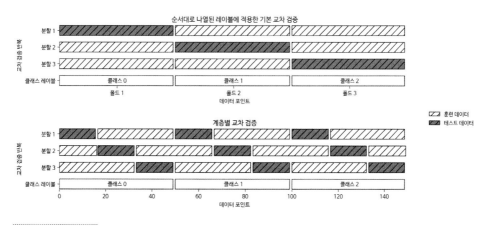

**그림 5-2** 클래스 레이블 순서대로 정렬된 데이터에서 기본 교차 검증과 계층별 교차 검증의 비교

예를 들어 샘플의 90%가 클래스 A이고 10%가 클래스 B에 속한다면, 계층별 교차 검증은 각 폴드에 클래스 A 샘플이 90%, 클래스 B 샘플이 10%가 되도록 만듭니다.

분류기의 일반화 성능을 측정할 때 $k$-겹 교차 검증보다 더 안정적인 계층별 $k$-겹 교차 검증을 사용하는 것이 좋습니다. 클래스 B에 속한 샘플이 10% 정도라면 기본 $k$-겹 교차 검증에서는 클래스 A 샘플만 가진 폴드가 생기기 쉽습니다. 이런 폴드를 테스트 세트로 사용하면 분류기의 전체 성능을 크게 왜곡하게 됩니다.

scikit-learn은 회귀에서 기본 $k$-겹 교차 검증을 사용합니다. 회귀에서도 폴드가 서로 다른 타깃 값을 포함하도록 만들 수 있지만, 대부분 사용자에게는 생소한 일이며 일반적으로 사용하는 방법은 아닙니다.

## 교차 검증 상세 옵션

앞서 cross_val_score를 사용할 때 cv 매개변수를 이용해 폴드의 개수를 조정해보았습니다. 그러나 scikit-learn에서는 cv 매개변수에 **교차 검증 분할기**cross-validation splitter를 전달함으로써 데이터를 분할할 때 더 세밀하게 제어할 수 있습니다. 대부분의 경우 회귀에서는 $k$-겹 교차 검증, 분류에서는 계층별 $k$-겹 교차 검증의 기본값이 잘 작동합니다. 하지만 조금 다른 전략이 필요할 때가 있습니다. 예를 들면, 다른 사람의 결과를 재현하기 위해 분류 데이터셋에 기본 $k$-겹 교차 검증을 사용해야 할 때입니다. 이렇게 하려면 먼저 model_selection 모듈에서 KFold 분할기를 임포트하고 원하는 폴드 수를 넣어 객체를 생성해야 합니다.

```
In [12]
  from sklearn.model_selection import KFold
  kfold = KFold(n_splits=5)
```

그런 다음 kfold 객체를 cross_val_score의 cv 매개변수로 전달합니다.

```
In [13]
  print("교차 검증 점수:\n", cross_val_score(logreg, iris.data, iris.target, cv=kfold))

Out [11]
  교차 검증 점수:
```

```
[1.    1.    0.867 0.933 0.833]
```

다음 iris 데이터셋에 (기본) 3-겹 교차 검증을 사용하는 것이 좋은 방법이 아님을 확인해보겠습니다.

```
In [14]
  kfold = KFold(n_splits=3)
  print("교차 검증 점수:\n", cross_val_score(logreg, iris.data, iris.target, cv=kfold))

Out [14]
  교차 검증 점수:
  [ 0.  0.  0.]
```

각 폴드는 iris 데이터셋의 클래스 중 하나에 대응하므로 아무것도 학습할 수가 없습니다. 계층별 폴드를 만드는 대신 이 문제를 해결하는 다른 방법은 데이터를 섞어서 샘플의 순서를 뒤죽박죽으로 만드는 것입니다. 이렇게 하려면 KFold의 shuffle 매개변수를 True로 주면 됩니다. 데이터를 섞을 때 random_state를 고정해서 똑같은 작업을 재현할 수 있습니다. 그렇지 않으면 cross_val_score를 실행할 때마다 폴드가 바뀌어 매번 결과가 달라질 것입니다(이게 문제가 되는 것은 아니지만 예상하지 못해 당황할 수 있습니다). 데이터를 분할하기 전에 섞어주면 결과를 더 좋게 만듭니다.

```
In [15]
  kfold = KFold(n_splits=3, shuffle=True, random_state=0)
  print("교차 검증 점수:\n", cross_val_score(logreg, iris.data, iris.target, cv=kfold))

Out [15]
  교차 검증 점수:
  [0.98 0.96 0.96]
```

## LOOCV

또 다른 교차 검증 방법으로 **LOOCV**[Leave-one-out cross-validation]도 자주 사용합니다. LOOCV 교차 검증은 폴드 하나에 샘플 하나만 들어 있는 $k$-겹 교차 검증으로 생각할 수 있습니다. 각 반복에서 하나의 데이터 포인트를 선택해 테스트 세트로 사용합니다. 특히 데이터셋이 클 때는 시간이 매우 오래 걸리지만, 작은 데이터셋에서는 이따금 더 좋은 결과를 만들어냅니다.

```
In [16]
    from sklearn.model_selection import LeaveOneOut
    loo = LeaveOneOut()
    scores = cross_val_score(logreg, iris.data, iris.target, cv=loo)
    print("교차 검증 분할 횟수: ", len(scores))
    print("평균 정확도: {:.2f}".format(scores.mean()))

Out [16]
    교차 검증 분할 횟수:  150
    평균 정확도: 0.97
```

## 임의 분할 교차 검증

매우 유연한 또 하나의 교차 검증 전략은 **임의 분할 교차 검증**shuffle-split cross-validation입니다. 임의 분할 교차 검증에서는 train_size만큼의 포인트로 훈련 세트를 만들고, test_size만큼의 (훈련 세트와 중첩되지 않은) 포인트로 테스트 세트를 만들도록 분할합니다. 이 분할은 n_splits 횟수만큼 반복됩니다. [그림 5-3]은 샘플이 10개인 데이터셋을 5개 포인트의 훈련 세트, 2개 포인트의 테스트 세트로 4번 반복하여 나누는 것을 보여줍니다(train_size와 test_size에 정수를 입력하면 데이터 포인트의 절대 개수를 의미하며, 실수를 입력하면 전체 데이터에서의 비율을 나타냅니다).

```
In [17]
    mglearn.plots.plot_shuffle_split()
```

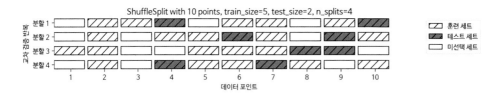

**그림 5-3** 10개의 데이터 포인트에 train_size=5, test_size=2와 n_splits=4를 적용한 ShuffleSplit

다음 코드는 데이터셋의 50%를 훈련 세트로, 50%를 테스트 세트로 10번 반복 분할합니다.[5]

```
In [18]
  from sklearn.model_selection import ShuffleSplit
  shuffle_split = ShuffleSplit(test_size=.5, train_size=.5, n_splits=10)
  scores = cross_val_score(logreg, iris.data, iris.target, cv=shuffle_split)
  print("교차 검증 점수:\n", scores)

Out [18]
  교차 검증 점수:
  [0.933 0.933 0.96  0.96  0.973 0.973 0.987 0.96  0.973 0.973]
```

임의 분할 교차 검증은 반복 횟수를 훈련 세트나 테스트 세트의 크기와 독립적으로 조절해야 할 때 유용합니다. 또한 train_size와 test_size의 합을 전체와 다르게 함으로써 전체 데이터의 일부만 사용할 수 있습니다. 이렇게 데이터를 부분 샘플링subsampling하는 방식은 대규모 데이터셋으로 작업할 때 도움이 됩니다.

한편 ShuffleSplit의 계층별 버전으로 분류 작업에 더 적합한 StratifiedShuffleSplit도 있습니다.

## 그룹별 교차 검증

데이터 안에 매우 연관된 그룹이 있을 때도 교차 검증을 널리 사용합니다. 얼굴 사진에서 표정을 인식하는 시스템을 만들기 위해 100명의 사진을 모았다고 가정해보겠습니다. 한 사람을 찍은 여러 장의 사진이 각기 다른 표정을 담고 있습니다. 이 데이터셋에 없는 사람의 표정을 정확히 구분할 수 있는 분류기를 만드는 것이 목표입니다. 이 분류기의 성능을 측정하기 위해 계층별 교차 검증을 사용할 수 있지만, 같은 사람의 사진이 훈련 세트와 테스트 세트에 모두 나타날 수 있습니다. 완전히 새로운 얼굴보다 훈련 세트에 있던 얼굴의 표정은 훨씬 쉽게 식별할 수 있을 것입니다. 새 얼굴에 대한 일반화 성능을 더 정확하게 평가하려면 훈련 세트와 테스트 세트에 서로 다른 사람의 사진이 들어가도록 해야 합니다.

이를 위해 사진의 사람이 누구인지 기록한 배열을 groups 매개변수로 전달받을 수 있는

---

[5] 옮긴이_ ShuffleSplit는 데이터에서 무작위로 추출하여 훈련 세트와 테스트 세트를 만드므로 random_state 매개변수를 지정하지 않으면 실행할 때마다 결과가 다르게 나옵니다. 또한 KFold와는 다르게, 하나의 데이터 포인트가 여러 테스트 세트에 포함될 수 있습니다.

GroupKFold를 사용할 수 있습니다.[6] groups 배열은 훈련 세트와 테스트 세트를 만들 때 분리되지 않아야 할 그룹을 지정하는 것이며, 클래스 레이블과 혼동해서는 안 됩니다.

데이터에 그룹이 있는 예로는 의료 애플리케이션이 일반적입니다. 여기서는 같은 환자로부터 얻은 여러 샘플을 가지고 새로운 환자에게 일반화하는 것이 목적입니다. 비슷하게 음성 인식에서도 데이터셋에 같은 사람의 목소리가 여러 개 녹음되어 있을 수 있으며, 관심 사항은 새로운 사람의 대화를 인식하는 것입니다.

아래는 인위적으로 만든 데이터셋에 groups 배열로 그룹을 지정하는 예입니다. 데이터셋은 12개의 포인트로 이뤄져 있고 groups는 각 데이터 포인트에 대해 각 포인트가 어떤 그룹(예를 들면 환자)에 속하는지를 나타냅니다. 4개의 그룹을 나타내고 있으며 처음 3개의 샘플은 첫 번째 그룹, 다음 4개의 샘플은 두 번째 그룹을 나타내는 식입니다.

```
In [19]
  from sklearn.model_selection import GroupKFold
  # 인위적 데이터셋 생성
  X, y = make_blobs(n_samples=12, random_state=0)
  # 처음 세 개의 샘플은 같은 그룹에 속하고
  # 다음은 네 개의 샘플이 같습니다.
  groups = [0, 0, 0, 1, 1, 1, 1, 2, 2, 3, 3, 3]
  scores = cross_val_score(logreg, X, y, groups=groups, cv=GroupKFold(n_splits=3))
  print("교차 검증 점수:\n", scores)
```

```
Out [19]
  교차 검증 점수:
   [ 0.75   0.6    0.667]
```

샘플 데이터를 그룹으로 정렬할 필요는 없습니다. 여기서는 예를 들기 위해서 정렬한 것뿐입니다. 분할은 [그림 5-4]처럼 그룹 레이블을 기반으로 계산합니다. 이 그림에서 볼 수 있듯이 각 분할에서 한 그룹 전체가 훈련 세트 아니면 테스트 세트에 있습니다.

```
In [20]
  mglearn.plots.plot_group_kfold()
```

---

6 옮긴이_ cross_val_score 함수로 넘겨진 groups 매개변수는 함수 내부에서 cv.splits() 메서드를 호출할 때 groups를 매개변수로 전달합니다.

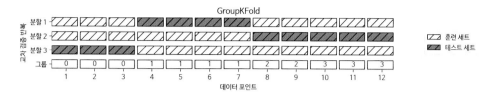

**그림 5-4** 레이블에 기반한 GroupKFold 분할

scikit-learn은 다양한 상황에 적용할 수 있는 많은 교차 검증 전략을 제공합니다(scikit-learn 사용자 가이드를 참고하세요. http://scikit-learn.org/stable/modules/cross_validation.html). 그중 기본 KFold, StratifiedKFold, GroupKFold를 가장 널리 사용합니다.[7]

## 5.1.4 (한국어판 부록) 반복 교차 검증[8]

데이터셋의 크기가 크지 않을 경우 안정된 검증 점수를 얻기 위해 교차 검증을 반복하여 여러 번 수행하는 경우가 많습니다. 이를 위해 scikit-learn 0.19 버전에서 RepeatedKFold와 RepeatedStratifiedKFold 분할기가 추가되었습니다. 이 클래스의 객체를 cross_val_score(또는 cross_validate) 함수의 cv 매개변수에 전달하여 교차 검증을 반복할 수 있습니다.

회귀에는 RepeatedKFold를 사용하고 분류에는 RepeatedStratifiedKFold를 사용합니다. RepeatedKFold는 KFold 클래스를 사용하여 훈련 폴드와 테스트 폴드를 분할합니다. 이와 비슷하게 RepeatedStratifiedKFold는 StratifiedKFold 클래스를 사용합니다. 분할 폴드 수는 n_splits 매개변수로 설정하며 기본값은 5입니다. 즉 기본적으로 5-겹 교차 검증을 수행합니다. 반복 횟수는 n_repeats 매개변수로 설정하며 기본값은 10입니다. 반복할 때마다 데이터를 다시 섞습니다.

iris 데이터셋에 반복 교차 검증을 적용해보겠습니다.

---

7 옮긴이_ scikit-learn 0.19 버전에 교차 검증을 반복하여 실행할 수 있는 RepeatedKFold와 RepeatedStratifiedKFold가 추가되었습니다. 자세한 내용은 다음 절과 옮긴이의 블로그(https://goo.gl/Cx8RSr)를 참고하세요. 사이킷런 1.0 버전에서 StratifiedKFold와 GroupKFold 기능을 합친 StratifiedGroupKFold가 추가되었습니다.

8 옮긴이_ 이 절의 코드는 번역서 깃허브의 "05.1.4-RepeatedKFold.ipynb" 노트북에 있습니다.

```
In [2]
  from sklearn.model_selection import cross_val_score, KFold, StratifiedKFold
  from sklearn.datasets import load_iris
  from sklearn.linear_model import LogisticRegression

  iris = load_iris()
  logreg = LogisticRegression(max_iter=1000)
```

iris 데이터셋을 로드한 후 로지스틱 회귀 모델을 준비합니다. 다른 분할기와 마찬가지로 RepeatedKFold와 RepeatedStratifiedKFold도 model_selection 모듈 아래 위치해 있습니다. 전체 검증 점수는 n_splits×n_repeats 개수만큼 만들어집니다. 기본값을 사용하여 RepeatedStratifiedKFold의 객체를 만들면 5×10 = 50개의 모델을 훈련하여 평가한 점수가 반환됩니다.

```
In [3]
  from sklearn.model_selection import RepeatedStratifiedKFold

  rskfold = RepeatedStratifiedKFold(random_state=42)
  scores = cross_val_score(logreg, iris.data, iris.target, cv=rskfold)

  print("교차 검증 점수:\n", scores)
  print("교차 검증 평균 점수: {:.3f}".format(scores.mean()))

Out [3]
  교차 검증 점수:
  [1.         0.96666667 0.93333333 1.         0.93333333 0.96666667
   0.96666667 0.93333333 1.         0.96666667 0.93333333 1.
   1.         0.96666667 0.96666667 0.9        1.         1.
   0.93333333 0.96666667 0.93333333 0.96666667 0.96666667 1.
   0.96666667 1.         0.96666667 0.96666667 0.9        1.
   0.96666667 0.96666667 0.96666667 0.96666667 0.93333333 0.96666667
   0.96666667 1.         1.         0.9        0.96666667 1.
   0.9        0.96666667 0.96666667 0.9        0.96666667 0.96666667
   1.         0.96666667]
  교차 검증 평균 점수: 0.965
```

반복 교차 검증으로 평균 점수 0.957을 얻었습니다. 반복 교차 검증을 위한 이 두 분할기는 다음 절에 설명할 GridSearchCV의 cv 매개변수에도 적용할 수 있습니다.

## 5.2 그리드 서치

앞에서 모델의 일반화 성능을 측정하는 법을 배웠고, 이제 다음 단계로 매개변수를 튜닝하여 일반화 성능을 개선하겠습니다. 2장과 3장에서 scikit-learn의 여러 알고리즘의 매개변수 설정에 대해 이야기했는데 매개변수를 조정하기 전에 그 매개변수의 의미를 이해하는 것이 중요합니다. 모델에서 중요한 매개변수의 (일반화 성능을 최대로 높여주는) 값을 찾는 일은 어려운 작업이지만, 모든 모델과 데이터셋에서 해야 하는 필수적인 일입니다. 많이 하는 작업이므로 scikit-learn에는 이를 위한 메서드가 준비되어 있습니다. 가장 널리 사용하는 방법은 **그리드 서치**grid search로서 관심 있는 매개변수들을 대상으로 가능한 모든 조합을 시도해보는 것입니다.

SVC 파이썬 클래스에 구현된 RBF<sup>radial basis function</sup> 커널 SVM을 사용해보겠습니다. 2장에서 본 것처럼 커널의 폭에 해당하는 gamma와 규제 매개변수 C가 중요합니다. 매개변수 C와 gamma에 0.001, 0.01, 0.1, 1, 10, 100 값을 적용해보겠습니다. C와 gamma의 설정값이 각각 6개씩이니 조합의 수는 총 36개입니다. 모든 조합을 살펴보기 위해 SVM 매개변수 설정 테이블(그리드)을 다음처럼 만들 수 있습니다.

|  | C = 0.001 | C = 0.01 | … | C = 10 |
|---|---|---|---|---|
| gamma=0.001 | SVC(C=0.001, gamma=0.001) | SVC(C=0.01, gamma=0.001) | … | SVC(C=10, gamma=0.001) |
| gamma=0.01 | SVC(C=0.001, gamma=0.01) | SVC(C=0.01, gamma=0.01) | … | SVC(C=10, gamma=0.01) |
| … | … | … | … | … |
| gamma=100 | SVC(C=0.001, gamma=100) | SVC(C=0.01, gamma=100) | … | SVC(C=10, gamma=100) |

### 5.2.1 간단한 그리드 서치

두 매개변수 조합에 대해 분류기를 학습시키고 평가하는 간단한 그리드 서치를 for 문을 사용해 만들 수 있습니다.

```
In [21]
  # 간단한 그리드 서치 구현
  from sklearn.svm import SVC
```

```python
X_train, X_test, y_train, y_test = train_test_split(iris.data, iris.target,
                                                    random_state=0)
print("훈련 세트의 크기: {}   테스트 세트의 크기: {}".format(
    X_train.shape[0], X_test.shape[0]))

best_score = 0

for gamma in [0.001, 0.01, 0.1, 1, 10, 100]:
    for C in [0.001, 0.01, 0.1, 1, 10, 100]:
        # 매개변수의 각 조합에 대해 SVC를 훈련시킵니다.
        svm = SVC(gamma=gamma, C=C)
        svm.fit(X_train, y_train)
        # 테스트 세트로 SVC를 평가합니다.
        score = svm.score(X_test, y_test)
        # 점수가 더 높으면 매개변수와 함께 기록합니다.
        if score > best_score:
            best_score = score
            best_parameters = {'C': C, 'gamma': gamma}

print("최고 점수: {:.2f}".format(best_score))
print("최적 매개변수:", best_parameters)
```

```
Out [19]
    훈련 세트의 크기: 112    테스트 세트의 크기: 38
    최고 점수: 0.97
    최적 매개변수: {'C': 100, 'gamma': 0.001}
```

### 5.2.2 매개변수 과대적합과 검증 세트

앞의 결과를 보면 이 데이터셋에서 모델 정확도가 97%라고 보고할 수 있습니다. 하지만 이런 주장은 다음과 같은 이유로 매우 낙관적인 (혹은 잘못된) 것일 수 있습니다. 여러 가지 매개변수 값으로 많이 시도해보고 테스트 세트 정확도가 가장 높은 조합을 선택했습니다. 하지만 이 정확도는 새로운 데이터에까지 이어지지 않을 수 있습니다. 매개변수를 조정하기 위해 테스트 세트를 이미 사용했기 때문에 모델이 얼마나 좋은지 평가하는 데는 더 이상 사용할 수 없습니다. 맨 처음 데이터를 훈련 세트와 테스트 세트로 나눈 이유와 같습니다. 즉, 평가를 위해서는 모델을 만들 때 사용하지 않은 독립된 데이터셋이 필요합니다.

데이터를 다시 나눠서 세 개의 세트로 만들어 이 문제를 해결할 수 있습니다. 훈련 세트로는 모델을 만들고, 검증 (또는 개발) 세트로는 모델의 매개변수를 선택하고, 테스트 세트로는 선택된 매개변수의 성능을 평가합니다(그림 5-5).

```
In [22]
mglearn.plots.plot_threefold_split()
```

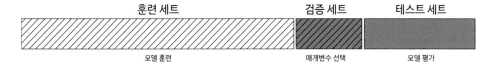

**그림 5-5** 훈련 세트, 검증 세트, 테스트 세트의 3개 폴드로 나눈 데이터

검증 세트를 사용해 최적의 매개변수를 선택한 후, 그 매개변수에서 훈련 세트와 검증 세트 데이터를 모두 이용해 모델을 다시 만듭니다. 이렇게 하는 이유는 모델을 만들 때 가능한 한 많은 데이터를 이용하기 위해서입니다. 다음은 이 과정을 구현한 코드입니다.

```
In [23]
from sklearn.svm import SVC
# 데이터를 훈련+검증 세트 그리고 테스트 세트로 분할
X_trainval, X_test, y_trainval, y_test = train_test_split(
    iris.data, iris.target, random_state=0)
# 훈련+검증 세트를 훈련 세트와 검증 세트로 분할
X_train, X_valid, y_train, y_valid = train_test_split(
    X_trainval, y_trainval, random_state=1)
print("훈련 세트의 크기: {}   검증 세트의 크기: {}   테스트 세트의 크기:"
      " {}\n".format(X_train.shape[0], X_valid.shape[0], X_test.shape[0]))

best_score = 0

for gamma in [0.001, 0.01, 0.1, 1, 10, 100]:
    for C in [0.001, 0.01, 0.1, 1, 10, 100]:
        # 매개변수의 각 조합에 대해 SVC를 훈련시킵니다.
        svm = SVC(gamma=gamma, C=C)
        svm.fit(X_train, y_train)
        # 검증 세트로 SVC를 평가합니다
        score = svm.score(X_valid, y_valid)
        # 점수가 더 높으면 매개변수와 함께 기록합니다.
        if score > best_score:
            best_score = score
```

```
        best_parameters = {'C': C, 'gamma': gamma}

# 훈련 세트와 검증 세트를 합쳐 모델을 다시 만든 후
# 테스트 세트를 사용해 평가합니다.
svm = SVC(**best_parameters)
svm.fit(X_trainval, y_trainval)
test_score = svm.score(X_test, y_test)
print("검증 세트에서 최고 점수: {:.2f}".format(best_score))
print("최적 매개변수: ", best_parameters)
print("최적 매개변수에서 테스트 세트 점수: {:.2f}".format(test_score))
```

Out [21]
```
훈련 세트의 크기: 84    검증 세트의 크기: 28    테스트 세트의 크기: 38

검증 세트에서 최고 점수: 0.96
최적 매개변수: {'C': 10, 'gamma': 0.001}
최적 매개변수에서 테스트 세트 점수: 0.92
```

검증 세트에서 최고 점수는 96%입니다. 전보다 조금 낮아졌는데 아마도 모델을 훈련할 때 사용한 데이터가 적어졌기 때문일 겁니다(데이터셋을 두 번 나눴으니 X_train이 더 작아졌습니다). 하지만 테스트 세트 점수(실제 이 모델이 얼마나 잘 일반화됐는지 알려주는 점수)는 훨씬 낮은 92%입니다. 따라서 앞서 예상한 97%가 아니라, 새로운 데이터에 대해 92%만 정확하게 분류한다고 말할 수 있습니다!

훈련 세트, 검증 세트, 테스트 세트의 구분은 실제 머신러닝 알고리즘을 적용하는 데 아주 중요합니다. 테스트 세트 정확도에 기초해 어떤 선택을 했다면 테스트 세트의 정보를 모델에 누설한 것입니다. 그렇기 때문에 최종 평가에만 사용하도록 테스트 세트를 분리해 유지하는 것이 중요합니다. (데이터 탐색을 위한 시각화를 포함해서) 모든 탐색적 분석과 모델 선택을 위해서는 훈련 세트와 검증 세트를 사용하는 것을 권장하며, 마지막 평가를 위해 테스트 세트를 보관하는 것이 좋습니다. 정확하게 말하면 테스트 세트로 둘 이상의 모델을 평가해서 그중 더 나은 하나를 선택하는 것은 모델의 정확도를 매우 낙관적으로 추정하는 행위입니다.

### 5.2.3 교차 검증을 사용한 그리드 서치

데이터를 훈련 세트, 검증 세트, 테스트 세트로 나누는 방법은 잘 작동하고 널리 사용되지만, 데이터를 나누는 방법에 매우 민감합니다. 이전 코드의 출력에서는 C: 10, gamma: 0.001을 최적의 매개변수로 선택했지만, 앞 절의 코드에서는 C: 100, gamma: 0.001을 최적으로 선택했습니다. 일반화 성능을 더 잘 평가하려면 훈련 세트와 검증 세트를 한 번만 나누지 않고, 교차 검증을 사용해서 각 매개변수 조합의 성능을 평가할 수 있습니다. 이 방식은 다음 코드와 같습니다.

```
In [24]
  for gamma in [0.001, 0.01, 0.1, 1, 10, 100]:
      for C in [0.001, 0.01, 0.1, 1, 10, 100]:
          # 매개변수의 각 조합에 대해 SVC를 훈련시킵니다.
          svm = SVC(gamma=gamma, C=C)
          # 교차 검증을 적용합니다.
          scores = cross_val_score(svm, X_trainval, y_trainval, cv=5)
          # 교차 검증 정확도의 평균을 계산합니다.
          score = np.mean(scores)
          # 점수가 더 높으면 매개변수와 함께 기록합니다.
          if score > best_score:
              best_score = score
              best_parameters = {'C': C, 'gamma': gamma}
  # 훈련 세트와 검증 세트를 합쳐 모델을 다시 만듭니다.
  svm = SVC(**best_parameters)
  svm.fit(X_trainval, y_trainval)
```

5-겹 교차 검증으로 C와 gamma 설정에 대한 SVM의 정확도를 평가하려면 $36 \times 5 = 180$개의 모델을 만들어야 합니다. 예상하듯이, 교차 검증의 단점은 이 모델들을 모두 학습시키는 데 걸리는 시간입니다.

[그림 5-6]은 앞의 코드에서 최적의 매개변수를 선택하는 방법을 보여줍니다.

```
In [25]
  mglearn.plots.plot_cross_val_selection()
```

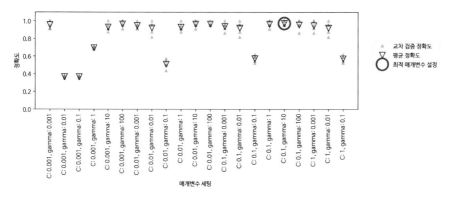

**그림 5-6** 교차 검증을 사용한 그리드 서치의 결과

각 매개변수 설정마다 (그림에는 일부만 나타나 있습니다) 교차 검증 분할에 한 개씩, 모두 다섯 개의 값을 계산합니다. 교차 검증 정확도 평균이 가장 높은 매개변수를 동그라미로 표시했습니다.

> **NOTE_** 앞서 말한 것처럼 교차 검증은 어떤 데이터셋에 대해 주어진 알고리즘을 평가하는 방법입니다. 하지만 그리드 서치와 같은 매개변수 탐색 방법과 합쳐서 많이 사용합니다. 그래서 많은 사람이 교차 검증이란 용어를 교차 검증을 사용한 그리드 서치라는 의미로 주로 사용합니다.

데이터를 나누고 그리드 서치를 적용하여 최종 매개변수를 평가하는 전체 과정을 [그림 5-7]에 정리했습니다.

```
In [26]
  mglearn.plots.plot_grid_search_overview()
```

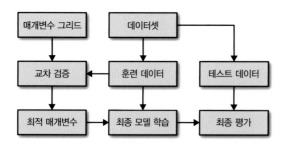

**그림 5-7** 교차 검증과 그리드 서치를 사용한 매개변수 선택과 모델 평가의 작업 흐름

교차 검증을 사용한 그리드 서치를 매개변수 조정 방법으로 널리 사용하기 때문에 scikit-learn은 추정기 형태로 구현된 GridSearchCV를 제공하고 있습니다. GridSearchCV를 사용하려면 먼저 딕셔너리 형태로 검색 대상 매개변수를 지정해야 합니다. 그러면 GridSearchCV는 필요한 모든 모델을 학습시킵니다. 딕셔너리의 키는 조정하고자 하는 매개변수 이름(모델 생성 시 지정할 것들, 이 경우에는 C와 gamma)이고, 값은 탐색할 매개변수의 설정값입니다. C와 gamma에 0.001, 0.01, 0.1, 1, 10, 100 값을 시도하려면 다음과 같은 딕셔너리를 만듭니다.

```
In [27]
param_grid = {'C': [0.001, 0.01, 0.1, 1, 10, 100],
              'gamma': [0.001, 0.01, 0.1, 1, 10, 100]}
print("매개변수 그리드:\n", param_grid)

Out [27]
 매개변수 그리드:
 {'C': [0.001, 0.01, 0.1, 1, 10, 100], 'gamma': [0.001, 0.01, 0.1, 1, 10, 100]}
```

이제 모델(SVC), 검색 대상 매개변수 그리드(param_grid), 원하는 교차 검증(5-겹 계층별 교차 검증)으로 GridSearchCV의 객체를 생성합니다.[9]

```
In [28]
from sklearn.model_selection import GridSearchCV
from sklearn.svm import SVC
grid_search = GridSearchCV(SVC(), param_grid, cv=5, return_train_score=True)
```

앞서 훈련 세트와 검증 세트로 한 번 분리했던 것과 달리 GridSearchCV는 교차 검증을 사용합니다. 그러나 매개변수가 과대적합되는 것을 피하려면 여기에서도 데이터를 훈련 세트와 테스트 세트로 나눠야 합니다.

---

9 옮긴이_ GridSearchCV도 분류에는 StratifiedKFold를, 회귀에는 KFold를 기본값으로 사용합니다. scikit-learn 0.22 버전부터는 GridSearchCV의 iid 매개변수 기본값이 True에서 False로 바뀝니다. 0.24 버전에서는 이 매개변수가 아예 삭제되었습니다. iid 매개변수가 True이면 독립 동일 분포라고 가정하고 테스트 세트의 샘플 수로 폴드의 점수를 가중 평균합니다. False로 지정하면 단순한 폴드 점수의 평균입니다. False일 때 기본 교차 검증과 동작 방식이 같습니다. 0.20 버전에서 iid 매개변수가 기본값일 때 가중 평균과 단순 평균의 차이가 10⁻⁴ 이상이면 경고 메시지가 발생합니다. 또한 성능 향상을 위해 0.19 버전에 추가된 return_train_score 매개변수의 기본값이 0.21 버전부터 False로 바뀝니다. 경고 메시지를 피하고 cv_results_ 속성에 훈련 폴드의 점수를 포함시키려면 True로 설정합니다.

```
In [29]
  X_train, X_test, y_train, y_test = train_test_split(iris.data, iris.target,
                                                       random_state=0)
```

grid_search 객체는 분류기와 비슷해서 fit, predict, score 메서드를 제공합니다.[10] 하지만 fit 메서드를 호출하면 param_grid에 설정된 매개변수 조합에 대한 교차 검증을 수행합니다.

```
In [30]
  grid_search.fit(X_train, y_train)
```

GridSearchCV 객체의 fit 메서드는 최적의 매개변수를 찾는 일뿐만 아니라, 교차 검증 성능이 가장 좋은 매개변수로 전체 훈련 데이터셋에 대해 새로운 모델을 자동으로 만듭니다. 그래서 fit 메서드에서 처리하는 일은 이 절의 서두에 있는 In[24] 코드의 결과와 대등합니다. GridSearchCV는 전체 데이터로 학습한 모델에 접근할 수 있도록 predict와 score 메서드를 제공합니다.[11] 찾은 최적 매개변수로 일반화 성능을 평가하려면 테스트 세트를 매개변수로 넘겨 score 메서드를 호출하면 됩니다.

```
In [31]
  print("테스트 세트 점수: {:.2f}".format(grid_search.score(X_test, y_test)))

Out [31]
  테스트 세트 점수: 0.97
```

교차 검증으로 매개변수를 선택하니 테스트 세트 정확도가 97%인 모델을 얻었습니다. 여기서 중요한 것은 매개변수를 선택하는 데 테스트 세트를 사용하지 않았다는 것입니다. 선택한 매개변수는 best_params_ 속성에 담겨 있으며 최상의 교차 검증 정확도는 (이 매개변수 설정으로 각 분할에서 얻은 정확도의 평균) best_score_ 에 저장되어 있습니다.

---

10 다른 추정기를 사용해 만든 추정기를 scikit-learn에서는 메타 추정기(meta-estimator)라고 합니다. GridSearchCV는 가장 널리 사용하는 메타 추정기로, 나중에 조금 더 나옵니다.
   옮긴이_ scikit-learn에서 MetaEstimatorMixin 클래스를 상속한 모델을 메타 추정기라고 부릅니다. 랜덤 포레스트, 그레이디언트 부스팅, RFE 등이 메타 추정기 중 하나입니다.

11 옮긴이_ 사용하는 모델에 따라서 predict_proba, decision_function 같은 메서드도 사용할 수 있습니다.

```
In [32]
  print("최적 매개변수:", grid_search.best_params_)
  print("최고 교차 검증 점수: {:.2f}".format(grid_search.best_score_))

Out [32]
  최적 매개변수: {'C': 10, 'gamma': 0.1}
  최상 교차 검증 점수: 0.97
```

> **CAUTION_** 테스트 세트로 score 메서드에서 계산하는 모델의 일반화 성능과 best_score_를 혼동해서는 안 됩니다. score 메서드는 (또는 predict 메서드의 결과는) 전체 훈련 세트에서 학습한 모델에 대한 것입니다. best_score_ 속성에는 훈련 세트에서 수행한 교차 검증의 평균 정확도가 저장됩니다.[12]

가끔은 만들어진 실제 모델에 직접 접근해야 할 때가 있습니다. 예를 들면 계수나 특성 중요도를 살펴보려고 할 때입니다. 최적의 매개변수에서 전체 훈련 세트를 사용하여 학습한 모델은 best_estimator_ 속성에서 얻을 수 있습니다.

```
In [33]
  print("최고 성능 모델:\n", grid_search.best_estimator_)

Out [33]
  최고 성능 모델:
  SVC(C=100, cache_size=200, class_weight=None, coef0=0.0,
     decision_function_shape='ovr', degree=3, gamma=0.01, kernel='rbf',
     max_iter=-1, probability=False, random_state=None, shrinking=True,
     tol=0.001, verbose=False)
```

grid_search 객체가 predict와 score 메서드를 가지고 있으므로 예측이나 모델 평가를 위해 best_estimator_ 속성을 사용할 필요는 없습니다.

---

12 옮긴이_ 훈련 세트가 매개변수 탐색을 위해 5-겹 교차 검증이 적용됐기 때문에 best_score_는 4개의 폴드를 사용하여 학습된 모델의 정확도가 기록되어 있습니다. GridSearchCV를 사용할 때 전달한 훈련 세트는 앞서 훈련/검증/테스트 세트로 나눴을 때의 훈련 세트와 검증 세트를 합친 것에 해당합니다. 우리가 그리드 서치를 직접 구현할 때는 검증 세트를 나눠 놓았지만 GridSearchCV를 사용할 때는 검증 세트가 겉으로 드러나지 않습니다.

## 교차 검증 결과 분석

교차 검증의 결과를 시각화하면 검색 대상 매개변수가 모델의 일반화에 영향을 얼마나 주는지 이해하는 데 도움이 됩니다. 그리드 서치는 연산 비용이 매우 크므로 비교적 간격을 넓게 하여 적은 수의 그리드로 시작하는 것이 좋습니다. 그런 다음 교차 검증된 그리드 서치의 결과를 분석하여 검색을 확장해나갈 수 있습니다. 그리드 서치의 결과는 검색과 관련한 여러 정보가 함께 저장되어 있는 딕셔너리인 cv_results_ 속성에 담겨 있습니다. 다음 결과에서 볼 수 있듯이 이 속성에는 상세 정보가 많이 들어 있으므로 pandas의 DataFrame으로 변환해서 보는 것이 좋습니다.

In [34]
```
import pandas as pd
pd.set_option('display.max_columns', None)
# DataFrame으로 변환합니다.
results = pd.DataFrame(grid_search.cv_results_)
# 처음 다섯 개 행을 출력합니다.
np.transpose(results.head())
```

Out [34]

|  | 0 | 1 | 2 | 3 | 4 |
|---|---|---|---|---|---|
| mean_fit_time | 0.00051 | 0.00049 | 0.00049 | 0.00049 | 0.00048 |
| std_fit_time | 3.9e-05 | 6.2e-06 | 1.9e-05 | 6.5e-06 | 9e-06 |
| mean_score_time | 0.0002 | 0.0002 | 0.00019 | 0.00019 | 0.0002 |
| std_score_time | 8.2e-06 | 2.5e-06 | 7.2e-06 | 1.1e-06 | 1.1e-05 |
| param_C | 0.001 | 0.001 | 0.001 | 0.001 | 0.001 |
| param_gamma | 0.001 | 0.01 | 0.1 | 1 | 10 |
| params | {'C': 0.001, 'gamma': 0.001} | {'C': 0.001, 'gamma': 0.01} | {'C': 0.001, 'gamma': 0.1} | {'C': 0.001, 'gamma': 1} | {'C': 0.001, 'gamma': 10} |
| split0_test_score | 0.38 | 0.38 | 0.38 | 0.38 | 0.38 |
| split1_test_score | 0.35 | 0.35 | 0.35 | 0.35 | 0.35 |
| split2_test_score | 0.36 | 0.36 | 0.36 | 0.36 | 0.36 |
| split3_test_score | 0.36 | 0.36 | 0.36 | 0.36 | 0.36 |
| split4_test_score | 0.38 | 0.38 | 0.38 | 0.38 | 0.38 |
| mean_test_score | 0.37 | 0.37 | 0.37 | 0.37 | 0.37 |
| std_test_score | 0.011 | 0.011 | 0.011 | 0.011 | 0.011 |
| rank_test_score | 22 | 22 | 22 | 22 | 22 |
| split0_train_score | 0.36 | 0.36 | 0.36 | 0.36 | 0.36 |

|                   | 0      | 1      | 2      | 3      | 4      |
|-------------------|--------|--------|--------|--------|--------|
| split1_train_score | 0.37   | 0.37   | 0.37   | 0.37   | 0.37   |
| split2_train_score | 0.37   | 0.37   | 0.37   | 0.37   | 0.37   |
| split3_train_score | 0.37   | 0.37   | 0.37   | 0.37   | 0.37   |
| split4_train_score | 0.36   | 0.36   | 0.36   | 0.36   | 0.36   |
| mean_train_score   | 0.37   | 0.37   | 0.37   | 0.37   | 0.37   |
| std_train_score    | 0.0029 | 0.0029 | 0.0029 | 0.0029 | 0.0029 |

results의 행 하나는 특정한 하나의 매개변수 설정에 대응합니다. 각 설정에 대해 교차 검증의 모든 분할의 평균값, 표준편차를 포함한 결과가 기록되어 있습니다.[13] 검색 대상 매개변수 그리드가 2차원이므로(C와 gamma), 히트맵으로 시각화하기가 좋습니다(그림 5-8). 먼저 교차 검증의 평균을 뽑아서 C와 gamma 축에 맞도록 배열 차원을 바꿉니다.[14]

```
In [35]
scores = np.array(results.mean_test_score).reshape(6, 6)

# 교차 검증 평균 점수 히트맵 그래프
mglearn.tools.heatmap(scores, xlabel='gamma', xticklabels=param_grid['gamma'],
                      ylabel='C', yticklabels=param_grid['C'], cmap="viridis")
```

-----

13 옮긴이_ 교차 검증의 테스트 평균 점수가 같은 매개변수 조합이 있을 경우, 테스트 점수의 표준편차가 작은 매개변수 조합이 더 좋다고 판단할 수 있습니다.

14 옮긴이_ 매개변수 탐색 순서는 먼저 C가 고정되고 gamma가 변하는 식이므로 mean_test_score를 6×6 배열로 바꾸면 C가 행(y 축)에 놓이고 gamma가 열(x 축) 방향으로 변하는 구조가 됩니다.

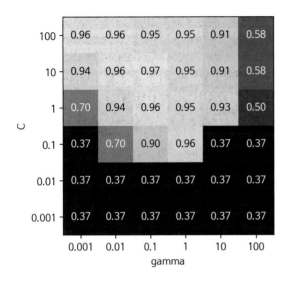

**그림 5-8** C와 gamma 값에 따른 교차 검증 평균 점수의 히트맵

히트맵의 각 포인트는 특정 매개변수 설정에 대한 교차 검증 실행을 나타냅니다. 교차 검증의 정확도가 높으면 밝은 색으로, 낮으면 어두운 색으로 나타냈습니다. 그래프를 보면 SVC가 매개변수 설정에 매우 민감함을 알 수 있습니다. 많은 매개변수 설정에서 40% 부근의 낮은 정확도를 내고 있지만 어떤 설정에서는 96% 이상을 만들었습니다. 이 그래프에서 몇 가지 정보를 얻을 수 있습니다. 먼저 높은 성능을 얻으려면 매개변수 조정이 매우 중요하다는 점입니다. 두 매개변수(C와 gamma)가 매우 중요하며 어떻게 조정하는지에 따라 정확도가 40%에서 96%까지 차이가 납니다. 또 선택한 매개변수 그리드의 범위에서 결괏값이 크게 변하고 있습니다. 즉, 각 매개변수의 최적값이 그래프 끝에 놓이지 않도록 매개변수의 범위가 충분히 넓다는 점이 중요합니다.

검색 범위가 적절하게 선택되지 않아서 바람직하지 못한 결과를 내는 그래프 예를 보겠습니다.

```
In [36]
  fig, axes = plt.subplots(1, 3, figsize=(13, 5))

  param_grid_linear = {'C': np.linspace(1, 2, 6),
                       'gamma': np.linspace(1, 2, 6)}

  param_grid_one_log = {'C': np.linspace(1, 2, 6),
```

```
                            'gamma': np.logspace(-3, 2, 6)}

param_grid_range = {'C': np.logspace(-3, 2, 6),
                    'gamma': np.logspace(-7, -2, 6)}

for param_grid, ax in zip([param_grid_linear, param_grid_one_log,
                           param_grid_range], axes):
    grid_search = GridSearchCV(SVC(), param_grid, cv=5)
    grid_search.fit(X_train, y_train)
    scores = grid_search.cv_results_['mean_test_score'].reshape(6, 6)

    # 교차 검증 평균 점수의 히트맵 그래프
    scores_image = mglearn.tools.heatmap(
        scores, xlabel='gamma', ylabel='C', xticklabels=param_grid['gamma'],
        yticklabels=param_grid['C'], cmap="viridis", ax=ax, vmin=0.3, vmax=0.9)

plt.colorbar(scores_image, ax=axes.tolist())
```

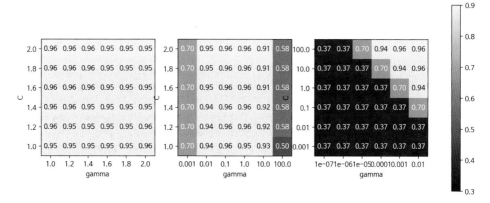

**그림 5-9** 적절하지 않은 매개변수 그리드의 히트맵

첫 번째 그래프는 점수 변화가 전혀 없어서 전체 매개변수 그리드가 같은 색입니다. 이런 결과
는 매개변수 C와 gamma의 스케일과 범위가 부적절할 때 발생합니다. 그러나 매개변수 설정
이 바뀌어도 정확도에 아무런 변화가 없다면, 그 매개변수가 전혀 중요하지 않은 것일 수도 있
습니다. 처음에는 매우 극단적인 값을 적용해보고, 매개변수를 바꿔가며 정확도가 변하는지 살
펴보는 것이 좋습니다.

두 번째 그래프는 세로 띠 형태를 보입니다. 이는 gamma 매개변수만 정확도에 영향을 준다는 뜻입니다. 즉 gamma 매개변수는 적절한 범위를 탐색하고 있지만, C 매개변수는 그렇지 못하든지, 아니면 중요한 매개변수가 아닐 수도 있습니다.

세 번째 그래프는 C와 gamma 둘 모두에 따라 값이 변했습니다. 하지만 그래프의 왼쪽 아래 영역에서는 아무런 변화가 없습니다. 아마도 다음 번 검색 땐 매개변수 그리드에서 매우 작은 단위는 제외될 것입니다. 최적치가 그래프의 경계에 있으니 이 경계 너머에 더 나은 값이 있다고 생각할 수 있습니다. 그러니 이 영역이 포함되도록 매개변수 검색 범위를 바꿔줘야 합니다.

교차 검증 점수를 토대로 매개변수 그리드를 튜닝하는 것은 아주 안전한 방법이며, 매개변수들의 중요도를 확인하는 데도 좋습니다. 그러나 최종 테스트 세트를 대상으로 여러 매개변수 범위를 테스트해서는 안 됩니다. 앞서 이야기했지만, 테스트 세트 평가는 사용할 모델이 정확히 결정되고 나서 딱 한 번만 해야 합니다.


## 비대칭 매개변수 그리드 탐색

어떤 경우에는 모든 매개변수의 조합에 대해 GridSearchCV를 수행하는 것이 좋은 생각이 아닐 수 있습니다. 예를 들어 SVC는 kernel 매개변수를 가지고 있는데 어떤 커널을 사용하는지에 따라 관련 있는 매개변수들이 결정됩니다. kernel='linear'이면 선형 모델이고 C 매개변수만 사용합니다. kernel='rbf'이면 C와 gamma를 모두 사용합니다(하지만 degree 같은 다른 매개변수는 사용하지 않습니다). 이런 경우에 C, gamma, kernel 매개변수의 모든 조합을 조사하는 것은 맞지 않습니다. kernel='linear'이면 gamma를 사용하지 않으므로 gamma의 값에 대해 조사하는 것은 시간 낭비입니다. 이런 조건부 매개변수 조합을 적용하려면 GridSearchCV에 전달할 param_grid를 딕셔너리의 리스트로 만들어주면 됩니다. 리스트에 있는 각 딕셔너리는 독립적인 그리드로 적용됩니다. kernel을 포함한 매개변수 그리드의 예는 다음과 같습니다.

```
In [37]
param_grid = [{'kernel': ['rbf'],
               'C': [0.001, 0.01, 0.1, 1, 10, 100],
               'gamma': [0.001, 0.01, 0.1, 1, 10, 100]},
              {'kernel': ['linear'],
               'C': [0.001, 0.01, 0.1, 1, 10, 100]}]
```

```
    print("그리드 목록:\n", param_grid)
```

Out [37]
```
  그리드 목록:
  [{'kernel': ['rbf'], 'C': [0.001, 0.01, 0.1, 1, 10, 100],
    'gamma': [0.001, 0.01, 0.1, 1, 10, 100]},
   {'kernel': ['linear'], 'C': [0.001, 0.01, 0.1, 1, 10, 100]}]
```

첫 번째 그리드에서 kernel 매개변수는 rbf로 고정되고(kernel 항목의 리스트 길이가 1입니다), C와 gamma 두 매개변수는 바뀝니다. 두 번째 그리드에서 kernel 매개변수는 항상 linear로 고정되고 C만 바뀝니다. 이제 이 매개변수 그리드를 적용해보겠습니다.

In [38]
```
  grid_search = GridSearchCV(SVC(), param_grid, cv=5, return_train_score=True)
  grid_search.fit(X_train, y_train)
  print("최적 파라미터:", grid_search.best_params_)
  print("최고 교차 검증 점수: {:.2f}".format(grid_search.best_score_))
```

Out [38]
```
  최적 매개변수: {'C': 10, 'kernel': 'rbf', 'gamma': 0.1}
  최고 교차 검증 점수: 0.97
```

cv_results_ 속성을 다시 살펴보겠습니다. 예상대로 kernel이 linear일 땐 C만 변경되었습니다.[15]

In [39]
```
  results = pd.DataFrame(grid_search.cv_results_)
  # 좀 더 나은 출력을 위해 결과를 전치시킵니다.
  results.T
```

Out [39]

|  | 0 | 1 | 2 | 3 | ... | 38 | 39 | 40 | 41 |
|---|---|---|---|---|---|---|---|---|---|
| param_C | 0.001 | 0.001 | 0.001 | 0.001 | ... | 0.1 | 1 | 10 | 100 |
| param_gamma | 0.001 | 0.01 | 0.1 | 1 | ... | NaN | NaN | NaN | NaN |

--------

15 옮긴이_ Out[39]는 cv_results_의 내용 중 일부만 표시했습니다. 전체 내용은 역자 깃허브의 주피터 노트북을 참고하세요.

|  | 0 | 1 | 2 | 3 | ... | 38 | 39 | 40 | 41 |
|---|---|---|---|---|---|---|---|---|---|
| param_ kernel | rbf | rbf | rbf | rbf | ... | linear | linear | linear | linear |
| params | {'C': 0.001, 'kernel': 'rbf', 'gamma': 0.001} | {'C': 0.001, 'kernel': 'rbf', 'gamma': 0.01} | {'C': 0.001, 'kernel': 'rbf', 'gamma': 0.1} | {'C': 0.001, 'kernel': 'rbf', 'gamma': 1} | ... | {'C': 0.1, 'kernel': 'linear'} | {'C': 1, 'kernel': 'linear'} | {'C': 10, 'kernel': 'linear'} | {'C': 100, 'kernel': 'linear'} |
| mean_test_ score | 0.37 | 0.37 | 0.37 | 0.37 | ... | 0.95 | 0.97 | 0.96 | 0.96 |
| rank_test_ score | 27 | 27 | 27 | 27 | ... | 11 | 1 | 3 | 3 |
| split0_ test_score | 0.38 | 0.38 | 0.38 | 0.38 | ... | 0.96 | 1 | 0.96 | 0.96 |
| split1_ test_score | 0.35 | 0.35 | 0.35 | 0.35 | ... | 0.91 | 0.96 | 1 | 1 |
| split2_ test_score | 0.36 | 0.36 | 0.36 | 0.36 | ... | 1 | 1 | 1 | 1 |
| split3_ test_score | 0.36 | 0.36 | 0.36 | 0.36 | ... | 0.91 | 0.95 | 0.91 | 0.91 |
| split4_ test_score | 0.38 | 0.38 | 0.38 | 0.38 | ... | 0.95 | 0.95 | 0.95 | 0.95 |
| std_test_ score | 0.011 | 0.011 | 0.011 | 0.011 | ... | 0.033 | 0.022 | 0.034 | 0.034 |

## 그리드 서치에 다양한 교차 검증 적용

cross_val_score와 비슷하게, GridSearchCV는 분류에는 기본적으로 계층형 $k$-겹 교차 검증을 사용하고 회귀에는 $k$-겹 교차 검증을 사용합니다. 그러나 GridSearchCV의 cv 매개변수를 통해 330페이지의 "교차 검증 상세 옵션" 절에 나온 다른 교차 검증 분할기를 사용할 수도 있습니다. 특별히 훈련 세트와 검증 세트로 한 번만 분할하려면 n_splits=1로 하고 ShuffleSplit나 StratifiedShuffleSplit를 사용합니다. 이런 방법은 데이터셋이 매우 크거나 모델 구축에 시간이 오래 걸릴 때 유용합니다.

## 중첩 교차 검증

앞선 예에서 데이터를 한 번에 훈련, 검증, 테스트 세트로 나눈 방식에서, 훈련 세트와 테스트 세트로 나눈 다음 훈련 세트로 교차 검증을 수행하는 방식으로 바꿨습니다. 하지만 GridSearchCV

를 사용할 때 여전히 데이터를 훈련 세트와 테스트 세트로 한 번만 나누기 때문에, 결과가 불안 정하고 테스트 데이터의 분할에 크게 의존합니다. 원본 데이터를 훈련 세트와 테스트 세트로 한 번만 나누는 방식 대신 더 나아가 교차 검증 분할 방식을 사용할 수 있습니다. 이를 **중첩 교 차 검증**nested cross-validation이라고 합니다. 중첩 교차 검증에서는 바깥쪽 루프에서 데이터를 훈련 세트와 테스트 세트로 나눕니다. 그리고 각 훈련 세트에 대해 그리드 서치를 실행합니다(아마 도 바깥쪽 루프에서 분할된 훈련 세트마다 최적의 매개변수가 다를 것입니다). 그런 다음 바깥 쪽에서 분할된 테스트 세트의 점수를 최적의 매개변수 설정을 사용해 각각 측정합니다.

이 방법은 모델이나 매개변수 설정이 아닌 테스트 점수의 목록을 만들어줍니다. 이 점수들은 그리드 서치를 통해 찾은 최적 매개변수가 모델을 얼마나 잘 일반화시키는지 알려줍니다. 새로 운 데이터에 적용할 모델을 만드는 것이 아니니, 중첩 교차 검증은 미래의 데이터에 적용하기 위한 예측 모델을 찾는 데는 거의 사용하지 않습니다. 그러나 특정 데이터셋에서 주어진 모델 이 얼마나 잘 일반화되는지 평가하는 데 유용한 방법입니다.

scikit-learn을 활용하면 중첩 교차 검증을 직관적으로 구현할 수 있습니다. GridSearchCV 의 객체를 모델로 삼아 cross_val_score 함수를 호출하면 됩니다.

```
In [40]
param_grid = {'C': [0.001, 0.01, 0.1, 1, 10, 100],
              'gamma': [0.001, 0.01, 0.1, 1, 10, 100]}
scores = cross_val_score(GridSearchCV(SVC(), param_grid, cv=5),
                         iris.data, iris.target, cv=5)
print("교차 검증 점수: ", scores)
print("교차 검증 평균 점수: ", scores.mean())

Out [40]
교차 검증 점수:  [ 0.967 1.     0.967 0.967 1.    ]
교차 검증 평균 점수:  0.98
```

중첩 교차 검증의 결과를 요약하면 "SVC는 iris 데이터셋에서 평균 교차 검증 정확도가 98% 다"라고 할 수 있으며, 그 이상도 이하도 아닙니다.

여기에서 안쪽 루프와 바깥쪽 루프에 각각 계층형 5-겹 교차 검증을 사용했습니다.[16] param_

---

16 옮긴이_ cross_val_score와 GridSearchCV 모두 분류에서 기본으로 StratifiedKFold를 사용합니다. 이 코드에서 cross_val_ score가 바깥쪽 루프를 의미하며 GridSearchCV가 안쪽 루프 역할을 합니다.

grid의 매개변수 조합은 36개입니다. 이때 만들어지는 모델은 총 36 × 5 × 5 = 900개나 되므로 중첩 교차 검증은 매우 비싼 방법입니다. 여기서 안쪽 루프와 바깥쪽 루프에 같은 교차 검증 분할기를 사용했습니다. 하지만 꼭 이렇게 해야 하는 것은 아니므로 안쪽과 바깥쪽 루프에 각기 다른 교차 검증 전략을 조합해 사용할 수 있습니다. 이 한 줄짜리 코드에서 어떤 작업이 일어나는지 이해하기가 좀 어렵지만, 아래 예처럼 for 문을 사용하여 간단하게 구현해보면 이해하는 데 도움이 됩니다.

```
In [41]
def nested_cv(X, y, inner_cv, outer_cv, Classifier, parameter_grid):
    outer_scores = []
    # outer_cv의 분할을 순회하는 for 루프
    # (split 메소드는 훈련과 테스트 세트에 해당하는 인덱스를 반환합니다.)
    for training_samples, test_samples in outer_cv.split(X, y):
        # 최적의 매개변수를 찾습니다.
        best_parms = {}
        best_score = -np.inf
        # 매개변수 그리드를 순회합니다
        for parameters in parameter_grid:
            # 안쪽 교차 검증의 점수를 기록합니다.
            cv_scores = []
            # inner_cv의 분할을 순회하는 for 루프
            for inner_train, inner_test in inner_cv.split(
                    X[training_samples], y[training_samples]):
                # 훈련 데이터와 주어진 매개변수로 분류기를 만듭니다.
                clf = Classifier(**parameters)
                clf.fit(X[inner_train], y[inner_train])
                # 검증 세트로 평가합니다.
                score = clf.score(X[inner_test], y[inner_test])
                cv_scores.append(score)
            # 안쪽 교차 검증의 평균 점수를 계산합니다.
            mean_score = np.mean(cv_scores)
            if mean_score > best_score:
                # 점수가 더 높으면 매개변수와 함께 기록합니다.
                best_score = mean_score
                best_params = parameters
        # 바깥쪽 훈련 데이터 전체를 사용해 분류기를 만듭니다.
        clf = Classifier(**best_params)
        clf.fit(X[training_samples], y[training_samples])
        # 테스트 세트를 사용해 평가합니다.
        outer_scores.append(clf.score(X[test_samples], y[test_samples]))
    return np.array(outer_scores)
```

이 함수를 iris 데이터셋에 적용해보겠습니다.

```
In [42]
  from sklearn.model_selection import ParameterGrid, StratifiedKFold
  scores = nested_cv(iris.data, iris.target, StratifiedKFold(5),
                     StratifiedKFold(5), SVC, ParameterGrid(param_grid))
  print("교차 검증 점수:", scores)

Out [42]
  교차 검증 점수: [ 0.967  1.     0.967  0.967  1.   ]
```

## 교차 검증과 그리드 서치 병렬화

그리드 서치는 데이터 용량이 크고 매개변수 수도 많을 때는 상당한 연산 부하를 일으키지만, 다행히 쉽게 병렬화할 수 있습니다.[17] 하나의 교차 검증 분할에서 특정 매개변수 설정을 사용해 모델을 만드는 일은 다른 매개변수 설정이나 모델과 전혀 상관없이 진행할 수 있기 때문입니다. 그러므로 그리드 서치와 교차 검증은 여러 CPU 코어 또는 클러스터에 병렬화하기 좋습니다. GridSearchCV와 cross_val_score에서 n_jobs 매개변수에 사용할 CPU 코어 수를 지정할 수 있습니다. n_jobs=-1이면 가능한 모든 코어를 사용합니다.

아직 충분히 테스트되지는 않았지만 scikit-learn 0.20.0부터는 모델과 GridSearchCV에 모두 n_jobs 매개변수를 지정할 수 있습니다.[18] 데이터셋과 모델이 매우 클 때는 여러 코어를 사용하면 너무 많은 메모리를 차지합니다. 그래서 대규모 모델을 병렬로 만들 땐 메모리 사용 현황을 모니터링하는 것이 좋습니다.

분산 컴퓨팅 패키지인 Dask(https://ml.dask.org/joblib.html)를 사용하여 클러스터의 여러 머신에서 그리드 서치와 교차 검증을 병렬화할 수도 있습니다.

---

17 옮긴이_ 원문에서는 처리 곤란 병렬(embarrassingly parallel)이라고 표현했습니다. 처리 곤란 병렬이란 처리하기 곤란할 만큼 많은 병렬을 만들 수 있는, 즉 손쉽게 병렬화할 수 있다는 뜻입니다.

18 옮긴이_ 중첩 교차 검증을 위해서 cross_val_score와 GridSearchCV를 함께 쓸 때도 n_jobs 옵션을 모두 지정할 수 있습니다.

NOTE_ GridSearchCV 외에 널리 사용하는 또 하나의 방식으로, 주어진 범위에서 매개변수를 무작위로 선택해 조사하는 RandomizedSearchCV가 있습니다. RandomizedSearchCV의 결과가 GridSearchCV 보다 크게 뒤지지 않고 검색이 빠르기 때문에, 매개변수의 조합이 매우 많거나 규제 매개변수 C와 같이 연속 형 값을 조정해야 할 때 널리 사용합니다. 이 클래스는 n_iter 매개변수(기본값 10)로 탐색 횟수를 조정할 수 있어 컴퓨팅 자원에 맞게 탐색을 실행할 수 있습니다.

GridSearchCV 클래스에는 탐색할 매개변수 값을 리스트로 전달했습니다. RandomizedSearchCV에 는 샘플링 가능한 분포를 지정해야 합니다. 예를 들어 scipy.stats.uniform, scipy.stats.randint, scipy.stats. loguniform 객체 등이 있습니다.

앞서 비대칭 매개변수 그리드 탐색에서 사용한 것과 동일한 범위(0.01~100)를 RandomizedSearchCV로 탐색해 보겠습니다. 먼저 loguniform 함수로 탐색할 파라미터 그리드를 정의합니다.

```
In [43]
  from sklearn.model_selection import RandomizedSearchCV
  from scipy.stats import loguniform

  param_dist = [{'kernel': ['rbf'],
                 'C': loguniform(0.001, 100),
                 'gamma': loguniform(0.001, 100)},
               {'kernel': ['linear'],
                 'C': loguniform(0.001, 100)}]
```

n_iter=20으로 지정하여 탐색 횟수를 20번으로 제한하여 RandomizedSearchCV를 실행해 보겠습니다.

```
In [44]
  rand_search = RandomizedSearchCV(SVC(), param_dist, n_iter=20,
                                   random_state=42, n_jobs=-1)
  rand_search.fit(X_train, y_train)
  print("최적 파라미터:", rand_search.best_params_)
  print("최고 교차 검증 점수: {:.2f}".format(rand_search.best_score_))

Out [44]
  최적 파라미터: {'C': 1.7965626423790642, 'kernel': 'linear'}
  최고 교차 검증 점수: 0.97
```

앞의 GridSearchCV는 42번(rbf 커널로 36번 그리고 linear 커널로 6번)의 교차 검증을 수행하는데 비해 앞의 RandomizedSearchCV는 20번만 교차 검증을 수행합니다. 탐색 횟수가 절반에 가깝게 줄어 들었기 때문에 훨씬 빠르게 수행됩니다. 하지만 동일한 교차 검증 점수를 얻었습니다.

scikit-learn 0.24 버전에서는 SH<sup>successive halving</sup> 방식의 HalvingGridSearchCV가 추가되었습니다. 이 클래스는 모든 파라미터 조합에 대해 제한된 자원으로 그리드서치를 실행한 다음 가장 좋은 후보를 골라서 더 많은 자원을 투여하는 식으로 반복적으로 탐색을 수행합니다. 이런 방식을 SH라고 부릅니다. HalvingGridSearchCV의 resource 매개변수는 반복마다 늘려 갈 자원을 정의합니다. 기본값은 'n_samples'로 샘플 개수입니다. 이외에도 탐색 대상 모델에서 양의 정수 값을 가진 매개변수를 지정할 수 있습니다. 예를 들어 랜덤 포레스트의 n_estimators가 가능합니다. factor 매개변수는 반복마다 선택할 후보의 비율을 지정합니다. 기본값은 3으로 후보 중에서 성능이 높은 1/3만 다음 반복으로 전달합니다.

HalvingGridSearchCV는 아직 실험적이기 때문에 sklearn.experimental 패키지 아래에 있는 enable_halving_search_cv를 임포트해야 사용할 수 있습니다. verbose=1로 지정하면 각 반복 과정을 자세히 살펴볼 수 있습니다.

```
In [45]
  from sklearn.experimental import enable_halving_search_cv
  from sklearn.model_selection import HalvingGridSearchCV

  param_grid = [{'kernel': ['rbf'],
                 'C': [0.001, 0.01, 0.1, 1, 10, 100],
                 'gamma': [0.001, 0.01, 0.1, 1, 10, 100]},
                {'kernel': ['linear'],
                 'C': [0.001, 0.01, 0.1, 1, 10, 100]}]
  halv_search = HalvingGridSearchCV(SVC(), param_grid, verbose=1,
                                    random_state=42, n_jobs=-1)
  halv_search.fit(X_train, y_train)
  print()
  print("최적 파라미터:", halv_search.best_params_)
  print("최고 교차 검증 점수: {:.2f}".format(halv_search.best_score_))

Out [45]
  n_iterations: 2
  n_required_iterations: 4
  n_possible_iterations: 2
  min_resources_: 30
  max_resources_: 112
  aggressive_elimination: False
  factor: 3
  ----------
  iter: 0
  n_candidates: 42
  n_resources: 30
  Fitting 5 folds for each of 42 candidates, totalling 210 fits
```

```
----------
iter: 1
n_candidates: 14
n_resources: 90
Fitting 5 folds for each of 14 candidates, totalling 70 fits

최적 파라미터: {'C': 100, 'gamma': 0.01, 'kernel': 'rbf'}
최고 교차 검증 점수: 0.97
```

출력 결과를 보면 첫 번째 반복(iter: 0)에서 42개의 후보를 30개의 샘플로 교차 검증을 수행합니다. 기본적으로 첫 번째 반복에서 사용하는 샘플 개수는 회귀일 때는 cv 횟수의 두 배이고 분류일 경우에는 클래스 개수를 더 곱합니다. 여기에서는 기본 5-겹 교차 검증을 사용하고 붓꽃 분류 문제이므로 클래스가 3개입니다. 따라서 첫 번째 반복에서 사용하는 샘플 개수는 5 × 2 × 3 = 30개입니다.

첫 번째 반복에서 가장 좋은 성능의 42/3=14개의 후보를 뽑아 두 번째 반복(iter: 1)에서 샘플 개수를 factor 배만큼 늘려서 교차 검증을 수행합니다. 즉 30×3=90개의 샘플을 사용합니다. 전체 샘플 개수(112개)보다 작으면서 factor 배만큼 반복할 수 있는 최대 크기이므로 알고리즘이 멈추고 가장 좋은 파라미터 조합을 best_params_에 저장합니다.

HalvingGridSearchCV가 수행한 전체 교차 검증 횟수는 42+14=56회로 그리드 서치보다 많지만 사용한 샘플 개수가 적기 때문에 훨씬 빠르게 실행됩니다. 각 단계의 자원과 후보 개수를 확인하려면 n_resources_ 속성과 n_candidates_ 속성을 확인하세요.

```
In [46]
  print('자원 리스트:', halv_search.n_resources_)
  print('후보 리스트:', halv_search.n_candidates_)

out [46]
  자원 리스트: [30, 90]
  후보 리스트: [42, 14]
```

## 5.3 평가 지표와 측정

지금까지 우리는 분류 성능 평가에 정확도(정확하게 분류된 샘플의 비율)를 사용했고, 회귀 성능 평가에는 $R^2$을 사용했습니다. 그러나 주어진 데이터셋에 대한 지도 학습 모델의 성능을 재는 방법은 그 외에도 많습니다. 실전에서 애플리케이션에 따라 이런 평가 지표가 적합하지 않을 수 있으므로, 모델을 선택하고 매개변수를 튜닝할 때 올바른 지표를 선택하는 것이 중요합니다.

### 5.3.1 최종 목표를 기억하라

평가 지표를 선택할 때 머신러닝 애플리케이션의 최종 목표를 기억해야 합니다. 실제로 정확한 예측을 만드는 것뿐 아니라 큰 의사 결정 프로세스의 일부로 사용하는 데 더 중점을 둬야 할지 모릅니다. 머신러닝 평가 지표를 선택하기 전에 비즈니스 지표라고 부르는 애플리케이션의 고차원적인 목표를 생각해야 합니다. 어떤 머신러닝 애플리케이션에서 특정 알고리즘을 선택하여 나타난 결과를 **비즈니스 임팩트**business impact라고 합니다.[19] 고차원적인 목표는 교통사고를 피하거나 입원 환자 수를 줄이는 것일지 모릅니다. 또는 웹사이트에 더 많은 사용자를 유입시키거나 쇼핑몰에서 사용자의 소비를 늘리는 것일 수 있습니다. 모델을 선택하고 매개변수를 조정할 때, 이런 비즈니스 지표에 긍정적인 영향을 주는 모델과 매개변수를 선택해야 합니다. 많은 경우에 특정 모델이 비즈니스에 미치는 영향은 실제 운영 시스템에 적용해야 알 수 있기 때문에 어려운 문제입니다.

개발 초기 단계에서 매개변수를 조정하기 위해 시험 삼아 모델을 운영 시스템에 곧바로 적용하기란 비즈니스적으로나 개인적으로나 위험부담이 커서 현실적으로 불가능합니다. 자율 주행 자동차의 보행자 회피 기능을 먼저 검증하지 않고 실전에 투입하여 평가한다고 생각해봅시다. 모델이 나쁘다면 보행자가 위험에 처하게 됩니다! 그래서 계산하기 쉬운 평가 지표를 이용한 대리 평가 방식을 종종 사용합니다. 예를 들면 보행자와 보행자가 아닌 이미지를 분류하는 테스트를 수행해서 정확도를 측정할 수 있습니다. 이는 대체 방식이므로 평가가 가능하고 원래 비즈니스 목적에 가장 가까운 지표를 찾아야 합니다. 이 근사 지표는 모델을 평가할 때나 선택

---

19 이 절의 상업적 멘트에 대해 과학도에게 양해를 구합니다. 최종 목표를 잊지 않는 것은 과학에서도 똑같이 중요합니다만, 저는 과학 분야에서 통용되는 비즈니스 임팩트와 비슷한 어휘를 찾지 못했습니다.

할 때마다 사용해야 합니다. 평가의 결과는 하나의 숫자가 아닐 수 있지만, 선택한 모델의 예상 비즈니스 임팩트를 나타내야 합니다. 예를 들어 어떤 알고리즘을 적용하면 고객 수는 10% 늘지만 고객당 매출은 15% 줄어들 수 있습니다.

이번 절에서는 이진 분류의 특별한 사례에 대한 평가 지표를 먼저 이야기하고, 그다음으로 다중 분류를, 마지막으로 회귀에 대해 설명하겠습니다.

### 5.3.2 이진 분류의 평가 지표

이진 분류는 실전에서 가장 널리 사용하고 개념도 쉬운 머신러닝 알고리즘입니다. 하지만 이 간단한 작업을 평가하는 데에도 주의할 점이 많습니다. 여러 평가 지표를 들여다보기 전에, 정확도를 잘못 측정하는 경우에 대해 살펴보겠습니다. 이진 분류에는 양성 클래스와 음성 클래스가 있으며 양성 클래스가 우리의 관심 클래스입니다.

#### 에러의 종류

잘못 분류한 샘플의 수가 원하는 정보의 전부는 아니므로, 정확도만으로 예측 성능을 측정하기에는 부족할 때가 종종 있습니다. 자동화 테스트로 암을 조기 발견하는 애플리케이션을 가정해 보겠습니다. 테스트가 음성이면 건강하다는 뜻입니다. 반대로 양성이면 추가 검사를 받아야 합니다. 여기서 양성 테스트(암 진단)를 양성 클래스라고 하고 음성 테스트를 음성 클래스라고 합니다. 모델이 항상 완벽하게 작동하는 것은 아니니, 잘못 분류할 때가 있습니다. 어떤 애플리케이션에서든 이런 분류 오류가 실제 현실에서 어떤 결과를 초래하는지 살펴봐야 합니다.

예컨대 건강한 사람을 양성으로 분류하면 추가 검사를 받게 할 것입니다. 이는 환자에게 비용 손실과 불편함을 가져다줍니다(그리고 약간의 스트레스도). 이와 같은 잘못된 양성 예측을 **거짓 양성**false positive이라 합니다. 반대로 암에 걸린 사람을 음성으로 분류하여 제대로 된 검사나 치료를 받지 못하게 할 때도 있습니다. 암을 발견하지 못하면 건강에 심각한 위협을 가하며 치명적일 수 있습니다. 이런 종류의 잘못된 음성 예측 오류를 **거짓 음성**false negative이라 합니다. 통계학에서 거짓 양성을 타입 I 에러, 거짓 음성을 타입 II 에러라고도 합니다. 여기서는 명확하고 기억하기 쉬운 '거짓 음성', '거짓 양성'을 사용하겠습니다. 암 진단 예에서는 거짓 음성을 최대한 피해야 하는 반면, 거짓 양성은 비교적 중요도가 낮습니다.

이 예는 특히 극단적이지만 일반적으로도 거짓 양성의 중요도와 거짓 음성의 중요도가 비슷한 경우는 매우 드뭅니다. 상업적인 애플리케이션에서는 두 오류를 비용으로 환산하여, 예측 오류로 인한 금전적 손해를 측정한 값을 정확도 대신 사용하기도 합니다. 이런 방식이 어떤 모델을 사용할지 비즈니스 관점에서 판단하는 데 더 도움될 수 있습니다.

## 불균형 데이터셋

이 두 종류의 에러(거짓 양성과 거짓 음성)는 두 클래스 중 하나가 다른 것보다 훨씬 많을 때 더 중요합니다. 실제로 이는 매우 흔한 상황이며, 좋은 예로는 어떤 아이템이 사용자에게 보여진 노출impression 데이터로 클릭을 예측하는 것입니다. 아이템은 광고일 수도 있고, 관련 기사나 소셜 미디어 사이트에서 팔로우를 위해 추천하는 사람일 수도 있습니다. 목표는 특정 상품을 보여주면 사용자가 클릭을 할지(즉 관심 대상인지)를 예측하는 것입니다. 인터넷에서 볼 수 있는 정보 대부분은 (특히 광고는) 클릭까지 이어지지 않습니다. 그래서 사용자가 관심 있는 것을 클릭할 때까지 100개의 광고나 글을 보여줘야 할 수도 있습니다. 이때 클릭이 아닌 데이터 99개와 클릭 데이터 1개가 데이터셋으로 만들어집니다. 다르게 말하면 샘플의 99%가 '클릭 아님' 클래스에 속합니다. 이렇게 한 클래스가 다른 것보다 훨씬 많은 데이터셋을 **불균형 데이터셋**imbalanced datasets 또는 불균형 클래스의 데이터셋이라 합니다. 현실에서 불균형 데이터가 훨씬 많으며, 관심 대상인 이벤트의 빈도가 그렇지 않은 이벤트와 같거나 비슷한 경우는 드뭅니다.

클릭을 99% 정확도로 예측하는 분류기를 만들었다고 해보겠습니다. 이는 무슨 뜻일까요? 99% 정확도는 꽤 높아 보이지만 이는 불균형 클래스를 고려하지 못했습니다. 굳이 머신러닝 모델을 만들지 않고서도 무조건 '클릭 아님'으로 예측하면 그 정확도는 99%입니다. 하지만 불균형 데이터에서도 99% 정확도는 사실 매우 좋은 성능일 수 있습니다. 그래서 정확도로는 '무조건 클릭 아님' 모델과 '진짜 좋은 모델'을 구분하기 어렵습니다.

예를 위해서 digits 데이터셋을 사용해 숫자 9를 다른 숫자와 구분해서 9:1의 불균형한 데이터셋을 만들겠습니다. [20]

```
In [47]
  from sklearn.datasets import load_digits
```

---

20  옮긴이_ y는 digits.target의 값이 0~8일 때는 False, 9일 때는 True로 만들어 이 예를 이진 분류의 문제로 바꾸었습니다.

```
digits = load_digits()
y = digits.target == 9

X_train, X_test, y_train, y_test = train_test_split(
    digits.data, y, random_state=0)
```

항상 다수인 클래스(여기서는 '9 아님')를 예측값으로 내놓는 DummyClassifier를 사용해서 정확도를 계산해보겠습니다.[21]

```
In [48]
  from sklearn.dummy import DummyClassifier
  dummy_majority = DummyClassifier(strategy='most_frequent').fit(X_train, y_train)
  pred_most_frequent = dummy_majority.predict(X_test)
  print("예측된 레이블의 레이블:", np.unique(pred_most_frequent))
  print("테스트 점수: {:.2f}".format(dummy_majority.score(X_test, y_test)))
```

```
Out [48]
  예측된 유니크 레이블: [False]
  테스트 점수: 0.90
```

거의 아무것도 학습하지 않고 90% 정확도를 얻었습니다. 이건 좀 충격적이지만, 잠시 생각해볼 필요가 있습니다. 누군가 자기 모델의 정확도가 90%라고 말하면 그 사람이 큰일을 해냈다고 생각할 수 있습니다. 하지만 문제에 따라서는 그저 무조건 한 클래스를 예측하기만 해도 될 수 있습니다! 실제 분류기를 사용한 것과 비교해보겠습니다.

```
In [49]
  from sklearn.tree import DecisionTreeClassifier
  tree = DecisionTreeClassifier(max_depth=2).fit(X_train, y_train)
  pred_tree = tree.predict(X_test)
  print("테스트 점수: {:.2f}".format(tree.score(X_test, y_test)))
```

```
Out [49]
  테스트 점수: 0.92
```

---

21 옮긴이_ DummyClassifier는 실제 모델과 비교하기 위해 간단한 규칙을 지원하는 모델입니다. strategy 옵션으로 지정할 수 있는 규칙은 클래스 레이블 비율에 맞게 예측하는 stratified, 가장 많은 레이블을 예측하는 most_frequent 등이 있습니다. 회귀에서 이에 상응하는 DummyRegressor가 있으며, 지원하는 규칙으로는 (기본값인) 평균값을 예측하는 mean과 중간값을 예측하는 median 등이 있습니다.

정확도로 보면 DecisionTreeClassifier가 더미 분류기보다 조금 나을 뿐입니다. 이는 DecisionTreeClassifier를 잘못 사용했거나 이 문제에서는 정확도가 높은 측정 방법이 아님을 말해줍니다.

비교를 위해 LogisticRegression과 기본 DummyClassifier 분류기 두 개를 더 살펴보겠습니다. DummyClassifier는 무작위로 선택하므로 훈련 세트와 같은 비율의 예측값을 만듭니다.[22]

```
In [50]
  from sklearn.linear_model import LogisticRegression

  dummy = DummyClassifier(strategy='stratified').fit(X_train, y_train)
  pred_dummy = dummy.predict(X_test)
  print("dummy 점수: {:.2f}".format(dummy.score(X_test, y_test)))

  logreg = LogisticRegression(C=0.1, max_iter=1000).fit(X_train, y_train)
  pred_logreg = logreg.predict(X_test)
  print("logreg 점수: {:.2f}".format(logreg.score(X_test, y_test)))

Out [50]
  dummy 점수: 0.81
  logreg 점수: 0.98
```

무작위로 예측하는 더미 분류기는 (정확도로 봐서는) 확실히 결과가 안 좋습니다. 반면에 LogisticRegression은 매우 좋습니다. 하지만 더미 분류기조차도 80%를 맞혔습니다. 이런 결과가 실제로 유용한 것인지 판단하기가 매우 어렵습니다. 불균형 데이터셋에서 예측 성능을 정량화하는 데 정확도는 적절한 측정 방법이 아니기 때문입니다. 이 장의 나머지에서는 모델 선택을 도와주는 다른 평가 지표를 살펴보겠습니다. 특히 pred_most_frequent와 pred_dummy처럼, 빈도나 무작위 기반 예측보다 얼마나 더 나은지 알려주는 평가 지표가 필요합니다. 모델을 평가하는 지표라면 이런 비상식적인 예측은 피할 수 있어야 합니다.

---

22 옮긴이_ DummyClassifier의 strategy로 지정한 stratified 방식은 클래스 레이블의 비율과 같은 비율로 예측 결과를 만들지만, 타깃 값 y_test와는 다르므로 정확도는 더 낮아집니다.

## 오차 행렬

**오차 행렬**<sup>confusion matrix</sup>은 이진 분류 평가 결과를 나타낼 때 가장 널리 사용하는 방법 중 하나입니다. 앞 절의 LogisticRegression 예측 결과를 confusion_matrix 함수를 사용해서 확인해보겠습니다. 테스트 세트의 예측 결과는 pred_logreg에 저장되어 있습니다.

```
In [51]
  from sklearn.metrics import confusion_matrix

  confusion = confusion_matrix(y_test, pred_logreg)
  print("오차 행렬:\n", confusion)

Out [51]
  오차 행렬:
  [[401    1]
   [  6   41]]
```

confusion_matrix의 출력은 $2 \times 2$ 배열입니다. 행은 정답 클래스에 해당하고, 열은 예측 클래스에 해당합니다. 각 항목의 숫자는 행에 해당하는 클래스(여기에서는 '9 아님'과 '9')가 얼마나 많이 열에 해당하는 클래스로 분류되었는지를 나타냅니다. [그림 5-10]의 그래프는 이런 의미를 표현하고 있습니다.

```
In [52]
  mglearn.plots.plot_confusion_matrix_illustration()
```

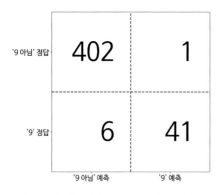

**그림 5-10** '9와 9 아님' 분류 문제의 오차 행렬

오차 행렬의 대각 행렬[23]은 정확히 분류된 경우이고, 다른 항목은 한 클래스의 샘플들이 다른 클래스로 잘못 분류된 경우가 얼마나 많은지를 알려줍니다.

숫자 9를 양성 클래스로 정의하면 오차 행렬의 항목을 앞서 이야기한 거짓 양성과 거짓 음성에 연결할 수 있습니다. 전체 그림을 완성하기 위해 양성 클래스로 올바르게 분류한 샘플을 진짜 양성true positive이라 하고, 음성 클래스로 정확하게 분류한 샘플을 진짜 음성true negative이라 하겠습니다. 이들 용어를 축약해서 FP, FN, TP, TN이라고 쓰며, 오차 행렬에서 다음과 같이 표시합니다(그림 5-11).

In [53]
```python
mglearn.plots.plot_binary_confusion_matrix()
```

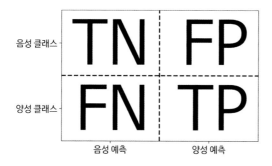

**그림 5-11** 이진 분류의 오차 행렬

이제 이 오차 행렬을 사용하여 앞서 만든 모델들(더미 모델 두 개, 결정 트리, 로지스틱 회귀)을 비교해보겠습니다.

In [54]
```python
print("빈도 기반 더미 모델:")
print(confusion_matrix(y_test, pred_most_frequent))
print("\n무작위 더미 모델:")
print(confusion_matrix(y_test, pred_dummy))
print("\n결정 트리:")
print(confusion_matrix(y_test, pred_tree))
```

---

23 2차원 배열 또는 매트릭스 A의 대각 행렬은 A[i, i]입니다. 옮긴이_ 즉 A[0, 0], A[1, 1] 입니다.

```
print("\n로지스틱 회귀")
print(confusion_matrix(y_test, pred_logreg))
```

Out [54]
```
빈도 기반 더미 모델:
[[403    0]
 [ 47    0]]

무작위 더미 모델:
[[368   35]
 [ 43    4]]

결정 트리:
[[390   13]
 [ 24   23]]

로지스틱 회귀
[[402    1]
 [  6   41]]
```

오차 행렬을 보면 pred_most_frequent에서 뭔가 잘못된 것이 확실합니다. 항상 동일한 클래스를 예측하기 때문입니다. 반면에 pred_dummy는 특히 거짓 음성(FN)과 거짓 양성(FP)보다 진짜 양성(TP)이 매우 적고(4), 진짜 양성(TP)보다 거짓 양성(FP)이 매우 많습니다! 결정 트리의 예측은 더미 분류기보다 정상으로 보이지만, 정확도는 거의 비슷합니다. 마지막으로 로지스틱 회귀는 모든 면에서 pred_tree보다 낫습니다. 진짜 양성(TP)과 진짜 거짓(TN)이 더 많은 반면, 거짓 양성(FP)과 거짓 음성(FN)은 적습니다. 이렇게 비교하니 결정 트리와 로지스틱 회귀의 결과만 정상이며 로지스틱 회귀가 모든 항목에서 트리 모델보다 잘 작동했습니다. 그러나 전체 오차 행렬을 조사하기는 솔직히 조금 번거롭습니다. 이 행렬의 모든 면을 살펴보면 많은 정보를 얻을 수 있지만, 매우 수동적이며 정성적인 방법입니다. 다음 절에서 오차 행렬 정보를 요약할 수 있는 여러 방법을 알아보겠습니다.

> NOTE_ scikit-learn 0.22 버전에서 오차 행렬을 그리는 plot_confusion_matrix 함수가 추가되었습니다. 이 함수는 1.0 버전에서 삭제된다는 경고를 발생시키고 1.2 버전에서는 삭제되었으므로 대신 ConfusionMatrixDisplay 클래스를 사용합니다. ConfusionMatrixDisplay 클래스는 추정기 객체로부터 오차 행렬을 그리는 from_estimator 함수와 예측 결과로부터 오차 행렬을 그리는 from_predictions 함수를 제공합니다.

먼저 from_estimator 함수를 사용해 보죠. 필요한 매개변수는 추정기 객체(여기에서는 앞서 훈련한 logreg 객체)와 특성 데이터(X_test), 타깃 데이터(y_test)입니다. 클래스 레이블을 별도로 지정하려면 display_labels 매개변수를 사용합니다.

```
In [55]
  from sklearn.metrics import ConfusionMatrixDisplay

  ConfusionMatrixDisplay.from_estimator(logreg, X_test, y_test,
                                        display_labels=['9 아님', '9'])
  plt.show()
```

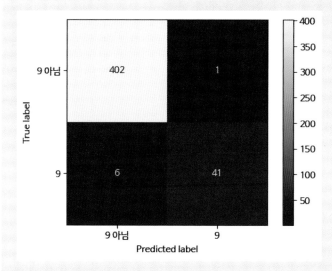

from_predictions 함수에는 타깃 데이터(y_test)와 추정기로부터 얻은 예측 데이터(pred_logreg)를 전달합니다.

```
In [56]
  ConfusionMatrixDisplay.from_predictions(y_test, pred_logreg,
                                          display_labels=['9 아님', '9'])
  plt.show()
```

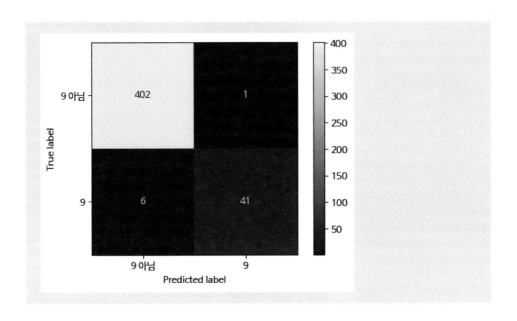

## 정확도와의 관계

우리는 이미 오차 행렬의 결과를 요약하는 방법을 보았는데, 바로 정확도로 표현하는 것입니다.

$$정확도 = \frac{TP + TN}{TP + TN + FP + FN}$$

다른 말로 하면, 정확도는 정확히 예측한 수(TP와 TN)를 전체 샘플 수(오차 행렬의 모든 항목을 더한 값)로 나눈 것입니다.

## 정밀도, 재현율, f-점수

오차 행렬의 결과를 요약하는 여러 방법 중 가장 일반적인 것은 **정밀도**precision와 **재현율**recall입니다. 정밀도는 양성으로 예측된 것(TP + FP) 중 얼마나 많은 샘플이 진짜 양성(TP)인지 측정합니다.

$$정밀도 = \frac{TP}{TP + FP}$$

정밀도는 거짓 양성(FP)의 수를 줄이는 것이 목표일 때 성능 지표로 사용합니다. 예를 들어 임상 실험을 통해 신약의 치료 효과를 예측하는 모델을 생각해보겠습니다. 임상 실험은 비싸기로 유명해서 제약 회사는 단 한 번의 실험으로 신약의 효과를 검증하기를 원합니다. 그렇기 때문에 모델이 거짓 양성(FP)을 많이 만들지 않는 것이 중요합니다. 다른 말로 하면 높은 정밀도가 필요합니다. 정밀도는 **양성 예측도**(PPV)라고도 합니다.

한편 재현율은 전체 양성 샘플(TP + FN) 중에서 얼마나 많은 샘플이 양성 클래스(TP)로 분류되는지를 측정합니다.

$$재현율 = \frac{TP}{TP + FN}$$

재현율은 모든 양성 샘플을 식별해야 할 때 성능 지표로 사용합니다. 즉 거짓 음성(FN)을 피하는 것이 중요할 때입니다. 이 장의 앞부분에 나온 암 진단 사례는 이에 해당하는 좋은 예입니다. 건강한 사람이 일부 포함되더라도 암에 걸린 사람을 빠짐없이 찾는 것이 중요합니다. 재현율을 **민감도**sensitivity, **적중률**hit rate, **진짜 양성 비율**(TPR)이라고도 합니다.

재현율 최적화와 정밀도 최적화는 상충합니다. 모든 샘플을 진짜 음성(TN)이 하나도 없고 모두 양성 클래스에 속한다고 예측하면, 거짓 음성(FN)이 없어져 재현율이 완벽해집니다. 하지만 모든 샘플을 양성으로 예측하면 거짓 양성(FP)을 많이 만들고, 따라서 정밀도는 매우 낮아집니다.[24] 다른 한편으로 데이터 포인트 하나만 양성이고 나머지는 음성이라고 예측한다면 정밀도는 (진짜 그 데이터 포인트가 양성이라면) 완벽합니다. 하지만 재현율은 매우 낮아질 것입니다.[25]

> **NOTE_** 정밀도와 재현율 외에도 TP, FP, TN, FN으로 만들 수 있는 분류 측정 방법은 많습니다. 위키백과에 다양한 측정 방법이 정리되어 있습니다(https://en.wikipedia.org/wiki/Sensitivity_and_specificity). 머신러닝에서는 이진 분류 문제에 정밀도와 재현율을 가장 많이 사용하며, 분야마다 다른 지표를 사용할 수 있습니다.

정밀도와 재현율이 매우 중요한 측정 방법이지만, 둘 중 하나만으로는 전체 그림을 볼 수 없습니다. 정밀도와 재현율의 조화 평균인 *f*-**점수**f-score 또는 *f*-**측정**f-measure은 이 둘을 하나로 요약해줍니다.

---

24 옮긴이_ 모든 데이터를 양성으로 예측하면 진짜 음성(TN)이 거짓 양성(FP)이 되어 정밀도의 분모를 크게 만듭니다. 하지만 거짓으로 예측한 것이 없으므로 거짓 음성(FN)이 0이 되어 재현율은 1이 됩니다.

25 옮긴이_ 양성 포인트 하나만 예측하면 진짜 양성(TP)은 1이고 거짓 양성(FP)은 0이므로 정밀도는 1입니다. 하지만 나머지 모두를 음성이라고 예측하면 진짜 음성(TN)을 제외하고 모두 거짓 음성(FN)이므로 재현율의 분모가 커지게 됩니다.

$$F = 2 \times \frac{\text{정밀도} \cdot \text{재현율}}{\text{정밀도} + \text{재현율}}$$

특별히 이 공식을 $f_1$-점수라고도 합니다.[26] 정밀도와 재현율을 같이 고려하므로 불균형한 이진 분류 데이터셋에서는 정확도보다 더 나은 지표가 될 수 있습니다. 앞서 계산한 '9와 9 아님' 데이터셋의 예측에 적용해보겠습니다. 여기서 숫자 '9'가 양성 클래스('9'는 True, 나머지는 False 레이블을 가집니다)이므로 양성 클래스가 소수[minority] 클래스입니다.

```
In [57]
  from sklearn.metrics import f1_score
  print("빈도 기반 더미 모델의 f1 score: {:.2f}".format(
      f1_score(y_test, pred_most_frequent)))
  print("무작위 더미 모델의 f1 score: {:.2f}".format(f1_score(y_test, pred_dummy)))
  print("트리 모델의 f1 score: {:.2f}".format(f1_score(y_test, pred_tree)))
  print("로지스틱 회귀 모델의 f1 score: {:.2f}".format(
      f1_score(y_test, pred_logreg)))

Out [57]
  빈도 기반 더미 모델의 f1 score: 0.00
  무작위 더미 모델의 f1 score: 0.09
  트리 모델의 f1 score: 0.55
  로지스틱 회귀 모델의 f1 score: 0.92
```

여기서 두 가지를 주목해야 합니다. 하나는 양성 클래스로 예측된 것이 하나도 없어서 빈도 기반 더미 모델[27]이 에러 메시지를 내뱉습니다($f_1$-점수의 분모가 0이 됩니다[28]). 또한 무작위 더미 분류기와 트리 분류기 사이에서도 정확도에는 없던 뚜렷한 차이를 볼 수 있습니다. $f_1$-점수를 사용해 평가하면 예측 성능이 다시 하나의 숫자로 요약됩니다. 하지만 어떤 모델이 좋은지 직관적으로 판단하는 데는 정확도보다 $f_1$-점수가 낫습니다. 그러나 $f_1$-점수는 정확도보다 이

---

26 옮긴이_ $f$-점수의 일반화된 가중치 조화 평균 공식은 정밀도를 P, 재현율을 R이라고 할 때,

$$F = \frac{1}{\alpha \frac{1}{P} + (1-\alpha)\frac{1}{R}} = \frac{(\beta^2 + 1)PR}{\beta^2 P + R}, \ \beta^2 = \frac{1-\alpha}{\alpha} \text{입니다.}$$

$f_1$은 β = 1일 때, 즉 정밀도와 재현율의 가중치가 동일한 α = 0.5일 때 점수를 말합니다. β가 1보다 크면 재현율이 강조되고 1보다 작으면 정밀도가 강조됩니다. 보통 $f$-점수라 하면 $f_1$-점수를 말합니다. 여기에서는 scikit-learn의 함수 이름을 따라 $f_1$-점수라고 하겠습니다.

27 옮긴이_ strategy='most_frequent'인 DummyClassifier 모델로 만든 예측이라는 뜻입니다.

28 옮긴이_ 무조건 다수 클래스인 False를 예측하면 진짜 양성(TP)은 0이 되므로 정밀도와 재현율이 모두 0이 되고 f1_score 함수는 경고 메시지를 출력합니다.

해하거나 설명하기 어렵다는 게 단점입니다.

classification_report 함수는 정밀도, 재현율, $f_1$-점수 모두를 한 번에 계산해서 깔끔하게 출력해줍니다.

```
In [58]
  from sklearn.metrics import classification_report
  print(classification_report(y_test, pred_most_frequent,
                              target_names=["9 아님", "9"], zero_division=0))

Out [58]
             precision    recall  f1-score   support

     9 아님        0.90      1.00      0.94       403
        9        0.00      0.00      0.00        47
  accuracy                           0.90       450
 macro avg        0.45      0.50      0.47       450
weighted avg      0.80      0.90      0.85       450
```

classification_report 함수는 클래스마다 (여기에서는 True와 False) 한 줄씩 출력을 만들고, 각 클래스가 양성일 때 정밀도, 재현율, $f_1$-점수를 리포트합니다. 이전에 소수 클래스인 숫자 '9'를 양성 클래스로 간주했습니다. 만약 양성 클래스를 '9 아님'으로 바꾼다면 classification_report 출력에서 볼 수 있듯이 most_frequent 모델의 $f_1$-점수가 0.94입니다. 더 나아가 모든 샘플을 '9 아님'으로 분류하기 때문에 '9 아님' 클래스의 재현율이 1입니다. $f_1$-점수 오른쪽의 마지막 열은 각 클래스에 대한 지지도support로, 단순히 이 클래스에 있는 진짜 샘플의 수입니다.

분류 리포트의 마지막 세 줄은 정밀도, 재현율, $f_1$-점수의 평균을 보여줍니다. macro avg는 단순히 클래스별 점수의 평균을 계산한 것입니다. weighted avg는 클래스의 샘플 수로 가중평균한 것입니다. 두 클래스를 평균한 것이므로 양성 클래스의 개념이 필요하지 않습니다. 양성 클래스의 정밀도나 재현율 점수만 보는 것에 비해 두 클래스를 평균하면 숫자 하나로 된 의미 있는 지표를 얻을 수 있습니다. 무작위 더미 분류기와 로지스틱 회귀의 리포트도 확인해보겠습니다.

```
In [59]
  print(classification_report(y_test, pred_dummy,
                    target_names=["9 아님", "9"]))

Out [59]
              precision    recall  f1-score   support

      9 아님        0.90      0.91      0.90       403
         9        0.10      0.09      0.09        47

   accuracy                          0.83       450
  macro avg        0.50      0.50      0.50       450
weighted avg       0.81      0.83      0.82       450


In [60]
  print(classification_report(y_test, pred_logreg,
                    target_names=["9 아님", "9"]))

Out [60]
              precision    recall  f1-score   support

      9 아님        0.99      1.00      0.99       403
         9        0.98      0.87      0.92        47

   accuracy                          0.98       450
  macro avg        0.98      0.93      0.96       450
weighted avg       0.98      0.98      0.98       450
```

보다시피, 무작위 더미 모델과 가장 좋은 성능의 로지스틱 회귀 모델은 그렇게 확연히 차이 나지 않습니다. 어떤 클래스를 양성 클래스로 선택하느냐가 이 평가 지표에 큰 영향을 끼칩니다. 무작위 더미 모델에서 '9' 클래스의 $f_1$-점수가 0.12이지만 (로지스틱 회귀는 0.89), '9 아님' 클래스는 각각 0.89와 0.99라서 양쪽 모두 수긍할 만한 결과입니다. 하지만 모든 숫자를 함께 보면 정확한 판단을 내릴 수 있어 로지스틱 회귀 모델의 우수성을 알 수 있습니다.

## 불확실성 고려

오차 행렬과 분류 리포트가 예측 결과를 자세히 분석할 수 있도록 도와줍니다. 하지만 예측값은 모델에 담긴 많은 정보가 이미 손실된 상태입니다. 2장에서 보았듯이 대부분의 분류기는 예측의 확신을 가늠하기 위한 decision_function이나 predict_proba 메서드를 제공합니다. 예측을 만들어내는 것은 decision_function이나 predict_proba 출력의 임계값을 검증하는 것입니다. 이진 탐색에서 decision_function은 0을, predict_proba는 0.5를 임계값으로 사용합니다.

다음 예는 음성 클래스 데이터 포인트 400개와 양성 클래스 데이터 포인트 50개로 이뤄진 불균형한 이진 분류 문제입니다. 훈련 데이터는 [그림 5-12]의 왼쪽에 나타나 있습니다. 이 데이터셋에 커널 SVM을 학습시키고, 훈련 데이터 그래프 오른쪽에 결정 함수 값을 히트맵으로 나타냈습니다. 중앙 윗부분에 있는 검은 원은 decision_function이 정확히 0일 때의 임계점을 나타냅니다. 이 원 안의 포인트는 양성 클래스로 분류되며 바깥쪽 포인트는 음성 클래스로 분류됩니다.

```
In [61]
  X, y = make_blobs(n_samples=(400, 50), cluster_std=[7.0, 2], random_state=22)
  X_train, X_test, y_train, y_test = train_test_split(X, y, random_state=0)
  svc = SVC(gamma=.05).fit(X_train, y_train)

In [62]
  mglearn.plots.plot_decision_threshold()
```

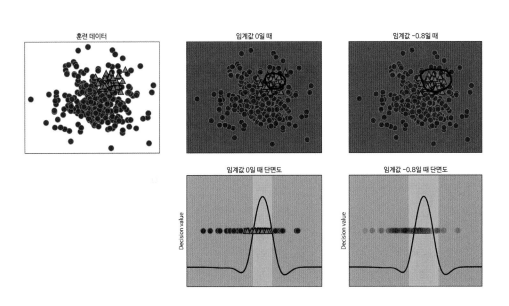

**그림 5-12** 결정 함수의 히트맵과 임계값 변화에 따른 영향

classification_report 함수를 사용해서 두 클래스의 정밀도와 재현율을 평가하겠습니다.

```
In [63]
  print(classification_report(y_test, svc.predict(X_test)))

Out [63]
            precision    recall  f1-score   support

         0       0.97      0.89      0.93       104
         1       0.35      0.67      0.46         9

  accuracy                           0.88       113
 macro avg       0.66      0.78      0.70       113
weighted avg     0.92      0.88      0.89       113
```

클래스 1에 대해 상당히 작은 정밀도를 얻었으며 재현율은 절반 정도입니다. 클래스 0의 샘플이 매우 많으므로 분류기는 소수인 클래스 1보다 클래스 0에 초점을 맞추고 있습니다.

이 애플리케이션이 앞의 암 진단 예와 같이 클래스 1의 재현율을 높이는 게 중요하다고 가정해보겠습니다. 이 말은 (클래스 1로 잘못 분류된) 거짓 양성(FP)이 늘어나더라도 (재현율을 높이기 위해) 진짜 양성(TP)을 늘리려 한다는 뜻입니다. svc.predict로 만든 예측은 이 조건을 충족하지 못하지만, 임계값을 바꿔 클래스 1의 재현율을 높이도록 예측을 조정할 수 있습니다. 기본적으로 decision_function의 값이 0보다 큰 포인트는 클래스 1로 분류됩니다. 더 많은 포인트가 클래스 1로 분류되려면 임계값을 낮춰야 합니다.

```
In [64]
  y_pred_lower_threshold = svc.decision_function(X_test) > -.8
```

이 예측 결과의 분류 리포트를 살펴보겠습니다.

```
In [65]
  print(classification_report(y_test, y_pred_lower_threshold))
```

```
Out [65]
          precision    recall  f1-score   support

       0       1.00      0.82      0.90       104
       1       0.32      1.00      0.49         9

accuracy                          0.83       113
macro avg       0.66      0.91      0.69       113
weighted avg    0.95      0.83      0.87       113
```

기대한 대로 클래스 1의 재현율이 높아졌고 정밀도는 낮아졌습니다. 이제 더 넓은 영역이 클래스 1로 분류되는 것을 [그림 5-12]의 오른쪽 위 그래프에서 볼 수 있습니다. 재현율보다 정밀도가 중요하거나 그 반대, 또는 데이터가 심하게 불균형일 때 결정 함수의 임계값을 바꾸면 더 나은 결과를 쉽게 얻을 수 있습니다. decision_function은 임의의 범위를 가지고 있으므로 임계점을 고르는 일반적인 방법을 제시하기는 어렵습니다. 임계값을 선택할 때 테스트 세트를 사용하지 않도록 주의를 기울여야 합니다. 다른 하이퍼파라미터와 마찬가지로 임계값 설정에 테스트 세트를 사용하면 과도하게 낙관적인 결과를 만들 가능성이 높습니다. 대신 검증 세트나 교차 검증을 사용하세요.

> **CAUTION**_ 여기서는 간단한 예제를 위해 테스트 세트의 결과를 바탕으로 임계값을 선택했습니다만 실전에서는 테스트 세트를 사용하면 안 됩니다. 다른 매개변수들처럼 테스트 세트에서 결정 임계값을 선택하면 과도하게 낙관적인 결과가 나옵니다. 대신 검증 세트나 교차 검증을 사용해야 합니다.

predict_proba 메서드는 출력이 0에서 1 사이로 고정되니 predict_proba를 제공하는 모델은 임계값을 선택하기가 더 쉽습니다. 기본값인 0.5를 임계값으로 설정한 모델은 양성 클래스라는 확신이 50% 이상일 때 양성으로 분류합니다. 임계값을 높이면 양성 클래스로 분류할 때 더 큰 확신이 있어야 합니다(음성 클래스는 확신이 덜 필요합니다). 임의의 임계값보다는 확률을 사용하는 쪽이 더 직관적이지만, 모든 모델이 쓸모 있는 불확실성을 제공하는 것은 아닙니다(최대 깊이까지 자란 DecisionTree는 비록 잘못된 것이라도 항상 100% 확신합니다). 이는 **보정**calibration 개념과 관련이 있습니다. 보정된 모델은 불확실성을 정확하게 측정하는 모델입니다. 보정에 대한 더 자세한 내용은 알렉산드루 니쿨레스쿠-미질Alexandru Niculescu-Mizil과 리치 카루아나Rich Caruana가 쓴 「Predicting Good Probabilities with Supervised Learning」(https://bit.ly/2IfMILV)을 참고하세요.

## 정밀도–재현율 곡선과 ROC 곡선

보델의 분류 작업을 결정하는 임계값을 바꾸는 것은 해당 분류기의 정밀도와 재현율의 상충 관계를 조정하는 일입니다. 예를 들면 양성 샘플의 실수(FN)를 10%보다 작게 하여 90% 이상의 재현율을 원할 수 있습니다. 이런 결정은 애플리케이션에 따라 다르며 비즈니스 목표에 따라 결정됩니다. 어떤 목표가 선택되면 (즉, 어떤 클래스에 대한 특정 재현율 또는 정밀도의 값) 적절한 임계값을 지정할 수 있습니다. 다시 말해 90% 재현율과 같은 특정 목적을 충족하는 임계값을 설정하는 것은 언제든 가능합니다. 어려운 부분은 이 임계값을 유지하면서 적절한 정밀도를 내는 모델을 만드는 일입니다. 만약 모든 것을 양성이라고 분류하면 재현율이 100%가 되지만 이런 모델은 쓸모가 없을 것입니다.

90% 재현율처럼 분류기의 필요조건을 지정하는 것을 종종 **운영 포인트**operating point를 지정한다고 말합니다. 운영 포인트를 고정하면 비즈니스 목표를 설정할 때 고객이나 조직 내 다른 그룹에 성능을 보장하는 데 도움이 됩니다.

새로운 모델을 만들 때는 운영 포인트가 명확하지 않은 경우가 많습니다. 이런 경우에는 문제를 더 잘 이해하기 위해 모든 임계값을 조사해보거나, 한 번에 정밀도나 재현율의 모든 장단점을 살펴보는 것이 좋습니다. 이를 위해 **정밀도–재현율 곡선**precision–recall curve을 사용합니다. sklearn.metrics 모듈에서 정밀도–재현율 곡선을 만드는 함수를 제공합니다. 이 함수는 타깃 레이블과 decision_function이나 predict_proba 메서드로 계산한 예측 불확실성을 이용합니다.

```
In [66]
  from sklearn.metrics import precision_recall_curve
  precision, recall, thresholds = precision_recall_curve(
      y_test, svc.decision_function(X_test))
```

precision_recall_curve 함수는 가능한 모든 임계값(결정 함수에 나타난 모든 값)에 대해 정밀도와 재현율의 값을 정렬된 리스트로 반환하므로 [그림 5-13]처럼 곡선 그래프를 그릴 수 있습니다.

```
In [67]
  # 부드러운 곡선을 위해 데이터 포인트 수를 늘립니다.
  X, y = make_blobs(n_samples=(4000, 500), cluster_std=[7.0, 2], random_state=22)
```

```
X_train, X_test, y_train, y_test = train_test_split(X, y, random_state=0)

svc = SVC(gamma=.05).fit(X_train, y_train)

precision, recall, thresholds = precision_recall_curve(
    y_test, svc.decision_function(X_test))
# 0에 가까운 임계값을 찾습니다.
close_zero = np.argmin(np.abs(thresholds))
plt.plot(precision[close_zero], recall[close_zero], 'o', markersize=10,
        label="임계값 0", fillstyle="none", c='k', mew=2)

plt.plot(precision, recall, label="정밀도-재현율 곡선")
plt.xlabel("정밀도")
plt.ylabel("재현율")
plt.legend(loc="best")
```

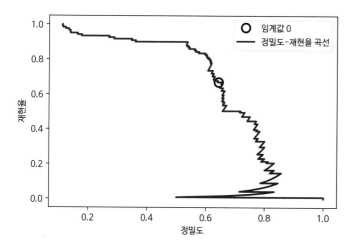

**그림 5-13** SVC(gamma=0.05)의 정밀도-재현율 곡선

[그림 5-13] 곡선의 각 포인트는 decision_function의 가능한 모든 임계값에 대응합니다. 이를테면 정밀도가 약 0.75일 때의 재현율은 0.4입니다. 검은 원은 decision_function의 기본 임계값인 0 지점을 나타냅니다.[29] 이 지점은 predict 메서드를 호출할 때 사용되는 임계값

---

29 옮긴이_ decision_function(X_test)의 결과에 0이 포함되지 않을 수 있어서 절댓값이 가장 작은 위치의 인덱스를 구하기 위해 argmin 함수를 사용했습니다. 실제로 이 코드에서 찾은 가장 작은 임계값은 약 0.004입니다.

입니다.

곡선이 오른쪽 위로 갈수록 더 좋은 분류기입니다. 오른쪽 위 지점은 한 임계값에서 정밀도와 재현율이 모두 높은 곳입니다. 곡선은 임계값이 매우 낮아 전부 양성 클래스가 되는 왼쪽 위에서 시작합니다. 임계값이 커지면서 곡선은 정밀도가 높아지는 쪽으로 이동하지만 재현율은 낮아집니다. 임계값을 높일수록 양성으로 분류된 포인트 대부분이 진짜 양성(TP)이 되며, 정밀도가 매우 높아지지만 재현율은 낮아집니다.[30] 정밀도가 높아져도 재현율이 높게 유지될수록 더 좋은 모델입니다.

이 그래프를 조금 더 살펴보면, 재현율을 높게 유지하면서 대략 0.5 정도의 정밀도를 얻을 수 있습니다. 더 높은 정밀도를 원한다면 재현율을 크게 손해 봐야 합니다. 다른 말로 하면, 이 그래프의 왼쪽은 비교적 평편해서 정밀도가 높아지더라도 재현율이 크게 떨어지지 않습니다. 정밀도가 0.5보다 크면 정밀도 증가에 따른 재현율 손실이 커집니다.

분류기가 다르면 곡선의 다른 부분에서 장점이 생깁니다. 즉 운영 포인트가 달라집니다. 같은 데이터셋으로 훈련한 랜덤 포레스트와 SVM을 비교해보겠습니다. RandomForestClassifier는 decision_function을 제공하지 않고 predict_proba만 가지고 있습니다. 정밀도-재현율 곡선 함수는 양성 클래스(클래스 1)의 확신에 대한 측정값을 두 번째 매개변수로 받습니다. 그래서 샘플이 클래스 1일 확률, 즉 rf.predict_proba(X_test)[:, 1]을 넘겨야 합니다. 이진 분류에서 predict_proba의 기본 임계값은 0.5이고 곡선에 이 지점을 표시했습니다(그림 5-14).

```
In [68]
  from sklearn.ensemble import RandomForestClassifier

rf = RandomForestClassifier(n_estimators=100, random_state=0, max_features=2)
rf.fit(X_train, y_train)

# RandomForestClassifier는 decision_function 대신 predict_proba를 제공합니다.
precision_rf, recall_rf, thresholds_rf = precision_recall_curve(
    y_test, rf.predict_proba(X_test)[:, 1])

plt.plot(precision, recall, label="svc")

plt.plot(precision[close_zero], recall[close_zero], 'o', markersize=10,
         label="svc: 임계값 0", fillstyle="none", c='k', mew=2)
```

---

30 옮긴이_ 임계값이 높으면 양성 샘플이 TP로 분류되지 못하고 FN이 되기 때문에 재현율이 낮아집니다.

```
plt.plot(precision_rf, recall_rf, label="rf")

close_default_rf = np.argmin(np.abs(thresholds_rf - 0.5))
plt.plot(precision_rf[close_default_rf], recall_rf[close_default_rf], '^', c='k',
         markersize=10, label="rf: 임계값 0.5", fillstyle="none", mew=2)
plt.xlabel("정밀도")
plt.ylabel("재현율")
plt.legend(loc="best")
```

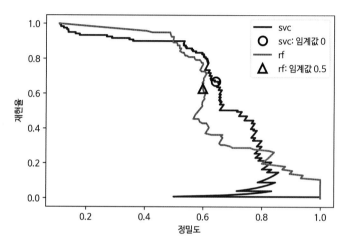

**그림 5-14** SVM과 랜덤 포레스트의 정밀도-재현율 곡선 비교

그래프를 비교해보면 극단적인 부분, 즉 재현율이 매우 높거나 정밀도가 매우 높을 때는 랜덤 포레스트가 더 낫다는 것을 알 수 있습니다. 가운데 근처(정밀도=0.7 정도)에서는 SVM이 더 좋습니다.[31] 만약 $f_1$-점수만으로 전체 성능을 비교한다면 이런 세세한 부분을 놓칠 수 있습니다. $f_1$-점수는 정밀도-재현율 곡선의 한 지점인 기본 임계값에 대한 점수입니다.

```
In [69]
print("랜덤 포레스트의 f1_score: {:.3f}".format(
    f1_score(y_test, rf.predict(X_test))))
print("svc의 f1_score: {:.3f}".format(f1_score(y_test, svc.predict(X_test))))
```

---

31 옮긴이_ 즉, SVM의 곡선이 오른쪽 위 코너에 더 가깝습니다.

```
Out [69]
  랜덤 포레스트의 f1_score: 0.610
  svc의 f1_score: 0.656
```

두 정밀도-재현율 곡선을 비교하면 많은 통찰을 얻을 수 있지만, 확실히 수작업입니다. 모델을 자동으로 비교하려면 특정 임계값이나 운영 포인트에 국한하지 않고 전체 곡선에 담긴 정보를 요약해야 합니다. 이러한 요약 방법의 하나로 정밀도-재현율 곡선의 아랫부분 면적을 계산할 수 있으며, 이를 **평균 정밀도**average precision라고 합니다.[32] average_precision_score 함수가 평균 정밀도를 계산해줍니다. 정밀도-재현율 곡선을 계산하고 여러 임계값을 고려해야 하므로, predict 함수가 아니라 decision_function이나 predict_proba 함수의 결괏값을 average_precision_score 함수로 전달해야 합니다.

```
In [70]
  from sklearn.metrics import average_precision_score
  ap_rf = average_precision_score(y_test, rf.predict_proba(X_test)[:, 1])
  ap_svc = average_precision_score(y_test, svc.decision_function(X_test))
  print("랜덤 포레스트의 평균 정밀도: {:.3f}".format(ap_rf))
  print("svc의 평균 정밀도: {:.3f}".format(ap_svc))

Out [70]
  랜덤 포레스트의 평균 정밀도: 0.660
  svc의 평균 정밀도: 0.666
```

모든 임계값에 대해 평균을 내보면 랜덤 포레스트가 조금 낮지만, SVC와 거의 같은 성능입니다. 이는 앞서 본 f1_score의 결과와는 사뭇 다릅니다. 평균 정밀도는 0에서 1 사이를 지나는 곡선의 아래 면적이므로 항상 0(가장 나쁨)과 1(가장 좋음) 사이의 값을 반환합니다. 무작위로 예측하는 분류기의 decision_function의 평균 정밀도는 데이터셋에 있는 양성 클래스의 비율이 됩니다.

---

32 정밀도-재현율 곡선의 아래 면적과 평균 정밀도 사이에는 미묘한 기술적 차이가 있습니다. 하지만 이 설명은 일반적인 이해를 위한 것입니다.
옮긴이_ 정보 검색 이론에서 평균 정밀도는 샘플이 TP로 분류될 때마다 정밀도를 누적하여 전체 양성 샘플 수(TP+FN)로 나눈 값입니다. 이는 각 정밀도에 재현율의 변화량 $\frac{1}{TP+FN}$을 곱하여 누적한 것과 같습니다. 정밀도-재현율 곡선의 아래 면적은 재현율 변화량을 높이로 하는 두 정밀도 사이의 사다리꼴 면적을 누적한 것입니다.

NOTE_ scikit-learn 0.22 버전에서 정밀도-재현율 곡선을 그리는 plot_precision_recall_curve 함수가 추가되었습니다. plot_confusion_matrix와 마찬가지로 이 함수도 1.0 버전에서 삭제된다는 경고를 발생시키고 1.2 버전에서는 삭제되었으므로 대신 PrecisionRecallDisplay 클래스를 사용합니다. PrecisionRecallDisplay 클래스는 추정기 객체를 사용하는 from_estimator 함수와 예측 결과를 사용하는 from_predictions 함수를 제공합니다.

여기에서는 from_estimator 함수를 사용해 보죠. 필요한 매개변수는 추정기 객체(여기에서는 앞서 훈련한 svc, rf 객체)와 특성 데이터(X_test), 타깃 데이터(y_test)입니다. SVC와 랜덤 포레스트 그래프를 함께 그리기 위해 맷플롯립의 축(Axes) 객체를 ax 매개변수에 전달해 줍니다.

```
In [71]
  from sklearn.metrics import PrecisionRecallDisplay

  fig, ax = plt.subplots()
  # SVC 곡선 그리기
  PrecisionRecallDisplay.from_estimator(svc, X_test, y_test, ax=ax)
  # 랜덤 포레스트 곡선 그리기
  PrecisionRecallDisplay.from_estimator(rf, X_test, y_test, ax=ax)
  plt.show()
```

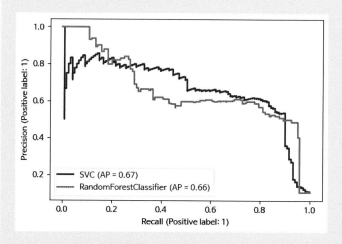

출력된 그래프를 보면 알 수 있듯이 PrecisionRecallDisplay 클래스는 기본적으로 재현율을 x 축에 놓고 정밀도를 y 축에 놓습니다. 본문에 있는 그래프처럼 정밀도를 x 축에 놓고 재현율을 y 축에 놓으려면 PrecisionRecallDisplay 클래스에 정밀도와 재현율을 직접 전달해야 합니다.

다음 코드에서 보듯이 PrecisionRecallDisplay 클래스의 precision 매개변수와 recall 매개변수에 각각 재현율과 정밀도를 전달합니다. 이렇게 하면 x 축과 y 축을 서로 바꿔 그릴 수 있습니다. PrecisionRecallDisplay 클래스는 기본적으로 x 축 이름을 Recall, y 축 이름을 Precision으로 설정하기 때문에 축 이름을 수동으로 설정했습니다.

```
In [72]
fig, ax = plt.subplots()
# SVC 곡선 그리기
disp = PrecisionRecallDisplay(precision=recall, recall=precision,
                              average_precision=ap_svc,
                              estimator_name='SVC')
disp.plot(ax=ax)
# 랜덤 포레스트 곡선 그리기
disp = PrecisionRecallDisplay(precision=recall_rf, recall=precision_rf,
                              average_precision=ap_rf,
                              estimator_name='랜덤 포레스트')
disp.plot(ax=ax)
ax.set(xlabel='정밀도', ylabel='재현율')
plt.show()
```

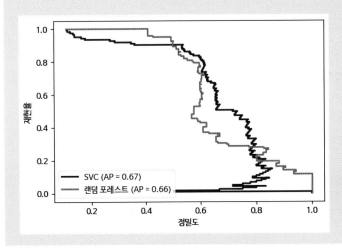

## ROC와 AUC

ROC 곡선[33]은 여러 임계값에서 분류기의 특성을 분석하는 데 널리 사용하는 도구입니다. 정밀도-재현율 곡선과 비슷하게 ROC 곡선은 분류기의 모든 임계값을 고려하지만, 정밀도와 재현율 대신 **진짜 양성 비율**(TPR)에 대한 **거짓 양성 비율**(FPR)을 나타냅니다. 진짜 양성 비율은 재현율의 다른 이름이며, 거짓 양성 비율은 전체 음성 샘플 중에서 거짓 양성으로 잘못 분류한 비율입니다.

$$FPR = \frac{FP}{FP + TN}$$

ROC 곡선은 roc_curve 함수를 사용하여 만들 수 있습니다(그림 5-15).

```
In [73]
  from sklearn.metrics import roc_curve
  fpr, tpr, thresholds = roc_curve(y_test, svc.decision_function(X_test))

  plt.plot(fpr, tpr, label="ROC 곡선")
  plt.xlabel("FPR")
  plt.ylabel("TPR (재현율)")
  # 0 근처의 임계값을 찾습니다.
  close_zero = np.argmin(np.abs(thresholds))
  plt.plot(fpr[close_zero], tpr[close_zero], 'o', markersize=10,
           label="임계값 0", fillstyle="none", c='k', mew=2)
  plt.legend(loc=4)
```

---

33 옮긴이_ ROC는 수신기 조작 특성(receiver operating characteristics)의 약자로, 오래전 신호 탐지 이론이 근원이라고 합니다. 이 용어는 회귀만큼이나 글자만으로는 무엇을 의미하는지 짐작하기 어렵습니다. 그냥 ROC 곡선을 'TPR(재현율)-FPR 곡선'으로 이해하는 것이 좋습니다.

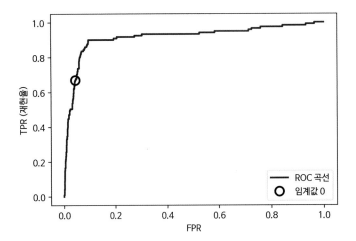

**그림 5-15** SVM의 ROC 곡선

ROC 곡선은 왼쪽 위에 가까울수록 이상적입니다. 거짓 양성 비율(FPR)이 낮게 유지되면서 재현율이 높은 분류기가 좋은 것입니다. 기본 임계값 0의 지점과 비교했을 때, FPR을 조금 늘리면 재현율을 아주 크게 높일 수 있습니다(0.9 부근). 왼쪽 위에 가장 가까운 지점이 기본값으로 찾은 것보다 더 좋은 운영 포인트입니다. 여기서도 마찬가지로 임계값을 고르기 위해 테스트 세트를 사용해서는 안 되고 별도의 검증 세트를 활용해야 합니다.

[그림 5-16]에서 랜덤 포레스트와 SVM의 ROC 곡선을 비교하였습니다.

```
In [74]
  from sklearn.metrics import roc_curve
  fpr_rf, tpr_rf, thresholds_rf = roc_curve(y_test, rf.predict_proba(X_test)[:, 1])

  plt.plot(fpr, tpr, label="SVC의 ROC 곡선")
  plt.plot(fpr_rf, tpr_rf, label="RF의 ROC 곡선")

  plt.xlabel("FPR")
  plt.ylabel("TPR (재현율)")
  plt.plot(fpr[close_zero], tpr[close_zero], 'o', markersize=10,
           label="SVC 임계값 0", fillstyle="none", c='k', mew=2)
  close_default_rf = np.argmin(np.abs(thresholds_rf - 0.5))
  plt.plot(fpr_rf[close_default_rf], tpr[close_default_rf], '^', markersize=10,
           label="RF 임계값 0.5", fillstyle="none", c='k', mew=2)
```

```
plt.legend(loc=4)
```

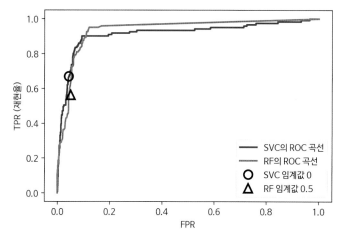

**그림 5-16** SVM과 랜덤 포레스트의 ROC 곡선 비교

정밀도–재현율 곡선에서처럼 곡선 아래의 면적값 하나로 ROC 곡선을 요약할 때가 많습니다(이 면적을 보통 AUC[area under the curve]라고 하며 여기서 곡선[curve]은 ROC 곡선을 말합니다). ROC 곡선 아래 면적은 roc_auc_score 함수로 계산합니다.

```
In [75]
  from sklearn.metrics import roc_auc_score
  rf_auc = roc_auc_score(y_test, rf.predict_proba(X_test)[:, 1])
  svc_auc = roc_auc_score(y_test, svc.decision_function(X_test))
  print("랜덤 포레스트의 AUC: {:.3f}".format(rf_auc))
  print("SVC의 AUC: {:.3f}".format(svc_auc))

Out [75]
  랜덤 포레스트의 AUC: 0.937
  SVC의 AUC: 0.916
```

AUC 점수로 랜덤 포레스트와 SVM을 비교해보니, 랜덤 포레스트의 성능이 SVM보다 조금 더 낮습니다. AUC가 0과 1 사이의 곡선 아래 면적이므로 항상 0(최악)과 1(최선) 사이의 값을 가집니다. 데이터셋에 담긴 클래스가 아무리 불균형하더라도 무작위로 예측한 AUC 값은

0.5가 됩니다.[34] 그래서 불균형한 데이터셋에서는 정확도보다 AUC가 훨씬 좋은 지표입니다. AUC는 양성 샘플의 순위를 평가하는 것으로 볼 수 있습니다. 이는 분류기에서 무작위로 선택한 양성 클래스 포인트의 점수가 무작위로 선택한 음성 클래스 포인트의 점수보다 높을 확률과 같습니다. 그래서 AUC가 1일 때는 모든 양성 포인트의 점수가 모든 음성 포인트의 점수보다 높습니다.[35] 불균형한 클래스를 분류하는 문제에서 모델을 선택할 때는 정확도보다 AUC가 훨씬 의미 있는 정보를 제공합니다.

> NOTE_ scikit-learn 0.22 버전에서 ROC 곡선을 그리는 plot_roc_curve 함수가 추가되었습니다. plot_confusion_matrix와 마찬가지로 이 함수도 1.0 버전에서 삭제된다는 경고를 발생시키고 1.2 버전에서는 삭제되었으므로 대신 RocCurveDisplay 클래스를 사용합니다. RocCurveDisplay 클래스는 추정기 객체를 사용하는 from_estimator 함수와 예측 결과를 사용하는 from_predictions 함수를 제공합니다.
>
> from_estimator 함수에 필요한 매개변수는 추정기 객체(여기에서는 앞서 훈련한 svc, rf 객체)와 특성 데이터(X_test), 타깃 데이터(y_test)입니다. SVC와 랜덤 포레스트 그래프를 함께 그리기 위해 맷플롯립의 축(Axes) 객체를 ax 매개변수에 전달해 줍니다.

```
In [76]
  from sklearn.metrics import RocCurveDisplay

  fig, ax = plt.subplots()
  # SVC 곡선 그리기
  RocCurveDisplay.from_estimator(svc, X_test, y_test, ax=ax)
  # 랜덤 포레스트 곡선 그리기
  RocCurveDisplay.from_estimator(rf, X_test, y_test, ax=ax)
  plt.show()
```

---

34 옮긴이_ FPR과 TPR은 오차 행렬에서 각각 다른 행을 이용하여 만들기 때문에 클래스 불균형이 FPR과 TPR 계산에 영향을 주지 않습니다. 무작위로 분류하면 클래스별 양성과 음성 비율이 비슷해서 FPR과 TPR 값이 거의 같아지므로, ROC 곡선은 y=x에 가깝게 되어 AUC 면적은 0.5가 됩니다.

35 옮긴이_ 양성 포인트가 음성 클래스로 분류될 가능성이 없기 때문에 FN이 0이 되고 TPR(재현율)은 항상 1이 됩니다.

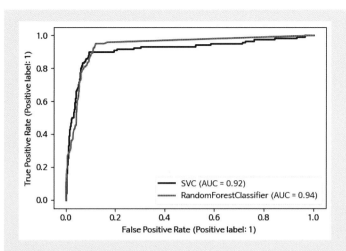

from_predictions 함수를 사용할 때는 타깃 데이터(y_test)와 추정기의 decision_function 메서드
predict_proba 메서드의 반환값을 전달합니다. from_predictions 함수는 기본적으로 추정기 이름을
'Classifier'로 설정합니다. 두 모델의 곡선을 구분하기 쉽도록 name 매개변수에 SVC와 랜덤 포레스트 이름
을 전달합니다.

```
In [77]
  fig, ax = plt.subplots()
  # SVC 곡선 그리기
  RocCurveDisplay.from_predictions(y_test, svc.decision_function(X_test),
                                   name='SVC', ax=ax)
  # 랜덤 포레스트 곡선 그리기
  RocCurveDisplay.from_predictions(y_test, rf.predict_proba(X_test)[:, 1],
                                   name='랜덤 포레스트', ax=ax)
  plt.show()
```

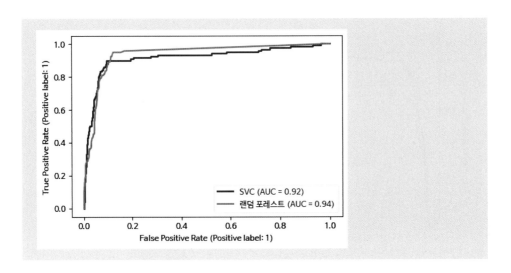

앞서 본 digits 데이터셋에서 9와 다른 숫자를 구분하는 문제를 다시 보도록 하겠습니다. 커널 폭 gamma를 각기 다르게 한 SVM을 이 데이터셋에 적용해보겠습니다(그림 5-17).

```
In [78]
 y = digits.target == 9

 X_train, X_test, y_train, y_test = train_test_split(
     digits.data, y, random_state=0)

 plt.figure()

 for gamma in [1, 0.1, 0.01]:
     svc = SVC(gamma=gamma).fit(X_train, y_train)
     accuracy = svc.score(X_test, y_test)
     auc = roc_auc_score(y_test, svc.decision_function(X_test))
     fpr, tpr, _ = roc_curve(y_test , svc.decision_function(X_test))
     print("gamma = {:.2f}  정확도 = {:.2f}  AUC = {:.2f}".format(
         gamma, accuracy, auc))
     plt.plot(fpr, tpr, label="gamma={:.2f}".format(gamma))
 plt.xlabel("FPR")
 plt.ylabel("TPR")
 plt.xlim(-0.01, 1)
 plt.ylim(0, 1.02)
 plt.legend(loc="best")
```

```
Out [78]
  gamma = 1.00   정확도 = 0.90   AUC = 0.50
  gamma = 0.10   정확도 = 0.90   AUC = 0.96
  gamma = 0.01   정확도 = 0.90   AUC = 1.00
```

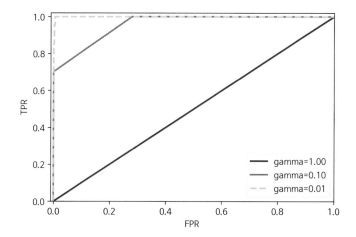

**그림 5-17** 각기 다른 gamma를 가진 SVM의 ROC 곡선 비교

세 가지 gamma 값에 대한 정확도는 90%로 모두 같습니다. 이는 우연히 성능이 같은 것일 수도 있고 아닐 수도 있습니다. 그러나 AUC와 ROC 곡선을 보면 세 모델의 차이가 뚜렷하게 확인됩니다. gamma=1.0에서 AUC는 무작위로 선택한 수준, 즉 decision_function의 출력이 무작위 선택과 다를 바가 없습니다. gamma=0.1에서는 AUC 값이 0.96으로 크게 향상되었습니다. 마지막으로 gamma=0.01에서 완벽한 AUC 값인 1을 얻었습니다. 즉 결정 함수에 의해서 모든 양성 포인트는 어떤 음성 포인트보다 더 높은 점수를 가집니다. 다르게 말하면 적절한 임계값에서 이 모델은 데이터를 완벽하게 분류할 수 있습니다![36] 이 사실은 이 모델에서 임계값을 조정해서 아주 높은 예측 성능을 얻을 수 있음을 말해줍니다. 정확도만 사용한다면 이런 점을 결코 발견하지 못할 것입니다.

---

36 gamma=0.01일 때의 곡선을 자세히 보면 왼쪽 위에서 조금 구부러진 것이 보입니다. 적어도 한 개의 포인트는 올바르게 분류되지 않았습니다. AUC 값이 1.0인 이유는 소수점 두 번째 자리에서 반올림했기 때문입니다.

이런 이유로 불균형한 데이터셋에서 모델을 평가할 때는 AUC를 사용하라고 강력이 권합니다. 하지만 AUC 값이 기본 임계값과는 상관없으므로, AUC가 높은 모델에서 좋은 분류 결과를 얻으려면 결정 임계값을 조정해야 합니다.

### 5.3.3 다중 분류의 평가 지표

이진 분류 평가에 대해 자세히 보았으니, 이제 다중 분류를 평가하는 지표를 알아보겠습니다. 기본적으로 다중 분류를 위한 지표는 모두 이진 분류 평가 지표에서 유도되었으며, 다만 모든 클래스에 대해 평균을 낸 것입니다. 다중 분류의 정확도도 정확히 분류된 샘플의 비율로 정의합니다. 그래서 클래스가 불균형할 때는 정확도는 좋은 평가 방법이 되지 못합니다. 85% 포인트가 클래스 A에 속하고, 10%는 클래스 B, 5%는 클래스 C에 속한 삼중 클래스 분류 문제를 생각해보겠습니다. 이 데이터셋에서 정확도가 85%라는 것은 어떤 의미일까요? 일반적으로 다중 분류의 결과는 이진 분류 결과보다 이해하기 어렵습니다. 다중 분류의 평가에는 정확도 외에 앞 절의 이진 분류에서 사용한 오차 행렬과 분류 리포트 등을 일반적으로 사용합니다. 이 두 평가 방법을 digits 데이터셋의 10개 손글씨 숫자를 분류하는 데 적용해보겠습니다.

```
In [79]
  from sklearn.metrics import accuracy_score
  X_train, X_test, y_train, y_test = train_test_split(
      digits.data, digits.target, random_state=0)
  lr = LogisticRegression(max_iter=5000).fit(X_train, y_train)
  pred = lr.predict(X_test)
  print("정확도: {:.3f}".format(accuracy_score(y_test, pred)))
  print("오차 행렬:\n", confusion_matrix(y_test, pred))

Out [79]
  정확도: 0.953
  오차 행렬:
  [[37  0  0  0  0  0  0  0  0  0]
   [ 0 40  0  0  0  0  0  0  2  1]
   [ 0  0 41  3  0  0  0  0  0  0]
   [ 0  0  0 44  0  0  0  0  1  0]
   [ 0  0  0  0 37  0  0  1  0  0]
   [ 0  0  0  0  0 46  0  0  0  2]
   [ 0  1  0  0  0  0 51  0  0  0]
   [ 0  0  0  1  1  0  0 46  0  0]]
```

```
[ 0  3  1  0  0  0  1  0 43  0]
[ 0  0  0  0  0  0  1  0  0  2 44]]
```

이 모델의 정확도는 95.3%로 꽤 좋은 성능을 냅니다. 오차 행렬에는 더 자세한 내용이 담겨 있습니다. 이진 분류에서처럼 각 행은 정답 레이블에 해당하며, 열은 예측 레이블에 해당합니다. [그림 5-18]에 더 깔끔한 그래프로 나타내었습니다.[37]

```
In [80]
  scores_image = mglearn.tools.heatmap(
      confusion_matrix(y_test, pred), xlabel='예측 레이블',
      ylabel='진짜 레이블', xticklabels=digits.target_names,
      yticklabels=digits.target_names, cmap=plt.cm.gray_r, fmt="%d")
  plt.title("오차 행렬")
  plt.gca().invert_yaxis()
```

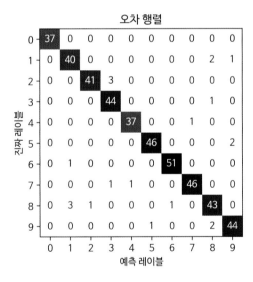

**그림 5-18** 10개 숫자 분류 문제의 오차 행렬

---

37 옮긴이_ 사이킷런 0.22 버전에서 오차 행렬을 그래프로 그려주는 함수가 추가되었습니다. 예를 들면 다음과 같이 사용합니다.

```
from sklearn.metrics import plot_confusion_matrix
plot_confusion_matrix(lr, X_test, y_test)
plt.show()
```

첫 번째 클래스인 숫자 0은 샘플이 총 37개이며, 모두 클래스 0으로 분류했습니다(클래스 0에는 거짓 음성(FN)이 없습니다). 왜냐하면 오차 행렬의 첫 번째 행에서 다른 항목들이 모두 0이기 때문입니다. 또한 오차 행렬의 첫 번째 열의 다른 항목들이 모두 0이므로(클래스 0에는 거짓 양성(FP)이 없으므로), 클래스 0으로 잘못 분류한 숫자가 하나도 없습니다. 하지만 어떤 숫자들은 잘못 분류한 것도 있습니다. 예를 들면, 숫자 2(세 번째 행) 중 세 개를 숫자 3(네 번째 열)으로 분류했습니다. 그리고 숫자 3 하나를 2로 분류했고(네 번째 행 세 번째 열), 숫자 8 세 개를 1로 분류했습니다(아홉 번째 행 두 번째 열).

classification_report 함수를 사용해서 정밀도, 재현율, $f_1$-점수를 계산해보겠습니다.

```
In [81]
  print(classification_report(y_test, pred))
```

```
Out [81]
              precision    recall  f1-score   support

           0       1.00      1.00      1.00        37
           1       0.91      0.93      0.92        43
           2       0.98      0.93      0.95        44
           3       0.92      0.98      0.95        45
           4       0.97      0.97      0.97        38
           5       0.98      0.96      0.97        48
           6       0.98      0.98      0.98        52
           7       0.98      0.96      0.97        48
           8       0.90      0.90      0.90        48
           9       0.94      0.94      0.94        47

    accuracy                           0.95       450
   macro avg       0.95      0.95      0.95       450
weighted avg       0.95      0.95      0.95       450
```

당연하지만 숫자 0에는 오차가 없으므로 클래스 0의 정밀도와 재현율은 모두 1로 완벽합니다. 한편 클래스 7은 다른 클래스가 7로 잘못 분류한 것이 없어서 정밀도가 1이고, 클래스 6은 거짓 음성(FN)이 없어서 재현율이 1입니다. 이 모델은 클래스 1, 3, 8을 분류하는 데 어려움을 겪고 있습니다.

다중 분류에서 불균형 데이터셋을 위해 가장 널리 사용하는 평가 지표는 $f_1$-점수의 다중 분류 버전입니다.[38] 다중 클래스용 $f_1$-점수는 한 클래스를 양성 클래스로 두고 나머지 클래스들을 음성 클래스로 간주하여 클래스마다 $f_1$-점수를 계산합니다. 그런 다음, 클래스별 $f_1$-점수를 다음 전략 중 하나를 사용하여 평균을 냅니다.

- "macro" 평균은 클래스별 $f_1$-점수에 가중치를 주지 않습니다. 클래스 크기에 상관없이 모든 클래스를 같은 비중으로 다룹니다.
- "weighted" 평균은 클래스별 샘플 수로 가중치를 두어 $f_1$-점수의 평균을 계산합니다.
- "micro" 평균은 모든 클래스의 거짓 양성(FP), 거짓 음성(FN), 진짜 양성(TP)의 총 수를 헤아린 다음 정밀도, 재현율, $f_1$-점수를 이 수치로 계산합니다.

각 샘플을 똑같이 간주한다면 "micro" 평균 $f_1$-점수를 추천합니다. 각 클래스를 동일한 비중으로 고려한다면 "macro" 평균 $f_1$-점수를 추천합니다.

```
In [82]
  print("micro 평균 f1 점수: {:.3f}".format(
      f1_score(y_test, pred, average="micro")))
  print("macro 평균 f1 점수: {:.3f}".format(
      f1_score(y_test, pred, average="macro")))

Out [82]
  micro 평균 f1 점수: 0.953
  macro 평균 f1 점수: 0.954
```

### 5.3.4 회귀의 평가 지표

회귀 평가는 분류에서와 비슷하게 할 수 있습니다. 예를 들면, 타깃을 과대 예측한 것 대비 과소 예측한 것을 분석합니다. 그러나 대부분의 애플리케이션에서는 회귀 추정기의 score 메서드에서 이용하는 $R^2$만으로 충분합니다. 가끔 평균 제곱 에러나 평균 절댓값 에러를 사용하여 모델을 튜닝할 때 이런 지표를 기반으로 비즈니스 결정을 할 수 있습니다. 그러나 일반적으로 $R^2$이 회귀 모델을 평가하는 데 더 나은 지표입니다.

---

38 옮긴이_ f1_score 함수는 average 매개변수를 사용하여 이진 분류와 다중 분류를 모두 지원합니다. average 매개변수의 기본값은 이진 분류에 해당하는 binary입니다.

### 5.3.5 모델 선택에서 평가 지표 사용하기

많은 평가 방법과 그 방법들을 주어진 타깃 값과 모델에 어떻게 적용하는지 자세히 다루었습니다. 그러나 GridSearchCV나 cross_val_score를 사용하여 모델을 선택할 때, AUC 같은 평가 지표를 사용하고 싶은 경우가 많이 있습니다. 다행히 scikit-learn에서는 GridSearchCV와 cross_val_score의 scoring 매개변수를 통해 손쉽게 이를 구현할 수 있습니다. 사용하려는 평가 지표를 문자열로 넘겨주기만 하면 됩니다. 예를 들어 digits 데이터셋을 가지고 '9와 9 아님'을 분류하는 SVM 모델을 평균 정밀도 점수로 평가해보겠습니다. 기본값(정확도)에서 평균 정밀도로 바꾸려면 scoring 매개변수에 average_precision이라고 지정하면 됩니다.

```
In [83]
 # 분류의 기본 평가 지표는 정확도 입니다
 print("기본 평가 지표:",
       cross_val_score(SVC(), digits.data, digits.target == 9, cv=5))
 # scoring="accuracy"의 결과는 같습니다.
 explicit_accuracy = cross_val_score(SVC(), digits.data, digits.target == 9,
                                     scoring="accuracy", cv=5)
 print("정확도 지표:", explicit_accuracy)
 roc_auc = cross_val_score(SVC(), digits.data, digits.target == 9,
                           scoring="roc_auc", cv=5)
 print("평균 정밀도 지표:", ap)

Out [83]
 기본 평가 지표: [0.975 0.992 1.    0.994 0.981]
 정확도 지표: [0.975 0.992 1.    0.994 0.981]
 평균 정밀도 지표: [0.976 0.989 1.    0.999 0.95 ]
```

cross_validate 함수를 사용하면 한 번에 여러 측정 지표를 계산할 수 있습니다.[39]

```
In [84]
 res = cross_validate(SVC(), digits.data, digits.target == 9,
                      scoring=["accuracy", "roc_auc", "recall_macro"],
                      return_train_score=True, cv=5)
 pd.DataFrame(res)
```

--------------------------------------

39 옮긴이_ GridSearchCV에도 scoring 매개변수에 여러 개의 측정 지표를 지정할 수 있습니다.

| | fit_time | score_time | test_accuracy | train_accuracy | test_roc_auc | train_roc_auc | test_recall_macro | train_recall_macro |
|---|---|---|---|---|---|---|---|---|
| 0 | 0.03 | 0.01 | 0.97 | 0.99 | 0.98 | 0.99 | 0.89 | 0.97 |
| 1 | 0.02 | 0.01 | 0.99 | 1.00 | 0.99 | 1.00 | 0.96 | 0.98 |
| 2 | 0.02 | 0.01 | 1.00 | 1.00 | 1.00 | 1.00 | 1.00 | 0.98 |
| 3 | 0.02 | 0.01 | 0.99 | 1.00 | 1.00 | 1.00 | 0.97 | 0.98 |
| 4 | 0.02 | 0.01 | 0.98 | 1.00 | 0.95 | 1.00 | 0.90 | 0.99 |

비슷하게 GridSearchCV에서 최적의 매개변수를 선택하기 위한 평가 지표를 바꿀 수 있습니다.

In [85]
```
X_train, X_test, y_train, y_test = train_test_split(
    digits.data, digits.target == 9, random_state=0)

# 일부러 적절하지 않은 그리드를 만듭니다.
param_grid = {'gamma': [0.0001, 0.01, 0.1, 1, 10]}
# 기본 정확도 측정 지표를 사용합니다.
grid = GridSearchCV(SVC(), param_grid=param_grid, cv=3)
grid.fit(X_train, y_train)
print("정확도 지표를 사용한 그리드 서치")
print("최적의 파라미터:", grid.best_params_)
print("최상의 교차 검증 점수(정확도)): {:.3f}".format(grid.best_score_))
print("테스트 세트 평균 정밀도: {:.3f}".format(
    average_precision_score(y_test, grid.decision_function(X_test))))
print("테스트 세트 정확도: {:.3f}".format(grid.score(X_test, y_test)))
```

Out [85]
```
정확도 지표를 사용한 그리드 서치
최적의 파라미터: {'gamma': 0.0001}
최상의 교차 검증 점수 (정확도)): 0.976
테스트 세트 평균 정밀도: 0.966
테스트 세트 정확도: 0.973
```

In [86]
```
# 평균 정밀도 지표 사용
grid = GridSearchCV(SVC(), param_grid=param_grid, scoring="average_precision", cv=3)
grid.fit(X_train, y_train)
```

```
print("평균 정밀도 지표를 사용한 그리드 서치")
print("최적의 파라미터:", grid.best_params_)
print("최상의 교차 검증 점수(평균 정밀도): {:.3f}".format(grid.best_score_))
print("테스트 세트 평균 정밀도: {:.3f}".format(
    average_precision_score(y_test, grid.decision_function(X_test))))
print("테스트 세트 정확도: {:.3f}".format(grid.score(X_test, y_test)))
```

```
Out [86]
    AUC 지표를 사용한 그리드 서치
    최적의 파라미터: {'gamma': 0.01}
    최상의 교차 검증 점수(평균 정밀도): 0.988
    테스트 세트 평균 정밀도: 0.996
    테스트 세트 정확도: 0.896
```

정확도를 사용할 때는 gamma=0.001이 선택되지만, 평균 정밀도를 사용하면 gamma= 0.01이 선택됩니다. 두 경우 모두 교차 검증 점수가 테스트 세트에 대한 결과와 일치합니다. 평균 정밀도를 최적화하기 위해 찾은 매개변수에서는 테스트 세트의 평균 정밀도가 더 높습니다. 반면 정확도를 최적화하기 위해 찾은 매개변수에서는 테스트 세트의 정확도가 더 높습니다.

분류 문제에서 scoring 매개변수의 중요한 옵션은 accuracy(기본값), ROC 곡선의 아래 면적인 roc_auc, 정확도-재현율 곡선의 아래 면적인 average_precision, 이진 $f_1$-점수인 f1과 가중치 방식에 따라 f1_macro, f1_micro, f1_weighted가 있습니다. 회귀에서 가장 널리 사용하는 것은 $R^2$ 점수를 나타내는 r2, 평균 제곱 오차인 neg_mean_squared_error, 평균 절댓값 오차인 neg_mean_absolute_error입니다.[40] 공식 문서에서 전체 옵션 목록을 볼 수 있습니다(https://goo.gl/C7kSgU).

## 5.4 요약 및 정리

이번 장에서 교차 검증, 그리드 서치, 평가 지표와 머신러닝 알고리즘을 평가하고 개선하기 위한 기초 사항을 살펴보았습니다. 이 장에서 논의한 도구들과 2, 3장에서 나온 알고리즘들은 모

---

40 옮긴이_ 평가 지표가 높을수록 좋은 것이 되도록 사이킷런 0.18버전에서 일부 회귀 지표를 음수로 바꾸고 neg_ 접두사를 붙였습니다. 0.20 버전에서는 neg_ 접두사가 없는 mean_squared_error, mean_absolute_error 등이 삭제되었습니다.

든 머신러닝 개발자의 필수 도구입니다.

초보 기술자가 간과하기 쉽기 때문에 이 장에서 나온 주의 사항 두 개를 다시 환기하겠습니다. 첫째, 교차 검증을 해야 합니다. 교차 검증 또는 테스트 세트를 사용하면 머신러닝 모델의 미래 성능을 평가할 수 있습니다. 하지만 테스트 세트나 교차 검증을 모델이나 모델의 매개변수 선택에 사용하면 (테스트 데이터를 써버렸기 때문에) 테스트 데이터로 미래 성능을 평가했을 때 매우 낙관적인 예측치를 얻게 됩니다. 그러므로 모델 학습에는 훈련 데이터로, 모델과 매개변수 선택에는 검증 데이터로, 모델 평가에는 테스트 데이터로 분리해서 사용해야 합니다. 간단하게 한 번만 분리하는 대신 교차 검증으로 분할을 반복합니다. (앞에서 언급했듯이) 가장 널리 사용하는 구성은 훈련 세트와 테스트 세트로 분할하고 모델과 모델 매개변수 선택을 위해 훈련 세트에 교차 검증을 적용하는 방식입니다.

둘째, 모델 선택과 평가에 사용하는 평가 지표와 방법이 중요합니다. 머신러닝 모델의 예측으로부터 비즈니스 결정을 내리는 이론은 이 책에서 다루지 않습니다.[41] 그러나 머신러닝 작업의 최종 목적이 높은 정확도의 모델을 만드는 데에서 끝나는 일은 거의 없습니다. 모델을 평가하고 선택하기 위한 지표가 이 모델이 실제로 사용되는 상황을 잘 대변해야 합니다. 실전에서는 분류 문제에 균형 잡힌 클래스를 가진 경우가 거의 없고, 거짓 양성(FP)과 거짓 음성(FN)이 매우 큰 영향을 미칩니다. 이런 영향을 이해하고 적절한 평가 지표를 선택해야 합니다.

지금까지 언급한 모델 평가와 선택 기술은 데이터 과학자의 도구 상자에서 가장 중요한 것들입니다. 이 장에서 설명한 그리드 서치와 교차 검증은 지도 학습 모델 하나에만 적용했습니다. 그러나 우리가 보았듯이 많은 모델이 전처리를 필요로 합니다. 3장의 얼굴 인식 예와 같이 어떤 애플리케이션에서는 데이터의 표현을 다르게 만드는 것이 도움이 됩니다. 다음 장에서는 이런 알고리즘을 연결하여 그리드 서치와 교차 검증을 사용할 수 있는 Pipeline 기능을 소개하겠습니다.

---

41 이 주제에 대한 자세한 정보를 원한다면 포스터 프로보스트와 톰 포셋의 『비즈니스를 위한 데이터 과학』(한빛미디어, 2014)을 추천합니다.

# CHAPTER 6

# 알고리즘 체인과 파이프라인

4장에서 보았듯이 입력 데이터의 표현 형태에 매우 민감한 머신러닝 알고리즘이 많습니다. 직접 데이터의 스케일을 조정하고 특성을 연결하는 것부터 시작해서 3장에서처럼 비지도 학습으로 특성을 만들기까지 합니다. 따라서 대부분의 머신러닝 애플리케이션은 하나의 알고리즘으로 이뤄져 있지 않고, 여러 단계의 처리 과정과 머신러닝 모델이 연결되어 있습니다. 이번 장에서는 데이터 변환 과정과 머신러닝 모델을 쉽게 연결해주는 Pipeline 파이썬 클래스를 설명하겠습니다. 특히 Pipeline과 GridSearchCV를 함께 사용하여 각 처리 단계에서 필요한 매개변수 탐색을 동시에 수행할 것입니다.

모델 체인의 좋은 예로, 3장에서 cancer 데이터셋을 MinMaxScaler로 전처리를 해서 커널 SVM의 성능을 크게 향상시켰습니다.[1] 다음은 데이터를 분할하고 최솟값, 최댓값을 찾아 데이터의 스케일을 바꾸고 SVM을 훈련시키는 코드입니다.

```
In [3]
  from sklearn.svm import SVC
  from sklearn.datasets import load_breast_cancer
  from sklearn.model_selection import train_test_split
  from sklearn.preprocessing import MinMaxScaler

  # 데이터 적재와 분할
  cancer = load_breast_cancer()
  X_train, X_test, y_train, y_test = train_test_split(
```

---

1 옮긴이_ cancer 데이터셋의 스케일을 조정한 후 SVC(C=100) 모델을 사용해 테스트 세트 정확도를 63%에서 97%로 개선했습니다.

```
                cancer.data, cancer.target, random_state=0)

        # 훈련 데이터의 최솟값, 최댓값을 계산합니다.
        scaler = MinMaxScaler().fit(X_train)

In [4]
        # 훈련 데이터의 스케일을 조정합니다.
        X_train_scaled = scaler.transform(X_train)

        svm = SVC()
        # 스케일 조정된 훈련데이터에 SVM을 학습시킵니다.
        svm.fit(X_train_scaled, y_train)
        # 테스트 데이터의 스케일을 조정하고 점수를 계산합니다.
        X_test_scaled = scaler.transform(X_test)
        print("테스트 점수: {:.2f}".format(svm.score(X_test_scaled, y_test)))

Out [4]
        테스트 점수: 0.97
```

# 6.1 데이터 전처리와 매개변수 선택

5장에서처럼 GridSearchCV를 사용해서 더 좋은 SVC 매개변수를 찾으려고 합니다.[2] 어떻게 해야 할까요? 단순한 방법은 다음과 같습니다.

```
In [5]
   from sklearn.model_selection import GridSearchCV
   # 이 코드는 예를 위한 것입니다. 실제로 사용하지 마세요.
   param_grid = {'C': [0.001, 0.01, 0.1, 1, 10, 100],
                 'gamma': [0.001, 0.01, 0.1, 1, 10, 100]}
   grid = GridSearchCV(SVC(), param_grid=param_grid, cv=5)
   grid.fit(X_train_scaled, y_train)
   print("최상의 교차 검증 정확도: {:.2f}".format(grid.best_score_))
   print("테스트 점수: {:.2f}".format(grid.score(X_test_scaled, y_test)))
   print("최적의 매개변수: ", grid.best_params_)
```

---

2  옮긴이_ 앞의 코드에서 SVC의 매개변수 C와 gamma에 적용한 값은 기본값인 1과 $\frac{1}{30}$(특성 개수의 역수)입니다.

```
Out [5]
    최상의 교차 검증 정확도: 0.98
    테스트 세트 점수: 0.97
    최적의 매개변수: {'gamma': 1, 'C': 1}
```

여기서 스케일을 조정한 데이터를 사용해서 SVC의 매개변수에 대해 그리드 서치를 수행했습니다. 그러나 이 코드에는 교묘한 함정이 있습니다. 데이터의 최솟값과 최댓값을 계산할 때 학습을 위해 훈련 세트에 있는 모든 데이터를 사용하였습니다. 그런 다음에 스케일이 조정된 훈련 데이터에서 교차 검증을 사용해 그리드 서치를 수행했습니다. 교차 검증의 각 분할에서 원본 훈련 세트 데이터의 어떤 부분은 훈련 폴드가 되고 어떤 부분은 검증 폴드가 됩니다. 검증 폴드는 훈련 폴드로 학습된 모델이 새로운 데이터에 적용될 때의 성능을 측정하는 데 사용합니다. 그러나 데이터 스케일을 조정할 때 검증 폴드에 들어 있는 정보까지 이미 사용했습니다. 다시 말하면 교차 검증의 반복마다 선택된 검증 폴드는 전체 훈련 세트의 일부이며, 우리는 데이터의 스케일을 조정하기 위해 전체 훈련 세트를 이용했습니다. 하지만 이는 새로운 데이터가 모델에 나타날 때와 완전히 다릅니다. 새로운 데이터가 관측되면 (말하자면, 테스트 세트처럼) 이 데이터는 훈련 데이터의 스케일 조정에 사용되지 않은 것이라, 그 최솟값과 최댓값이 훈련 데이터와 다를 수 있습니다. [그림 6-1]은 교차 검증 동안 데이터 처리와 최종 평가가 어떻게 다른지를 보여줍니다.

```
In [6]
    mglearn.plots.plot_improper_processing()
```

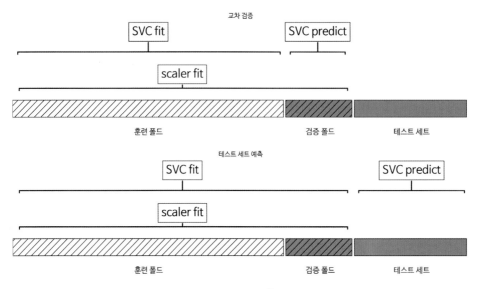

**그림 6-1** 교차 검증 반복 밖에서 전처리가 될 때 데이터 사용 형태[3]

이렇기 때문에 교차 검증의 분할 방식은 모델이 새 데이터를 만났을 때를 올바로 반영하지 못하고 있습니다. 검증 폴드 데이터의 정보가 모델 구축 과정에 이미 누설되었으므로 교차 검증에서 최적의 매개변수를 찾지 못하고 낙관적인 결과가 만들어지게 됩니다.

이 문제를 해결하려면 교차 검증의 분할이 모든 전처리 과정보다 앞서 이뤄져야 합니다. 데이터셋의 정보를 이용하는 모든 처리 과정은 데이터셋의 훈련 부분에만 적용되어야 하므로 교차 검증 반복 안에 있어야 합니다.

scikit-learn에서 cross_val_score 함수와 GridSearchCV로 이런 방식을 구현하려면 Pipeline을 사용하면 됩니다. Pipeline은 여러 처리 단계를 하나의 scikit-learn 추정기 형태로 묶어주는 파이썬 클래스입니다.[4] Pipeline은 fit, predict, score 메서드를 제공하고 scikit-learn의 다른 모델들과 유사하게 작동합니다. Pipeline을 사용하는 가장 일반적인 경우는 분류기 같은 지도 학습 모델과 (데이터 스케일 조정 같은) 전처리 단계를 연결할 때입니다.

---

3 옮긴이_ 위쪽 그래프는 매개변수 선택을 위해 교차 검증에서 scaler.fit과 SVC.predict가 모두 검증 폴드를 사용하고 있습니다. 하지만 모델의 성능을 평가할 때는 scaler.fit이 테스트 세트에 적용되지 않습니다(아래 그래프).

4 옮긴이_ 실제로 Pipeline은 BaseEstimator 파이썬 클래스를 상속합니다.

## 6.2 파이프라인 구축하기

MinMaxScaler로 데이터의 스케일을 조정하고 SVM 모델을 훈련시키는 워크플로workflow를 Pipeline을 사용해 어떻게 표현하는지 알아보겠습니다(여기서는 그리드 서치는 사용하지 않겠습니다). 먼저 각 단계를 리스트로 전달하여 파이프라인 객체를 만듭니다. 각 단계는 추정기의 객체와 임의의 이름(아무 문자열이나 가능합니다[5])으로 구성된 튜플tuple[6]입니다.

```
In [7]
  from sklearn.pipeline import Pipeline
  pipe = Pipeline([("scaler", MinMaxScaler()), ("svm", SVC())])
```

여기에서는 두 개의 단계를 만들었습니다. 첫 번째 단계는 "scaler"란 이름으로 MinMax Scaler의 객체입니다. 두 번째는 "svm"이란 이름으로 SVC의 객체입니다. 이제 scikit-learn의 다른 예측 모델처럼 파이프라인에서 fit 메서드를 호출합니다.

```
In [8]
  pipe.fit(X_train, y_train)
```

pipe.fit은 첫 번째 단계(scaler)의 fit 메서드를 호출하여 훈련 데이터를 변환하고, 마지막으로 변환된 데이터에 SVM 모델을 훈련시킵니다. 테스트 세트로 평가하려면 pipe.score를 호출합니다.

```
In [9]
  print("테스트 점수: {:.2f}".format(pipe.score(X_test, y_test)))

Out [9]
  테스트 점수: 0.97
```

파이프라인에서 score 메서드를 호출하면, 먼저 scaler를 사용하여 테스트 데이터를 변환하고, 변환된 데이터에 SVM 모델의 score 메서드를 호출합니다. 앞에서 볼 수 있듯이 결괏값

---

5 예외가 하나 있는데, 이중 밑줄 문자(_)는 포함하면 안 됩니다.

6 옮긴이_ 파이썬에서 튜플은 리스트와 비슷하지만 원소를 추가, 삭제, 변경할 수 없고 소괄호로 나타냅니다.

은 이 장의 시작 부분에서 직접 변환한 코드의 결과와 같습니다. 파이프라인을 사용하면 "전처리 + 분류" 과정을 위해 작성해야 할 코드가 줄어듭니다. 그러나 파이프라인의 가장 큰 장점은 cross_val_score나 GridSearchCV에 파이프라인을 하나의 추정기처럼 사용할 수 있다는 것입니다.

## 6.3 그리드 서치에 파이프라인 적용하기

그리드 서치에 파이프라인을 사용하는 방식 역시 다른 추정기를 사용할 때와 같습니다. 탐색할 매개변수 그리드를 정의하고, 이 매개변수 그리드와 파이프라인으로 GridSearchCV의 객체를 만듭니다. 그런데 매개변수 그리드를 만들 때 조금 달라지는 것이 있습니다. 각 매개변수가 파이프라인의 어떤 단계에 속한 것인지 알려줘야 합니다. C와 gamma 매개변수는 두 번째 단계인 SVC의 매개변수입니다. 앞에서 이 단계의 이름을 "svm"이라고 지정했습니다. 파이프라인용 매개변수 그리드는 단계 이름과 매개변수 이름을 "__"(밑줄 문자 2개)로 연결해 만듭니다. 그래서 SVC의 매개변수 C를 그리드 서치로 탐색하려면 매개변수 그리드 딕셔너리의 키를 "svm__C"로 해야 하고 gamma에 대해서도 동일합니다.

```
In [10]
param_grid = {'svm__C': [0.001, 0.01, 0.1, 1, 10, 100],
              'svm__gamma': [0.001, 0.01, 0.1, 1, 10, 100]}
```

이 매개변수 그리드로 GridSearchCV를 보통 때처럼 사용할 수 있습니다.

```
In [11]
grid = GridSearchCV(pipe, param_grid=param_grid, cv=5)
grid.fit(X_train, y_train)
print("최상의 교차 검증 정확도: {:.2f}".format(grid.best_score_))
print("테스트 세트 점수: {:.2f}".format(grid.score(X_test, y_test)))
print("최적의 매개변수:", grid.best_params_)

Out [11]
 최상의 교차 검증 정확도: 0.98
 테스트 세트 점수: 0.97
```

```
최적의 매개변수: {'svm__C': 1, 'svm__gamma': 1}
```

이전에 본 그리드 서치와 다른 점은 교차 검증의 각 분할에 MinMaxScaler가 훈련 폴드에 매번 적용되어, 매개변수 검색 과정에 검증 폴드의 정보가 누설되지 않은 것입니다. 이 방식을 앞부분의 [그림 6-1]과 비교해보겠습니다(그림 6-2).

```
In [12]
  mglearn.plots.plot_proper_processing()
```

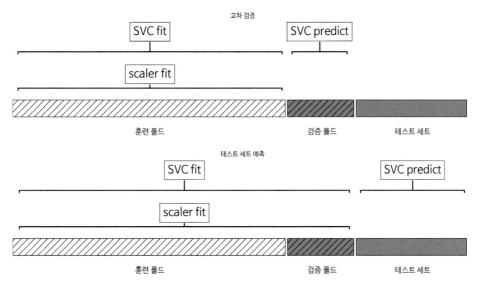

**그림 6-2** 교차 검증 반복 안에서 전처리가 될 때 데이터 사용 형태

교차 검증에서 정보 누설에 의한 영향은 전처리 종류에 따라 다릅니다. 검증 폴드를 사용해 데이터의 스케일을 조정하는 경우엔 심각한 문제가 생기지 않지만, 검증 폴드를 이용해 특성을 추출하거나 선택하면 결과가 확연히 달라집니다.

## 정보 누설에 대한 예시

헤이스티, 팁시라니, 프리드먼의 책 『The Elements of Statistical Learning, 2nd ed.』 (Springer, 2016)에 교차 검증의 정보 누설에 대한 좋은 예가 있습니다. 이 예를 약간 수정하여 재현해보겠습니다. 정규분포로부터 독립적으로 추출한 10,000개의 특성을 가진 샘플 100개를 사용한 회귀 문제를 생각해보겠습니다. 출력값도 정규분포로부터 샘플링합니다.

```
In [13]
  rnd = np.random.RandomState(seed=0)
  X = rnd.normal(size=(100, 10000))
  y = rnd.normal(size=(100,))
```

데이터셋을 무작위로 생성해서 데이터 X와 타깃 y 사이에는 아무런 관계가 없습니다(즉 독립적입니다). 그러므로 이 데이터셋으로 무언가를 학습하기는 불가능합니다. 이제 다음과 같이 한번 해보겠습니다. 먼저 SelectPercentile로 10,000개 중 가장 유용한 특성을 선택하고, 교차 검증을 사용하여 Ridge 회귀를 평가하겠습니다.

```
In [14]
  from sklearn.feature_selection import SelectPercentile, f_regression

  select = SelectPercentile(score_func=f_regression, percentile=5).fit(X, y)
  X_selected = select.transform(X)
  print("X_selected.shape:", X_selected.shape)

Out [14]
  X_selected.shape: (100, 500)

In [15]
  from sklearn.model_selection import cross_val_score
  from sklearn.linear_model import Ridge
  print("교차 검증 점수(리지): {:.2f}".format(
        np.mean(cross_val_score(Ridge(), X_selected, y, cv=5))))

Out [15]
  교차 검증 점수(리지): 0.91
```

교차 검증으로 계산한 평균 $R^2$은 0.91이므로 매우 좋은 모델입니다. 데이터셋을 완전히 무작위로 만들었으니 있을 수 없는 일입니다. 10,000개의 특성에서 우연히 타깃과 매우 연관이 높은 특성이 선택된 것일까요? 교차 검증 밖에서 특성을 선택했기 때문에 훈련과 테스트 폴드 양쪽에 연관된 특성이 찾아질 수 있습니다.[7] 테스트 폴드에서 유출된 정보는 매우 중요한 역할을 하기 때문에 비현실적으로 높은 결과가 나왔습니다. 이 결과를 파이프라인을 사용한 교차 검증과 비교해보겠습니다.

```
In [16]
  pipe = Pipeline([("select", SelectPercentile(score_func=f_regression,
                                               percentile=5)),
                  ("ridge", Ridge())])
print("교차 검증 점수(파이프라인): {:.2f}".format(
      np.mean(cross_val_score(pipe, X, y, cv=5))))

Out [16]
  교차 검증 점수(파이프라인): -0.25
```

이번에는 $R^2$ 점수가 음수라 성능이 매우 낮은 모델임을 나타냅니다. 파이프라인을 사용했기 때문에 특성 선택이 교차 검증 반복 안으로 들어갔습니다. 이 말은 훈련 폴드를 사용해서만 특성이 선택되었고 테스트 폴드는 사용하지 않았다는 뜻입니다. 특성 선택 단계에서 훈련 폴드의 타깃 값과 연관된 특성을 찾았지만, 전체 데이터가 무작위로 만들어졌으니 테스트 폴드의 타깃과는 연관성이 없습니다. 이 예는 특성 선택 단계에서 일어나는 정보 누설을 막는 것이 모델의 성능을 평가하는 데 큰 차이를 만든다는 것을 보여줍니다.

## 6.4 파이프라인 인터페이스

Pipeline은 사실 전처리나 분류에 국한하지 않고 어떤 추정기와도 연결할 수 있습니다. 예를 들어 특성 추출, 특성 선택, 스케일 변경, 분류의 총 네 단계를 포함하는 파이프라인을 만들 수 있습니다. 비슷하게, 마지막 단계가 분류 대신 회귀나 군집이 될 수도 있습니다.

파이프라인에 들어갈 추정기는 마지막 단계를 제외하고는 모두 transform 메서드를 가지고 있어야 합니다. 그래서 다음 단계를 위한 새로운 데이터 표현을 만들 수 있어야 합니다.

7 옮긴이_ 간소한 예를 만들기 위해 train_test_split 함수로 훈련 세트와 테스트 세트를 나누지 않고, 훈련 데이터 전체를 cross_val_score에 넣었습니다. 그래서 검증 폴드 대신 테스트 폴드라고 부르고 있습니다. 훈련 세트와 테스트 세트로 나눠 사용할 경우에는 훈련 세트가 교차 검증 안에서 훈련 폴드와 검증 폴드로 나뉜다고 말합니다.

내부적으로는 Pipeline.fit 메서드가 실행되는 동안, 파이프라인은 각 단계에서 이전 단계의 transform의 출력을 입력으로 받아 fit과 transform 메서드를 차례로 호출합니다.[8] 그리고 마지막 단계는 fit 메서드만 호출합니다.

세부 사항을 대략 구현해보면 다음과 같습니다. pipeline.steps는 튜플의 리스트라서 pipline.steps[0][1]은 첫 번째 추정기이고 pipline.steps[1][1]은 두 번째 추정기가 되는 식입니다.[9]

```
In [17]
  def fit(self, X, y):
      X_transformed = X
      for name, estimator in self.steps[:-1]:
          # 마지막 단계를 빼고 fit과 transform을 반복합니다.
          X_transformed = estimator.fit_transform(X_transformed, y)
      # 마지막 단계 fit을 호출합니다.
      self.steps[-1][1].fit(X_transformed, y)
      return self
```

Pipeline을 사용해서 예측할 때는, 비슷한 방식으로 마지막 단계 이전까지 transform 메서드를 호출한 다음, 마지막 단계에서 predict를 호출합니다.[10]

```
In [18]
  def predict(self, X):
      X_transformed = X
      for step in self.steps[:-1]:
          # 마지막 단계를 빼고 transform을 반복합니다.
          X_transformed = step[1].transform(X_transformed)
      # 마지막 단계 predict을 호출합니다.
      return self.steps[-1][1].predict(X_transformed)
```

변환기 두 개(T1, T2)와 분류기 한 개(Classifier)로 구성된 과정은 [그림 6-3]과 같습니다.

---

8  또는 fit_transform을 호출합니다.
   옮긴이_ 추정기가 fit_trasform 메서드를 제공하는 경우에 해당합니다.
9  옮긴이_ pipline.steps[0][0]에는 첫 번째 단계의 이름이 들어 있고 pipline.steps[1][0]은 두 번째 단계의 이름이 들어 있습니다.
10 옮긴이_ 파이프라인의 predict_proba와 decision_function 메서드도 마지막 단계에서 predict_proba와 decision_function 메서드를 호출하는 것 외에는 같습니다.

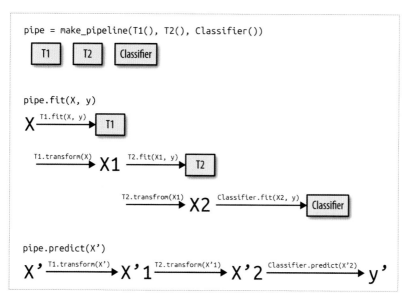

**그림 6-3** 파이프라인의 훈련과 예측의 과정[11]

파이프라인은 실제로 이보다 더 다양하게 구성할 수 있습니다. 파이프라인 마지막 단계가 predict 함수를 가져야 할 필요는 없으므로 스케일 변환이나 PCA만 포함하는 파이프라인 을 만들 수 있습니다. 마지막 단계(PCA)에 transform 메서드가 있으므로, 파이프라인의 transform을 호출하면 이전 단계 출력에 PCA.transform을 적용한 결과를 반환합니다. 파이 프라인의 마지막 단계에는 최소한 fit 메서드는 있어야 합니다.

> **NOTE_** scikit-learn 0.23 버전에서는 추정기 객체를 주피터 노트북에서 시각화해주는 기능이 추가되었습 니다. set_config 함수의 display 매개변수를 기본값 'text'에서 'diagram'으로 바꾸어 준 후 파이프라인 객 체를 출력하면 됩니다.
>
> 특히 이 기능은 파이프라인과 그리드 서치 객체의 구조를 잘 요약해주기 때문에 유용합니다. 예를 들어 다음 코드는 〈정보 누설에 대한 예시〉 상자 안에서 만든 pipe 객체의 구조를 출력합니다.

---

11 옮긴이_ 이 그림에서 T1.fit은 자기 자신인 T1을 반환하며, T1.transform은 변환된 데이터 X1을 만듭니다. 이는 T2와 Classifier에서 도 마찬가지입니다. X'는 예측을 위해 새롭게 주어진 데이터를 나타냅니다.

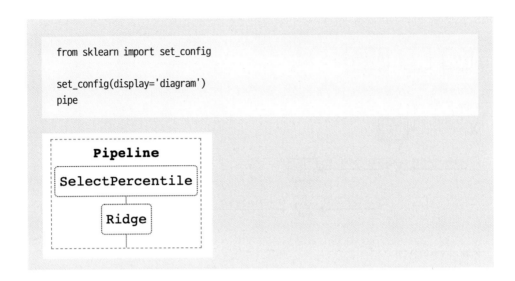

```
from sklearn import set_config

set_config(display='diagram')
pipe
```

Pipeline
SelectPercentile
Ridge

### 6.4.1 make_pipeline을 사용한 파이프라인 생성

앞서 설명한 방식대로 파이프라인을 만드는 게 좀 번거롭기도 하고 각 단계에 특별히 이름을 부여하지 않아도 될 경우가 많습니다. make_pipeline 함수는 각 단계 이름에 해당 파이썬 클래스의 이름을 부여한 파이프라인을 만들어줍니다. make_pipeline 함수 사용법은 다음과 같습니다.

```
In [20]
  from sklearn.pipeline import make_pipeline
  # 표준적인 방법
  pipe_long = Pipeline([("scaler", MinMaxScaler()), ("svm", SVC(C=100))])
  # 간소화된 방법
  pipe_short = make_pipeline(MinMaxScaler(), SVC(C=100))
```

파이프라인 객체 pipe_long과 pipe_short이 정확히 똑같은 작업을 수행하지만, pipe_short은 단계의 이름을 자동으로 만듭니다. steps 속성에 각 단계의 이름이 있습니다.

```
In [21]
  print("파이프라인 단계:\n", pipe_short.steps)
```

```
파이프라인 단계:
[('minmaxscaler', MinMaxScaler(copy=True, feature_range=(0, 1))), ('svc', SVC(C=100,
  cache_size=200, class_weight=None, coef0=0.0,
    decision_function_shape='ovr', degree=3, gamma='auto_deprecated',
    kernel='rbf', max_iter=-1, probability=False, random_state=None,
    shrinking=True, tol=0.001, verbose=False))]
```

단계의 이름은 minmaxscaler와 svc입니다. 일반적으로 단계의 이름은 파이썬 클래스 이름의 소문자 버전입니다. 같은 파이썬 클래스를 여러 단계에서 사용하면 이름 뒤에 숫자가 추가로 붙습니다.

In [22]

```
from sklearn.preprocessing import StandardScaler
from sklearn.decomposition import PCA

pipe = make_pipeline(StandardScaler(), PCA(n_components=2), StandardScaler())
print("파이프라인 단계:\n", pipe.steps)
```

Out [22]

```
파이프라인 단계:
[('standardscaler-1', StandardScaler(copy=True, with_mean=True, with_std=True)),
 ('pca', PCA(copy=True, iterated_power='auto', n_components=2, random_state=None,
              svd_solver='auto', tol=0.0, whiten=False)),
 ('standardscaler-2', StandardScaler(copy=True, with_mean=True, with_std=True))]
```

앞의 결과를 보면 첫 번째 StandardScaler 단계는 standardscaler-1이라고 이름 지었으며 두 번째 단계의 이름은 standardscaler-2라고 되어 있습니다. 더 의미 있는 이름을 붙이려면 Pipeline으로 객체를 직접 만드는 것이 좋습니다.

## 6.4.2 단계 속성에 접근하기

종종 파이프라인의 단계 중 하나의 속성을 확인하고 싶을 때가 있습니다. 예를 들면 선형 모델의 계수나 PCA에서 추출한 주성분입니다. 단계 이름을 키로 가진 딕셔너리인 named_steps 속성을 사용하면 파이프라인의 각 단계에 쉽게 접근할 수 있습니다.

```
# cancer 데이터셋에 앞서 만든 파이프라인을 적용합니다.
pipe.fit(cancer.data)
# "pca" 단계의 두 개 주성분을 추출합니다.
components = pipe.named_steps["pca"].components_
print("components.shape:", components.shape)
```

Out [23]
```
components.shape: (2, 30)
```

### 6.4.3 그리드 서치 안의 파이프라인 속성에 접근하기

이 장의 서두에 언급했듯이 파이프라인을 사용하는 주된 목적은 그리드 서치 때문입니다. 그래서 그리드 서치 안에 있는 파이프라인의 단계에 접근할 때가 많습니다. 스케일 조정을 위한 StandardScaler와 LogisticRegression 분류기로 Pipeline을 만들어 cancer 데이터셋에 그리드 서치를 적용하겠습니다. 먼저 make_pipeline 함수로 파이프라인을 만듭니다.

In [24]
```
from sklearn.linear_model import LogisticRegression
pipe = make_pipeline(StandardScaler(), LogisticRegression(max_iter=1000))
```

그다음엔 매개변수 그리드를 만듭니다. 2장에서 보았듯이 LogisticRegression의 규제를 조절하는 매개변수는 C입니다. 이 매개변수의 범위를 0.01에서 100까지 로그 스케일 단위로 지정하겠습니다. make_pipeline 함수를 사용했으니 파이프라인에서 LogisticRegression 단계의 이름은 소문자로 된 logisticregression입니다. 따라서 매개변수 C를 튜닝하려면 매개변수 그리드에 logisticregression__C로 지정해야 합니다.

In [25]
```
param_grid = {'logisticregression__C': [0.01, 0.1, 1, 10, 100]}
```

cancer 데이터셋을 훈련 세트와 테스트 세트로 나누고 그리드 서치를 적용합니다.

```
In [26]
X_train, X_test, y_train, y_test = train_test_split(
    cancer.data, cancer.target, random_state=4)
grid = GridSearchCV(pipe, param_grid, cv=5)
grid.fit(X_train, y_train)
```

GridSearchCV가 찾은 LogisticRegression의 최적 매개변수를 어떻게 확인할 수 있을까요? 5장에서 GridSearchCV로 최적의 모델을 찾은 후 전체 훈련 데이터로 학습한 모델이 grid. best_estimator_ 에 저장되어 있다고 배웠습니다.

```
In [27]
print("최상의 모델:\n", grid.best_estimator_)

Out [27]
최상의 모델:
Pipeline(steps=[('standardscaler', StandardScaler()),
                ('logisticregression', LogisticRegression(C=1, max_iter=1000))])
```

이 경우에 best_estimator_는 standardscaler와 logisticregression 두 단계를 가진 파이프라인입니다. logisticregression 단계에 접근하려면, 이전에 한 것처럼 파이프라인의 named_steps 속성을 사용합니다.

```
In [28]
print("로지스틱 회귀 단계:\n",
      grid.best_estimator_.named_steps["logisticregression"])

Out [28]
로지스틱 회귀 단계:
LogisticRegression(C=1, max_iter=1000)
```

이제 학습된 LogisticRegression 객체를 얻었으므로 각 입력 특성에 연결된 계수(가중치)를 출력할 수 있습니다.

```
In [29]
print("로지스틱 회귀 계수:\n",
      grid.best_estimator_.named_steps["logisticregression"].coef_)
```

Out [29]
```
로지스틱 회귀 계수:
 [[-0.436 -0.343 -0.408 -0.534 -0.15   0.61  -0.726 -0.785  0.039  0.275
   -1.298  0.049 -0.673 -0.934 -0.139  0.45  -0.13  -0.101  0.434  0.716
   -1.091 -1.095 -0.852 -1.064 -0.743  0.073 -0.823 -0.653 -0.644 -0.42 ]]
```

이 표현식이 좀 길긴 하지만 모델을 이해하는 데는 도움이 됩니다.

## 6.5 전처리와 모델의 매개변수를 위한 그리드 서치

파이프라인을 사용하면 머신러닝 워크플로에 필요한 모든 처리 단계를 하나의 scikit-learn 추정기로 캡슐화할 수 있습니다. 또 다른 장점으로, 회귀와 분류 같은 지도 학습의 출력을 이용 해서 전처리 매개변수를 조정할 수 있습니다. 이전 장에서 boston 데이터셋에서 다항식 특성 을 선택해 리지 회귀에 적용했습니다. 이번에는 파이프라인을 사용해서 만들어보겠습니다. 이 파이프라인은 데이터 스케일 조정, 다항식 특성 선택, 리지 회귀의 세 단계로 구성됩니다.

In [30]
```python
# 보스턴 주택 데이터셋이 1.2 버전에서 삭제되므로 직접 다운로드합니다.
data_url = "http://lib.stat.cmu.edu/datasets/boston"
raw_df = pd.read_csv(data_url, sep="\s+", skiprows=22, header=None)
data = np.hstack([raw_df.values[::2, :], raw_df.values[1::2, :2]])
target = raw_df.values[1::2, 2]
X_train, X_test, y_train, y_test = train_test_split(data, target,
                                                    random_state=0)

from sklearn.preprocessing import PolynomialFeatures
pipe = make_pipeline(
    StandardScaler(),
    PolynomialFeatures(),
    Ridge())
```

다항식 차수가 얼마나 되어야 할지, 또는 다항식이나 교차항이 필요한지 어떻게 알 수 있을까 요? 이상적으로는 분류의 결과에 기초해서 degree 매개변수를 선택해야 합니다. 파이프라인 을 사용하면 Ridge의 alpha 매개변수와 함께 degree 매개변수를 탐색할 수 있습니다. 이렇게 하려면 단계의 이름을 접두어로 사용한 매개변수 두 개를 param_grid에 정의해야 합니다.

In [31]
```
param_grid = {'polynomialfeatures__degree': [1, 2, 3],
              'ridge__alpha': [0.001, 0.01, 0.1, 1, 10, 100]}
```

그런 다음 그리드 서치를 적용합니다.

In [32]
```
grid = GridSearchCV(pipe, param_grid=param_grid, cv=5, n_jobs=-1)
grid.fit(X_train, y_train)
```

5장에서처럼 교차 검증의 결과를 히트맵을 사용해서 나타냅니다(그림 6-4).

In [33]
```
mglearn.tools.heatmap(grid.cv_results_['mean_test_score'].reshape(3, -1),
                      xlabel="ridge__alpha", ylabel="polynomialfeatures__degree",
                      xticklabels=param_grid['ridge__alpha'],
                      yticklabels=param_grid['polynomialfeatures__degree'], vmin=0)
```

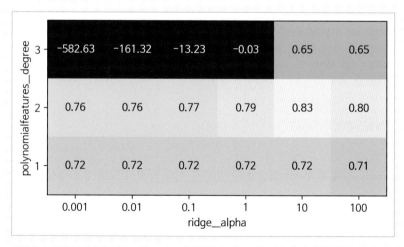

**그림 6-4** 다항식 차수와 Ridge의 alpha 매개변수에 따른 교차 검증 평균 점수의 히트맵

교차 검증의 결과를 보면 2차항이 효과가 좋고 3차항은 1, 2차보다 결과가 나쁩니다.[12] 최적의 매개변수를 확인해서도 알 수 있습니다.

```
In [34]
  print("최적의 매개변수:", grid.best_params_)

Out [34]
  최적의 매개변수: {'polynomialfeatures__degree': 2, 'ridge__alpha': 10}
```

테스트 점수는 다음과 같습니다.

```
In [35]
  print("테스트 세트 점수: {:.2f}".format(grid.score(X_test, y_test)))

Out [35]
  테스트 세트 점수: 0.77
```

다항식 특성이 없는 그리드 서치와 비교해보겠습니다.

```
In [36]
  param_grid = {'ridge__alpha': [0.001, 0.01, 0.1, 1, 10, 100]}
  pipe = make_pipeline(StandardScaler(), Ridge())
  grid = GridSearchCV(pipe, param_grid, cv=5)
  grid.fit(X_train, y_train)
  print("다항 특성이 없을 때 점수: {:.2f}".format(grid.score(X_test, y_test)))

Out [36]
  다항 특성이 없을 때 점수: 0.63
```

[그림 6-4]의 그리드 서치 결과에서 짐작할 수 있듯이, 다항 특성이 없는 경우 성능이 낮아졌습니다.

모델의 매개변수와 함께 전처리 과정의 매개변수를 찾는 것은 매우 강력한 전략입니다. 하지만 GridSearchCV는 지정한 매개변수의 모든 가능한 조합을 시도합니다. 그러므로 매개변수 그

---

12 옮긴이_ 리지 회귀의 score 메서드 반환값인 $R^2$ 점수가 높은 것이 좋은 모델입니다.

리드에 많은 매개변수를 추가하면 만들어야 할 모델이 급격히 증가하게 됩니다.[13]

## 6.6 모델 선택을 위한 그리드 서치

GridSearchCV와 Pipeline을 연결하는 것에서 더 나아가, 파이프라인을 구성하는 단계도 탐색 대상으로 삼을 수 있습니다(예를 들어 StandardScaler와 MinMaxScaler 중 어떤 것을 사용할지). 이렇게 하면 탐색 범위가 더 넓어지므로 주의 깊게 고려해야 합니다. 모든 알고리즘을 시도해보는 것이 필수적인 머신러닝 전략은 아닙니다. 여기에서는 cancer 데이터셋에서 RandomForestClassifier와 SVC를 비교해보겠습니다. SVC는 데이터의 스케일을 조정해야 하므로 StandardScaler를 사용할지 또는 전처리를 하지 않을지 판단해야 합니다. RandomForestClassifier에는 전처리가 필요 없습니다.

먼저 파이프라인 정의부터 하겠습니다. 여기서는 단계 이름을 직접 지정합니다. 단계가 두 개 필요하며, 하나는 전처리이고 다른 하나는 분류기입니다. SVC와 StandardScaler를 사용해 파이프라인 객체를 만듭니다.

```
In [37]
pipe = Pipeline([('preprocessing', StandardScaler()), ('classifier', SVC())])
```

이제 검색할 parameter_grid를 정의합니다. classifier는 RandomForestClassifier나 SVC가 되어야 합니다. 두 모델의 매개변수와 전처리가 다르므로 350페이지의 "비대칭 매개변수 그리드 탐색"에서 소개한 매개변수 그리드의 리스트를 사용합니다. 어떤 추정기에 해당하는 단계인지 지정하려면 추정기 단계의 이름을 매개변수 이름으로 사용합니다. 파이프라인의 단계를 건너뛰어야 할 때는 (예를 들어 RandomForestClassifier에는 전처리 단계가 필요 없으므로) 단계에 None을 할당합니다.

```
In [38]
from sklearn.ensemble import RandomForestClassifier
```

---

13 옮긴이_ 탐색해야 할 매개변수 조합이 많을 경우 scikit-learn 0.19 버전에서 추가된 파이프라인 캐싱을 사용하면 그리드 서치 속도를 개선할 수 있습니다. 자세한 내용은 옮긴이의 블로그(https://goo.gl/EnX5aj)를 참고하세요.

```
param_grid = [
    {'classifier': [SVC()], 'preprocessing': [StandardScaler()],
     'classifier__gamma': [0.001, 0.01, 0.1, 1, 10, 100],
     'classifier__C': [0.001, 0.01, 0.1, 1, 10, 100]},
    {'classifier': [RandomForestClassifier(n_estimators=100)],
     'preprocessing': [None], 'classifier__max_features': [1, 2, 3]}]
```

이전과 마찬가지로 그리드 서치 객체를 만들고 cancer 데이터셋으로 실행합니다.

```
In [39]
X_train, X_test, y_train, y_test = train_test_split(
    cancer.data, cancer.target, random_state=0)
grid = GridSearchCV(pipe, param_grid, cv=5)
grid.fit(X_train, y_train)
print("최적의 매개변수:\n{}\n".format(grid.best_params_))
print("최상의 교차 검증 점수: {:.2f}".format(grid.best_score_))
print("테스트 세트 점수: {:.2f}".format(grid.score(X_test, y_test)))
```

```
Out [39]
최적의 매개변수:
{'classifier':
 SVC(C=10, cache_size=200, class_weight=None, coef0=0.0,
     decision_function_shape=None, degree=3, gamma=0.01, kernel='rbf',
     max_iter=-1, probability=False, random_state=None, shrinking=True,
     tol=0.001, verbose=False),
 'preprocessing':
 StandardScaler(copy=True, with_mean=True, with_std=True),
 'classifier__C': 10, 'classifier__gamma': 0.01}

최상의 교차 검증 점수: 0.99
테스트 세트 점수: 0.98
```

그리드 서치의 결과는 StandardScaler 전처리를 사용하고 C=10, gamma=0.01인 SVC에서 최상의 결과를 얻었습니다.

## 6.6.1 중복 계산 피하기

대규모 그리드 서치를 수행할 때 종종 동일한 단계가 여러 번 수행됩니다. 예를 들어 classifier의 각 설정에 대하여 StandardScaler가 다시 만들어집니다. StandardScaler가 큰 문제는 아니지만 비용이 많이 드는 변환(가령 PCA나 NMF를 사용한 특성 추출)을 사용한다면 계산 낭비가 심해집니다. 가장 간단한 해결책은 파이프라인의 memory 매개변수를 사용하여 계산 결과를 캐싱하는 것입니다. 이 매개변수는 joblib.Memory 객체나 캐싱할 경로를 받습니다. 다음처럼 간단히 캐싱을 활성화할 수 있습니다.

```
In [40]
  pipe = Pipeline([('preprocessing', StandardScaler()), ('classifier', SVC())],
              memory="cache_folder")
```

이 방법에는 두 가지 단점이 있습니다. 캐시는 디스크에 저장되어 관리되기 때문에 실제 디스크에 읽고 쓰기 위해 직렬화<sup>serialization</sup>가 필요합니다. 즉 비교적 오랜 시간이 걸리는 변환이어야 memory 매개변수를 사용하여 속도를 높이는 효과를 낼 수 있습니다. 단순히 데이터의 스케일을 변환하는 것이라면 스케일 조정된 데이터를 디스크에서 읽는 것보다 빠를 가능성이 높습니다. 계산 비용이 높은 변환이라면 그래도 여전히 유용합니다. 또 다른 단점은 n_jobs 매개변수가 캐싱을 방해한다는 것입니다. 그리드 서치의 실행 순서에 따라 최악의 경우 캐시되기 전에 n_jobs만큼의 작업 프로세스가 동시에 동일한 계산을 중복으로 수행할 수 있습니다.

dask-ml 라이브러리에서 제공하는 GridSearchCV를 사용하면 이런 단점을 모두 피할 수 있습니다. dask-ml은 병렬 연산을 수행하는 동안 중복된 계산을 방지합니다. 심지어 클러스터에 분산된 경우에도 가능합니다. 계산 비용이 높은 파이프라인과 방대한 양의 매개변수 탐색을 해야 한다면 꼭 dask-ml을 살펴보세요.

# 6.7 요약 및 정리

이번 장에서 머신러닝 워크플로의 여러 처리 단계를 연결해주는 도구인 Pipeline 파이썬 클래스를 소개했습니다. 실제 머신러닝 애플리케이션에서는 모델을 단독으로 사용하는 경우가 거의 없으며 여러 처리 단계가 연속해서 이뤄집니다. 파이프라인을 사용하면 여러 단계를 하나의 파이썬 객체로 캡슐화해주고 scikit-learn의 fit, predict, transform 인터페이스를 사용할 수 있습니다. 특히 교차 검증을 사용하여 모델을 평가하고 그리드 서치를 사용하여 매개변수 선택을 할 때 모든 처리 단계를 Pipeline으로 묶는 것은 올바른 평가를 위해 필수적입니다. 또한 Pipeline 파이썬 클래스는 코드를 간결하게 작성하도록 도와주고, Pipeline을 사용하지 않고 처리 단계를 구현할 때 발생할 수 있는 실수를 방지해줍니다(예컨대 테스트 세트에 변환을 모두 적용하지 않거나 순서를 바꿔 적용하는 경우). 특성 추출, 전처리, 모델의 완벽한 조합을 찾는 것은 예술에 가까운 일이라 어느 정도 시행착오가 필요합니다. 그러나 파이프라인을 사용하면 여러 다른 처리 단계를 손쉽게 시도해볼 수 있습니다. 실험 단계에서는 처리 단계를 너무 복잡하게 만들지 말고, 모델에 포함된 모든 요소가 꼭 필요한 것인지 평가해야 합니다.

이번 장으로 scikit-learn에 있는 범용 도구들과 알고리즘들을 모두 둘러보았습니다. 필요한 기술을 모두 익혔고 머신러닝을 실전에 적용하는 데 필요한 메커니즘을 배웠습니다. 다음 장에서는 실전에서 많이 나타나지만, 올바로 다루려면 전문 지식이 필요한 특별한 종류의 데이터에 대해 깊게 살펴보겠습니다. 바로 텍스트 데이터입니다.

# CHAPTER 7

# 텍스트 데이터 다루기

4장에서 데이터의 속성을 나타내는 두 가지 특성에 관해 이야기했습니다. 정량적인 연속형 특성과 고정된 목록에서 값이 정해지는 범주형 특성입니다. 많은 애플리케이션에서 사용하는 세 번째 유형의 데이터가 있는데, 바로 텍스트입니다. 스팸 메일 분류를 예로 들면, 이메일의 내용에 이 분류 작업에 필요한 중요한 정보가 들어 있을 것입니다. 또는 이민 정책에 관한 정치인의 의견을 분석해야 할 때 각자의 언행이나 트윗이 중요한 정보를 제공합니다. 고객 서비스에서는 메시지가 불만사항인지 문의사항인지를 구분해야 할 때가 많습니다. 메시지의 제목이나 내용으로 고객의 의도를 자동으로 파악해서 적절한 부서로 전달하거나, 완전히 자동으로 응답할 수도 있습니다.

텍스트 데이터는 주로 글자가 연결된 문자열로 표현됩니다. 텍스트 데이터의 길이는 서로 같은 경우가 거의 없습니다. 이런 특성은 이제까지 본 수치형 특성과 매우 다르므로 머신러닝 알고리즘에 적용하기 전에 전처리를 해야 합니다.[1]

## 7.1 문자열 데이터 타입

텍스트 데이터를 처리하는 과정으로 들어가기 전에, 자주 나타나는 몇 가지 텍스트 데이터에

---

1 옮긴이_ 이제까지 본 데이터는 데이터 포인트의 속성이 고정된, 즉 특성의 개수가 같았습니다. 텍스트 데이터는 내용의 길이가 달라지므로 전처리 과정이 없다면 샘플마다 특성의 수가 달라집니다.

대해 이야기하겠습니다. 텍스트는 보통 데이터셋에서 문자열일 뿐이지만, 모든 문자열 특성을 텍스트로 다뤄야 하는 것은 아닙니다. 4장에서 본 것처럼 문자열 특성은 범주형 변수로 표현할 수도 있습니다. 문자열 특성을 어떻게 다뤄야 할지 알려면 데이터를 직접 보는 수밖에 없습니다.

우리가 만날 수 있는 문자열 데이터는 네 종류가 있습니다.

- 범주형 데이터
- 범주에 의미를 연결시킬 수 있는 임의의 문자열
- 구조화된 문자열 데이터
- 텍스트 데이터

**범주형 데이터**는 고정된 목록으로 구성됩니다. 예를 들어 사람들에게 가장 좋아하는 색을 묻는 설문으로 데이터를 수집해보려고 합니다. 드롭다운<sup>drop-down</sup> 메뉴에서 "빨강", "녹색", "파랑", "노랑", "검정", "흰색", "자주", "분홍" 중 하나를 선택해야 합니다. 이 경우 데이터셋에 8개의 값 중 하나가 들어가며 당연히 범주형 변수로 인코딩됩니다. 데이터를 이리저리 둘러보고 이런 경우에 해당하는지 조사해서(다른 문자열이 많다면 범주형 변수가 아닙니다), 만약 그렇다면 데이터셋에서 고유한 값을 찾아, 이 값들이 얼마나 자주 나타나는지 히스토그램을 그려볼 수 있습니다. 또, 각 값이 애플리케이션에서 생각하는 범주에 적절한지 확인합니다. 만약 설문이 절반 정도 진행됐는데 누군가 "검정"을 "검점"으로 쓴 오타를 발견해서 설문을 수정했다면, 이 데이터셋에는 같은 의미를 나타내는 "검정"과 "검점"이 모두 들어 있으므로 두 값을 하나로 합쳐야 합니다.

사용자에게 좋아하는 색을 묻기 위해 드롭다운 메뉴 대신 텍스트 필드<sup>text field</sup>를 제공했다고 생각해보겠습니다. 대부분의 사람은 "검정"이나 "파랑" 같은 색을 입력하지만, 어떤 사람은 철자를 틀리거나 "회색"이나 "쥐색"처럼 다르게 쓸 수 있습니다. 또는 더 확실하고 구체적으로 "암청색"처럼 쓸 수 있습니다. 매우 이상한 이름을 입력받을 수도 있습니다. xkcd 색깔 설문 (https://blog.xkcd.com/2010/05/03/color-survey-results/)이 좋은 예입니다. 사람들은 색에 자기만의 이름을 붙여서, "벨로키랍토르 엉덩이"나 "치과 오렌지색. 내 입으로 떨어지는 의사의 비듬이 아직도 생각나" 같은 이름을 만들기 때문에 색을 자동으로 매핑하기가 어렵거나 불가능하게 합니다. 텍스트 필드로 받는 이런 응답은 문자열 데이터의 네 종류 중 두 번째인 **범주에 의미를 연결시킬 수 있는 임의의 문자열**에 해당합니다. 이런 데이터를 범주형 변수로 인코딩하려면 가장 보편적인 값을 선택하든지, 애플리케이션에 맞게 이런 응답을 포용할 수 있는 범주를 정의하는 게 최선입니다. 색의 경우라면 "녹색과 빨강 줄무늬" 같은 응답은 "여러 가지 색" 범주에 할당하거나, 다른 것으로 인코딩할 수 없는 값은 "그 외"라고 하면 됩니다. 이런 전처리는 수작업을 많이 해야 하고 자동화하기 어렵습니다. 데이터 수집 관련 일을 하고 있다면, 범주형 변수로 받을 수 있는 것은 직접 입력받지 말라고 권하고 싶습니다.

미리 정의된 범주에 속하지 않지만 직접 입력한 값들이 주소나 장소, 사람 이름, 날짜, 전화번호, 식별번호처럼 일정한 **구조**를 가지기도 합니다. 이런 종류의 문자열은 분석하기 매우 어렵고, 처리 방법이 문맥이나 분야에 따라 매우 다릅니다. 이런 경우에 대한 체계적인 처리 방식은 이 책의 범위를 넘는 내용입니다.

문자열 데이터의 마지막 종류는 자유로운 형태의 절과 문장으로 구성된 **텍스트 데이터**입니다. 트윗, 채팅, 호텔 리뷰, 셰익스피어 작품, 위키백과 문서, 구텐베르크 프로젝트의 50,000권의 전자책 등이 여기에 속합니다. 이런 데이터는 대부분 단어로 구성된 문장에 정보를 담고 있습니다.[2] 문제를 간단하게 만들기 위해 여기서는 모든 문서가 영어로 쓰였다고 가정하겠습니다.[3] 텍스트 분석에서는 데이터셋을 말뭉치corpus라 하고, 하나의 텍스트를 의미하는 각 데이터 포인트를 문서document라 합니다. 이런 용어는 텍스트 데이터를 주로 다루는 정보 검색IR, information retrieval과 자연어 처리NLP, natural language processing 공동체에서 유래했습니다.


## 7.2 예제 애플리케이션: 영화 리뷰 감성 분석

이번 장의 예제를 위해 스탠퍼드 대학교 연구원인 앤드루 마스Adnrew Mass가 IMDbInternet Movie Database 웹사이트에서 수집한 영화 리뷰 데이터셋을 사용하겠습니다.[4] 이 데이터셋은 리뷰 텍스트와 '양성' 혹은 '음성'을 나타내는 레이블을 포함하고 있습니다.[5] IMDb 웹사이트에는 1에서 10까지 점수가 있습니다. 이 데이터셋은 7점 이상은 '양성', 4점 이하는 '음성'인 이진 분류 데이

---

2  아마도 트윗은 자체 텍스트보다 트윗에 링크된 웹사이트에 더 많은 정보가 있을 것 같습니다.

3  이번 장에서 다루는 내용 대부분은 로마 알파벳을 사용하는 다른 언어에도 적용할 수 있고, 단어 경계가 있는 언어에도 어느 정도 적용할 수 있습니다. 하지만 중국어 같은 경우는 단어의 경계가 없어 이번 장의 기법을 적용하기 어렵습니다.
    박은정_ 한국어의 경우 어절을 기준으로 띄어 쓰지만, 하나의 어절이 여러 개의 의미 단위로 구성되는 경우가 있으므로 형태소 분석을 하는 것이 일반적입니다.

4  이 데이터셋은 다음 주소에서 내려받을 수 있습니다. http://ai.stanford.edu/~amaas/data/sentiment/

5  옮긴이_ 이 데이터에서 '양성'은 영화에 대한 긍정적인 평가이고 '음성'은 비판적인 평가를 말합니다.

터셋으로 구분되어 있습니다(중간은 포함하고 있지 않습니다). 이런 방식이 데이터를 적절하게 표현한 것이 아닐 수 있지만, 여기서는 앤드루 마스가 만들어놓은 그대로 사용하겠습니다. macOS나 리눅스 사용자는 다음 명령으로 이 데이터를 다운로드하고 압축을 해제할 수 있습니다.[6]

```
In [3]
    !wget -nc http://ai.stanford.edu/~amaas/data/sentiment/aclImdb_v1.tar.gz -P data
    !tar xzf data/aclImdb_v1.tar.gz --skip-old-files -C data
```

압축을 풀면 두 폴더에 텍스트 파일이 들어 있는데, 하나는 훈련 데이터이고 다른 하나는 테스트 데이터입니다. 이 두 폴더는 다시 pos와 neg 하위 폴더를 포함하고 있습니다.[7]

```
In [4]
    # !은 셸(shell) 명령을 실행해주는 IPython의 매직 명령어입니다.
    # tree 명령이 없다면 find ./data -type d 명령을 사용해 하위 폴더의 목록을
    # 볼 수 있습니다.
    !tree -dL 2 data/aclImdb

Out [4]
    data/aclImdb
    ├── test
    │   ├── neg
    │   └── pos
    └── train
        ├── neg
        ├── pos
        └── unsup
    6 directories
```

pos 폴더에는 긍정적인 리뷰가 각각 하나의 파일로 나뉘어 있고 neg 폴더도 마찬가지입니다. unsup 폴더는 레이블이 없는 데이터를 담고 있습니다. 이 폴더는 사용하지 않으므로 삭제합니다.

---

6 "!" 기호는 명령줄에서 실행한다는 의미입니다. 여기서는 macOS와 리눅스의 명령줄 형식을 따랐습니다. Windows 사용자는 웹 브라우저를 사용하여 파일을 다운로드한 후 탐색기에서 압축을 풀고 불필요한 폴더를 삭제할 수 있습니다.

7 옮긴이_ 다음 코드 중 !tree 부분은 윈도우에서는 !tree data/aclImdb와 같이 입력해야 합니다.

```
!rm -r data/aclImdb/train/unsup
```

하위 폴더가 레이블로 구분된 폴더 구조라면 scikit-learn의 load_files 함수를 사용해서 파일을 읽을 수 있습니다.[8] 먼저 훈련 데이터를 load_files 함수로 읽어 들입니다.[9]

```
In [6]
from sklearn.datasets import load_files

reviews_train = load_files("data/aclImdb/train/")
# 텍스트와 레이블을 포함하고 있는 Bunch 오브젝트를 반환합니다.
text_train, y_train = reviews_train.data, reviews_train.target
print("text_train의 타입:", type(text_train))
print("text_train의 길이:", len(text_train))
print("text_train[6]:\n", text_train[6])
```

```
Out [6]
text_train의 타입: <class 'list'>
text_train의 길이: 25000
text_train[6]:
b"This movie has a special way of telling the story, at first i found it rather odd
   as it jumped through time and I had no idea whats happening.<br /><br />Anyway
   the story line was although simple, but still very real and touching. You met
   someone the first time, you fell in love completely, but broke up at last and
   promoted a deadly agony. Who hasn't go through this? but we will never forget
   this kind of pain in our life. <br /><br />I would say i am rather touched as two
   actor has shown great performance in showing the love between the characters.
   I just wish that the story could be a happy ending."
```

text_train 리스트의 길이는 25,000이고 각 항목은 리뷰 한 개에 대한 문자열입니다. 앞에서 인덱스가 6인 리뷰를 출력했습니다. 이 리뷰는 HTML 줄바꿈 태그(⟨br /⟩)를 포함하고 있습니다. 이 글자가 머신러닝 모델에 큰 영향을 미칠 것 같진 않지만, 계속하기 전에 태그를 삭제해서 데이터를 정리하는 것이 나쁘지 않습니다.

---

8 옮긴이_ load_files로 폴더의 데이터를 읽을 때 레이블은 폴더의 알파벳 순서에 따라 0부터 부여됩니다. 따라서 여기서는 neg 폴더의 데이터는 레이블이 0이 되고 pos 폴더의 데이터는 레이블이 1이 됩니다.

9 옮긴이_ 이제까지는 전체 데이터를 train_test_split 함수를 사용하여 훈련과 테스트용으로 나누고 '훈련 세트', '테스트 세트'라고 불렀습니다. 이번 장에서는 데이터가 이미 훈련용과 테스트용으로 구분돼 있어서 그냥 훈련 데이터, 테스트 데이터라고 하고 있습니다.

```
In [7]
  text_train = [doc.replace(b"<br />", b" ") for doc in text_train]
```

text_train의 항목의 타입은 파이썬 버전에 따라 다릅니다. 파이썬 3에서는 문자열 데이터의 바이너리 인코딩인 bytes 타입입니다. 파이썬 2에서는 text_train의 내용은 문자열입니다. 파이썬 버전에 따른 차이를 자세히 다루진 않겠지만, 문자열과 유니코드의 차이에 대한 파이썬 2(https://docs.python.org/2/howto/unicode.html)와 파이썬 3(https://docs.python.org/3/howto/unicode.html)의 문서를 읽어볼 것을 추천합니다.[10]

이 데이터셋은 양성 클래스와 음성 클래스를 같은 비율로 수집했기 때문에 양성과 음성 레이블의 수가 같습니다.

```
In [8]
  print("클래스별 샘플 수 (훈련 데이터):", np.bincount(y_train))

Out [8]
  클래스별 샘플 수 (훈련 데이터): [12500 12500]
```

같은 방식으로 테스트 데이터셋을 읽어 들입니다.

```
In [9]
  reviews_test = load_files("data/aclImdb/test/")
  text_test, y_test = reviews_test.data, reviews_test.target
  print("테스트 데이터의 문서 수:", len(text_test))
  print("클래스별 샘플 수 (테스트 데이터):", np.bincount(y_test))
  text_test = [doc.replace(b"<br />", b" ") for doc in text_test]

Out [9]
  테스트 데이터의 문서 수: 25000
  클래스별 샘플 수 (테스트 데이터): [12500 12500]
```

--------------------------------------

10 옮긴이_ 아스키(ASCII) 코드에 대응하는 파이썬 2의 문자열(str)이 파이썬 3에서 사라지고, 파이썬 2의 unicode 문자열이 파이썬 3의 기본 str이 되었습니다. 그리고 파이썬 3에서는 str의 바이너리 표현인 bytes가 추가되었습니다. 파이썬 3에서 문자열 "한글"의 길이는 2지만, "한글".encode('utf8')와 같이 bytes 타입으로 변환하면 길이가 6이 됩니다. load_files 함수는 open 함수에 'rb' 옵션을 주어 파일을 바이너리로 읽기 때문에 파이썬 3에서 text_train의 타입이 bytes가 됩니다.

우리가 풀려는 문제는 다음과 같습니다. 리뷰가 하나 주어졌을 때, 이 리뷰의 텍스트 내용을 보고 '양성'인지 '음성'인지 구분하는 것입니다. 이는 전형적인 이진 분류 문제입니다. 그러나 텍스트 데이터는 머신러닝 모델이 다룰 수 있는 형태가 아닙니다. 그래서 텍스트의 문자열 표현을 머신러닝 알고리즘에 적용할 수 있도록 수치 표현으로 바꿔야 합니다.

## 7.3 텍스트 데이터를 BOW로 표현하기

머신러닝에서 텍스트를 표현하는 방법 중 BOW[bag of words]는 가장 간단하지만 효과적이면서 널리 쓰이는 방법입니다. 이 방법을 쓰면 장, 문단, 문장, 서식 같은 입력 텍스트의 구조 대부분을 잃고, 각 단어가 이 말뭉치에 있는 텍스트에 얼마나 많이 나타나는지만 헤아립니다. 구조와 상관없이 단어의 출현 횟수만 세기 때문에 텍스트를 담는 '가방[bag]'으로 생각할 수 있습니다.

전체 말뭉치에 대해 BOW 표현을 계산하려면 다음 세 단계를 거칩니다.

1. **토큰화**[tokenization]. 각 문서를 문서에 포함된 단어(토큰)로 나눕니다. 예를 들어 공백이나 구두점 등을 기준으로 분리합니다.
2. **어휘 사전 구축**. 모든 문서에 나타난 모든 단어의 어휘를 모으고 번호를 매깁니다(알파벳 순서).
3. **인코딩**. 어휘 사전의 단어가 문서마다 몇 번이나 나타나는지를 헤아립니다.

1단계와 2단계에 관련한 세부 사항은 이 장의 뒷부분에서 자세히 설명하겠습니다. 그럼 이제 scikit-learn으로 BOW 표현을 어떻게 만드는지 알아보겠습니다. [그림 7-1]은 "This is how you get ants." 문자열을 처리하는 과정을 보여줍니다.

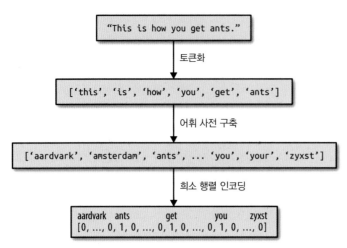

**그림 7-1** 샘플 데이터에 BOW 적용하기

출력은 각 문서에서 나타난 단어의 횟수가 담긴 하나의 벡터입니다. 이를 위해 사전에 있는 각 단어가 문서마다 얼마나 자주 나타나는지 세야 합니다. 즉, 이 수치 표현은 전체 데이터셋에서 고유한 각 단어를 특성으로 가집니다. 원본 문자열에 있는 단어의 순서는 BOW 특성 표현에서는 완전히 무시됩니다.

### 7.3.1 샘플 데이터에 BOW 적용하기

BOW 표현은 CountVectorizer에 변환기 인터페이스로 구현되어 있습니다. 두 샘플만 포함한 간단한 데이터셋에 적용해 어떻게 작동하는지 보겠습니다.

```
In [10]
  bards_words =["The fool doth think he is wise,",
                "but the wise man knows himself to be a fool"]
```

다음과 같이 CountVectorizer를 임포트하고 객체를 만들어 샘플 데이터에 fit 메서드를 적용합니다.

```
In [11]
  from sklearn.feature_extraction.text import CountVectorizer
```

```
vect = CountVectorizer()
vect.fit(bards_words)
```

CountVectorizer의 fit 메서드는 훈련 데이터를 토큰으로 나누고 어휘 사전을 구축하여 vocabulary_ 속성에 저장합니다.

```
In [12]
  print("어휘 사전의 크기:", len(vect.vocabulary_))
  print("어휘 사전의 내용:\n", vect.vocabulary_)

Out [12]
  어휘 사전의 크기: 13
  어휘 사전의 내용:
   {'the': 9, 'himself': 5, 'wise': 12, 'he': 4, 'doth': 2, 'to': 11, 'knows': 7,
    'man': 8, 'fool': 3, 'is': 6, 'be': 0, 'think': 10, 'but': 1}
```

이 어휘 사전은 "be"에서 "wise"까지 13개의 단어로 구성되어 있습니다.

훈련 데이터에 대해 BOW 표현을 만들려면 transform 메서드를 호출합니다.

```
In [13]
  bag_of_words = vect.transform(bards_words)
  print("BOW:", repr(bag_of_words))

Out [13]
  BOW: <2x13 sparse matrix of type '<class 'numpy.int64'>'
      with 16 stored elements in Compressed Sparse Row format>
```

BOW 표현은 0이 아닌 값만 저장하는 SciPy 희소 행렬로 저장되어 있습니다(1장을 참고하세요). 이 행렬의 크기는 2×13인데, 각각의 행은 하나의 데이터 포인트를 나타내고, 각 특성은 어휘 사전에 있는 각 단어에 대응합니다. 대부분의 문서는 어휘 사전에 있는 단어 중 일부만 포함하므로, 즉 특성 배열의 대부분의 원소가 0이라서 희소 행렬을 사용합니다. 전체 영어 단어 수에 비해 영화 리뷰에 얼마나 많은 단어가 나타날지 (어휘 사전이 어떻게 구성될지) 생각해보면 이해하기 더 쉬울 것입니다. 값이 0인 원소를 모두 저장하는 것은 메모리 낭비라서 피해야 합니다. 희소 행렬의 실제 내용을 보려면 toarray 메서드를 사용하여 (0인 원소도 모두 저장되

도록) 밀집된 NumPy 배열로 바꿔야 합니다.[11]

```
In [14]
  print("BOW의 밀집 표현:\n", bag_of_words.toarray())

Out [14]
  BOW의 밀집 표현:
  [[0 0 1 1 1 0 1 0 0 1 1 0 1]
   [1 1 0 1 0 1 0 1 1 1 0 1 1]]
```

각 단어의 출현 횟수는 0 아니면 1입니다. 즉 bards_words에 있는 두 문자열 모두 같은 단어를 두 개 이상 가지고 있지 않습니다. 이 특성 벡터를 어떻게 읽는지 살펴보겠습니다. 첫 번째 문자열("The fool doth think he is wise,")은 첫 번째 행으로 나타나며, 어휘 사전의 첫 번째 단어 "be"가 0번 나옵니다. 어휘 사전의 두 번째 단어 "but"도 0번, 세 번째 단어 "doth"는 1번 나오는 식입니다. 두 행을 보면 네 번째 단어 "fool"과 열 번째 단어 "the"와 열세 번째 단어 "wise"가 두 문자열에 모두 포함되어 있습니다.

### 7.3.2 영화 리뷰에 대한 BOW

지금까지 BOW 처리 과정을 자세히 짚어봤습니다. 이제 영화 리뷰에 대한 감성 분석을 적용해보겠습니다. 앞에서 IMDb 리뷰의 훈련 데이터와 테스트 데이터를 읽어서 작업할 문자열 리스트로 바꿨습니다(text_train과 text_test).

```
In [15]
  vect = CountVectorizer().fit(text_train)
  X_train = vect.transform(text_train)
  print("X_train:\n", repr(X_train))

Out [15]
  X_train:
  <25000x74849 sparse matrix of type '<class 'numpy.int64'>'
      with 3431196 stored elements in Compressed Sparse Row format>
```

---

11 여기서는 13개의 단어만 가지고 있는 작은 데이터셋이기 때문에 가능합니다. 실제 데이터셋이라면 MemoryError가 발생할지 모릅니다.

훈련 데이터의 BOW 표현인 X_train의 크기는 25,000 × 74,849로, 이 어휘 사전은 단어를 74,849개 담고 있습니다. 이 데이터는 SciPy 희소 행렬로 저장되어 있습니다. 어휘 사전을 조금 더 자세히 살펴보겠습니다. CountVectorizer 객체의 get_feature_names_out 메서드는 각 특성에 해당하는 단어를 리스트로 반환합니다.

```
In [16]
  feature_names = vect.get_feature_names_out()
  print("특성 개수:", len(feature_names))
  print("처음 20개 특성:\n", feature_names[:20])
  print("20010에서 20030까지 특성:\n", feature_names[20010:20030])
  print("매 2000번째 특성:\n", feature_names[::2000])
```

```
Out [16]
  특성 개수: 74849
  처음 20개 특성:
  ['00', '000', '0000000000001', '00001', '00015', '000s', '001', '003830',
   '006', '007', '0079', '0080', '0083', '0093638', '00am', '00pm', '00s',
   '01', '01pm', '02']
  20,010에서 20,030까지 특성:
  ['dratted', 'draub', 'draught', 'draughts', 'draughtswoman', 'draw', 'drawback',
   'drawbacks', 'drawer', 'drawers', 'drawing', 'drawings', 'drawl',
   'drawled', 'drawling', 'drawn', 'draws', 'draza', 'dre', 'drea']
  매 2,000번째 특성:
  ['00', 'aesir', 'aquarian', 'barking', 'blustering', 'bête', 'chicanery',
   'condensing', 'cunning', 'detox', 'draper', 'enshrined', 'favorit', 'freezer',
   'goldman', 'hasan', 'huitieme', 'intelligible', 'kantrowitz', 'lawful',
   'maars', 'megalunged', 'mostey', 'norrland', 'padilla', 'pincher',
   'promisingly', 'receptionist', 'rivals', 'schnaas', 'shunning', 'sparse',
   'subset', 'temptations', 'treatises', 'unproven', 'walkman', 'xylophonist']
```

조금 놀랍게도 앞의 결과를 보면 어휘 사전의 처음 20개 중 15개의 항목이 숫자입니다. 이 숫자들은 모두 리뷰 어딘가에 나타났기 때문에 단어로 추출되었습니다. 영화 리뷰라는 걸 고려하면 제임스 본드 역할을 의미할 것 같은 "007"을 제외하고는[12] 이런 숫자들 대부분은 그 자체로 의미가 있지 않습니다. 의미 없는 단어 중에서 의미 있는 것을 선별해내는 일은 쉽지 않습니다. 어휘 사전을 더 들여다보면, "dra"로 시작하는 영어 단어의 목록을 볼 수 있습니다.

---

12  데이터를 잠깐 조사해보면 정말 확인이 됩니다. 직접 한번 확인해보세요.
    옮긴이_ "007"이 어휘 사전에서 10번째에 나오는 단어이므로, 다음과 같이 이 위치의 값이 1인 행을 찾아 훈련 데이터를 확인하면 됩니다.

    [text_train[i] for i in np.argwhere(X_train[:, 9] == 1)[:, 0]] "draught", "drawback", "drawer" 모두 단수와 복수형이 서로 다른 단어로 어휘 사전에 포함되어 있습니다. 이런 단어들은 의미가 매우 비슷하므로 다른 특성으로 간주하여 개별적으로 기록하는 것이 바람직하지 않습니다.

특성 추출 방법을 개선하기 전에, 분류기를 만들어 성능 수치를 확인해보겠습니다. y_train에 있는 훈련 레이블과 X_train에 있는 훈련 데이터의 BOW 표현으로 분류기를 학습해보겠습니다. 이런 희소 행렬의 고차원 데이터셋에서는 LogisticRegression 같은 선형 모델의 성능이 가장 뛰어납니다.

교차 검증을 사용해 LogisticRegression 모델의 성능을 평가합니다.[13]

```
In [17]
  from sklearn.model_selection import cross_val_score
  from sklearn.linear_model import LogisticRegression

  scores = cross_val_score(LogisticRegression(max_iter=1000), X_train, y_train,
                           n_jobs=-1)
  print("교차 검증 평균 점수: {:.2f}".format(np.mean(scores)))

Out [17]
  교차 검증 평균 점수: 0.88
```

교차 검증 평균 점수로 88%를 얻었는데, 균형 잡힌 데이터셋에서 꽤 괜찮은 이진 분류 성능입니다. LogisticRegression에는 규제 매개변수 C가 있으므로 그리드 서치를 사용해 조정해보겠습니다.

```
In [18]
  from sklearn.model_selection import GridSearchCV
  param_grid = {'C': [0.001, 0.01, 0.1, 1, 10]}
  grid = GridSearchCV(LogisticRegression(max_iter=5000), param_grid, n_jobs=-1)
  grid.fit(X_train, y_train)
  print("최상의 교차 검증 점수: {:.2f}".format(grid.best_score_))
```

---

13 주의 깊은 독자는 여기서 전처리와 함께 교차 검증을 쓸 때 6장의 규칙을 어기고 있음을 눈치챌 것입니다. CountVectorizer 기본 설정에서는 실제로 어떤 통계도 수집하지 않으므로 결과에 영향을 주지 않습니다. 처음부터 Pipeline을 사용하는 쪽이 더 좋은 선택이지만, 쉽게 설명하기 위해 뒤로 미뤘습니다.
옮긴이_ CountVectorizer의 min_df, max_df 같은 매개변수의 기본값을 바꾸면 교차 검증의 결과에 영향을 주므로 Pipeline을 사용하는 것이 좋습니다.

```
print("최적의 매개변수: ", grid.best_params_)
```

Out [18]

　최상의 교차 검증 점수: 0.89
　최적의 매개변수:  {'C': 0.1}

C=0.1에서 교차 검증 점수 89%를 얻었습니다. 이 매개변수를 사용해서 테스트 세트의 일반화 성능을 재보겠습니다.

In [19]
```
X_test = vect.transform(text_test)
print("테스트 점수: {:.2f}".format(grid.score(X_test, y_test)))
```

Out [19]

　테스트 점수: 0.88

이제 단어 추출 방법을 개선할 차례입니다. CountVectorizer는 정규표현식을 사용해 토큰을 추출합니다. 기본적으로 사용하는 정규표현식은 "\b\w\w+\b"입니다.[14] 정규표현식에 대해 잘 모른다면, 이 식으로 경계(\b)가 구분되고 적어도 둘 이상의 문자나 숫자(\w)가 연속된 단어를 찾는다고 이해하면 됩니다. 한 글자로 된 단어는 찾지 않으며, "doesn't" 같은 축약형이나 "bit.ly" 같은 단어는 분리되고, "h8ter"는 한 단어로 매칭됩니다. CountVectorizer는 모든 단어를 소문자로 바꾸므로 "soon", "Soon", "sOon"이 모두 같은 토큰(즉 특성)이 됩니다. 이런 간단한 메커니즘은 실제로 잘 작동하지만, 앞에서 보았듯이 의미 없는 특성(숫자 같은)을 많이 생성합니다. 이를 줄이는 방법은 적어도 두 개의 문서(또는 다섯 개의 문서 등)에 나타난 토큰만을 사용하는 것입니다. 하나의 문서에서만 나타난 토큰은 테스트 세트에 나타날 가능성이 적으므로 그리 큰 도움이 되지 않습니다. min_df 매개변수로 토큰이 나타날 최소 문서 개수를 지정할 수 있습니다.

In [20]
```
vect = CountVectorizer(min_df=5).fit(text_train)
X_train = vect.transform(text_train)
```

---

14　옮긴이_ 정확하는 "(?u)\b\w\w+\b"로, 파이썬 2에서 유니코드 문자열도 매칭됩니다. 파이썬 3에서 (?u)는 불필요한 패턴이지만 하위 호환성을 위해 남겨뒀습니다.

```
print("min_df로 제한한 X_train:", repr(X_train))
```

Out [20]

```
min_df로 제한한 X_train: <25000x27271 sparse matrix of type '<class 'numpy.int64'>'
    with 3354014 stored elements in Compressed Sparse Row format>
```

토큰이 적어도 다섯 번 이상 나타나야 하므로, 결과에서 볼 수 있듯이 특성의 수가 원래 개수의
1/3 정도인 27,271개로 줄었습니다. 토큰 내용을 다시 살펴보겠습니다.

In [21]

```
feature_names = vect.get_feature_names_out()

print("처음 50개 특성:\n", feature_names[:50])
print("20,010부터 20,030까지 특성:\n", feature_names[20010:20030])
print("매 700번째 특성:\n", feature_names[::700])
```

Out [21]

```
처음 50개 특성:
 ['00', '000', '007', '00s', '01', '02', '03', '04', '05', '06', '07', '08',
 '09', '10', '100', '1000', '100th', '101', '102', '103', '104', '105', '107',
 '108', '10s', '10th', '11', '110', '112', '116', '117', '11th', '12', '120',
 '12th', '13', '135', '13th', '14', '140', '14th', '15', '150', '15th', '16',
 '160', '1600', '16mm', '16s', '16th']
20,010부터 20,030까지 특성:
 ['repentance', 'repercussions', 'repertoire', 'repetition', 'repetitions',
 'repetitious', 'repetitive', 'rephrase', 'replace', 'replaced', 'replacement',
 'replaces', 'replacing', 'replay', 'replayable', 'replayed', 'replaying',
 'replays', 'replete', 'replica']
매 700번째 특성:
 ['00', 'affections', 'appropriately', 'barbra', 'blurbs', 'butchered',
 'cheese', 'commitment', 'courts', 'deconstructed', 'disgraceful', 'dvds',
 'eschews', 'fell', 'freezer', 'goriest', 'hauser', 'hungary', 'insinuate',
 'juggle', 'leering', 'maelstrom', 'messiah', 'music', 'occasional', 'parking',
 'pleasantville', 'pronunciation', 'recipient', 'reviews', 'sas', 'shea',
 'sneers', 'steiger', 'swastika', 'thrusting', 'tvs', 'vampyre', 'westerns']
```

확실히 숫자 길이가 줄었고 희귀한 단어와 철자가 틀린 단어들이 사라졌습니다. 그리드 서치를
사용해 모델의 성능을 확인해보겠습니다.

```
In [22]
  grid = GridSearchCV(LogisticRegression(max_iter=5000), param_grid, n_jobs=-1)
  grid.fit(X_train, y_train)
  print("최상의 교차 검증 점수: {:.2f}".format(grid.best_score_))

Out [22]
  최상의 교차 검증 점수: 0.89
```

그리드 서치의 교차 검증 점수는 여전히 89%로, 이전과 달라지지 않았습니다. 모델 성능은 높아지지 않았지만 특성의 개수가 줄어서 처리 속도가 빨라지고, 불필요한 특성이 없어져 모델을 이해하기가 쉬워졌습니다.

NOTE_ CountVectorizer의 transform 메서드를 훈련 데이터에 없던 단어가 포함된 문서에 적용하면, 어휘 사전에 없기 때문에 그 단어를 무시합니다. 훈련 데이터에 없는 단어에 대해서 무언가 학습한다는 것이 불가능하므로, 분류 작업에서 보통은 문제가 되진 않습니다. 스팸 감지 같은 애플리케이션에서는 어휘 사전에 없는 단어가 문서에 얼마나 많이 나타나는지를 기록한 특성이 유용할 수 있습니다. 이 기능이 현재 scikit-learn에 없지만 직접 작성하는 것이 아주 어렵지는 않습니다. 적절한 방식을 사용하여 어휘를 제한하지 않으면 훈련하는 동안 어휘 사전에 없는 단어가 생기지 않습니다.

## 7.4 불용어

의미 없는 단어를 제거하는 또 다른 방법은 너무 빈번하여 유용하지 않은 단어를 제외하는 것입니다. 두 가지 방식이 있는데 언어별 불용어stopword 목록을 사용하는 것과 너무 자주 나타나는 단어를 제외하는 것입니다. scikit-learn은 feature_extraction.text 모듈에 영어의 불용어를 가지고 있습니다.[15]

```
In [23]
  from sklearn.feature_extraction.text import ENGLISH_STOP_WORDS
  print("불용어 개수:", len(ENGLISH_STOP_WORDS))
```

........................................

15 옮긴이_ 영어의 불용어는 예시를 보이기 위한 목적으로 포함하고 있습니다. 실전에 적용할 때나 다른 언어의 불용어를 사용하려면 CountVectorizer의 stop_words 매개변수에 사용하려는 불용어 목록을 입력합니다. 또한 불용어 목록의 순서에 따라 Out[23]의 출력 결과가 달라질 수 있습니다.

```
print("매 10번째 불용어:\n", list(ENGLISH_STOP_WORDS)[::10])
```

```
Out [23]
  불용어 개수: 318
  매 10번째 불용어:
  ['others', 'almost', 'nothing', 'whoever', 'enough', 'all', 'were', 'an',
   'its', 'no', 'move', 'whereby', 'first', 'whereupon', 'less', 'myself',
   'same', 'made', 'former', 'over', 'always', 'throughout', 'their', 'although',
   'is', 'when', 'ours', 'through', 'often', 'eight', 'amount', 'towards']
```

불용어를 제외하면 특성의 개수가 이 목록의 길이(318개) 만큼만 줄어들겠지만, 성능이 향상될 수도 있습니다. 한번 시도해보죠.

```
In [24]
  # stop_words="english"라고 지정하면 내장된 불용어를 사용합니다.
  # 내장된 불용어에 추가할 수도 있고 자신만의 목록을 사용할 수도 있습니다.
  vect = CountVectorizer(min_df=5, stop_words="english").fit(text_train)
  X_train = vect.transform(text_train)
  print("불용어가 제거된 X_train:\n", repr(X_train))
```

```
Out [24]
  불용어가 제거된 X_train:
  <25000x26966 sparse matrix of type '<class 'numpy.int64'>'
      with 2149958 stored elements in Compressed Sparse Row format>
```

데이터셋에서 특성이 27,271 – 26,966개, 즉 305개가 줄었습니다. 전부는 아니지만 대부분의 불용어가 포함되어 있었습니다. 그리드 서치를 다시 적용해보겠습니다.

```
In [25]
  grid = GridSearchCV(LogisticRegression(max_iter=5000), param_grid, n_jobs=-1)
  grid.fit(X_train, y_train)
  print("최상의 교차 검증 점수: {:.2f}".format(grid.best_score_))
```

```
Out [25]
  최상의 교차 검증 점수: 0.88
```

불용어를 사용한 그리드 서치의 성능은 신경 쓸 정도는 아니지만 조금 감소했습니다. 하지만 27,000개가 넘는 특성에서 305개를 제외했다고 성능이나 모델 해석이 나아진 것 같지는 않으므로, 이 목록을 사용하는 게 도움이 안 됩니다. 고정된 불용어 목록은 모델이 데이터셋만 보고 불용어를 골라내기 어려운 작은 데이터셋에서나 도움이 됩니다. 다른 방식으로 CountVectorizer의 max_df 옵션을 지정하여 자주 나타나는 단어를 제거하고, 특성의 개수와 성능에 어떻게 영향을 주는지 연습해보세요.[16]

# 7.5 tf-idf로 데이터 스케일 변경하기

중요하지 않아 보이는 특성을 제외하는 대신, 얼마나 의미 있는 특성인지를 계산해서 스케일을 조정하는 방식이 있습니다. 가장 널리 알려진 방식은 **tf-idf**term frequency-inverse document frequency, 단어빈도-역문서빈도입니다. tf-idf는 말뭉치의 다른 문서보다 특정 문서에 자주 나타나는 단어에 높은 가중치를 주는 방법입니다. 한 단어가 특정 문서에 자주 나타나고 다른 여러 문서에서는 그렇지 않다면, 그 문서의 내용을 아주 잘 설명하는 단어라고 볼 수 있습니다. scikit-learn은 두 개의 파이썬 클래스에 tf-idf를 구현했습니다. TfidfTransformer는 CountVectorizer가 만든 희소 행렬을 입력받아 변환합니다. TfidfVectorizer는 텍스트 데이터를 입력받아 BOW 특성 추출과 tf-idf 변환을 수행합니다.[17] tf-idf 스케일 변환 방식은 여러 변종이 있으니 위키백과를 참고하세요(https://en.wikipedia.org/wiki/Tf-idf). 문서 $d$에 있는 단어 $w$에 대한 tf-idf 점수는 TfidfTransformer와 TfidfVectorizer에 다음과 같이 정의되어 있습니다.[18]

$$tfidf(w, d) = tf(\log(\frac{N+1}{N_w+1}) + 1)$$

$N$은 훈련 세트에 있는 문서의 개수고, $N_w$는 단어 $w$가 나타난 훈련 세트 문서의 개수이며, $tf$(단어 빈도수)는 단어 $w$가 대상 문서 $d$(변환 또는 인코딩하려는 문서)에 나타난 횟수입니

---

16 옮긴이_ max_df와 C 매개변수를 이용한 그리드 서치는 C=0.1, max_df=20000에서 최상의 교차 검증 점수 89%를 만듭니다. 최상의 모델이 사용한 어휘 사전의 단어 수는 74,840입니다. 이 예제는 규제 매개변수 C에 영향을 크게 받고 있으며 특성의 개수에 민감하지 않습니다. 따라서 이 경우에는 특성의 수를 많이 줄여주는 min_df 매개변수가 더 유용합니다.

17 옮긴이_ TfidfVectorizer는 CountVectorizer의 서브클래스로 CountVectorizer를 이용해 BOW를 만들고 TfidfTransformer를 사용해 tf-idf 변환을 합니다.

18 이 공식은 참고를 위한 것이므로, tf-idf 인코딩을 사용하기 위해 이 공식을 외울 필요는 없습니다.
   옮긴이_ TfidfTransformer와 TfidfVectorizer의 smooth_idf 매개변수가 기본값(True)일 때 본문에 제시한 공식이 사용됩니다.
   smooth_idf=False로 지정하면 분모와 분자에 1을 더하지 않는 표준 idf 공식, $idf = \log(\frac{N}{N_w}) + 1$이 사용됩니다. 본문의 공식에서 로그 안의 분모와 분자에 1을 더해 모든 단어가 포함된 가상의 문서가 있는 것 같은 효과를 내고 분모가 0이 되는 것을 막아줍니다. 또 모든 문서에 포함된 단어가 있으면 로그 값이 0이 되므로, 전체 tf-idf 값이 0이 되는 것을 막기 위해 idf 공식 마지막에 1을 더했습니다.

다. 두 파이썬 클래스 모두 tf-idf 계산을 한 후에 L2 정규화[L2 normalization]를 적용합니다. 다시 말해 유클리디안 노름[euclidean norm]이 1이 되도록 각 문서 벡터의 스케일을 바꿉니다. 이렇게 스케일이 바뀐 벡터는 문서의 길이(단어의 수)에 영향을 받지 않습니다.[19]

tf-idf는 실제로 훈련 데이터의 통계적 속성을 사용하기 때문에, 6장에서처럼 파이프라인을 사용해 그리드 서치를 제대로 적용하겠습니다.

```
In [29]
  from sklearn.feature_extraction.text import TfidfVectorizer
  from sklearn.pipeline import make_pipeline
  pipe = make_pipeline(TfidfVectorizer(min_df=5), LogisticRegression(max_iter=5000))
  param_grid = {'logisticregression__C': [0.001, 0.01, 0.1, 1, 10]}

  grid = GridSearchCV(pipe, param_grid, n_jobs=-1)
  grid.fit(text_train, y_train)
  print("최상의 교차 검증 점수: {:.2f}".format(grid.best_score_))

Out [29]
  최상의 교차 검증 점수: 0.89
```

여기서는 tf-idf가 성능에 큰 영향을 주지 못했습니다. tf-idf는 어떤 단어가 가장 중요한지도 알려줍니다. tf-idf 변환은 문서를 구별하는 단어를 찾는 방법이지만 완전히 비지도 학습입니다. 그래서 우리의 관심사인 '긍정적인 리뷰'와 '부정적인 리뷰' 레이블과 꼭 관계있지 않다는 게 중요합니다. 우선 파이프라인에서 TfidfVectorizer 단계를 선택합니다.

```
In [30]
  vectorizer = grid.best_estimator_.named_steps["tfidfvectorizer"]
  # 훈련 데이터셋을 변환합니다.
  X_train = vectorizer.transform(text_train)
  # 특성별로 가장 큰 값을 찾습니다.
  max_value = X_train.max(axis=0).toarray().ravel()
  sorted_by_tfidf = max_value.argsort()
  # 특성 이름을 구합니다.
  feature_names = np.array(vectorizer.get_feature_names_out())
```

---

19 옮긴이_ 벡터의 원소를 유클리디안 노름(L2 노름)으로 나누면 L2 노름이 1인 단위 벡터가 됩니다. TfidfVectorizer와 TfidfTransformer 의 norm 매개변수의 기본값은 L2 정규화를 의미하는 'l2'입니다.

```
print("가장 낮은 tfidf를 가진 특성:\n", feature_names[sorted_by_tfidf[:20]])
print("가장 높은 tfidf를 가진 특성: \n", feature_names[sorted_by_tfidf[-20:]])
```

Out [30]
```
tfidf가 가장 낮은 특성:
['suplexes' 'gauche' 'hypocrites' 'oncoming' 'songwriting' 'galadriel'
 'emerald' 'mclaughlin' 'sylvain' 'oversee' 'cataclysmic' 'pressuring'
 'uphold' 'thieving' 'inconsiderate' 'ware' 'denim' 'reverting' 'booed'
 'spacious']
tfidf가 가장 높은 특성:
['gadget' 'sucks' 'zatoichi' 'demons' 'lennon' 'bye' 'dev' 'weller'
 'sasquatch' 'botched' 'xica' 'darkman' 'woo' 'casper' 'doodlebops'
 'smallville' 'wei' 'scanners' 'steve' 'pokemon']
```

tf-idf가 낮은 특성은 전체 문서에 걸쳐 매우 많이 나타나거나, 조금씩만 사용되거나, 매우 긴 문서에서만 사용됩니다.[20] 재미있게도 tf-idf가 높은 특성은 어떤 쇼나 영화를 나타내는 경우가 많습니다. 이런 단어들은 특정한 쇼나 드라마에 대한 리뷰에서만 나타나지만, 이 특정 리뷰에서 매우 자주 나타나는 경향이 있습니다. 예를 들어 "pokemon", "smallville",[21] "doodlebops"[22]가 확실히 그렇고, "scanners"[23]는 실제로 영화 제목입니다. 이런 단어들이 감성 분석에 도움이 될 것 같지 않지만(어떤 드라마가 전반적으로 긍정적이거나 부정적인 평가를 받지 않는다면) 리뷰에 대한 구체적인 정보를 많이 포함하고 있습니다.

idf 값이 낮은 단어, 즉 자주 나타나서 덜 중요하다고 생각되는 단어를 확인해보겠습니다. 훈련 세트의 idf 값은 idf_ 속성에 저장되어 있습니다.

In [31]
```
sorted_by_idf = np.argsort(vectorizer.idf_)
print("가장 낮은 idf를 가진 특성:\n", feature_names[sorted_by_idf[:100]])
```

Out [31]
```
idf가 가장 낮은 특성:
['the' 'and' 'of' 'to' 'this' 'is' 'it' 'in' 'that' 'but' 'for' 'with'
```

---

20 옮긴이_ 전체 문서에 걸쳐 많이 나타나면 idf 값이 1에 가깝게 되고, 조금씩 사용되거나 매우 긴 문서에서만 사용되면 L2 정규화 때문에 tf-idf 값이 작아집니다.

21 옮긴이_ 스몰빌은 미국 The CW의 텔레비전 드라마입니다. 클라크 켄트가 슈퍼맨이 되기 전인 스몰빌 고등학교 시절부터 30대 초반까지의 이야기를 다룹니다.

22 옮긴이_ 두들밥스는 디즈니의 어린이용 뮤지컬 코미디 프로그램입니다.

23 옮긴이_ 약물 부작용으로 탄생한 초능력자인 스캐너들이 등장하는 공포 영화입니다.

```
'was' 'as' 'on' 'movie' 'not' 'have' 'one' 'be' 'film' 'are' 'you' 'all'
'at' 'an' 'by' 'so' 'from' 'like' 'who' 'they' 'there' 'if' 'his' 'out'
'just' 'about' 'he' 'or' 'has' 'what' 'some' 'good' 'can' 'more' 'when'
'time' 'up' 'very' 'even' 'only' 'no' 'would' 'my' 'see' 'really' 'story'
'which' 'well' 'had' 'me' 'than' 'much' 'their' 'get' 'were' 'other'
'been' 'do' 'most' 'don' 'her' 'also' 'into' 'first' 'made' 'how' 'great'
'because' 'will' 'people' 'make' 'way' 'could' 'we' 'bad' 'after' 'any'
'too' 'then' 'them' 'she' 'watch' 'think' 'acting' 'movies' 'seen' 'its'
'him']
```

예상대로 대부분 "the", "no" 같은 영어의 불용어입니다. 하지만 일부는 "movie", "film", "time", "story" 같이 영화 리뷰에서만 나타나는 단어입니다. 흥미로운 것은 "good", "great", "bad"도 매우 자주 나타나는 단어라서 감성 분석에는 매우 중요하겠지만 tf-idf로 봤을 때는 덜 중요한 단어입니다.

## 7.6 모델 계수 조사

마지막으로 로지스틱 회귀 모델이 실제로 이 데이터에서 무엇을 학습했는지 자세히 살펴보겠습니다. 자주 나타나지 않은 단어를 제외해도 특성이 27,271개나 되기 때문에 모든 계수를 한눈에 볼 수는 없습니다. 따라서 가장 큰 값의 계수와 해당 단어를 확인하겠습니다. tf-idf 특성으로 훈련시킨 마지막 모델을 사용합니다.

[그림 7-2]의 막대 그래프는 로지스틱 회귀의 가장 큰 계수 40개와 가장 작은 계수 40개를 보여줍니다. 막대의 크기는 계수의 크기입니다.

```
In [33]
  mglearn.tools.visualize_coefficients(
      grid.best_estimator_.named_steps["logisticregression"].coef_[0],
      feature_names, n_top_features=40)
```

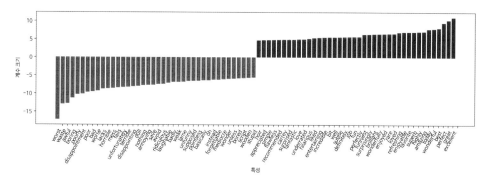

**그림 7-2** tf-idf 특성으로 훈련시킨 로지스틱 회귀의 최댓값, 최솟값 계수

왼쪽의 음수 계수는 모델에서 부정적인 리뷰를 의미하는 단어에 속하고, 오른쪽 양수 계수는 긍정적인 리뷰의 단어에 해당합니다. 대부분의 단어는 매우 직관적입니다. "worst", "disappointment", "laughable"는 부정적인 리뷰이며, 반면에 "excellent", "wonderful", "enjoyable", "refreshing"는 긍정적인 리뷰임을 말해줍니다. "bit", "job", "today" 같은 단어들은 조금 덜 명확하지만 아마도 "good job"이나 "best today" 같은 구절의 일부로 보입니다.

## 7.7 여러 단어로 만든 BOW(n-그램)

BOW 표현 방식은 단어의 순서가 완전히 무시된다는 큰 단점이 있습니다. 그렇기 때문에 의미가 완전히 반대인 두 문자열 "it's bad, not good at all"과 "it's good, not bad at all"이 완전히 동일하게 변환됩니다. 단어 앞에 등장하는 "not"은 (극단적일 경우) 문맥의 중요성을 잘 보여주는 예입니다. 다행히도 BOW 표현 방식을 사용할 때 문맥을 고려하는 방법이 있습니다. 토큰 하나의 횟수만 고려하지 않고 옆에 있는 두세 개의 토큰을 함께 고려하는 방식입니다. 토큰 두 개를 **바이그램**bigram, 세 개를 **트라이그램**trigram이라고 하며 일반적으로 연속된 토큰을 **n-그램**n-gram이라고 합니다. CountVectorizer와 TfidfVectorizer는 ngram_range 매개변수에 특성으로 고려할 토큰의 범위를 지정할 수 있습니다. ngram_range 매개변수의 입력값은 튜플이며 연속된 토큰의 최소 길이와 최대 길이입니다. 다음은 앞에서 사용한 샘플 데이터입니다.

```
In [34]
  print("bards_words:\n", bards_words)
```

```
Out [34]
  bards_words:
  ['The fool doth think he is wise,',
   'but the wise man knows himself to be a fool']
```

기본값은 최소 길이가 1이고 최대 길이가 1인 토큰마다 하나의 특성을 만듭니다. 다시 말하면 정확히 토큰 하나입니다(토큰 하나를 **유니그램**unigram이라고 합니다).

```
In [35]
  cv = CountVectorizer(ngram_range=(1, 1)).fit(bards_words)
  print("어휘 사전 크기:", len(cv.vocabulary_))
  print("어휘 사전:\n", cv.get_feature_names_out())
```

```
Out [35]
  어휘 사전 크기: 13
  어휘 사전:
  ['be', 'but', 'doth', 'fool', 'he', 'himself', 'is', 'knows', 'man', 'the',
   'think', 'to', 'wise']
```

토큰 두 개가 연속된 바이그램만 만들려면 ngram_range에 (2, 2)를 지정합니다.

```
In [36]
  cv = CountVectorizer(ngram_range=(2, 2)).fit(bards_words)
  print("어휘 사전 크기:", len(cv.vocabulary_))
  print("어휘 사전:\n", cv.get_feature_names_out())
```

```
Out [36]
  어휘 사전 크기: 14
  어휘 사전:
  ['be fool', 'but the', 'doth think', 'fool doth', 'he is', 'himself to',
   'is wise', 'knows himself', 'man knows', 'the fool', 'the wise',
   'think he', 'to be', 'wise man']
```

연속된 토큰의 수가 커지면 보통 특성이 더 구체적이고 많이 만들어집니다. bard_words에 있는 두 문장 사이에는 공통된 바이그램이 없습니다.

```
In [37]
  print("변환된 데이터 (밀집 배열):\n", cv.transform(bards_words).toarray())

Out [37]
  변환된 데이터 (밀집 배열):
  [[0 0 1 1 1 0 1 0 0 1 0 1 0 0]
   [1 1 0 0 0 1 0 1 1 0 1 0 1 1]]
```

단어 하나가 큰 의미를 가진 경우가 많으므로 대부분의 애플리케이션에서 토큰의 최소 길이는
1입니다. 많은 경우에 바이그램을 추가하면 도움이 됩니다. 더 길게 5-그램까지는 도움이 되
지만 특성의 개수가 매우 많아지며 구체적인 특성이 많아지기 때문에 과대적합될 가능성이 있
습니다. 이론상 바이그램의 수는 유니그램 수의 제곱이 되고, 트라이그램의 수는 유니그램의
세제곱이 되므로 특성의 개수가 많이 늘어납니다.[24] (영어) 언어의 구조상 실제로 데이터에 나
타나는 높은 n-그램의 횟수가 많기는 하지만 이보다는 훨씬 적습니다.

다음은 bards_words에 유니그램, 바이그램, 트라이그램을 적용한 예입니다.

```
In [38]
  cv = CountVectorizer(ngram_range=(1, 3)).fit(bards_words)
  print("어휘 사전 크기:", len(cv.vocabulary_))
  print("어휘 사전:\n", cv.get_feature_names_out())

Out [38]
  어휘 사전 크기: 39
  어휘 사전:
  ['be', 'be fool', 'but', 'but the', 'but the wise', 'doth', 'doth think',
   'doth think he', 'fool', 'fool doth', 'fool doth think', 'he', 'he is',
   'he is wise', 'himself', 'himself to', 'himself to be', 'is', 'is wise',
   'knows', 'knows himself', 'knows himself to', 'man', 'man knows',
   'man knows himself', 'the', 'the fool', 'the fool doth', 'the wise',
   'the wise man', 'think', 'think he', 'think he is', 'to', 'to be',
   'to be fool', 'wise', 'wise man', 'wise man knows']
```

---

24 옮긴이_ d개의 단어로 이뤄진 문장에서 최대 n-그램의 수는 중복 순열의 수이므로 $d^n$이 됩니다. 예를 들어 두 개의 단어 ▲, ◻로 이뤄진
   문장을 가정하면, "▲◻◻◻▲▲▲◻▲◻"의 바이그램의 수는 4이고 트라이그램의 수는 8입니다.

IMDb 영화 리뷰 데이터에 TfidfVectorizer를 적용하고 그리드 서치로 최적의 n−그램 범위를 찾아보겠습니다.

```
In [39]
pipe = make_pipeline(TfidfVectorizer(min_df=5), LogisticRegression(max_iter=5000))
# 매개변수 조합이 많고 트라이그램이 포함되어 있기 때문에
# 그리드 서치 실행에 시간이 오래 걸립니다.
param_grid = {'logisticregression__C': [0.001, 0.01, 0.1, 1, 10, 100],
              "tfidfvectorizer__ngram_range": [(1, 1), (1, 2), (1, 3)]}

grid = GridSearchCV(pipe, param_grid, n_jobs=-1)
grid.fit(text_train, y_train)
print("최상의 교차 검증 점수: {:.2f}".format(grid.best_score_))
print("최적의 매개변수:\n", grid.best_params_)
```

```
Out [39]
최상의 교차 검증 점수: 0.91
최적의 매개변수:
{'tfidfvectorizer__ngram_range': (1, 3), 'logisticregression__C': 100}
```

결과에서 보듯이 바이그램과 트라이그램을 추가해서 1% 이상 성능을 높였습니다. 5장에서처럼 ngram_range와 C 매개변수에 대한 교차 검증 정확도를 히트맵으로 나타내보겠습니다(그림 7−3).

```
In [40]
# 그리드 서치에서 테스트 점수를 추출합니다.
scores = grid.cv_results_['mean_test_score'].reshape(-1, 3).T
# 히트맵을 그립니다.
heatmap = mglearn.tools.heatmap(
    scores, xlabel="C", ylabel="ngram_range", cmap="viridis", fmt="%.3f",
    xticklabels=param_grid['logisticregression__C'],
    yticklabels=param_grid['tfidfvectorizer__ngram_range'])
plt.colorbar(heatmap)
```

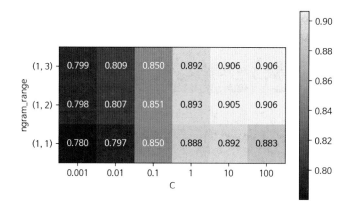

**그림 7-3** 매개변수 ngram_range와 C에 대한 평균 교차 검증 정확도의 히트맵

히트맵을 보니 바이그램이 성능을 크게 높여주며 트라이그램은 정확도 측면에서 성능이 조금만 향상되었습니다. 모델이 어떻게 향상됐는지 더 잘 이해하기 위해 유니그램, 바이그램, 트라이그램을 포함해 최적 모델의 중요 계수를 그래프로 나타냈습니다(그림 7-4).

In [41]
```python
# 특성 이름과 계수를 추출합니다.
vect = grid.best_estimator_.named_steps['tfidfvectorizer']
feature_names = np.array(vect.get_feature_names_out())
coef = grid.best_estimator_.named_steps['logisticregression'].coef_
mglearn.tools.visualize_coefficients(coef[0], feature_names, n_top_features=40)
```

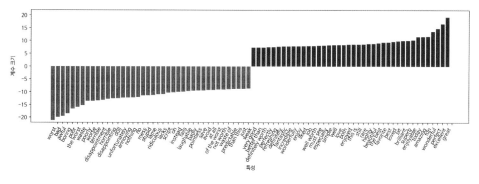

**그림 7-4** tf-idf와 유니그램, 바이그램, 트라이그램을 사용한 모델에서 가장 중요한 특성

유니그램 모델에서는 없던 단어인 "worth"가 들어간 흥미로운 특성이 있습니다. "not worth"는 부정적인 리뷰를 의미하지만 "definitely worth"와 "well worth"는 긍정적인 리뷰를 암시합니다. 이는 문맥이 "worth" 단어의 의미에 영향을 주는 좋은 예입니다.

다음으로 왜 이런 특성들이 도움이 되었는지 알아보기 위해 트라이그램만 그래프로 나타내겠습니다. 영향력이 큰 바이그램과 트라이그램의 대부분은 독립적일 땐 큰 의미가 없는 단어들로 구성되어 있습니다. 예를 들어 "none of the", "the only good", "on and on", "this is one", "of the most" 등입니다. 그러나 [그림 7-5]에서 보듯 이런 특성으로 인한 영향은 유니그램의 중요도와 비교했을 때 상당히 제한적입니다.

```
In [42]
# 트라이그램 특성을 찾습니다.
mask = np.array([len(feature.split(" ")) for feature in feature_names]) == 3
# 트라이그램 특성만 그래프로 나타냅니다.
mglearn.tools.visualize_coefficients(coef.ravel()[mask],
                                     feature_names[mask], n_top_features=40)
```

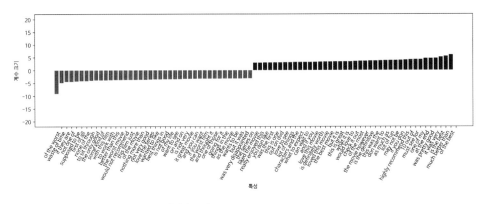

**그림 7-5** 모델의 트라이그램 중요도를 나타낸 그래프

## 7.8 고급 토큰화, 어간 추출, 표제어 추출

이전에 언급했듯이 CountVectorizer와 TfidfVectorizer의 특성 추출은 비교적 단순합니다. 하지만 훨씬 더 정교한 방법도 있습니다. 전문적인 텍스트 처리 애플리케이션이 뛰어난 부분은

BOW 모델의 첫 번째 단계인 토큰화입니다. 이 단계는 특성 추출을 위해 단어가 무엇으로 구성되었는지 정의합니다.

앞서 어휘 사전에 단수와 복수 단어가 함께 포함되어 있는 것을 보았습니다. 예를 들면, "drawback"과 "drawbacks", "drawer"와 "drawers", "drawing"과 "drawings"입니다. BOW 모델에서 "drawback"과 "drawbacks"의 의미는 매우 가까워서 이를 구분하면 과대적합되기 쉽고, 모델이 훈련 데이터를 완전하게 활용하지 못합니다. 비슷하게 "replace", "replaced", "replacement", "replaces", "replacing" 같은 단어는 다른 동사 형태이거나 "to replace" 동사와 관련된 명사입니다. 명사에 단수, 복수가 있는 것처럼 여러 동사형과 관련 단어들을 다른 토큰으로 다루면 모델을 일반화하는 데 도움이 되지 않습니다.

이 문제를 해결하려면 각 단어를 그 단어의 어간[stem][25]으로 표현해서 같은 어간을 가진 모든 단어를 구분해야 (또는 합쳐야) 합니다. 일일이 어미를 찾아 제외하는 규칙 기반 방식을 **어간 추출**[stemming]이라고 합니다. 대신 알려진 단어의 형태 사전(명시적이고 사람이 구축한 시스템)을 사용하고 문장에서 단어의 역할을 고려하는 처리 방식을 **표제어 추출**[lemmatization]이라고 하며[26] 단어의 표준 형태를 표제어라고 합니다. 두 처리 방식, 즉 표제어 추출과 어간 추출은 단어의 일반 형태를 추출하는 **정규화**[normalization][27]의 한 형태로 볼 수 있습니다. 정규화의 또 다른 재미있는 사례는 맞춤법 교정으로, 실제로 도움이 되지만 이 책의 범위는 아닙니다.

정규화를 더 잘 이해하기 위해 널리 사용하는 포터[Porter] 어간 추출기(nltk 패키지에서 임포트합니다)와 spacy 패키지에 구현된 표제어 추출 방식을 비교해보겠습니다.[28]

이 코드를 실행하려면 명령줄에서 다음을 실행하여 nltk와 spacy를 설치해야 합니다.

```
conda install nltk spacy
```

---

25 옮긴이_ 어간은 활용어가 활용할 때에 변하지 않는 부분을 말합니다. 예컨대 '보다', '보니', '보고'에서 '보–'와 '먹다', '먹니', '먹고'에서 '먹–'이 어간에 해당합니다. (출처: 표준국어대사전)

26 옮긴이_ 종종 표제어 추출과 형태소 분석을 혼용해서 많이 사용하지만, 이 책에서는 원문을 따라 표제어 추출이라고 썼습니다.

27 옮긴이_ 정규화(normalization)는 문맥에 따라 여러 의미로 사용됩니다. 여기에서 정규화는 어간, 표제어 추출 등을 포괄하는 넓은 의미의 토큰화를 말하며, 단어 정규화(word normalization)라고도 합니다.

28 자세한 사용법은 nltk(http://www.nltk.org/)와 spacy(https://spacy.io/docs/) 문서를 참고하세요. 여기서는 일반적인 원리를 다룹니다.
옮긴이_ PorterStemmer 외에 널리 사용되는 nltk의 어간 추출기는 SnowballStemmer로, 영어 외에 독일어, 프랑스어, 이탈리아어 등 14가지 언어를 지원합니다. spacy는 영어와 독일어 모델을 지원하는 NLP 파이썬 패키지로 최근에 인기를 얻고 있습니다. spacy를 사용하려면 패키지를 설치하고 나서, python –m spacy download en 명령으로 영어 모델을 내려받아야 합니다. 윈도우 환경이라면 관리자 권한으로 콘다(conda) 프롬프트를 실행해야 합니다. 한글의 어간과 표제어 추출을 할 수 있는 오픈 소스는 KoNLPy(http://konlpy.org/ko/)가 있습니다.

spacy의 영어 모듈을 다운받으려면 명령줄에서 다음을 실행합니다.

```
python -m spacy download en
```

두 라이브러리의 버전을 확인하려면 다음 코드를 사용합니다.

```
import spacy
print("spacy 버전", spacy.__version__)
import nltk
print("nltk 버전", nltk.__version__)
```

In [44]
```
import spacy
import nltk

# spacy의 영어 모델을 로드합니다.
en_nlp = spacy.load('en_core_web_sm')
# nltk의 PorterStemmer 객체를 만듭니다.
stemmer = nltk.stem.PorterStemmer()

# spacy의 표제어 추출과 nltk의 어간 추출을 비교하는 함수입니다.
def compare_normalization(doc):
    # spacy로 문서를 토큰화합니다.
    doc_spacy = en_nlp(doc)
    # spacy로 찾은 표제어를 출력합니다.
    print("표제어:")
    print([token.lemma_ for token in doc_spacy])
    # PorterStemmer로 찾은 토큰을 출력합니다.
    print("어간:")
    print([stemmer.stem(token.norm_.lower()) for token in doc_spacy])
```

한 문장에 대해 표제어 추출과 Porter 어간 추출기의 차이를 비교해보겠습니다.

In [45]
```
compare_normalization(u"Our meeting today was worse than yesterday, "
                       "I'm scared of meeting the clients tomorrow.")
```

```
Out [45]
표제어:
['our', 'meeting', 'today', 'be', 'bad', 'than', 'yesterday', ',', 'i', 'be',
 'scared', 'of', 'meet', 'the', 'client', 'tomorrow', '.']
어간:
['our', 'meet', 'today', 'wa', 'wors', 'than', 'yesterday', ',', 'i', "'m",
 'scare', 'of', 'meet', 'the', 'client', 'tomorrow', '.']
```

어간 추출이 항상 단어에서 어간만 남겨놓고 제거하므로 "was"는 "wa"가 되지만, 표제어 추출은 올바른 동사형인 "be"를 추출했습니다. 비슷하게 표제어 추출은 "worse"를 "bad"로 정규화시키는 반면 어간 추출은 "wors"가 되었습니다. 어간 추출이 두 번의 "meeting"을 "meet"로 바꾼 것이 또 다른 큰 차이입니다. 표제어 추출은 첫 번째 "meeting"은 명사로 인식해 그대로 두고 두 번째 나타났을 땐 동사로 인식해 "meet"로 바꿨습니다. 일반적으로 표제어 추출은 어간 추출보다 훨씬 복잡한 처리를 거칩니다. 하지만 머신러닝을 위해 토큰 정규화를 할 때는 어간 추출보다 좋은 결과를 낸다고 알려져 있습니다.

scikit-learn에 두 정규화 방법이 구현되어 있지 않지만, CountVectorizer에서 tokenizer 매개변수를 사용하여 문서를 토큰화하는 방법을 따로 지정할 수 있습니다. spacy 표제어 추출을 사용해서 문자열을 표제어 리스트로 변환하는 익명함수를 만들겠습니다.

```
In [46]
# 요구사항: spacy에서 표제어 추출 기능과 CountVectorizer의 토큰 분할기를 사용합니다.

# spacy의 언어 모델을 로드합니다.
en_nlp = spacy.load('en_core_web_sm', disable=['parser', 'ner'])

# spacy 문서 처리 파이프라인을 사용해 자작 토큰 분할기를 만듭니다.
# (우리만의 토큰 분할기를 사용합니다)
def custom_tokenizer(document):
    doc_spacy = en_nlp(document)
    return [token.lemma_ for token in doc_spacy]

# 자작 토큰 분할기를 사용해 CountVectorizer 객체를 만듭니다.
lemma_vect = CountVectorizer(tokenizer=custom_tokenizer, min_df=5)
```

데이터를 변환하고 어휘 사전의 크기를 확인합니다.

```
In [47]
  # 표제어 추출이 가능한 CountVectorizer 객체로 text_train을 변환합니다.
  X_train_lemma = lemma_vect.fit_transform(text_train)
  print("X_train_lemma.shape:", X_train_lemma.shape)

  # 비교를 위해 표준 CountVectorizer를 사용합니다.
  vect = CountVectorizer(min_df=5).fit(text_train)
  X_train = vect.transform(text_train)
  print("X_train.shape:", X_train.shape)

Out [47]
  X_train_lemma.shape:  (25000, 20660)
  X_train.shape:  (25000, 27271)
```

출력 결과에서 알 수 있듯이, 표제어 추출은 특성 개수를 (표준 CountVectorizer에서 얻은)
27,271개에서 20,660개로 줄여줍니다. 표제어 추출은 일부 특성들을 합치기 때문에 일종의
규제로 볼 수 있습니다. 그래서 데이터셋이 작을 때도 표제어 추출이 성능을 높여줄 수 있습니
다. 표제어가 어떻게 효과가 있는지 보기 위해 StratifiedShuffleSplit을 사용해 훈련 세트의
1%만 훈련 폴드로 하고, 나머지는 테스트 폴드로 하여 교차 검증을 수행합니다.

```
In [48]
  # 훈련 세트의 1%만 사용해서 그리드 서치를 만듭니다.
  from sklearn.model_selection import StratifiedShuffleSplit

  param_grid = {'C': [0.001, 0.01, 0.1, 1, 10]}
  cv = StratifiedShuffleSplit(n_splits=5, test_size=0.99,
                              train_size=0.01, random_state=0)
  grid = GridSearchCV(LogisticRegression(max_iter=5000), param_grid, cv=cv, n_jobs=-1)

  # 기본 CountVectorizer로 그리드 서치를 수행합니다.
  grid.fit(X_train, y_train)
  print("최상의 교차 검증 점수 "
        "(기본 CountVectorizer): {:.3f}".format(grid.best_score_))

  # 표제어를 사용해서 그리드 서치를 수행합니다.
  grid.fit(X_train_lemma, y_train)
  print("최상의 교차 검증 점수 "
        "(표제어): {:.3f}".format(grid.best_score_))
```

```
Out [48]
    최상의 교차 검증 점수 (기본 CountVectorizer): 0.719
    최상의 교차 검증 점수 (표제어): 0.716
```

여기서는 표제어 추출의 성능이 조금 더 높습니다. 다른 특성 추출 기법들과 마찬가지로 데이터셋에 따라 결과에 차이가 있습니다. 표제어 추출과 어간 추출은 모델을 더 낫게 (또는 적어도 더 간단하게) 만들어주기 때문에, 어떤 작업에서 마지막 성능까지 쥐어 짜내야 할 때 시도해보면 좋습니다.


## 7.8.1 (한국어판 부록) KoNLPy를 사용한 영화 리뷰 분석

이 책의 감성 분석 예제는 영어로 쓰인 영화 리뷰 데이터를 사용합니다. 한글의 경우 KoNLPy코엔엘파이와 CountVectorizer를 함께 사용하여 감성 분석을 할 수 있습니다. 여기서 사용할 데이터셋은 한글로 된 영화 리뷰를 모은 〈Naver sentiment movie corpus v1.0〉(https://github.com/e9t/nsmc/)을 사용합니다. 이 말뭉치는 네이버 영화 사이트의 리뷰 20만 개를 묶은 데이터입니다.

KoNLPy는 여러 언어로 만들어진 형태소 분석기를 파이썬에서 손쉽게 사용할 수 있도록 도와주는 도구입니다. KoNLPy를 설치하려면 파이썬 패키지 konlpy와 JPype1, 파이썬 3일 경우에는 JPype1-py3를 설치해야 합니다. 플랫폼별 자세한 설치 방법은 KoNLPy의 설치 페이지(http://konlpy.org/ko/latest/install/)를 참고하세요.[29] KoNLPy는 5개의 형태소 분석기를 각각 하나의 태그 클래스로 지원합니다. 먼저 트위터에서 만든 한국어 처리기 open-korean-text(https://github.com/open-korean-text/open-korean-text)를 사용해보겠습니다.

네이버 영화 리뷰 데이터셋 깃허브에서 ratings_train.txt와 ratings_test.txt를 내려받습니다. 역자 깃허브의 data 폴더에도 이 두 파일이 포함되어 있습니다. 이 데이터의 첫 줄은 제목이고 그다음부터 한 줄에 리뷰 데이터가 하나씩 기록되어 있습니다. 데이터를 읽어 들이기 위해 pandas를 사용하겠습니다. 데이터 항목은 세 개이고 탭으로 구분되어 있으므로 read_csv 메

---

29 옮긴이_ 최신 버전의 tweepy 패키지를 설치할 경우 konlpy에서 StreamListener가 없다는 에러가 발생하므로 3.10버전을 설치해 주세요. pip install tweepy==3.10

서드를 사용할 때 구분자를 탭으로 지정합니다. 데이터에 빈 문자열이 있어도 nan으로 저장되지 않도록 keep_default_na=False로 지정하여 빈 문지열 그대로 지징되게 합니다.

```
In [4]
df_train = pd.read_csv('data/ratings_train.txt', delimiter='\t',
                        keep_default_na=False)
df_train.head(n=3)
```

```
Out [4]
```

|   | id | document | label |
|---|---|---|---|
| 0 | 9976970 | 아 더빙.. 진짜 짜증나네요 목소리 | 0 |
| 1 | 3819312 | 흠...포스터보고 초딩영화줄....오버연기조차 가볍지 않구나 | 1 |
| 2 | 10265843 | 너무재밓었다그래서보는것을추천한다 | 0 |
| 3 | 9045019 | 교도소 이야기구먼 ..솔직히 재미는 없다..평점 조정 | 0 |
| 4 | 6483659 | 사이몬페그의 익살스런 연기가 돋보였던 영화!스파이더맨에서 늙어보이기만 했던 커스틴 ... | 1 |

우리가 사용할 데이터는 'document' 열과 'label' 열입니다. 레이블이 0이면 부정적인 리뷰고 1이면 긍정적인 리뷰입니다. 이제 pandas의 데이터프레임을 NumPy 배열로 바꿉니다.

```
In [5]
text_train, y_train = df_train['document'].values, df_train['label'].values
```

훈련 데이터와 마찬가지로 테스트 데이터도 데이터프레임으로 읽은 후 NumPy 배열로 변환합니다.

```
In [6]
df_test = pd.read_csv('data/ratings_test.txt', delimiter='\t',
                       keep_default_na=False)
text_test = df_test['document'].values
y_test = df_test['label'].values
```

훈련 데이터와 테스트 데이터의 크기와 클래스 비율을 확인해보겠습니다. 앞서 사용한 IMDb 데이터셋과 비슷하게 양성과 음성 데이터의 수가 비슷합니다.

```
In [7]
  len(text_train), np.bincount(y_train)

Out [7]
  (150000, array([75173, 74827]))

In [8]
  len(text_test), np.bincount(y_test)

Out [8]
  (50000, array([24827, 25173]))
```

Okt 클래스 객체를 TfidfVectorizer와 함께 그리드 서치에 사용하려면 직렬화할 수 있도록 __setstate__, __getstate__ 메서드를 추가해야 합니다. 다음과 같이 간단히 두 메서드를 추가한 PicklableOkt 클래스를 만듭니다. 그다음 PicklableOkt의 객체 okt를 생성합니다.

```
In [9]
 from konlpy.tag import Okt

 class PicklableOkt(Okt):

     def __init__(self, *args):
         self.args = args
         Okt.__init__(self, *args)

     def __setstate__(self, state):
         self.__init__(*state['args'])

     def __getstate__(self):
         return {'args': self.args}

 okt = PicklableOkt()
```

TfidfVectorizer의 min_df와 ngram_range, LogisticRegression의 규제 매개변수 C에 대해 그리드 서치를 적용합니다. make_pipeline을 사용하여 파이프라인 객체를 만들 때 TfidfVectorizer에 tokenizer 매개변수에 Okt 클래스의 형태소 분석 메서드인 morphs를 지정합니다. 수행시간이 오래 걸리기 때문에 여기에서는 훈련 데이터 중 1,000개의 샘플만 사용합니다.

```
In [10]
  from sklearn.feature_extraction.text import TfidfVectorizer
  from sklearn.linear_model import LogisticRegression
  from sklearn.pipeline import make_pipeline
  from sklearn.model_selection import GridSearchCV

  param_grid = {'tfidfvectorizer__min_df': [3, 5 ,7],
                'tfidfvectorizer__ngram_range': [(1, 1), (1, 2), (1, 3)],
                'logisticregression__C': [0.1, 1, 10]}
  pipe = make_pipeline(TfidfVectorizer(tokenizer=okt.morphs),
                       LogisticRegression)
  grid = GridSearchCV(pipe, param_grid, n_jobs=-1)

  # 그리드 서치를 수행합니다
  grid.fit(text_train[:1000], y_train[:1000])
  print("최상의 교차 검증 점수: {:.3f}".format(grid.best_score_))
  print("최적의 교차 검증 매개변수: ", grid.best_params_)

Out [10]
  최상의 교차 검증 점수: 0.718
  최적의 교차 검증 매개변수:  {'logisticregression__C': 1,
  'tfidfvectorizer__ngram_range': (1, 3), 'tfidfvectorizer__min_df': 3}
```

데이터를 1,000개만 사용해도 70%가 넘는 교차 검증 점수를 얻었습니다. 테스트 세트에 있
는 샘플 1,000개에 대한 점수를 확인하겠습니다. 테스트 세트를 적용할 때는 파이프라인의
tfidfvectorizer 단계에서 transform 메서드를 호출한 후 변환된 데이터를 이용해 logistic
regression 단계의 score 함수를 호출합니다.

```
In [11]
  tfidfvectorizer = grid.best_estimator_.named_steps["tfidfvectorizer"]
  X_test = tfidfvectorizer.transform(text_test[:1000])
  logisticregression = grid.best_estimator_.named_steps["logisticregression"]
  score = logisticregression.score(X_test, y_test[:1000])
  print("테스트 세트 점수: {:.3f}".format(score))

Out [11]
  테스트 세트 점수: 0.714
```

테스트 점수는 조금 낮아졌지만 여전히 70%가 넘는 정확도를 얻었습니다.

이번에는 C++ 기반의 Mecab 태그 클래스를 사용하겠습니다. Mecab을 사용하려면 konlpy 를 설치한 후 추가적인 설치가 필요합니다. 안타깝지만 Mecab은 윈도우를 지원하지 않습니다. 자세한 설치 과정은 KoNLPy의 설치 페이지(http://konlpy.org/ko/latest/install/)나 번역서 깃허브의 주피터 노트북을 참고하세요.

먼저 앞에서와 같이 Mecab 클래스를 감싼 PicklableMecab 클래스를 만듭니다.

```
In [12]
  from konlpy.tag import Mecab

  class PicklableMecab(Mecab):

      def __init__(self, *args):
          self.args = args
          Mecab.__init__(self, *args)

      def __setstate__(self, state):
          self.__init__(*state['args'])

      def __getstate__(self):
          return {'args': self.args}

  mecab = PicklableMecab()
```

앞에서와 동일한 매개변수 조합으로 그리드 서치를 수행해 보겠습니다.

```
In [13]
  pipe = make_pipeline(TfidfVectorizer(tokenizer=mecab.morphs), LogisticRegression())
  grid = GridSearchCV(pipe, param_grid, n_jobs=-1)

  # 그리드 서치를 수행합니다
  grid.fit(text_train[:1000], y_train[:1000])
  print("최상의 크로스 밸리데이션 점수: {:.3f}".format(grid.best_score_))
  print("최적의 크로스 밸리데이션 파라미터: ", grid.best_params_)

Out [13]
  최상의 크로스 밸리데이션 점수: 0.753
  최적의 크로스 밸리데이션 파라미터:  {'logisticregression__C': 1,
  'tfidfvectorizer__min_df': 3, 'tfidfvectorizer__ngram_range': (1, 2)}
```

```
In [14]
  tfidfvectorizer = grid.best_estimator_.named_steps["tfidfvectorizer"]
  X_test = tfidfvectorizer.transform(text_test[:1000])
  logisticregression = grid.best_estimator_.named_steps["logisticregression"]
  score = logisticregression.score(X_test, y_test[:1000])

  print("테스트 세트 점수: {:.3f}".format(score))

Out [14]
  테스트 세트 점수: 0.746
```

Mecab을 사용해 학습한 모델은 75%에 가깝습니다. 여전히 1,000개의 샘플만 사용했다는 점을 기억하세요. 시간과 컴퓨팅 자원이 충분하다면 전체 샘플을 사용해 모델을 훈련하여 훨씬 더 높은 정확도를 달성할 수 있습니다. 여기에 사용된 주피터 노트북은 역자의 깃허브에 07.8.1-konlpy.ipynb 이름으로 업로드되어 있습니다.

---

**참고자료**

- http://konlpy.org/ko/
- https://www.lucypark.kr/slides/2015-pyconkr/#39
- https://github.com/e9t/nsmc/

---

## 7.9 토픽 모델링과 문서 군집화

텍스트 데이터에 자주 적용하는 특별한 기법으로 **토픽 모델링**topic modeling이 있습니다. 이 용어는 비지도 학습으로 문서를 하나 또는 그 이상의 토픽으로 할당하는 작업을 통칭합니다. '정치', '스포츠', '금융' 등의 토픽으로 묶을 수 있는 뉴스 데이터가 좋은 예입니다. 한 문서가 하나의 토픽에 할당되면 이는 3장에서 본 것과 같은 문서를 군집시키는 문제가 됩니다. 문서가 둘 이상의 토픽을 가질 수 있다면 이는 3장에서 본 분해 방법과 관련이 있습니다. 학습된 각 성분은 하나의 토픽에 해당하며 문서를 표현한 성분의 계수는 문서가 어떤 토픽에 얼마만큼 연관되어 있는지를 말해줍니다. 사람들이 토픽 모델링에 대해 이야기할 때 종종 **잠재 디리클레 할당**Latent Dirichlet Allocation, LDA이라고 하는 특정한 성분 분해 방법을 말합니다. [30]

---

30 LDA 약어를 쓰는 다른 머신러닝 모델로 선형 분류 모델인 선형 판별 분석(Linear Discriminant Analysis)이 있습니다. 이것 때문에 혼동이 많이 생깁니다. 이 책에서 LDA는 잠재 디리클레 할당을 말합니다.

## 7.9.1 LDA

직관적으로 생각하면 LDA 모델은 함께 자주 나타나는 단어의 그룹(토픽)을 찾는 것입니다. 또 LDA는 각 문서에 토픽의 일부가 혼합되어 있다고 간주합니다. 머신러닝에서 토픽은 우리가 일상 대화에서 말하는 '주제'가 아니고, 의미가 있든 없든 (3장에서 본) PCA나 NMF로 추출한 성분에 가까운 것입니다. LDA의 토픽에 의미가 있다고 하더라도, 이것은 우리가 주제라고 부르는 그것은 아닙니다. 뉴스 기사의 예로 돌아가서, 두 명의 기자가 쓴 스포츠, 정치, 금융에 관한 기사가 있다고 가정하겠습니다. 정치 기사에서는 "주지사", "선거", "정당" 등의 단어를 예상할 수 있는 반면, 스포츠 기사에서는 "팀", "점수", "시즌" 같은 단어가 예상됩니다. 이런 그룹들의 단어는 함께 나타나는 경우가 많으며, 반대로 "팀"과 "주지사"는 함께 나타나는 경우가 드뭅니다.[31] 그러나 동시에 나타날 것 같은 단어의 그룹만 있는 것은 아닙니다. 두 기자는 다른 문장이나 다른 종류의 단어를 좋아할 수 있습니다. 한 명은 "구별"이란 단어를 즐겨 쓰고 다른 한 명은 "분리"란 말을 좋아할 수 있습니다. 이때 토픽은 A 기자가 즐겨 쓰는 단어와 B 기자가 즐겨 쓰는 단어가 될 수 있습니다. 이 토픽은 일반적인 주제와는 관련이 없습니다.

실제로 LDA가 어떻게 작동하는지 보기 위해 영화 리뷰 데이터셋에 적용해보겠습니다. 텍스트 문서에 대한 비지도 학습 모델에서 분석의 결과가 왜곡되지 않으려면 자주 나타나는 단어를 제거하는 것이 좋습니다. 적어도 15%의 문서에서 나타나는 단어를 삭제한 후 가장 많이 등장하는 단어 10,000개에 대해 BOW 모델을 만들겠습니다.

```
In [49]
  vect = CountVectorizer(max_features=10000, max_df=.15)
  X = vect.fit_transform(text_train)
```

한눈에 보기 쉽게 10개의 토픽으로 토픽 모델을 학습해보겠습니다. NMF의 성분과 비슷하게 토픽은 어떤 순서를 가지고 있지 않으며, 토픽의 수를 바꾸면 모든 토픽이 바뀌게 됩니다.[32] 기본 학습 방법("online") 대신 조금 느리지만 성능이 더 나은 "batch" 방법을 사용하고 모델 성능을 위해 "max_iter" 값을 증가시킵니다.[33]

---

31  옮긴이_ 특별한 상황에서는 스포츠와 정치에 대한 단어가 자주 함께 나타날 수 있습니다. 여기에서는 일반적인 경우를 예로 든 것입니다.

32  사실 NMF와 LDA는 유사한 문제를 풀 수 있어서 토픽 추출에 NMF를 사용할 수도 있습니다.

33  옮긴이_ LatentDirichletAllocation은 2010년에 개발된 온라인 변분 베이즈 알고리즘(online varational Bayes algorithm)을 사용하며 max_iter 매개변수의 기본값은 10입니다.

```
In [50]
  from sklearn.decomposition import LatentDirichletAllocation
  lda = LatentDirichletAllocation(n_components=10, learning_method="batch",
                                  max_iter=25, random_state=0, n_jobs=-1)
  # 모델 생성과 변환을 한 번에 합니다.
  # 변환 시간이 좀 걸리므로 시간을 절약하기 위해 동시에 처리합니다.
  document_topics = lda.fit_transform(X)
```

3장에서 본 분해 방법처럼 LatentDirichletAllocation에는 토픽마다 각 단어의 중요도를 저장한 components_ 속성이 있습니다. components_의 크기는 (n_topics, n_words)입니다.

```
In [51]
  print("lda.components_.shape:", lda.components_.shape)

Out [51]
  lda.components_.shape: (10, 10000)
```

각 토픽이 의미하는 것이 무엇인지 이해하기 위해 토픽에서 가장 중요한 단어를 확인해보겠습니다. print_topics는 특성들을 정돈하여 출력해주는 함수입니다.

```
In [52]
  # 토픽마다(components_의 행) 특성을 오름차순으로 정렬합니다.
  # 내림차순이 되도록 [:, ::-1] 사용해 행의 정렬을 반대로 바꿉니다.
  sorting = np.argsort(lda.components_, axis=1)[:, ::-1]
  # CountVectorizer 객체에서 특성 이름을 구합니다.
  feature_names = np.array(vect.get_feature_names_out())

In [53]
  # 10개의 토픽을 출력합니다.
  mglearn.tools.print_topics(topics=range(10), feature_names=feature_names,
                             sorting=sorting, topics_per_chunk=5, n_words=10)

Out [53]
  topic 0       topic 1       topic 2       topic 3       topic 4
  --------      --------      --------      --------      --------
  between       war           funny         show          didn
  young         world         worst         series        saw
  family        us            comedy        episode       am
  real          our           thing         tv            thought
  performance   american      guy           episodes      years
```

| beautiful | documentary | re | shows | book |
|-----------|-------------|--------|------------|---------|
| work | history | stupid | season | watched |
| each | new | actually | new | now |
| both | own | nothing | television | dvd |
| director | point | want | years | got |

| topic 5 | topic 6 | topic 7 | topic 8 | topic 9 |
|----------|----------|-------------|--------------|----------|
| horror | kids | cast | performance | house |
| action | action | role | role | woman |
| effects | animation | john | john | gets |
| budget | game | version | actor | killer |
| nothing | fun | novel | oscar | girl |
| original | disney | both | cast | wife |
| director | children | director | plays | horror |
| minutes | 10 | played | jack | young |
| pretty | kid | performance | joe | goes |
| doesn | old | mr | performances | around |

중요한 단어를 둘러보면, 토픽 1은 역사와 전쟁 영화에 대한 것으로 보이고, 토픽 2는 형편없는 코미디물이고, 토픽 3은 TV 시리즈에 관한 것 같습니다. 토픽 4는 매우 일반적인 단어를 고른 것 같은 반면, 토픽 6은 어린이 영화로 보이고, 토픽 8은 영화제와 관련한 리뷰인 것 같습니다. 10개의 토픽만 보면 각 토픽은 매우 폭넓은 주제를 다루고 있고, 그래서 데이터셋에 있는 여러 다른 종류의 리뷰를 포함하고 있습니다.

다음은 100개의 토픽으로 새로운 모델을 학습해보겠습니다. 많은 토픽을 사용하면 분석은 더 어려워지지만 데이터에서 특이한 부분을 잘 잡아낼 수 있습니다.

```
In [54]
lda100 = LatentDirichletAllocation(n_components=100, learning_method="batch",
                                   max_iter=25, random_state=0, n_jobs=-1)
document_topics100 = lda100.fit_transform(X)
```

100개의 토픽을 모두 나열하면 너무 길어지므로 재미있는 대표 토픽 몇 가지만 보겠습니다.

```
In [55]
topics = np.array([7, 16, 24, 25, 28, 36, 37, 41, 45, 51, 53, 54, 63, 89, 97])
```

```
sorting = np.argsort(lda100.components_, axis=1)[:, ::-1]
feature_names = np.array(vect.get_feature_names_out())
mglearn.tools.print_topics(topics=topics, feature_names=feature_names,
                           sorting=sorting, topics_per_chunk=5, n_words=20)
```

Out [56]

| topic 7 | topic 16 | topic 24 | topic 25 | topic 28 |
| -------- | -------- | -------- | -------- | -------- |
| thriller | worst | german | car | beautiful |
| suspense | awful | hitler | gets | young |
| horror | boring | nazi | guy | old |
| atmosphere | horrible | midnight | around | romantic |
| mystery | stupid | joe | down | between |
| house | thing | germany | kill | romance |
| director | terrible | years | goes | wonderful |
| quite | script | history | killed | heart |
| bit | nothing | new | going | feel |
| de | worse | modesty | house | year |
| performances | waste | cowboy | away | each |
| dark | pretty | jewish | head | french |
| twist | minutes | past | take | sweet |
| hitchcock | didn | kirk | another | boy |
| tension | actors | young | getting | loved |
| interesting | actually | spanish | doesn | girl |
| mysterious | re | enterprise | now | relationship |
| murder | supposed | von | night | saw |
| ending | mean | nazis | right | both |
| creepy | want | spock | woman | simple |

| topic 36 | topic 37 | topic 41 | topic 45 | topic 51 |
| -------- | -------- | -------- | -------- | -------- |
| performance | excellent | war | music | earth |
| role | highly | american | song | space |
| actor | amazing | world | songs | planet |
| cast | wonderful | soldiers | rock | superman |
| play | truly | military | band | alien |
| actors | superb | army | soundtrack | world |
| performances | actors | tarzan | singing | evil |
| played | brilliant | soldier | voice | humans |
| supporting | recommend | america | singer | aliens |
| director | quite | country | sing | human |
| oscar | performance | americans | musical | creatures |

| | | | | |
|---|---|---|---|---|
| roles | performances | during | roll | miike |
| actress | perfect | men | fan | monsters |
| excellent | drama | us | metal | apes |
| screen | without | government | concert | clark |
| plays | beautiful | jungle | playing | burton |
| award | human | vietnam | hear | tim |
| work | moving | ii | fans | outer |
| playing | world | political | prince | men |
| gives | recommended | against | especially | moon |

| topic 53 | topic 54 | topic 63 | topic 89 | topic 97 |
|---|---|---|---|---|
| scott | money | funny | dead | didn |
| gary | budget | comedy | zombie | thought |
| streisand | actors | laugh | gore | wasn |
| star | low | jokes | zombies | ending |
| hart | worst | humor | blood | minutes |
| lundgren | waste | hilarious | horror | got |
| dolph | 10 | laughs | flesh | felt |
| career | give | fun | minutes | part |
| sabrina | want | re | body | going |
| role | nothing | funniest | living | seemed |
| temple | terrible | laughing | eating | bit |
| phantom | crap | joke | flick | found |
| judy | must | few | budget | though |
| melissa | reviews | moments | head | nothing |
| zorro | imdb | guy | gory | lot |
| gets | director | unfunny | evil | saw |
| barbra | thing | times | shot | long |
| cast | believe | laughed | low | interesting |
| short | am | comedies | fulci | few |
| serial | actually | isn | re | half |

이번에 추출한 토픽이 더 구체적으로 보이지만, 해석하기는 더 어렵습니다. 토픽 7은 공포 영화와 스릴러에 관한 것으로 보이며, 토픽 16과 54는 부정적인 리뷰를 고른 것 같고, 반면 토픽 63은 코미디에 대한 긍정적인 리뷰를 잡아낸 것 같습니다. 토픽을 이용해 추론을 더 잘 하려면 토픽에 할당된 문서를 보고 가장 높은 순위에 있는 단어의 의미를 확인해야 합니다. 예를 들어, 토픽 45는 음악에 관한 것으로 보입니다. 이 토픽에 할당된 리뷰를 확인해보겠습니다.

```
# 음악적인 토픽 45를 가중치로 정렬합니다.
music = np.argsort(document_topics100[:, 45])[::-1]
# 이 토픽이 가장 비중이 큰 문서 다섯개를 출력합니다.
for i in music[:10]:
    # 첫 두 문장을 출력합니다.
    print(b".".join(text_train[i].split(b".")[:2]) + b".\n")
```

Out [57]

```
b'I love this movie and never get tired of watching. The music in it is great.\n'
b"I enjoyed Still Crazy more than any film I have seen in years. A successful
  band from the 70's decide to give it another try.\n"
b'Hollywood Hotel was the last movie musical that Busby Berkeley directed for
  Warner Bros. His directing style had changed or evolved to the point that
  this film does not contain his signature overhead shots or huge production
  numbers with thousands of extras.\n'
b"What happens to washed up rock-n-roll stars in the late 1990's?
  They launch a comeback / reunion tour. At least, that's what the members of
  Strange Fruit, a (fictional) 70's stadium rock group do.\n"
b'As a big-time Prince fan of the last three to four years, I really can\'t
  believe I\'ve only just got round to watching "Purple Rain". The brand new
  2-disc anniversary Special Edition led me to buy it.\n'
b"This film is worth seeing alone for Jared Harris' outstanding portrayal
  of John Lennon. It doesn't matter that Harris doesn't exactly resemble
  Lennon; his mannerisms, expressions, posture, accent and attitude are
  pure Lennon.\n"
b"The funky, yet strictly second-tier British glam-rock band Strange Fruit
  breaks up at the end of the wild'n'wacky excess-ridden 70's. The individual
  band members go their separate ways and uncomfortably settle into lackluster
  middle age in the dull and uneventful 90's: morose keyboardist Stephen Rea
  winds up penniless and down on his luck, vain, neurotic, pretentious lead
  singer Bill Nighy tries (and fails) to pursue a floundering solo career,
  paranoid drummer Timothy Spall resides in obscurity on a remote farm so he
  can avoid paying a hefty back taxes debt, and surly bass player Jimmy Nail
  installs roofs for a living.\n"
b"I just finished reading a book on Anita Loos' work and the photo in TCM
  Magazine of MacDonald in her angel costume looked great (impressive wings),
  so I thought I'd watch this movie. I'd never heard of the film before, so I
  had no preconceived notions about it whatsoever.\n"
b'I love this movie!!! Purple Rain came out the year I was born and it has had
  my heart since I can remember. Prince is so tight in this movie.\n'
b"This movie is sort of a Carrie meets Heavy Metal. It's about a highschool
  guy who gets picked on alot and he totally gets revenge with the help of a
  Heavy Metal ghost.\n"
```

여기서 볼 수 있듯이, 뮤지컬에서부터 일대기를 다룬 영화, 그리고 마지막 리뷰처럼 장르를 확인하기 어려운 영화까지 이 토픽은 여러 가지 음악 중심의 리뷰를 다루고 있습니다. 토픽을 조사하는 다른 방법은 각 토픽의 가중치가 얼마인지 모든 리뷰에 걸쳐 document_topics 값을 합해서 보는 것입니다. 각 토픽을 대표하는 두 단어로 토픽 이름을 붙였습니다. [그림 7-6]은 학습된 토픽의 가중치입니다.

```
In [58]
  fig, ax = plt.subplots(1, 2, figsize=(10, 10))
  topic_names = ["{:>2} ".format(i) + " ".join(words)
                 for i, words in enumerate(feature_names[sorting[:, :2]])]
  # 열이 두 개인 막대 그래프
  for col in [0, 1]:
      start = col * 50
      end = (col + 1) * 50
      ax[col].barh(np.arange(50), np.sum(document_topics100, axis=0)[start:end])
      ax[col].set_yticks(np.arange(50))
      ax[col].set_yticklabels(topic_names[start:end], ha="left", va="top")
      ax[col].invert_yaxis()
      ax[col].set_xlim(0, 2000)
      yax = ax[col].get_yaxis()
      yax.set_tick_params(pad=130)
  plt.tight_layout()
```

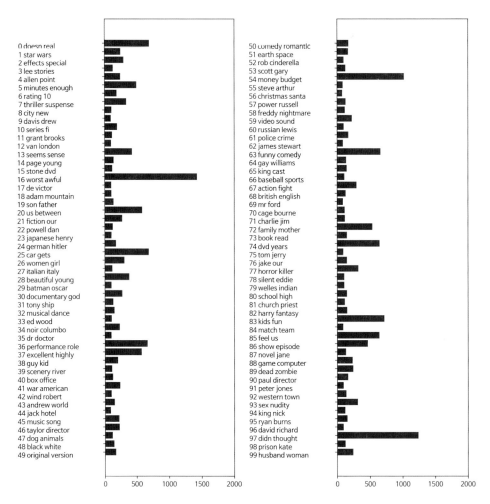

**그림 7-6** LDA로 학습한 토픽 가중치

중요도가 높은 토픽 중 97번은 거의 불용어에 가깝고 약간 부정적 경향의 단어입니다. 토픽 16은 확실히 부정적이고, 그다음에 장르에 관련된 토픽들이 이어지고 36번과 37번은 칭찬하는 단어를 포함합니다.

LDA가 장르와 점수라는 두 종류의 큰 토픽과 어디에도 속하지 않는 토픽 몇 개를 더 찾은 것 같습니다. 대부분의 리뷰가 특정 영화에 대한 의견이거나 평가 점수를 합리화하거나 강조하기 위한 댓글이라는 사실은 재미있는 발견입니다.

LDA와 같은 토픽 모델은 레이블이 없거나, 여기서처럼 레이블이 있더라도 큰 규모의 텍스트 말뭉치를 해석하는 데 좋은 방법입니다. LDA는 확률적 알고리즘이기 때문에 random_state 매개변수를 바꾸면 결과가 많이 달라집니다. 토픽으로 구별하는 게 도움이 되더라도 비지도 학습에서 내린 결론은 보수적으로 평가해야 하므로 각 토픽에 해당하는 문서를 직접 보고 직관을 검증하는 게 좋습니다. LDA.transform 메서드에서 만든 토픽이 지도 학습을 위한 압축된 표현으로 사용될 수도 있습니다. 특별히 훈련 샘플이 적을 때 유용합니다.[34]

## 7.10 요약 및 정리

이번 장에서는 자연어 처리(NLP)의 한 예로 영화 리뷰를 분류하는 애플리케이션을 사용해 텍스트 처리의 기초적인 내용을 다뤘습니다. 텍스트 데이터를 처리할 때 여기서 소개한 방법들이 좋은 시작점이 될 것입니다. 특히 스팸이나 부정거래 탐지, 감성 분석 같은 텍스트 분류 작업에서 BOW 표현은 간단하고 강력한 해법입니다. 머신러닝의 많은 경우가 그렇듯이 데이터의 표현이 자연어 처리 애플리케이션의 핵심이고 추출된 토큰과 n-그램을 분석하면 모델링 과정에서 필요한 많은 통찰을 얻게 됩니다. 텍스트 처리 애플리케이션에서는 지도 학습이나 비지도 학습 작업을 위해 이번 장에서 본 것처럼 모델을 자체적으로 분석해 의미를 찾을 수 있을 때가 많습니다. 실전에서 자연어 처리 기반의 방법을 사용할 때 이 장점을 최대한 활용해야 합니다.

자연어와 텍스트 처리는 넓은 연구 분야이고 이 책에서 고수준의 기법을 자세히 다루기는 어렵습니다. 더 깊은 내용은 『Natural Language Processing with Python』(O'Reilly Media, 2009)을 추천합니다.[35] 이 책은 자연어 처리의 개요와 ntlk 파이썬 패키지를 소개합니다. 대표적인 참고 도서로는 『Introduction to Information Retrieval』(Cambridge University Press, 2008, https://nlp.stanford.edu/IR-book/)이 훌륭한 이론서입니다. 이 책은 정보 추출, 자연어 처리, 머신러닝에 대한 기초적인 알고리즘을 설명합니다. 두 책 모두 온라인에서 무료로 읽을 수 있습니다. 앞서 본 CountVectorizer와 TfidfVectorizer에는 비교적 간단한 텍스트 처리 방법만 구현되어 있습니다. 더 고수준의 텍스트 처리를 하려면 spacy(비교적 최

---

34 옮긴이_ 훈련 데이터가 적고 특성의 수가 많을 때 과대적합되기 쉬우므로 특성의 수를 줄이는 데 LDA를 사용할 수 있습니다.

35 옮긴이_ 『Natural Language Processing with Python』의 1판은 http://www.nltk.org/book_1ed/에서 볼 수 있으며 파이썬 3 와 NLTK 버전 3에 맞게 개정된 내용은 http://www.nltk.org/book/에서 읽을 수 있습니다.

근에 나왔고 효율적이며 잘 설계된 패키지입니다), nltk(매우 잘 구축되어 있고 기능이 풍부하지만 조금 오래된 라이브러리입니다), gensim(토픽 모델링이 강점인 자연어 처리 패키지입니다) 파이썬 패키지를 추천합니다.

이 책에서 다룰 내용은 아니지만, 최근에 신경망과 관련된 몇 가지 연구가 텍스트 처리 분야에서 매우 두각을 보이고 있습니다. 하나는 word2vec 라이브러리에 구현된 단어 벡터word vector 또는 분산 단어 표현distributed word representations이라는 연속적인 벡터 표현입니다. 토마시 미콜로프Tomáš Mikolov가 대표로 쓴 논문 「Distributed Representations of Words and Phrases and Their Compositionality」(https://goo.gl/V3mTpj)가 이 주제를 잘 소개하고 있습니다. spacy와 gensim이 이 논문에 실린 기법과 후속 기술들을 제공합니다.

자연어 처리에서 최근에 가속이 붙어 빠르게 성장하는 또 하나의 분야는 텍스트 처리에 순환 신경망recurrent neural networks, RNN을 적용하는 것입니다. RNN은 신경망의 한 종류로, 클래스 레이블을 할당하는 분류 모델과 달리 텍스트를 출력할 수 있습니다. 텍스트 출력을 만들 수 있기 때문에 자동 번역이나 자동 요약에 RNN이 잘 들어맞습니다. 이 주제에 관해서는 일리야 수츠케버Ilya Sutskever, 오리올 비니알스Oriol Vinyals, 꾸옥 레Quoc V. Le가 쓴 「Sequence to Sequence Learning with Neural Networks」(https://goo.gl/lYNWlg) 논문을 참고하세요. 텐서플로 프레임워크를 사용한 예제는 텐서플로 웹사이트(https://www.tensorflow.org/tutorials/seq2seq)에서 볼 수 있습니다. [36]

---

36 옮긴이_ 역자의 다른 책 「혼자 공부하는 머신러닝+딥러닝」(한빛미디어, 2020)에 텐서플로와 순환 신경망에 대한 소개와 예제가 있습니다.

# 마무리

지도 학습과 비지도 학습의 중요한 알고리즘들을 적용하여 다양한 머신러닝 문제를 해결하는 방법을 배웠습니다. 머신러닝의 무궁무진한 세계로 떠나기 전에 마지막 조언과 함께 몇 가지 참고 자료를 소개하고 실력 있는 머신러닝 기술자와 데이터 과학자가 되는 길을 제시하겠습니다.

## 8.1 머신러닝 문제 접근 방법

이 책에서 소개한 방법들을 모두 익혔으니 당장 데이터 관련 문제를 해결하려고 맘에 드는 알고리즘을 적용하고 싶을지 모릅니다. 하지만 일반적으로 분석을 시작하는 좋은 방식은 아닙니다. 전체 데이터 분석과 의사 결정 과정에서 머신러닝 알고리즘이 차지하는 부분은 보통 작습니다. 머신러닝을 효과적으로 사용하려면 한걸음 뒤로 물러나 넓은 시각으로 문제를 바라봐야 합니다. 먼저 답을 얻고자 하는 질문이 어떤 종류인지 생각해보세요. 탐색적 분석으로 데이터에 뭔가 흥미로운 것이 있는지 찾고 싶은가요? 마음속에 이미 정한 목표가 있나요? 부정거래 탐지나 영화 추천, 알려지지 않은 행성을 탐색하는 것처럼 어떤 목적을 가지고 시작하는 경우가 많습니다. 목표가 있다면 시스템을 구축하기 전에 먼저 성공을 어떻게 정의하고 측정할지, 최종 솔루션이 비즈니스와 연구의 목표에 어떤 영향을 줄지 생각해봐야 합니다. 예를 들어 부정거래 탐지가 목적이라고 가정해보겠습니다.

다음과 같은 질문이 가능합니다.

- 부정거래 예측이 실제로 작동하는지 어떻게 측정할까?
- 알고리즘을 평가하기에 알맞은 데이터를 가지고 있는가?
- 성공적으로 구축했다면 이 솔루션이 비즈니스에 어떤 영향을 주는가?

5장에서 보았듯이 이익 증가율이나 손실 감소율 같은 비즈니스 척도를 직접 이용해 알고리즘 성능을 재는 게 가장 좋습니다. 하지만 이런 방식을 사용하기 어려울 때가 많습니다. 간단하게 "완벽한 모델이란 무엇인가?"라는 질문의 답을 찾으면 됩니다. 모든 부정 거래를 완벽하게 감지했을 때 회사가 한 달에 100달러를 아낄 수 있다면 알고리즘을 개발하려는 시도조차 할 필요가 없습니다. 반면에 모델이 한 달에 수만 달러를 아낄 수 있다면 이 문제는 들여다볼 가치가 있습니다.

해결해야 할 문제를 정의했고 솔루션이 프로젝트에 미칠 영향과 성공을 평가할 올바른 방법을 알고 있다고 가정하겠습니다. 다음 단계는 데이터를 모으고 작동하는 프로토타입을 만드는 일입니다. 이 책에서 여러분이 선택할 수 있는 많은 모델을 다루었고 어떻게 평가하고 튜닝하는지 설명했습니다. 하지만 모델을 적용할 때 기억해야 할 것은 모델이 커다란 데이터 과학 워크플로의 일부라는 것입니다. 모델 구축은 새로운 데이터를 모으고, 정제하고, 만들고, 평가하는 순환 사이클의 한 부분입니다. 모델이 만든 오류를 분석하면 빠진 데이터나 추가로 수집할 데이터, 더 효과적인 모델을 위해 어떻게 작업을 재구성할지에 대한 정보를 많이 얻을 수 있습니다. 더 많은 데이터를 수집하거나 작업 흐름을 바꾸는 것이 매개변수 튜닝을 위해 끝없이 그리드 서치를 돌리는 것보다 훨씬 이득일 수 있습니다.

### 8.1.1 의사 결정 참여

의사 결정에 사람이 개입해야 할지도 고려해야 합니다. 어떤 작업은 (자율 주행 자동차의 보행자 탐지 같은) 즉각적인 결정이 필요합니다. 즉각 응답하지 않아도 될 때는 불확실한 결정을 사람이 확인하게 할 수 있습니다. 예를 들어 의료 애플리케이션은 정확도가 아주 높아야 해서 머신러닝 알고리즘 단독으로는 달성하기가 불가능합니다. 알고리즘이 90%, 50% 또는 10%라도 자동으로 의사 결정을 할 수 있다면 응답 시간을 빠르게 하고 비용을 줄여줍니다. 대부분의 애플리케이션은 알고리즘이 의사 결정을 할 수 있는 단순한 경우이고 사람이 참여해야 하는 복잡한 경우는 비교적 드뭅니다.

## 8.2 프로토타입에서 제품까지

이 책에서 다룬 도구들은 여러 머신러닝 애플리케이션에 잘 맞으며 분석과 프로토타입을 빠르게 수행해줍니다. 다국적 은행과 글로벌 소셜 미디어 같은 매우 큰 기관도 제품에 파이썬과 scikit-learn을 사용합니다. 하지만 복잡한 인프라를 가진 회사는 파이썬을 자사 시스템에 통합시키기 어려울 때가 있습니다. 이것이 반드시 문제가 되진 않습니다. 많은 회사에서 데이터 분석팀은 파이썬과 R을 사용해 빠르게 아이디어를 시험하고 제품팀은 안정적이고 큰 규모의 시스템을 위해 Go, 스칼라$^{Scala}$, C++, Java 같은 언어를 사용합니다. 데이터 분석을 실제 서비스에 반영하려면 다양한 요구사항이 발생하므로 이런 작업들을 처리하려면 보통은 여러 언어를 사용해야 합니다. 분석팀에서 찾은 솔루션을 고성능 언어를 사용하여 더 큰 프레임워크 안에서 재구현하는 것이 비교적 일반적입니다. 이 방법이 전체 라이브러리나 프로그래밍 언어를 내장시키고 포맷이 다른 데이터를 이리저리 변환하는 것보다 쉽습니다.

제품 시스템에서 scikit-learn을 사용할 수 있는지와 상관없이 제품 시스템에는 일회용 분석 스크립트와는 다른 요구사항이 있다는 것을 꼭 유념해야 합니다. 한 알고리즘이 큰 시스템에 장착되려면 신뢰성, 예측 가능성, 실행환경, 메모리 요구사항 같은 소프트웨어 공학적인 측면이 필요합니다. 이런 환경에서 잘 작동하는 머신러닝 시스템을 구축하는 데 필요한 핵심 요소는 단순함입니다. 데이터 처리와 예측 파이프라인의 각 부분을 자세히 조사하고 각 단계가 복잡도를 얼마나 키우는지, 각 구성요소가 데이터나 컴퓨터 인프라의 변화에 얼마나 견고한지, 각 단계가 복잡도를 감내한 만큼 유익한지 스스로에게 물어봐야 합니다. 복잡한 머신러닝 시스템을 구축하고 있다면 구글 머신러닝 팀의 연구원들이 쓴 「Machine Learning: The High Interest Credit Card of Technical Debt」(http://research.google.com/pubs/pub43146.html) 논문을 꼭 읽어보길 권합니다. 이 논문은 대규모 머신러닝 소프트웨어 제품을 구축하고 유지하기 위한 타협점에 대해 잘 설명합니다. 대규모 장기 프로젝트에서 기술 부채[1] 이슈는 특히나 중요하고 이를 통해 배운 경험이 작고 단기적인 시스템에서의 소프트웨어 구축에도 큰 도움이 될 것입니다.

---

1 옮긴이_ 기술 부채(technical debt)는 급하게 작성된 코드로 인해 소프트웨어의 유지보수 비용이 늘어나는 현상을 말합니다.

## 8.3 제품 시스템 테스트

이 책에서 사전에 수집한 테스트 세트를 기초로 하여 알고리즘이 만든 예측을 평가하는 방법을 다뤘습니다. 이를 **오프라인 평가**<sup>offline evaluation</sup>라고 합니다. 사용자에게 노출되는 머신러닝 시스템이라면 이는 알고리즘을 평가하는 첫 단계일 뿐입니다. 다음 단계는 전체 시스템에 알고리즘이 적용된 이후에 평가하는 **온라인 테스트**<sup>online test</sup> 혹은 **라이브 테스트**<sup>live test</sup>입니다. 웹사이트에 보여지는 추천이나 검색 결과를 변경하면 사용자의 행동을 크게 바꾸거나 예상치 못한 결과를 얻을 수 있습니다. 이런 돌발 상황을 방지하기 위해 대부분 사용자 서비스가 일종의 블라인드 테스트인 **A/B 테스트**를 사용합니다. A/B 테스트에서는 사용자 중 일부가 자신도 모르게 알고리즘 A를 사용한 웹사이트나 서비스를 이용하게 됩니다. 반면 나머지 사용자는 알고리즘 B에 노출됩니다. 두 그룹에 대해 적절한 성공 지표를 일정 기간 기록합니다. 그런 다음 알고리즘 A와 알고리즘 B의 측정값을 비교해서 두 방식 중 하나를 선택합니다. A/B 테스트를 사용하면 실전에서 알고리즘을 평가해볼 수 있고 사용자들에게 모델이 노출됐을 때 예상치 못한 결과를 발견할 수도 있습니다. 보통 A가 새 모델이고 B는 기존 시스템입니다. A/B 테스트 이외에도 **밴디트 알고리즘**<sup>bandit algorithms</sup> 같이 온라인 테스트를 위한 정교한 방법들이 있습니다. 이 주제를 다룬 좋은 책으로는 존 마일즈 화이트의 『웹사이트 최적화를 위한 밴디트 알고리즘』(한빛미디어, 2015)을 추천합니다.

## 8.4 나만의 추정기 만들기

이 책에서 여러 분야에 적용할 수 있는 다양한 scikit-learn의 도구와 알고리즘을 소개했습니다. 이따금 scikit-learn에 구현되지 않은 방식으로 데이터를 처리해야 할 때가 있습니다. scikit-learn 모델이나 파이프라인에 데이터를 주입하기 전에 전처리하는 것으로 충분할지도 모릅니다. 하지만 데이터의 통계를 사용하는 전처리라면 그리드 서치와 교차 검증을 사용해야 하므로 문제가 복잡해집니다.

6장에서 모든 데이터 종속적인 처리는 교차 검증 루프 안에 넣어야 한다고 이야기했습니다. 그럼 어떻게 자체적인 데이터 처리를 scikit-learn과 함께 쓸 수 있을까요? 간단한 방법이 있는데, 나만의 추정기를 만들면 됩니다! Pipeline, GridSearchCV와 cross_val_score를 사용할 수 있게끔 scikit-learn 인터페이스와 호환되는 추정기를 아주 쉽게 만들 수 있습니다. scikit-learn 문서(http://bit.ly/3c7ylYV)에 자세한 설명이 있지만 여기에 간단하게 정리하 겠습니다. 변환기를 만드는 가장 쉬운 방법은 BaseEstimator와 TransformerMixin을 상속 해서 다음과 같이 __init__, fit, transform 메서드를 구현하는 것입니다.

```
In [1]
  from sklearn.base import BaseEstimator, TransformerMixin

  class MyTransformer(BaseEstimator, TransformerMixin):
      def __init__(self, first_paramter=1, second_parameter=2):
          # __init__ 메소드에 필요한 모든 매개변수를 나열합니다.
          self.first_paramter = 1
          self.second_parameter = 2

      def fit(self, X, y=None):
          # fit 메소드는 X와 y 매개변수만을 갖습니다
          # 비지도 학습 모델이더라도 y 매개변수를 받도록 해야 합니다!

          # 모델 학습 시작
          print("모델 학습을 시작합니다")
          # 객체 자신인 self를 반환합니다.
          return self

      def transform(self, X):
          # transform 메서드는 X 매개변수만을 받습니다.

          # X를 변환합니다.
          X_transformed = X + 1
          return X_transformed
```

분류와 회귀 모델을 만드는 것도 비슷해서 TransformerMixin 대신 ClassifierMixin이나 RegressorMixin을 상속하고, transform 대신 predict를 구현하면 됩니다.

앞의 코드에서 볼 수 있듯이 적은 양의 코드로 나만의 추정기를 만들 수 있어 대부분의 scikit-learn 사용자가 점차 자신만의 맞춤형 모델들을 갖춰두고 있습니다.

## 8.5 더 배울 것들

이 책은 머신러닝의 입문서이고 여러분이 실질적인 기술자가 되게 도와줄 것입니다. 여기서 더 나아가 머신러닝 기술을 향상시키고 더 깊게 공부하고 싶은 사람을 위해 책 몇 권과 전문적인 자료들을 추천합니다.

### 8.5.1 이론

이 책에서는 복잡한 수학이나 컴퓨터 과학을 사용하지 않고 많이 사용하는 머신러닝 알고리즘들이 어떻게 작동하는지 직관적으로 설명했습니다. 하지만 많은 모델이 확률, 선형 대수, 최적화 등의 이론을 사용합니다. 알고리즘이 어떻게 구현되어 있는지 상세 내용을 모두 알 필요는 없지만 알고리즘 이면의 이론을 알아두면 더 나은 데이터 과학자가 될 수 있습니다. 머신러닝 이론을 설명하는 좋은 책이 많이 있습니다. 이 책들 중 하나를 골라 읽어 보면 머신러닝의 무한한 가능성을 느낄 수 있습니다. 서문에서도 헤이스티, 팁시라니, 프리드먼의 『The Elements of Statistical Learning』을 언급했지만, 여기서 다시 한번 추천하겠습니다. 파이썬 코드와 함께 있어 읽기 좋은 다른 책으로는 스티븐 마스랜드Stephen Marsland의 『Machine Learning: An Algorithmic Perspective』(Chapman and Hall/CRC, 2009)가 있습니다. 많은 이들이 추천하는 고전 두 권으로, 확률 모형을 강조하는 크리스토퍼 비숍의 『패턴 인식과 머신 러닝』(제이펍, 2018)과 이 책에 포함되지 않은 최신 기법과 함께 머신러닝을 광범위하게(1,000쪽이 넘습니다) 조사한 케빈 머피의 『Machine Learning』(에이콘, 2015)도 추천합니다.

### 8.5.2 다른 머신러닝 프레임워크와 패키지

scikit-learn이 가장 인기 있는 머신러닝 패키지이고[2] 파이썬이 가장 인기 있는 머신러닝 언어인 것은 사실이지만, 다른 선택도 많이 있습니다. 요구사항에 따라 파이썬과 scikit-learn이 상황에 맞는 최선의 도구가 아닐 수 있습니다. 파이썬이 모델을 만들고 평가하는 데 좋은 도구지만 대규모 웹 서비스나 애플리케이션은 자바나 C++로 만들어진 경우가 많아 모델을 실전에 배치하려면 이런 시스템과 통합해야 합니다. scikit-learn 말고 다른 것을 찾아야 하는 또 다

---

[2] 안드레아스의 의견이 완전히 객관적인 것은 아닙니다.

른 상황이라면 확률 모델링과 추론에 더 관심이 있을 때입니다. 이런 경우에는 statsmodels를 고려해볼 수 있습니다.[3] 이 패키지는 조금 더 확률적 입장에서 인터페이스를 구축한 여러 선형 모델을 제공합니다. 파이썬을 배우기 전이라면 데이터 과학자의 또 다른 공용어인 R을 고려해볼 수 있습니다.[4] R은 통계 분석을 위해 특별히 설계된 언어이고 훌륭한 시각화 기능과 (대부분 매우 전문적인) 많은 통계 모델 패키지를 활용할 수 있는 것으로 유명합니다.

머신러닝에서 유명한 또 다른 패키지로 명령어 인터페이스를 제공하고 C++로 작성된 vowpal wabbit[5]이 있습니다(간단하게 vw라고 합니다). vw는 특히 대량의 데이터셋과 스트리밍 데이터에 유용합니다. 이 글을 쓰는 시점에서 클러스터에 머신러닝 알고리즘을 분산해서 실행하는 기능으로 가장 인기 있는 프레임워크로, 스파크Spark 분산 컴퓨터 환경에서 구축된 스칼라 라이브러리인 MLlib도 있습니다.

### 8.5.3 랭킹, 추천 시스템과 그 외 다른 알고리즘

이 책이 입문서이기 때문에 지도 학습인 분류와 회귀, 비지도 학습인 군집과 성분 분해 등 가장 일반적인 머신러닝 작업에 집중했습니다. 이 외에도 다양한 머신러닝 기술이 많은 애플리케이션에서 사용됩니다. 이 책에서 다루지 않았지만 특히 중요한 분야가 두 가지 있습니다. 첫 번째는 어떤 질문의 대답을 관련도 순으로 추출하는 랭킹입니다. 아마 여러분은 오늘도 랭킹 시스템을 사용했을 것입니다. 바로 검색 엔진이 동작하는 원리입니다. 검색어를 입력하면 관련도 순으로 순위가 매겨져 정렬된 목록을 얻습니다. 랭킹에 대해서는 매닝Manning, 라가반Raghavan, 쉬체Schütze의 책 『Introduction to Information Retrieval』에서 잘 소개하고 있습니다. 두 번째는 사용자의 기호에 맞게 제안을 하는 추천 시스템입니다. 여러분은 아마도 "당신이 알 수도 있는 사람", "이 제품을 산 사람들이 구매한 제품" 또는 "당신을 위한 최고의 선택"과 같은 식으로 추천 시스템과 만나고 있습니다. 이 주제를 다룬 책은 많습니다. 당장 시도해보고 싶다면 이젠 많은 사람이 알고 있는 넷플릭스 대회(http://www.netflixprize.com/)에 관심을 가져보세요.[6] 넷플릭스에서 대규모 영화 선호도 데이터셋을 공개하고 가장 좋은 추천을 제공하는 팀에

---

3 옮긴이_ http://statsmodels.sourceforge.net/을 참고하세요.
4 옮긴이_ https://www.r-project.org/를 참고하세요.
5 옮긴이_ https://github.com/JohnLangford/vowpal_wabbit/wiki를 참고하세요.
6 옮긴이_ 넷플릭스 대회는 종료되어 더 이상 데이터셋을 제공하지 않습니다. 관심 있는 독자를 위해 역자의 블로그에서 넷플릭스 데이터셋을 내려받을 수 있도록 링크를 제공합니다.

100만 달러의 상금을 주었습니다. 또 다른 일반적인 애플리케이션은 책 한 권을 통째로 할애할 만한 (주식 가격 같은) 시계열 예측입니다. 여기서 언급한 것 외에도 수많은 머신러닝 문제가 있습니다. 책이나 연구 논문, 온라인 커뮤니티에서 여러분의 문제와 가장 가까운 전형적인 사례를 찾아보세요.

### 8.5.4 확률 모델링, 추론, 확률적 프로그래밍

대부분 머신러닝 패키지들이 사전에 하나의 특정 알고리즘을 적용하여 만든 머신러닝 모델을 제공합니다. 그러나 실제 문제들은 독특한 구조를 가진 경우가 많고, 그 구조를 모델에 적절히 녹였을 때 예측을 더 잘할 수 있습니다. 종종 특정한 구조를 가진 문제는 확률 이론을 사용하여 표현할 수 있습니다. 이런 구조는 보통 예측하려는 환경을 수학적으로 모델링하여 만들어냅니다. 특정 구조의 문제를 잘 이해하려면 다음 예를 참고해보세요.

사람들에게 역사적인 장소를 안내하기 위해 야외 공간에서 아주 세밀하게 위치를 예측하는 모바일 애플리케이션을 만든다고 해보겠습니다. 스마트폰에는 GPS, 가속도계, 나침반 같은 여러 센서가 있어 위치를 정밀하게 추적하는 데 활용할 수 있습니다. 또 그 지역에 대한 자세한 지도도 가지고 있습니다. 이 문제는 매우 잘 구조화되어 있는 셈입니다. 지도로부터 관심 지역과 경로를 알 수 있습니다. GPS가 대략적인 위치를 알려주고 사용자 기기에 있는 가속도계와 나침반이 자세한 상대적 위치를 제공합니다. 하지만 사용자의 위치를 예측하기 위해 이 모든 정보를 블랙박스 같은 머신러닝 시스템에 넣는 것은 좋은 생각은 아닙니다. 우리가 알고 있는 작동 원리에 대한 정보를 잃게 되기 때문입니다. 예를 들어 나침반과 가속도계가 사용자가 북쪽으로 향한다고 말하고 GPS는 사용자가 남쪽으로 간다고 알려주면, 우리는 아마도 GPS를 신뢰하지 않을 것입니다. 또 위치 예측 모델이 사용자가 벽을 통과해 걸어가고 있다고 알려주면 우리는 이를 잘못된 정보로 봅니다. 확률 모델을 사용하여 이런 상황을 나타낼 수 있으며 각 측정치를 얼마나 신뢰할 수 있을지, 머신러닝이나 확률적인 추론을 사용해서 사용자의 위치에 대한 최선의 예측을 이끌어낼 수 있습니다.

여러 요인이 함께 올바르게 작동하도록 모델과 상황을 잘 표현한다면 이런 맞춤형 모델을 직접 사용하여 예측을 계산하는 방법이 있습니다. 가장 일반적인 방법은 확률적 프로그래밍 언어이며 학습의 문제를 매우 우아하고 간결하게 표현하는 도구를 제공합니다. 인기 있는 확률적 프로그래밍 언어는 PyMC(파이썬에서 사용할 수 있습니다)[7]와 Stan(파이썬을 비롯해 몇몇 언어에서 사용할 수 있는 프레임워크)[8]이 있습니다. 이런 패키지들을 사용하려면 확률 이론을 알아야 하지만 새로운 모델을 매우 간단하게 만들 수 있습니다.

## 8.5.5 신경망

2장과 7장에서 간략히 다룬 신경망이 머신러닝 분야에서 빠르게 발전하는 영역이며 혁신과 새로운 애플리케이션이 매주 발표되고 있습니다. 이세돌 선수를 이긴 알파고나 음성 인식의 성능 향상과 실시간 음성 번역 같은 머신러닝과 인공지능 분야의 최근 성과는 모두 신경망의 발전에 힘입었습니다. 이 분야의 발전이 너무 빨라서 현재 최고 성능의 결과가 금방 구식이 됩니다. 이언 굿펠로 등이 쓴 『심층 학습』(제이펍, 2018)은 이 분야에 대한 광범위한 안내서입니다.[9]

## 8.5.6 대규모 데이터셋으로 확장

이 책에서는 우리가 다룰 데이터가 NumPy 배열이나 SciPy 희소 행렬로 메모리(RAM)에 저장될 수 있는 크기라고 가정했습니다. 최신 서버들이 수백 기가바이트(GB)의 메모리를 가지고 있더라도 근본적으로 다룰 수 있는 데이터 크기에 한계가 있습니다. 모든 사람이 대용량의 장비를 구매하거나 클라우드 서비스를 대여할 수 있는 것은 아닙니다. 대부분 애플리케이션에서 머신러닝 시스템을 구축하는 데 필요한 데이터는 비교적 작지만 일부 소수의 머신러닝 데이터셋은 수백 기가바이트 이상입니다. 이런 경우에 메모리를 늘리거나 클라우드 서비스에서 장비를 늘리는 것이 해결책이 될 경우가 많습니다. 만약 테라바이트 정도의 데이터로 작업해야 하거나 적은 비용으로 대량의 데이터를 처리해야 한다면 기본적으로 두 가지 전략이 있습니다. **외부 메모리 학습**out-of-core과 **클러스터 병렬화**parallelization over a cluster입니다.

외부 메모리 학습은 메모리에 저장할 수 없는 데이터로 학습하는 것을 말하며, 학습이 하나의 컴퓨터(심지어 하나의 프로세서)에서 수행됩니다. 데이터는 하드디스크 같은 저장소나 네트워크로부터 한 번에 샘플 하나씩 또는 메모리 용량에 맞는 크기의 덩어리로 읽어 들입니다. 데이터가 처리되면 데이터로부터 학습된 것이 반영되도록 모델을 갱신합니다. 그런 다음 이 데이

---

7  옮긴이_ http://pymc-devs.github.io/pymc/를 참고하세요.

8  옮긴이_ http://mc-stan.org/를 참고하세요.

9  이 책은 http://www.deeplearningbook.org/에서 온라인으로 볼 수 있고, https://goo.gl/6KQMDm에서 PDF 버전을 내려받을 수 있습니다. 옮긴이_ 『핸즈온 머신러닝(2판)』에서 신경망의 이론과 다양한 응용 사례를 다루고 있습니다.

터 덩어리는 버리고 다음 덩어리를 읽습니다. scikit-learn의 일부 모델에서 외부 메모리 학습 기능을 구현해두었고 온라인 사용자 가이드(http://bit.ly/3qnikDx)에서 자세한 내용을 볼 수 있습니다. 외부 메모리 학습에서는 컴퓨터 한 대에서 모든 데이터를 처리해야 하므로 큰 데이터셋을 처리하려면 시간이 오래 걸립니다. 또 모든 머신러닝 알고리즘이 이 방식을 지원하는 것도 아닙니다.

대규모 처리를 위한 다른 전략은 클러스터를 구성하는 여러 컴퓨터로 데이터를 분산해서 각 컴퓨터가 해당하는 데이터를 처리하는 것입니다. 일부 모델에서 처리 속도가 빨라지며 처리할 수 있는 데이터 크기는 클러스터 크기에 의해 제한됩니다. 하지만 이러한 연산 방식은 비교적 복잡한 인프라를 요구합니다. 현재 가장 인기 있는 분산 컴퓨팅 플랫폼 중 하나는 하둡hadoop 위에 구축된 스파크입니다. 스파크는 MLlib 패키지에 일부 머신러닝 기능을 포함하고 있습니다. 데이터가 이미 하둡 파일시스템에 저장되어 있거나 데이터 전처리를 위해 스파크를 쓰고 있다면 가장 손쉬운 방법입니다. 이런 인프라가 준비되어 있지 않을 경우 스파크 클러스터를 구축하고 통합하려면 많은 노력이 필요합니다. 앞서 이야기한 vw 패키지가 분산 기능을 조금 지원하므로 이런 경우 더 나은 대안이 될 수 있습니다.

## 8.5.7 실력 기르기

인생의 많은 것들이 그렇듯이 이 책에서 다룬 주제에 대해 전문가가 되려면 연습밖에 방법이 없습니다. 주어진 과제와 데이터셋에 따라 특성 추출, 전처리, 시각화 그리고 모델 구축이 매우 달라집니다. 이미 여러 종류의 데이터셋과 과제가 있다면 다행입니다. 마음속에 정해진 문제가 없다면 머신러닝 대회가 좋은 출발점입니다. 이런 대회에서는 주어진 문제와 데이터셋으로 최고의 예측을 만들려고 많은 팀이 경쟁합니다. 많은 회사와 비영리 기관, 대학이 이런 대회를 후원합니다. 가장 인기 있는 곳은 정기적으로 데이터 과학 대회를 열고 일부는 상금도 제공하는 캐글Kaggle(https://www.kaggle.com/)입니다.

캐글 포럼도 머신러닝 분야의 최신 도구와 기법에 관한 정보를 많이 얻을 수 있는 곳이고 여러 종류의 데이터셋을 구할 수 있습니다. 더 많은 데이터와 이와 연관된 과제는 OpenML 플랫폼 (http://www.openml.org/)에서 찾을 수 있으며, 2만 개의 데이터셋과 5만 개의 관련 과제가 있습니다. 이런 데이터셋으로 작업하면 머신러닝 기술을 연습하는 데 아주 좋습니다. 대회의 단점이라 한다면, 최적화 지표를 특정하고 있으며 미리 가공된 고정 데이터셋을 사용하는 것입니다. 문제를 정의하고 데이터를 모으는 것도 실제 환경에서는 아주 중요하다는 사실을 유념해야 합니다. 문제를 잘 정의하는 것이 분류기의 정확도를 1% 높이는 것보다 훨씬 중요할지 모릅니다.

## 8.6 마치며

다양한 애플리케이션에서 머신러닝이 유용하고 실제로 쉽게 구현할 수 있다는 확신이 들었기를 바랍니다. 데이터를 계속 파고들되 큰 그림을 놓치지 마세요.

# INDEX

# INDEX

# INDEX

# INDEX

# INDEX